外商投资法律实务

上海市金茂律师事务所◎编著

金茂法律丛书

法律出版社
LAW PRESS·CHINA
北京

图书在版编目(CIP)数据

外商投资法律实务 / 上海市金茂律师事务所编著. -- 北京 :
法律出版社, 2021
(金茂法律丛书)
ISBN 978 -7 -5197 -6268 -1

Ⅰ. ①外… Ⅱ. ①金… Ⅲ. ①外商投资－涉外经济法
－中国 Ⅳ. ①D922.295

中国版本图书馆 CIP 数据核字(2021)第 264216 号

外商投资法律实务
WAISHANG TOUZI FALÜ SHIWU

上海市金茂律师事务所 编著

策划编辑 肖 越 魏艳丽
责任编辑 肖 越 魏艳丽
装帧设计 马 帅

出版发行 法律出版社
编辑统筹 法商出版分社
责任校对 杨锦华 王沁陶
责任印制 胡晓雅
经 销 新华书店

开本 710 毫米×1000 毫米 1/16
印张 23 **字数** 364 千
版本 2021 年 12 月第 1 版
印次 2021 年 12 月第 1 次印刷
印刷 永清县金鑫印刷有限公司

地址:北京市丰台区莲花池西里 7 号(100073)
网址:www. lawpress. com. cn
投稿邮箱:info@ lawpress. com. cn
举报盗版邮箱:jbwq@ lawpress. com. cn

销售电话:010－83938349
客服电话:010－83938350
咨询电话:010－63939796

书号:ISBN 978－7－5197－6268－1
定价:108.00 元

为金茂律师勤奋著书喝彩

早在十八年前的2003 年9 月,时任中华全国律师协会副会长、上海市律师协会会长朱洪超律师在给上海市金茂律师事务所成立 15 周年的贺词——《坚实的步履,辉煌的业绩》中称赞道:“金茂所的坚实步履,表现在金茂所律师的勤于思考、勇于探索,出版发行的 30 多部著作,凝集着金茂律师的心血与经验,在境内外报刊上发表的 200 多篇论文,字里行间闪烁着拼搏奋斗、激流勇进。他们通过规范发展、诚信服务,不断拓展法律服务业务,注重内强素质、外树形象,阔步走向法律服务的国际舞台。”金茂所成立后的前 15 年,作为一个新设立的小所,出版律师著作 30 多部,发表论文 200 余篇,在律师业务专业研究中真可谓硕果累累。

前辈律师陈泽政、郝素洁、阮国英不仅是资深的大学教授,还是上海滩的名律师。在涉外经济、老年妇女儿童权益保护、国际经济法等领域声名远扬。陈泽政律师编写的《法律问答四百题》一书,获得全国政治理论读物二等奖。

朱妙春律师在金茂所从事知识产权业务的法律服务,是中国知名度极高的知识产权律师,其结合办案实例,编写了多部知识产权法律业务专著,总计字数达数百万,影响深远。在上海市律师协会开展的律师专著、论文评选活动中,金茂所的两位律师双双获得律师专著一等奖。该项殊荣成就了金茂所在律师界的一段佳话,足见金茂律师在业务研究和专著撰写等方面的深厚功底和不俗实力。

斗转星移,继往开来。金茂所已成立 33 年,已经走过了 1/3 个世纪的金茂,更加生气勃勃,活力四射!

金茂所进入了一个崭新的发展阶段。为顺应律师业务研究的发展态势,金茂所从律师个人创作,转入整合、汇集全所之力推动律师群体创作的崭新阶段。这一举措,已初见成效。

金茂法律丛书第一批共三部,包括由刘东、何永哲、徐春晖、金盈、谢洁瑾、段洁琦、黄书渊、林旭、施君、许智尧撰写的《外商投资法律实务》,万波、吴颖亮、严海平、马海容、韩春燕、任真、郭君等撰写的《科创企业运营与上市法律实务》,张莹琳撰写的《建设工程全流程实务指引》,均由法律出版社出版发行。该套金茂法律丛书,有的是金茂律师对传统法律服务业务的再阐释、再总结,对其赋予了全新的内容;有的是针对律师的全新业务,以敏锐的目光,作出的前沿研究成果;有的是对律师业务的新颖、热点领域进行全面梳理,提出的全新专业解决方案。

该套丛书的作者,大多数是70后、80后的中青年律师,而金茂所成立后的前15年出版的律师专著的作者,大多是30后、40后的律师前辈,足可见金茂所人才辈出、薪火相传。

1995年9月,我随上海律师代表团走进法国巴黎的某律师事务所,映入眼帘的是桌子上放着的一排出自该所律师之手的法律专著,让人眼睛为之一亮,肃然起敬。毋庸多言,一看便知这是一家由专业素养极高的律师组成的著名律所。

金茂所是一家由众多海派律师组成的沪上名所。海派文化哺育了一批批优秀的律师,而由律师撰写出版的一本本律师专著,又深化了金茂所文化的内涵,拓展了外延。一本本金茂律师专著构成了金茂成长发展史上一颗颗璀璨的珍珠。

让我们为金茂律师群体陆续不断的专业著作出版喝彩!

上海市金茂律师事务所创设律师、合伙人

吴伯庆

2021年6月

CONTENTS 目　录

第六章 外商投资企业监管法律实务

/ 黄书渊

第七章 外商投资企业融资法律实务

/ 谢洁瑾

第八章 外商投资企业并购法律实务

/ 何永哲　顾松燕

第一章　外商投资准入法律实务

段洁琦[*]　续禄娜[**]

第一节　概　　要

一、外商投资准入变化背景

自改革开放以来，外商对华投资与日俱增，本节将与外商投资相关的法律法规的历史沿革进行归纳总结，并在此基础上讨论《外商投资法》出台后所带来的影响。

我国关于外商投资的第一部法律是《中外合资经营企业法》，该法对外商投资的组织形式、管理模式等各个方面都作了详细的规定。随后，1983 年出台的《中外合资经营企业法实施条例》作为《中外合资经营企业法》配套法规具体地规定了相关实施细节。此后，根据规范外商投资者的相关要求，《中外合作经营企业法》《外资企业法》（本章以下将二者与《中外合资经营企业法》合称“三资企业法”）也被正式颁布。自此，“三资企业法”成为我国规范外商投资准入的基本法律。

自“三资企业法”正式生效以来，我国一直对外商投资项目采取逐案审批制

* 段洁琦，上海市金茂律师事务所合伙人，日本神户大学法学硕士，曾赴日本岩田合同法律事务所工作交流，担任多家外商投资企业的法律顾问，参与多个外资兼并收购案件、合规反腐败调查，并与日本的知名律所、大型银行、咨询公司等保持长期的友好合作，为外资企业对华投资以及国内企业走出去提供全方位的法律支持。

** 续禄娜，上海市金茂律师事务所律师，上海海事大学法学硕士，曾就职于某知名日资企业并担任法务岗位，在外商投资合规等方面有丰富经验。

度：所有想要进入中国进行投资的外商投资者都需要将相关项目提交管理部门进行批准。然而当时的中国并没有完善的民商事法律制度，甚至《公司法》都尚未出台，因此“三资企业法”的颁布和实施对于我国的外商投资事业意义重大。

《民法通则》的颁布标志着我国民商法体系真正进入了有法可依的时代，其中法人制度的确立令我国的商业环境发生了翻天覆地的变化。为适应这种变化，1993 年年底我国又颁布了《公司法》，相继出台的《公司登记管理条例》《公司注册资本登记管理暂行规定》等法规，与规范公司行为的相关新增法律相辅相成。然而，“三资企业法”的生效和实施却导致了我国法律对于境内外企业的规定的分歧，并且随着我国商事立法的逐渐完善，这两者之间的分歧越发明显。例如，《公司法》与“三资企业法”中有关公司最高权力机构的规定就有所区别，《公司法》规定公司的最高权力机构为股东会或股东大会，但“三资企业法”规定公司的最高权力机构为董事会。对于在中国境内设立的外商投资企业而言，“三资企业法”的规定一直比《公司法》优先适用。

其后，我国《公司法》经历了多次修订。对我国《公司法》意义最为重大的两次修订分别在 2005 年和 2013 年，这两次修订对公司治理具有深远意义，这些修订包括允许设立一人有限责任公司、取消各类出资限制等，对促进“大众创业、万众创新”的新格局起到了至关重要的作用。此后，《关于外商投资的公司审批登记管理法律适用若干问题的执行意见》对上述规定与“三资企业法”之间存在的冲突之处作出了指导意见。在共同发展的过程中，“三资企业法”与《公司法》在结构与理念方面产生了许多类似之处。但是，两者之间的差异仍旧不可忽视。例如，正如前文所言，外资企业的最高权力机构为公司的董事会，但这与《公司法》中股东会为最高权力机构的规定完全相左。

在自贸区试验成功且“三资企业法”被逐步修改之后，我国对于外商投资的管理模式由全面审批制开始转为负面清单加备案制。而在这以前，我国对于所有形态的外商投资全部适用审批制管理模式，即外商只有经过审批才能投资中国境内的企业。不仅如此，还有《外商投资产业指导目录》《指导外商投资方向暂行规定》①等规定对外商投资加以重重限制。

---

① 1995 年 6 月 20 日国家计划委员会、国家经济贸易委员会、对外贸易经济合作部发布。2002 年 2 月 1 日国务院公布《指导外商投资方向规定》，《指导外商投资方向暂行规定》同时废止。

2013年，经全国人大常委会授权，国务院宣布上海自贸区对外商投资的管理模式由审批制模式改为备案制模式，并正式采用负面清单制度作为对于外商投资限制的依据。同年9月，《中国（上海）自由贸易试验区外商投资准入特别管理措施（负面清单）（2013年）》颁布，根据其规定，上海自贸区将对自贸区内的外商投资准入全部采用备案制管理。此后，该模式也在全国其他自贸区得到推广。对负面清单之外的领域，将外商投资项目由核准制改为备案制（国务院规定对国内投资项目保留核准的除外），将外商投资企业合同、章程的审批管理改为备案管理。广东、天津、福建和上海自贸区扩展区域也于2014年被全国人大常委会授权实施外商投资准入前国民待遇加负面清单管理模式。

随后，《台湾同胞投资保护法》及“三资企业法”被相继修改。根据新法规定，所有外商投资企业将其管理模式从审批制改为备案制（国家法律另有规定的除外）。自此，通过在各地自贸区推广而获得的备案制经验将正式在全国推行。

为了配套《外商投资企业设立及变更备案管理暂行办法》（以下简称《商务部备案办法》）的具体落实，商务部和国家发改委于2016年10月8日发布2016年第22号公告。该公告是商务部与国家发改委为了解决备案制实施后的负面清单可能出现的问题所发布的配套办法。该公告明确了相关负面清单范围，即应当按照2015年版《外商投资产业指导目录》中限制类、禁止类以及鼓励类中有股权要求、高管要求的限制措施执行。在此基础上，为了调整《外商投资产业指导目录》的结构，2017年修订的《外商投资产业指导目录》代替了2015年颁布的《外商投资产业指导目录》，两者之间的差异主要体现在关于鼓励外商投资产业目录这一部分，在该部分的相关条款中，“外商投资准入特别管理措施（外商投资准入负面清单）”取代了原有的限制类、禁止类的所有规定以及鼓励类中有股比要求的规定。2018年公布的《外商投资准入特别管理措施（负面清单）（2018年版）》则取代了2017年颁布的《外商投资准入特别管理措施》。尽管2017年版的《外商投资准入特别管理措施》已经被新版本取代，但其中的鼓励外商投资目录仍然有效。

在经历了上文所述的立法进程之后，我国外商投资环境已经产生了翻天覆地的变化，但是当时我国的外商投资管理在保持内外投资待遇一致方面仍然有许多不足之处，并且由于不同地域管理口径不同而导致的差别对待情况更是层出不穷。因此，《外商投资法》的出台意味着我国在外商投资领域将拥有一部基本性的法律,上述问题也将得到极大程度的改善。可以预见,《外商投资法》将对外商投资领域产生深远影响。

二、外商投资准入政策变化态势

(一)投资程序趋于简化

如上文所述,在“三资企业法”颁布且自贸区尚未建立的时期,外商想要进入中国境内进行投资,都要面临提交申请与提交可行性方案这两重阻碍。更何况对于特别准入行业而言,相关企业需要审批机构与监管部门共同进行评审来作出是否批准设立的决定,这进一步导致了这一时期我国外商投资程序的复杂化。

2016 年《商务部备案办法》正式发布。根据该办法的规定,我国的外资准入制度将一律采用“备案制”的管理模式,这一转变为境外投资者进入中国市场提供了极大的便利,这一办法的颁布也标志着我国外商投资审批制时代的结束。

(二)行业准入趋于宽松

我国对于外商投资行业准入的管理呈逐年放宽的趋势。“三资企业法”与《外商投资产业指导目录》对鼓励类行业的外商投资企业准入形态都未加任何限制,各地政府也往往愿意为来本地投资的国外投资者提供许多政策性鼓励。而“三资企业法”与《外商投资产业指导目录》中关于限制类的规定则常常对外商投资企业的准入形态作出限制,如在一些行业中,管理部门要求该行业的企业设立形式必须为中外合资,或者中方持股比例必须不得低于一定比例等;而对于禁止类的行业而言,外资根本无法涉足,因此外国投资者们的申请根本无法获得批准。

正如前文所言,我国第一个“负面清单”其实是《外商投资准入特别管理措施》。将《外商投资准入特别管理措施》称为“负面清单”的原因在于它不像此前的规定一样区分禁止类与限制类的行业,而是仅从文字上对该行业的管理方式加以描述。2017 年,《外商投资产业指导目录(2017 年修订)》将《外商投资准入特别管理措施》吸收为其内容的一部分。在此之后颁布的《外商投资准入特别管理措施(负面清单)(2018 年版)》则取代了 2017 年的相关规定。在这些规定不断更新的过程中,其中的禁止类与限制类行业的数量一直在减少。

三、外商投资准入政策的突破性变化

(一)明确准入前国民待遇原则

自改革开放起,乃至之后的很长一段时间里,我国吸引外商来华投资的法律基础主要由“三资企业法”构成。外商投资一般分为准入阶段和经营阶段。通常来说,准入前阶段涵盖新设、并购、扩大等行为。根据“三资企业法”的规定,行政审批是基本手段,准入后国民待遇原则和正面清单是主要原则,外国投资者享有的国民待遇原则只有在准入后才能获得。

随着投资自由化发展的影响,准入前国民待遇原则作为一种较高形式的保护标准逐渐成为投资准入制度的新趋势。这意味着外资不受特殊限制,在准入阶段就可以享有国民企业所享有的权利,但这一权利是相对的,并不是绝对的。

《外商投资法》第 4 条规定的“准入前国民待遇”,是指在投资准入阶段给予外国投资者及其投资不低于本国投资者及其投资的待遇。《外商投资法》中规定“准入前国民待遇”的意义在于将准入前阶段的境外投资者也列入国民待遇原则的适用范围。在之前的涉外投资协定中,我国从未接受或主张准入前国民待遇原则,如 2012 年《中华人民共和国政府和加拿大政府关于促进和相互保护投资的协定》中所认定的国民待遇这一概念仅指“扩大、管理、经营、运营和销售或其他处置其领土内投资方面的待遇”。此次《外商投资法》中规定了准入前国民待遇原则,解决了我国今后签订对外投资协定的一大争议问题,符合国情发展,有利于国内法制接轨国际先进规则,是我国对外开放程度以及经济水平发展到一定阶段的必然选择。

然而,实践中,由于经济政治等众多因素,国民待遇原则的实现常常会遇到许多阻碍,没有一个国家会对国民待遇原则毫无保留,尤其是准入阶段,继而导致了国民待遇的“适当性的制约”的问题,而这种限制需要配合“正面清单”或“负面清单”加以实现。

我国《外商投资法》借鉴了负面清单模式。《外商投资法》第 4 条规定的“负面清单”,是指国家规定的在特定领域对外商投资实施的准入特别管理措施。实质在于以否定性列表的形式标明外资禁入的领域。该法第 28 条对负面清单的具体含义进行了明确:负面清单规定禁止投资的领域,外国投资者不得投资;负面清单规定限制投资的领域,外国投资者进行投资应当符合负面清单规定的条件。近几年,我国的负面清单在逐年放宽,不断向外商释放更加公平、透明、便利的信号。

当前我国负面清单包括市场准入负面清单、外资全国版负面清单、自贸区版负面清单这三部分。其中,市场准入负面清单普适于内外资企业。而全国外商投资准入负面清单与自贸区版负面清单分别适用于不同种类的主体,前者适用于全部外商投资主体,后者仅适用于自贸区设立的外商投资企业,即不同的市场主体将适用不同的负面清单。实行“准入前国民待遇+负面清单”模式的最大意义并不在于具体开放领域和程度,而是表明我国政府将彻底转变以往外商投资逐案审批的管理模式。

但是内外资管理存在差异的情况并不会完全消除,如出于特殊监管需要,有些行政主管部门会针对某一行业的行政许可数量进行宏观调控。例如,在金融市场领域,仍然有一些“看不见的阻碍”存在,且适用于所有市场主体;在某些需要特殊资质的领域,相关法律主体仍需要根据自身需求具备相应的运行能力,取得相应的运行资质。

总之,《外商投资法》的颁布从立法层面确立了负面清单管理制度的地位。而近年负面清单中外商投资受限及禁止业务领域被逐步删减,这也为未来入境投资企业提升了投资信心。

(二)准入政策突破原有投资形态

在相当长的一段时间内,我国的外商投资管理法律体系中仅对中外合资、中外合作企业和外资企业的外商投资形式有所规定,对权益投资、项目投资等重要的投资形式的相关规定则存在缺位,这无疑不利于我国进一步吸引外商投资。也正因如此,《外商投资法》有必要突破原有的对投资形态的限制。

《外商投资法》进一步细分了外商投资情形。《外商投资法》第2条第2款规定:“本法所称外商投资,是指外国的自然人、企业或者其他组织(以下称外国投资者)直接或者间接在中国境内进行的投资活动,包括下列情形:(一)外国投资者单独或者与其他投资者共同在中国境内设立外商投资企业;(二)外国投资者取得中国境内企业的股份、股权、财产份额或者其他类似权益;(三)外国投资者单独或者与其他投资者共同在中国境内投资新建项目;(四)法律、行政法规或者国务院规定的其他方式的投资。”可以看到,根据《外商投资法》的规定,权益投资、项目投资的投资形态也将适用准入前国民待遇和负面清单制度。

此外,在投资者范围上,《外商投资法》也增加了中国的自然人可作为外商投资项目的投资者的有关规定。原"三资企业法"时代,《中外合资经营企业法》中定义的合营企业未涵盖外国投资者与中国自然人进行合资的情形。实务操作中,为实现外国投资者与中国自然人的共同投资,衍生出了股权代持、加设中间控股公司等方式,而这些方式也相应伴随一定的法律风险(如隐名股东投资权益归属等)。《外商投资法实施条例》第3条规定:"外商投资法第二条第二款第一项、第三项所称其他投资者,包括中国的自然人在内。"该条明确了中国的自然人可以为外商投资项目的投资方,为外国投资者选择中国合资方时的身份变换赋予更高灵活性。同时,在本土投资和创业市场日益活跃的今天,中国合资方身份放开也将充分调动民间投资热情,为投资市场注入新的活力。

第二节　外商投资准入的变化

一、国民待遇原则的推行

(一)推行背景

我国对于"准入前国民待遇"原则的适用应追溯到国务院《关于印发中国(上海)自由贸易试验区总体方案的通知》。该通知首次提出了"探索建立负面清单管理模式",即"对外商投资试行准入前国民待遇,研究制订试验区外商投资与国民待遇等不符的负面清单,改革外商投资管理模式。对负面清单之外的领域,按照内外资一致的原则,将外商投资项目由核准制改为备案制(国务院规定对国内投资项目保留核准的除外)"。随后,适用"负面清单管理模式"也被推广至国内其他自贸区。

在试点工作实践得到热烈反响之后,在总结自贸试验区试点经验的基础上,"三资企业法"和《台湾同胞投资保护法》也得到了修改。至此,"准入前国民待遇"以"外商投资备案制"加"负面清单(特别管理措施)"的雏形扩展适用至全国范围。

在"负面清单管理模式"的推行以及"三资企业法"修订之后,《外商投资法》呼之欲出。2015年商务部发布的《外商投资法(草案征求意见稿)》中首次明确提出“特别管理措施”这一说法。在此之后,《外商产业投资指导目录(2017年修订)》也对特别管理措施加以规定,该目录在2018年正式独立为《外商投资准入特别管理措施(负面清单)》,为之后《外资企业法》中有关负面清单规定的立法奠定了基础。我国《外商投资法》一审稿中即提出了“准入前国民待遇原则加负面清单管理制度”这一概念。二审稿在原有规定的基础上对“准入前国民待遇”进行了具体解释,防止概念不清晰、不明确的情况出现。可以说,“准入前国民待遇和负面清单管理制度”自此才真正在我国法律中体现了出来。

外商投资国民待遇原则也体现在《外商投资法》的其他规定中,如第28条所规定的负面清单,第29条所规定的核准备案,第30条所规定的行业许可制度,第31条规定的外商投资企业组织形式和组织结构。此外,《外商投资法》的规定也体现了扩大国民待遇原则适用范围的立法理念,例如,根据《外商投资法》第9条规定,外商投资企业依法平等适用国家支持企业发展的各项政策;第15条规定,国家保障外商投资企业依法平等参与标准制定工作,国家强制性标准平等适用于外商投资企业;第16条规定,保障外商投资企业依法通过公平竞争参与政府采购活动,政府采购依法对外商投资企业在中国境内生产的产品、提供的服务平等对待。

(二)具体规定

1.关于准入前国民待遇

《外商投资法》第4条第1款:“国家对外商投资实行准入前国民待遇加负面清单管理制度。”该条款明确了外商投资准入阶段的总体原则。

准入前国民待遇,根据《外商投资法》第4条第2款规定,准入前国民待遇,是指在投资准入阶段给予外国投资者及其投资不低于本国投资者及其投资的待遇。其中,“投资准入阶段”对应了“准入前”,“给予外国投资者及其投资不低于本国投资者及其投资的待遇”对应了“国民待遇”。

“投资准入阶段”这一概念也体现了立法者扩大适用前国民待遇范围的倾向。《外商投资法》正式发布版本与二审稿的一个不同之处就在于《外商投资法》正式发布版本将权益投资、项目投资也认定为了投资准入阶段的具体情况,具体可参照《外商投资法》第2条第2款对于“外商投资”的定义规定。

2. 关于负面清单制度

负面清单制度，根据《外商投资法》第 4 条第 2 款规定，负面清单，是指国家规定在特定领域对外商投资实施的准入特别管理措施。国家对负面清单之外的外商投资，给予国民待遇。根据《外商投资法实施条例》第 4 条第 1 款规定，外商投资准入负面清单(以下简称负面清单)由国务院投资主管部门会同国务院商务主管部门等有关部门提出，报国务院发布或者报国务院批准后由国务院投资主管部门、商务主管部门发布，即指向了国家发改委和商务部发布的《外商投资准入特别管理措施(负面清单)》。

为了进一步阐述负面清单制度，《外商投资法》在第四章"投资管理"第 28 条亦规定："外商投资准入负面清单规定禁止投资的领域，外国投资者不得投资。外商投资准入负面清单规定限制投资的领域，外国投资者进行投资应当符合负面清单规定的条件。外商投资准入负面清单以外的领域，按照内外资一致的原则实施管理。"根据该条，(1)除负面清单另有规定外，内外资企业待遇应当一致；(2)外国人投资者不得投资负面清单中所规定的禁止投资行业。以上两点均是明确的。而关于负面清单中规定的限制投资行业，仅对符合负面清单规定的内容有所规定，但对于符合条件的情况下是否按照内外资一致原则管理并未加以明确。实践中，由于各地对外商监管的规定和执行力度的不同，不同地区外商投资管理政策的实施时间和允许程度存在差异，为了防止预料之外的情况出现，外国投资者有实际需求时应对上述问题的执行征询相关部门的意见。

3. 关于项目核准备案

关于项目核准备案，根据《外商投资法》第 29 条规定，外商投资需要办理投资项目核准、备案的，按照国家有关规定执行。项目核准与备案相关的现行主要规定包括《外商投资项目核准和备案管理办法》[①](以下简称《外商项目管理办法》)及《政府核准的投资项目目录(2016 年本)》(以下简称《核准目录》)等。《外商项目管理办法》第 2 条规定："本办法适用于中外合资、中外合作、外商独资、外商投资合伙、外商并购境内企业、外商投资企业增资及再投资项目等各类

① 现行版本为 2014 年 6 月 17 日生效，2014 年 12 月 27 日生效的《关于修改〈境外投资项目核准和备案管理办法〉和〈外商投资项目核准和备案管理办法〉有关条款的决定》(中华人民共和国国家发展和改革委员会令第 20 号)对其有修订。

外商投资项目。”

又根据《外商项目管理办法》第4条①的规定，外商投资项目核准权限、范围按照国务院发布的《核准目录》执行。《核准目录》第11条规定：“《外商投资产业指导目录》中总投资（含增资）3亿美元及以上限制类项目，由国务院投资主管部门核准，其中总投资（含增资）20亿美元及以上项目报国务院备案。《外商投资产业指导目录》中总投资（含增资）3亿美元以下限制类项目，由省级政府核准”。②

由此可知，在项目核准备案方面，现行规定还是对外商投资类项目有单独的区分。而将来国家发改委将会如何对已有规则进行修订仍是未知数，外国投资者仍需要关注法律法规和政策动向，以及有实际需求时征询相关部门的意见。

4. 关于组织形式和组织结构

准入后国民待遇也体现在相关法律法规对于企业的组织形式和组织结构的规定上。《外商投资法》实施后，对于在我国境内的企业而言，不论其是否为外商投资设立，都必须遵守《公司法》与《合伙企业法》中相关规定的规制。

同时，根据《外商投资法》规定，《外商投资法》颁布后“三资企业法”宣告废止，我国现有的这些早期设立的外商投资企业也将面临公司内部治理机构调整的课题，许多中外合资企业面临着最高权力机构由董事会转变为股东会的调整（由于《外商投资法》实施后相关法律依据由《中外合资经营企业法》变为《公司法》）。因此，原来按照《中外合资经营企业法》安排治理结构的外商投资企业将需要进行相应的调整，包括修订原有的章程。

---

① 该条原规定为：“根据《核准目录》，实行核准制的外商投资项目的范围为：（一）《外商投资产业指导目录》中有中方控股（含相对控股）要求的总投资（含增资）3亿美元及以上鼓励类项目，总投资（含增资）5000万美元及以上限制类（不含房地产）项目，由国家发展和改革委员会核准。（二）《外商投资产业指导目录》限制类中的房地产项目和总投资（含增资）5000万美元以下的其他限制类项目，由省级政府核准。《外商投资产业指导目录》中有中方控股（含相对控股）要求的总投资（含增资）3亿美元以下鼓励类项目，由地方政府核准。（三）前两项规定之外的属于《核准目录》第一至十一项所列的外商投资项目，按照《核准目录》第一至十一项的规定核准。（四）由地方政府核准的项目，省级政府可以根据本地实际情况具体划分地方各级政府的核准权限。由省级政府核准的项目，核准权限不得下放。本办法所称项目核准机关，是指本条规定具有项目核准权限的行政机关。”由此可见，外商投资项目核准权限、范围按照《核准目录》执行。而《核准目录》由于最新已为2016年版本，内容略有出入，以《核准目录》中内容为准。

② 参考《核准目录》。

5. 关于行业许可手续

根据《外商投资法》第 30 条规定，外国投资者在依法需要取得许可的行业、领域进行投资的，应当依法办理相关许可手续。有关主管部门应当按照与内资一致的条件和程序，审核外国投资者的许可申请，法律、行政法规另有规定的除外。《外商投资法实施条例》第 35 条第 1 款规定，外国投资者在依法需要取得许可的行业、领域进行投资的，除法律、行政法规另有规定外，负责实施许可的有关主管部门应当按照与内资一致的条件和程序，审核外国投资者的许可申请，不得在许可条件、申请材料、审核环节、审核时限等方面对外国投资者设置歧视性要求。由此可见，外商投资在行业许可手续方面也应享受国民待遇，但也存在除外情形。

通过对《外商投资法》第 20 条与第 30 条的比较可以发现，《外商投资法》允许在一些领域存在一定程度上的内外资不一致情况。主要原因在于：在外商准入制度之外，《外商投资法》以外的其他法律以及相关行政法规可以对行业许可作出内外资不一样的限制。

当然，基于内外资一致的原则，也可以大胆推测，在《外商投资法》实施后，某些行业许可手续，特别是某些许可条件中内外资不一致的规定可能会面临调整，例如：相关中方、外方经营经验、人员资质等要求，审批程序要求，对拟经营范围的限制要求等。[①] 因此，外商投资企业在申领具体行业许可时，应持续关注相应制度的变化。

6. 关于外商投资企业再投资

关于外商投资企业再投资，此前参照的文件是商务部 2015 年 10 月 28 日发布的《关于外商投资企业境内投资的暂行规定》（以下简称《境内投资暂行规定》）。该规定明确允许了外商投资企业可以在境内进行再投资[②]，目前这份文件仍然有效。

---

① 许世夺、孙华伟、庞纪坤、刘畅、徐瑶：《笃定前行的 2020：〈外商投资法〉下的高水平对外开放（二）》，载中伦资讯，http://www.zhonglun.com/Content/2020/02-09/1949270。

② 《境内投资暂行规定》第 5 条规定，外商投资企业在满足开始盈利和依法经营、无违法经营记录这两个条件下，方可投资。第 6 条也明确规定，外商投资企业在鼓励类或允许类领域投资设立公司，应向被投资公司所在地公司登记机关提出申请。但是前国家工商行政管理总局在 2006 年 5 月 26 日发布的《关于实施〈关于外商投资的公司审批登记管理法律适用若干问题的执行意见〉的通知》（工商外企字〔2006〕第 102 号）中，第 2 条第（3）款明确规定："……《关于外商投资企业境内投资的暂行规定》第五条和第六条不再执行。"

《外商投资法》第 2 条第 2 款中明确规定:“本法所称外商投资,是指外国的自然人、企业或者其他组织(以下称外国投资者)直接或者间接在中国境内进行的投资活动。”《外商投资法实施条例》第 47 条规定:“外商投资企业在中国境内投资,适用外商投资法和本条例的有关规定。”前述规定从源头对外商投资企业境内再投资确立了“穿透式监管”。

然而,实务中,由于不同地区监管口径存在差异,除非以盈利部分投资,非外商投资性企业进行资本金再投资依旧存在许多困难。《关于进一步促进跨境贸易投资便利化的通知》的颁布为非外商投资性企业进行资本金再投资在法律上的效力予以了肯定,同日颁布的国家外汇管理局《关于精简外汇账户的通知》(汇发〔2019〕28 号)也进一步为非投资性外商投资企业以资本金进行境内再投资提供了规范层面的可能性,并且细化了非投资性外商投资企业外币资本金账户原币划转及接收境内再投资基本信息登记、变更等的具体操作细则,使外商投资企业境内资本金的再投资更加具有可操作性。① 然而,一些地方的外汇管理部门在原有要求的基础上增加了“经营范围应含投资字样”抑或“意愿结汇主体特指 QFLP”等进一步要求,这与新出台的法律法规之间不可避免地产生了龃龉之处。目前国内能够衔接新旧规则的指导方案尚未出台。因此,有关法律规范还需要进一步完善。

(三)实例说明

在我国外商投资法律逐渐发展的过程中,外国投资者享受的国民待遇越来越得以体现。由于目前较为明确的变化焦点仍然是“准入前国民待遇加负面清单制度”,且近年来外商投资负面清单一再缩水,以下将具体实例锁定在这一方面:

例如,在石油、天然气的勘探、开发领域,我国对外资的态度经历了从封闭到开放的过程。起初《对外合作开采陆上石油资源条例》等规定明确石油、天然气的勘探、开放不得由外方单独进行投资,2019 年版负面清单则取消了这一规定。

又如,根据《电信业务经营许可管理办法》(2017 年 9 月 1 日实施)以及《外

---

① 许世夺、孙华伟、庞纪坤、刘畅、徐瑶:《笃定前行的 2020:〈外商投资法〉下的高水平对外开放(二)》,载中伦资讯,http://www. zhonglun. com/Content/2020/02 - 09/1949270。

商投资电信企业管理规定(2016 年修订)》,外商投资电信业务需要以中外合资经营形式进行。2019 负面清单之前,除了"电子商务"以外,其余增值电信业务均需要以中外合资经营形式准入。2019 年负面清单则在"电子商务"的基础上增加了"国内多方通信、储存转发类、呼叫中心"。即在这四项领域,均可由外商独资形式准入。随着今后可能进一步缩小限制,《外商投资电信企业管理规定(2016 年修订)》亦可能面临部分调整。

仅基于 2019 负面清单来看,还有许多其他领域对于外商投资准入的转变值得关注:电影院建设、改造;演出经纪机构;人才中介机构、职业中介机构;除稀土、放射性矿产、钨以外各类矿产资源的开发利用;中国沿海水域沉船打捞业务;船舶管理公司、海运公司、国际船舶运输、船舶代理业务;印刷企业、只读类光盘和磁带复制单位。上述行业都对外商投资作出了进一步的开放。

二、负面清单的演变

(一)演变经历

首先,负面清单的起源可以追溯到 1990 年《外资企业法实施细则》的颁布。《外资企业法实施细则》列举了禁止外资企业进入与限制外资企业进入的行业,开启了外商投资审批管理的时代。

在此之后,《外商投资产业指导目录》的出台完善了《外资企业法实施细则》的不足之处。《外商投资产业指导目录》依照鼓励、限制、禁止的方式对外商投资企业进行分类,从这一指导目录的颁布开始,这种分类方式的适用在我国一直延续到《外商投资产业指导目录(2017 年修订)》的颁布。

2017 年,《外商投资产业指导目录(2017 年修订)》首次一改鼓励、限制、禁止的三分法分类方式,明确规定了负面清单的制度,并且规定对自贸区之外的地区将依照《外商投资准入特别管理措施(负面清单)》划入特别管理措施的范围。

随后,2018 年,《外商投资准入特别管理措施(负面清单)(2018 年版)》在原有规定的基础上规定了新的负面清单制度。这也意味着《外商投资产业指导目录(2017 年修订)》中《外商投资准入特别管理措施(外商投资准入负面清单)》被废止。

此后,2019 年《外商投资法(征求意见稿)》发布。届时《外商投资产业指导目录(2017 年修订)》鼓励类和2017 年2 月17 日发布的《中西部地区外商投资优势产业目录(2017 年修订)》废止。至此,《外商投资产业指导目录》均不再适用。

(二)负面清单的对比

《外资企业法》实施前后,随着对境外资本的逐步开放以及国民待遇原则的普及,负面清单逐年缩水。如全国版负面清单,2018 年版由 63 条减至 48 条,2019 年版减少至 40 条,2020 年版减少至 33 条;而自贸区 2020 版负面清单仅为 30 条。

表1－1、表1－2、表1－3 是基于 2020 年版从最近两年自比、两个版本互比两个角度展开具体清单内容的对比。

表1－1　全国版负面清单 2019 年版与 2020 年版对比

2019 年版	2020 年版
小麦、玉米新品种选育和种子生产须由中方控股	小麦新品种选育和种子生产的中方股比不低于34%、玉米新品种选育和种子生产须由中方控股
禁止投资放射性矿产冶炼、加工,核燃料生产	无
除专用车、新能源汽车外,汽车整车制造的中方股比不低于50%,同一家外商可在国内建立两家及两家以下生产同类整车产品的合资企业(2020 年取消商用车制造外资股比限制。2022 年取消乘用车制造外资股比限制以及同一家外商可在国内建立两家及两家以下生产同类整车产品的合资企业的限制)	除专用车、新能源汽车、商用车外,汽车整车制造的中方股比不低于50%,同一家外商可在国内用建立两家及两家以下生产同类整车产品的合资企业(2022 年取消乘用车制造外资股比限制以及同一家外商可在国内建立两家及两家以下生产同类整车产品的合资企业的限制)
城市人口50 万以上的城市供排水管网的建设、经营须由中方控股	无
民用机场的建设、经营须由中方相对控股。禁止投资空中交通管制	民用机场的建设、经营须由中方相对控股。外方不得参与建设、运营机场塔台
证券公司的外资股比不超过51%,证券投资基金管理公司的外资股比不超过51%(2021年取消外资股比限制)	无
期货公司的外资股比不超过51%(2021 年取消外资股比限制)	无
寿险公司的外资股比不超过51%(2021 年取消外资股比限制)	无

续表

2019 年版	2020 年版
市场调查限于合资、合作，其中广播电视收听、收视调查须由中方控股	市场调查限于合资，其中广播电视收听、收视调查须由中方控股
禁止投资大地测量、海洋测绘、测绘航空摄影、地面移动测量、行政区域界线测绘，地形图、世界政区地图、全国政区地图、省级及以下政区地图、全国性教学地图、地方性教学地图、真三维地图和导航电子地图编制，区域性的地质填图、矿产地质、地球物理、地球化学、水文地质、环境地质、地质灾害、遥感地质等调查	禁止投资大地测量、海洋测绘、测绘航空摄影、地面移动测量、行政区域界线测绘，地形图、世界政区地图、全国政区地图、省级及以下政区地图、全国性教学地图、地方性教学地图、真三维地图和导航电子地图编制，区域性的地质填图、矿产地质、地球物理、地球化学、水文地质、环境地质、地质灾害、遥感地质等调查（矿业权人在其矿业权范围内开展工作不受此待别管理措施限制）
医疗机构限于合资，合作	医疗机构限于合资

表 1－2　自贸区版负面清单 2019 年版与 2020 年版对比

2019 年版	2020 年版
禁止投资中药饮片的蒸、炒、炙、煅等炮制技术的应用及中成药保密处方产品的生产	无
除专用车、新能源汽车外，汽车整车制造的中方股比不低于 50%，同一家外商可在国内建立两家及两家以下生产同类整车产品的合资企业（2020 年取消商用车制造外资股比限制。2022 年取消乘用车制造外资股比限制以及同一家外商可在国内建立两家及两家以下生产同类整车产品的合资企业的限制）	除专用车、新能源汽车、商用车外，汽车整车制造的中方股比不低于 50%，同一家外商可在国内建立两家及两家以下生产同类整车产品的合资企业（2022 年取消乘用车制造外资股比限制以及同一家外商可在国内建立两家及两家以下生产同类整车产品的合资企业的限制）
城市人口 50 万以上的城市供排水管网的建设、经营须由中方控股	无
民用机场的建设、经营须由中方相对控股。禁止投资空中交通管制	民用机场的建设、经营须由中方相对控股。外方不得参与建设、运营机场塔台
证券公司的外资股比不超过 51%，证券投资基金管理公司的外资股比不超过 51%（2021 年取消外资股比限制）	无
期货公司的外资股比不超过 51%（2021 年取消外资股比限制）	无
寿险公司的外资股比不超过 51%（2021 年取消外资股比限制）	无

续表

2019 年版	2020 年版
市场调查限于合资、合作,其中广播电视收听、收视调查须由中方控股	市场调查限于合资,其中广播电视收听、收视调查须由中方控股
禁止投资大地测量、海洋测绘、测绘航空摄影、地面移动测量、行政区域界线测绘,地形图、世界政区地图、全国政区地图、省级及以下政区地图、全国性教学地图、地方性教学地图、真三维地图和导航电子地图编制,区域性的地质填图、矿产地质、地球物理、地球化学、水文地质、环境地质、地质灾害、遥感地质等调查	禁止投资大地测量、海洋测绘、测绘航空摄影、地面移动测量、行政区域界线测绘、地形图、世界政区地图、全国政区地图、省级及以下政区地图、全国性教学地图、地方性教学地图、真三维地图和导航电子地图编制,区域性的地质填图、矿产地质、地球物理、地球化学、水文地质、环境地质、地质灾害、遥感地质等调查(矿业权人在其矿业权范围内开展工作不受此特别管理措施限制)
学前、普通高中和高等教育机构限于中外合作办学,须由中方主导[校长或者主要行政负责人应当具有中国国籍(且在中国境内定居),理事会、董事会或者联合管理委员会的中方组成人员不得少于 1/2][外国教育机构、其他组织或者个人不得单独设立以中国公民为主要招生对象的学校及其他教育机构(不包括非学制类职业技能培训),但是外国教育机构可以同中国教育机构合作举办以中国公民为主要招生对象的教育机构]	学前、普通高中和高等教育机构限于中外合作办学,须由中方主导[校长或者主要行政负责人应当具有中国国籍(且在中国境内定居),理事会、董事会或者联合管理委员会的中方组成人员不得少于 1/2][外国教育机构、其他组织或者个人不得单独设立以中国公民为主要招生对象的学校及其他教育机构(不包括非学制类职业培训机构、学制类职业教育机构),但是外国教育机构可以同中国教育机构合作举办以中国公民为主要招生对象的教育机构]
医疗机构限于合资、合作	医疗机构限于合资

表 1-3 全国版负面清单与自贸区版负面清单对比

2020 年全国版	2020 年全国自贸区版
一、农、林、牧、渔业 1. 小麦新品种选育和种子生产的中方股比不低于 34%、玉米新品种选育和种子生产须由中方控股	一、农、林、牧、渔业 1. 小麦、玉米新品种选育和种子生产的中方股比不低于 34%
一、农、林、牧、渔业 4. 禁止投资中国管辖海域及内陆水域水产品捕捞	无
二、采矿业 5. 禁止投资稀土、放射性矿产、钨勘查、开采及选矿	二、采矿业 4. 禁止投资稀土、放射性矿产、钨勘察、开采及选矿(未经允许,禁止进入稀土矿区或取得矿山地质资料、矿石样品及生产工艺技术)

续表

2020 年全国版	2020 年全国自贸区版
三、制造业 6. 出版物印刷须由中方控股	无
三、制造业 7. 禁止投资中药饮片的蒸、炒、炙、煅等炮制技术的应用及中成药保密处方产品的生产	无
六、交通运输、仓储和邮政业 12. 国内水上运输公司须由中方控股	六、交通运输、仓储和邮政业 9. 国内水上运输公司须由中方控股(且不得经营或租用中国籍船舶或者舱位等方式变相经营国内水路运输业务及其辅助业务;水路运输经营者不得使用外国籍船舶经营国内水路运输业务,但经中国政府批准,在国内没有能够满足所申请运输要求的中国籍船舶,并且船舶停靠的港口或者水域为对外开放的港口或者水域的情况下,水路运输经营者可以在中国政府规定的期限或者航次内,临时使用外国籍船舶经营中国港口之间的海上运输和拖航)
六、交通运输、仓储和邮政业 13. 公共航空运输公司须由中方控股,且一家外商及其关联企业投资比例不得超过 25%,法定代表人须由中国籍公民担任。通用航空公司的法定代表人须由中国籍公民担任,其中农、林、渔业通用航空公司限于合资,其他通用航空公司限于中方控股	六、交通运输、仓储和邮政业 10. 公共航空运输公司须由中方控股,且一家外商及其关联企业投资比例不得超过 25%,法定代表人须由中国籍公民担任。通用航空公司的法定代表人须由中国籍公民担任,其中农、林、渔业通用航空公司限于合资,其他通用航空公司限于中方控股(只有中国公共航空运输企业才能经营国内航空服务,并作为中国指定承运人提供定期和不定期国际航空服务)
六、交通运输、仓储和邮政业 15. 禁止投资邮政公司、信件的国内快递业务	六、交通运输、仓储和邮政业 12. 禁止投资邮政公司(和经营邮政服务)、信件的国内快递业务
七、信息传输、软件和信息技术服务业 16. 电信公司:限于中国入世承诺开放的电信业务,增值电信业务的外资股比不超过 50%(电子商务、国内多方通值、存储转发类、呼叫中心除外),基础电信业务须由中方控股	七、信息传输、软件和信息技术服务业 13. 电信公司:限于中国入世承诺开放的电信业务,增值电信业务的外资股比不超过 50%(电子商务、国内多方通信、存储转发类、呼叫中心除外),基础电信业务须由中方控股(且经营者须为依法设立的专门从事基础电信业务的公司)。上海自贸试验区原有区域(28.8 平方千米)试点政策推广至所有自贸试验区执行

续表

2020 年全国版	2020 年全国自贸区版
八、租赁和商务服务业 18. 禁止投资中国法律事务(提供有关中国法律环境影响的信息除外),不得成为国内律师事务所合伙人	八、租赁和商务服务业 15. 禁止投资中国法律事务(提供有关中国法律环境影响的信息除外),不得成为国内律师事务所合伙人(外国律师事务所只能以代表机构的方式进入中国,且不得聘用中国执业律师,聘用的辅助人员不得为当事人提供法律服务;如在华设立代表机构、派驻代表,须经中国司法行政部门许可)
十、教育 24. 学前、普通高中和高等教育机构限于中外合作办学,须由中方主导(校长或者主要行政负责人应当具有中国国籍,理事会、董事会或者联合管理委员会的中方组成人员不得少于1/2)	十、教育 21. 学前、普通高中和高等教育机构限于中外合作办学,须由中方主导[校长或者主要行政负责人应当具有中国国籍(且在中国境内定居),理事会、董事会或者联合管理委员会的中方组成人员不得少于1/2][外国教育机构、其他组织或者个人不得单独设立以中国公民为主要招生对象的学校及其他教育机构(不包括非学制类职业培训机构、学制类职业教育机构),但是外国教育机构可以同中国教育机构合作举办以中国公民为主要招生对象的教育机构]
十二、文化、体育和娱乐业 27. 禁止投资新闻机构(包括但不限于通讯社)	十二、文化、体育和娱乐业 24. 禁止投资新闻机构(包括但不限于通讯社)(外国新闻机构在中国境内设立常驻新闻机构、向中国派遣常驻记者,须经中国政府批准。外国通讯社在中国境内提供新闻的服务业务须由中国政府审批。中外新闻机构业务合作、须中方主导,且须经中国政府批准)
十二、文化、体育和娱乐业 28. 禁止投资图书、报纸、期刊、音像制品和电子出版物的编辑、出版、制作业务	十二、文化、体育和娱乐业 25. 禁止投资图书、报纸、期刊、音像制品和电子出版物的编辑、出版、制作业务(但经中国政府批准,在确保合作中中方的经营主导权和内容终审权并遵守中国政府批复的其他条件下,中外出版单位可进行新闻出版中外合作出版项目。未经中国政府批准,禁止在中国境内提供金融信息服务)

续表

2020 年全国版	2020 年全国自贸区版
十二、文化、体育和娱乐业 29. 禁止投资各级广播电台（站）、电视台（站）、广播电视频道（率）、广播电视传输覆盖网（发射台、转播台、广播电视卫星、卫星上行站、卫星收转站、微波站、监测台及有线广播电视传输覆盖网等），禁止从事广播电视视频点播业务和卫星电视广播地面接收设施安装服务	十二、文化、体育和娱乐业 26. 禁止投资各级广播电台（站）、电视台（站）、广播电视频道（率）、广播电视传输覆盖网（发射台、转播台、广播电视卫星、卫星上行站、卫星收转站、微波站、监测台及有线广播电视传输覆盖网等），禁止从事广播电视视频点播业务和卫星电视广播地面接收设施安装服务（对境外卫星频道落地实行审批制度）
30. 禁止投资广播电视节目制作经营（含引进业务）公司	十三、文化、体育和娱乐业 27. 禁止投资广播电视节目制作经营（含引进业务）公司［引进境外影视剧和以卫星传送方式引进其他境外电视节目由广电总局指定的单位申报。对中外合作制作电视剧（含电视动画片）实行许可制度］
31. 禁止投资电影制作公司、发行公司、院线公司以及电影引进业务	十三、文化、体育和娱乐业 28. 禁止投资电影制作公司、发行公司、院线公司以及电影引进业务（但经批准，允许中外企业合作摄制电影）
32. 禁止投资文物拍卖的拍卖公司、文物商店和国有文物博物馆	十三、文化、体育和娱乐业 29. 禁止投资文物拍卖的拍卖公司、文物商店和国有文物博物馆（禁止不可移动文物及国家禁止出境的文物转让、抵押、出租给外国人。禁止设立与经营非物质文化遗产调查机构；境外组织或个人在中国境内进行非物质文化遗产调查和考古调查、勘探、发掘，应采取与中国合作的形式并经专门审批许可）
33. 禁止投资文艺表演团体	十三、文化、体育和娱乐业 30. 文艺表演团体须由中方控股

(三)上海自贸区与临港新片区相关政策对比

上海自贸区与临港新片区相关政策对比详见表1-4。

表1-4 上海自贸区与临港新片区相关政策对比

内容	上海自贸区相关政策内容	临港片区相关政策内容
准入政策	自由贸易区内企业,推行"证照分离"和"多证合一"等制度[1]: 1."证照分离"是指区内企业凭借营业执照即可开展一般经营活动,如要从事需许可的生产经营活动,可后续再到相关审批部门办理许可手续; 2.对审批改为备案的事项,原则上要按照"多证合一"的要求在企业登记注册环节一并办理,由市场监管部门及时将备案信息推送至有关主管部门	临港片区内企业推行以下政策[2]: 1.(商事主体登记确认制)新片区试行商事主体登记确认制。登记机关对申请人提交的登记材料实行形式审查,审查通过后即时予以登记确认,核发营业执照; 申请流程上推行开办企业全程无纸化登记,申请人可使用手机App完成身份认证和数字签名并在线提交,登记机关为企业发放手机版电子营业执照,实行全程"零见面办理"; 2.(资本项目开放)新片区按照国家统筹规划、服务实体、风险可控、分步推进的原则,稳步推进资本项目可兑换
投资政策	电信等领域目前存在以下限制[3]: 1.电信业:增值电信业务外资股比不超过50%,基础电信业务须由中方控股; 根据2019年版《自由贸易试验区外商投资准入特别管理措施(负面清单)》规定的内容,2020年版取消了对保险、证券、科研和技术服务、教育、卫生等领域外资股权比例。 2.科研和技术服务:禁止投资人体干细胞、基因诊断与治疗技术开发和应用;禁止投资人文社会科学研究机构等;禁止投资大地测量、海洋测绘、测绘航空摄影、地面移动测量、行政区域界线测绘,地形图、世界政区地图、全国政区地图、省级及以下政区地图、全国性教学地图、地方性教学地图、真三维地图和导航电子地图编制,区域性的地质填图、矿产地质、地球物理、地球化学、水文地质、环境地质、地质灾害、遥感地质等调查(矿业权人在其矿业权范围内开展工作不受此特别管理措施限制)。 3.教育:学前、普通高中和高等教育机构限于中外合作办学,须由中方主导(校长或者主要行政负责人应当具有中国国籍(且在中国境内定居);禁止投资义务教育机构、宗教教育机构; 4.卫生:医疗机构限于合资	临港片区内企业推行以下政策[4]: 1.(重点领域对外开放)新片区建立开放型制度体系,在电信、保险、证券、科研和技术服务、教育、卫生等重点领域加大对外开放力度,放宽注册资本、投资方式等限制,促进各类市场主体公平竞争,推动集成电路、人工智能、生物医药、航空航天、新能源汽车、高端智能装备等产业集聚。(由上述规定可知临港新片区有开放相关行业的动向,但上述规定尚未制定细致的实施细则); 2.(金融业对外开放)在新片区内先行先试金融业对外开放措施,落实放宽金融机构外资持股比例、拓宽外资金融机构业务经营范围等措施,支持符合条件的境外投资者依法设立各类金融机构,保障中外资金融机构依法平等经营

续表

内容	上海自贸区相关政策内容	临港片区相关政策内容
贸易区划分	已有4个海关特殊监管区域[5]： 1. 外高桥保税区； 2. 外高桥保税物流园区； 3. 浦东机场综合保税区； 4. 洋山保税港区。 并根据先行先试推进情况以及产业发展和辐射带动需要，逐步拓展实施范围和试点政策范围，形成与上海国际经济、金融、贸易、航运中心建设的联动机制	临港片区内企业推行以下政策[6]： 1.（洋山特殊综合保税区）在新片区内设立物理围网区域，依法建立洋山特殊综合保税区，在全面实施综合保税区政策的基础上，优化贸易监管、许可和程序要求，实施更高水平的贸易自由化便利化政策和制度。 对境外抵离物理围网区域的货物，实施以安全监管为主、更高水平的贸易自由化便利化监管模式
人才政策	现有自贸区关于人才管理的规定如下[7]： 1. 上海自贸区内外籍高层次人才可申请在华永久居留； 2. 允许在上海地区高校获本科及本科以上学历的外国留学生毕业后直接在上海自贸区工作；上海自贸区内跨国公司可聘用世界知名高校应届毕业生来沪就业； 3. 非本市户籍人才在上海自贸区内的购房资格为连续缴纳5年社保，以居民家庭为单位购房	临港片区内企业推行以下政策[8]： 1.（户籍和居住证）优化新片区人才直接落户政策，对符合条件的人才，缩短新片区居住证转办常住户口年限。对持有本市居住证在新片区工作并居住的人员，实行居住证专项加分； 2.（技能人才引进）在国家职业资格和技能等级认定范围内，聚焦新片区重点产业布局，制定技能人才引进目录。对目录以外的紧缺技能岗位核心业务骨干，由新片区行业代表性企业自主评定和推荐后纳入引进范围； 3.（从业资格）允许具有境外职业资格的金融、建筑、规划、设计等领域符合条件的专业人才经备案后，在新片区内提供服务，其境外从业经历可以视同国内从业经历。除涉及国家主权和安全外，允许境外人员在新片区申请参加我国相关职业资格考试； 4.（专项资金扶持）本市设立新片区专项发展资金，统筹用于新片区产业扶持、创新创业支持、人才引进培养、基础设施和公共设施建设等方面。新片区通过设立战略性新兴产业投资平台、创新股权投资等方式，带动社会资本投向重大产业项目、初创型企业等领域

续表

内容	上海自贸区相关政策内容	临港片区相关政策内容
财税政策	没有特别所得税优惠政策	临港片区内企业推行以下政策[9]： 1. 对新片区内符合条件的从事集成电路、人工智能、生物医药、民用航空等关键领域核心环节生产研发的企业，自设立之日起5年内减按15%的税率征收企业所得税； 2. 研究实施境外人才个人所得税税负差额补贴政策。在不导致税基侵蚀和利润转移的前提下，探索试点自由贸易账户的税收政策安排

注：[1]根据国务院《关于在自由贸易试验区开展“证照分离”改革全覆盖试点的通知》(国发[2019]25号)的相应内容总结。

[2]根据《中国(上海)自由贸易试验区临港新片区管理办法》(上海市人民政府令第19号)的相应内容总结。

[3]根据2020年版《自由贸易试验区外商投资准入特别管理措施(负面清单)》内容总结。

[4]根据《中国(上海)自由贸易试验区临港新片区管理办法》(上海市人民政府令第19号)的相应内容总结。

[5]根据国务院《关于印发中国(上海)自由贸易试验区总体方案的通知》内容总结。

[6]根据《中国(上海)自由贸易试验区临港新片区管理办法》(上海市人民政府令第19号)的相应内容总结。

[7]根据中共上海市委、上海市政府《关于进一步深化人才发展体制机制改革加快推进具有全球影响力的科技创新中心建设的实施意见》内容总结。

[8]根据《中国(上海)自由贸易试验区临港新片区管理办法》(上海市人民政府令第19号)的相应内容总结。

[9]根据《中国(上海)自由贸易试验区临港新片区管理办法》(上海市人民政府令第19号)的相应内容总结。

(四)实例说明

下方将基于负面清单的变化，重点就汽车制造业、测绘业、金融业和农业四个领域进行更为深入的比较和分析。

1. 汽车制造业

根据表1－5可以看出，汽车制造业中，逐渐开放了专用车、新能源汽车、商用车的整车制造领域对外国投资者独资的限制。2022年，我国将继续放开对于汽车制造业外资比例的限制。对外资车企的限制开放，一方面改善了我国在制车行业低端供给相对过剩，中高端供给相对不足的结构性矛盾，另一方面外资品牌的进入，也有助于促进本行业良性竞争，提高产品质量与技术水平。例如，在新能源行业，特斯拉在2018年便进入中国布局制造中国本土生产的车型，更是于本土车型大量面世后大幅降价，大大冲击了国产新能源汽车市场，也刺激了国产新能源行业的快速成长。

表 1－5　涉汽车制造业负面清单内容对比

2020 年全国版负面清单	2019 年全国版负面清单	2018 年全国版负面清单	2017 年产业指导目录
除专用车、新能源汽车、商用车外，汽车整车制造的中方股比不低于 50%，同一家外商可在国内建立两家及两家以下生产同类整车产品的合资企业（2022 年取消乘用车制造外资股比限制以及同一家外商可在国内建立两家及两家以下生产同类整车产品的合资企业的限制）	除专用车、新能源汽车外，汽车整车制造的中方股比不低于 50%，同一家外商可在国内建立两家及两家以下生产同类整车产品的合资企业（2020 年取消商用车制造外资股比限制，2022 年取消乘用车制造外资股比限制以及同一家外商可在国内建立两家及两家以下生产同类整车产品的合资企业的限制）	除专用车、新能源汽车外，汽车整车制造的中方股比不低于 50%，同一家外商可在国内建立两家及两家以下生产同类整车产品的合资企业（2020 年取消商用车制造外资股比限制，2022 年取消乘用车制造外资股比限制以及同一家外商可在国内建立两家及两家以下生产同类整车产品的合资企业的限制）	汽车整车、专用汽车制造：中方股比不低于 50%，同一家外商可在国内建立两家及两家以下生产同类（乘用车类、商用车类）整车产品的合资企业，如与中方合资伙伴联合兼并国内其他汽车生产企业以及建立生产纯电动汽车整车产品的合资企业可不受两家的限制

在行业监管规定方面，国家发改委在 2018 年 7 月 4 日最新发布《汽车产业投资管理规定（征求意见稿）》，提出了外商投资依据外商投资准入特别管理措施执行，衔接了负面清单制度。

2. 测绘业

随着互联网的迅猛发展，共享单车、共享汽车及网络约车的普及度也越来越高，互联网公司对于地图、定位系统的应用频率越来越高，这也使测绘业蓬勃发展。随着技术发展的需要，国家政策也在不断地随之调整，通过引进外商投资的方式促进测绘这一新兴行业发展。

从 2018 年负面清单的规定开始，负面清单中没有关于测绘公司外资股权比例的限制。这一变化似乎是为了引进测绘行业资源，促进测绘等信息技术行业的外国投资者进入中国市场，从而达到有效地融合资本及技术的目的，但其实结果恰恰相反。

通过表 1－6 观察发现，外资从事的测绘业务其实是被不断缩小的。测绘行业涉及国家安全、人民安全，因此这一行业受到了来自国家各方面的严格管制。例如，《外商投资产业指导目录（2017 年修订）》就添加了“地图移动测量”这一禁止类规定,并且这一规定从2017年延续至今。

表1-6 涉测绘业负面清单内容对比

2020年全国版负面清单	2018年全国版负面清单	2017年产业指导目录	2015年产业指导目录
禁止投资大地测量、海洋测绘、测绘航空摄影、地面移动测量、行政区域界线测绘,地形图、世界政区地图、全国政区地图、省级及以下政区地图、全国性教学地图、地方性教学地图、真三维地图和导航电子地图编制,区域性的地质填图、矿产地质、地球物理、地球化学、水文地质、环境地质、地质灾害、遥感地质等调查(矿业权人在其矿业权范围内开展工作不受此特别管理措施限制)	禁止投资大地测量、海洋测绘、测绘航空摄影、地面移动测量、行政区域界线测绘,地形图、世界政区地图、全国政区地图、省级及以下政区地图、全国性教学地图、地方性教学地图、真三维地图和导航电子地图编制,区域性的地质填图、矿产地质、地球物理、地球化学、水文地质、环境地质、地质灾害、遥感地质等调查	禁止:大地测量、海洋测绘、测绘航空摄影、行政区域界线测绘、地形图、世界政区地图、全国政区地图、省级及以下政区地图、全国性教学地图、地方性教学地图、地面移动测量和真三维地图编制、导航电子地图编制,区域性的地质填图、矿产地质、地球物理、地球化学、水文地质、环境地质、地质灾害、遥感地质等调查	禁止:大地测量、海洋测绘、测绘航空摄影、行政区域界线测绘、地形图、世界政区地图、全国政区地图、省级及以下政区地图、全国性教学地图、地方性教学地图和真三维地图编制、导航电子地图编制,区域性的地质填图、矿产地质、地球物理、地球化学、水文地质、环境地质、地质灾害、遥感地质等调查
无"测绘公司(中方控股)"	删除"测绘公司(中方控股)"	限制:测绘公司(中方控股)	限制:测绘公司(中方控股)

本着个人数据信息及国家信息安全为重的原则,即使在现在技术信息等行业需要迅速扩张以保证发展的情况下上述领域依然是我国坚守的阵地。类似于测绘页这类涉及国家安全的领域可能并不会对外资进一步开放。

3. 金融业

由表1-7对比可得,2017年产业目录对于金融行业的银行类机构设立不仅有投资入股比例的限制,而且对于设立外国银行分行、外商独资银行、中外合资银行的主体限制也是繁多。到2018年负面清单,一方面,缩减了银行部分的限制因素;另一方面,在对保险公司、证券公司及期货公司的外商投资要求中将中方控股的表述更改为外资股比不超过51%,同时对于相关行业的分类进行了细化,期货及证券公司被划分为资本市场的领域,保险公司也被单独划分为保险业;最主要的是从这一版本的负面清单开始出现过渡期规划。2019年版负面清单仍沿袭2018年的相关规定,而到2020年版本对于外商投资金融业持股比例的要求迈出了历史性的一步，提前取消了原过渡期安排2021年取消的股比限制。从此，外商投资在金融业的监管被进一步放开，该行业的发展也更加令世人所期待。

表1-7　涉金融业负面清单内容对比

2020年全国版负面清单	2019年全国版负面清单	2018年全国版负面清单	2017年产业指导目录
无	22. 证券公司的外资股比不超过51%，证券投资基金管理公司的外资股比不超过51%。（2021年取消外资股比限制） 23. 期货公司的外资股比不超过51%。（2021年取消外资股比限制） 24. 寿险公司的外资股比不超过51%（2021年取消外资股比限制）	27. 证券公司的外资股比不超过51%，证券投资基金管理公司的外资股比不超过51%。（2021年取消外资股比限制） 28. 期货公司的外资股比不超过51%。（2021年取消外资股比限制） 29. 寿险公司的外资股比不超过51%（2021年取消外资股比限制）	25. 银行（单个境外金融机构及被其控制或共同控制的关联方作为发起人或战略投资者向单个中资商业银行投资入股比例不得超过20%，多个境外金融机构及被其控制或共同控制的关联方作为发起人或战略投资者投资入股比例合计不得超过25%；投资农村中小金融机构的境外金融机构必须是银行类金融机构；设立外国银行分行、外商独资银行、中外合资银行的境外投资者、唯一或控股股东必须为境外商业银行，非控股股东可以为境外金融机构） 26. 保险公司（寿险公司外资比例不超过50%） 27. 证券公司（设立时限于从事人民币普通股、外资股和政府债券、公司债券的承销与保荐，外资股的经纪，政府债券、公司债券的经纪和自营；设立满2年后符合条件的公司可申请扩大业务范围；中方控股）、证券投资基金管理公司（中方控股） 28. 期货公司（中方控股）

4. 农业

中华文明五千年发展历史，农业对于文明的进步起着至关重要的作用，在改革开放实施四十年多年的今天，由表 1－8 可见，中国的外商投资准入在农业领域也在进一步放开，由最初的全部农作物新品种的选育和种子生产都需要中方控股，同时限制主要类别农作物的收购和批发行为，优先供给国内企业的发展；到 2018 年及 2019 年版的负面清单全面取消特定类别的农作物收购和批发限制，到提出特定类别的农作物新品选育和种子生产由中方控股；直到 2020 年负面清单，进一步放开小麦新品种选育和种子生产的中方股比，只要不低于 34% 即可。这一变化也说明中国吸收的外商优秀技术领域正逐步扩展到各行各业，是适应全球化发展的有力举措。

表 1－8　涉农业负面清单内容对比

2020 年全国版负面清单	2019 年全国版负面清单	2018 年全国版负面清单	2017 年产业指导目录
1. 小麦新品种选育和种子生产的中方股比不低于 34%、玉米新品种选育和种子生产须由中方控股	1. 小麦、玉米新品种选育和种子生产须由中方控股	1. 小麦、玉米新品种选育和种子生产须由中方控股。 原 2017 产业指导目录第 22 项取消	1. 农作物新品种选育和种子生产（中方控股）。 22. 稻谷、小麦、玉米收购、批发

第三节　外商投资准入变化带来的新问题和展望

一、与监管政策的衔接问题

随着原来的“三资企业法”的废除，与已有的监管政策如何衔接，相关监管部门如何变化其原有职能，亦是一个新的问题。

为了深刻推进利用外资推动我国经济高质量发展，推进现代化建设的发展方针，国务院在 2019 年公布了《关于进一步做好利用外资工作的意见》。当前国际投资总体特征发生深刻变化，我国在利用外资上面临着新的挑战，因此需要稳定外资规模、优化外资结构。在这一背景下，政府需要转变职能，明确新的权力边界，从以前的准入到运营监管体系再到建立完备的监督体系和风险体系，都要求有关部门从过去单纯的管理平台转变为一个更加全面的提供服务、引导发展的监管平台。

该意见关于外资引进和准入相关的各部门负责工作主要要求从表1－9可见：

表1－9　外资引进和准入负责部门职责一览

意见要求	负责部门
支持外商投资新开放领域。继续压减全国和自由贸易试验区外商投资准入负面清单，全面清理取消未纳入负面清单的限制措施，保障开放举措有效实施，持续提升开放水平	发展改革委、商务部牵头，各有关部门、各省级人民政府按职责分工负责
加快金融业开放进程。全面取消在华外资银行、证券公司、基金管理公司等金融机构业务范围限制，丰富市场供给，增强市场活力。减少外国投资者投资设立银行业、保险业机构和开展相关业务的数量型准入条件，取消外国银行来华设立外资法人银行、分行的总资产要求，取消外国保险经纪公司在华经营保险经纪业务的经营年限、总资产要求。扩大投资入股外资银行和外资保险机构的股东范围，取消中外合资银行中方唯一或主要股东必须是金融机构的要求，允许外国保险集团公司投资设立保险类机构。继续支持按照内外资一致的原则办理外资保险公司及其分支机构设立及变更等行政许可事项。2020年取消证券公司、证券投资基金管理公司、期货公司、寿险公司外资持股比例不超过51%的限制	人民银行、银保监会、证监会按职责分工负责
优化汽车领域外资政策。各地区要保障内外资汽车制造企业生产的新能源汽车享受同等市场准入待遇。修订乘用车企业平均燃料消耗量与新能源汽车积分并行管理办法，在外方与中方合资伙伴协商一致后，允许外方在华投资的整车企业之间转让积分	工业和信息化部、各省级人民政府按职责分工负责
着力营造公平经营环境。各地区、各部门要着力提高市场的公平性，及时纠正违反公平竞争的做法，着力消除妨害公平竞争的制度性障碍。统一内外资建筑业企业承揽业务范围。完善外国投资者申请从事互联网上网服务营业场所、娱乐场所经营等业务相关规定。坚持按照内外资机构同等待遇原则，开展强制性产品认证机构的资质审批工作。增加化学品物理危险性鉴定机构数量，不得针对外商投资企业设置限制性条件	发展改革委、住房城乡建设部、商务部、文化和旅游部、应急部、市场监管总局、各省级人民政府按职责分工负责

续表

意见要求	负责部门
提升自由贸易试验区建设水平。支持地方和部门聚焦市场主体期盼,提出支持自由贸易试验区进一步扩大开放和创新发展的具体措施,推进相关深层次改革事项在自由贸易试验区先行先试,充分发挥自由贸易试验区改革开放试验田作用。对有条件的自由贸易试验区下放更多省级经济管理审批权限,尤其是投资审批、市场准入等权限	商务部牵头,发展改革委等有关部门、各有关省级人民政府按职责分工负责
提升开放平台引资质量。鼓励地方人民政府对有条件建设具有较强竞争力产业集群的国家级经济技术开发区予以支持,打造品牌化招商引资平台。建立重点企业联系制度,提供专业化、全流程服务,着力培育带动力强、辐射面广的龙头企业和产业链核心企业。在确有发展需要且符合条件的中西部地区,优先增设一批综合保税区。切实推进国家级经济技术开发区“审批不出区”、“互联网+政务服务”和“最多跑一次”改革,创新完善企业服务体系,构建一流营商环境	财政部、工业和信息化部、商务部、海关总署、税务总局、各省级人民政府按职责分工负责
支持地方加大对外资的招商引资力度。鼓励地方政府根据当地招商工作实际,制定考核激励政策,对招商部门、团队内非公务员岗位实行更加灵活的激励措施。鼓励地方政府在法定权限内合理设定招商引资工作经费额度与标准,对出境招商活动、团组申请等予以支持	外交部、发展改革委、财政部、人力资源社会保障部、商务部、各省级人民政府按职责分工负责
全面贯彻外商投资法。外商投资法及其配套法规实施后,各地区、各部门要严格贯彻落实,进一步清理相关法规规定,抓紧制定完善具体实施办法和有关司法解释,做好解读和培训工作,确保外商投资法各项制度切实有效执行	商务部、发展改革委、最高人民法院、司法部牵头,各部门、各省级人民政府按职责分工负责

可见,除了商务部、发改委、市场监督管理部门、外管局等传统的监管部门以外,行业监管部门等其他的部门职责也明确进行了增加。《外商投资法》实施前后,除《外商投资法》《外商投资法实施条例》以及各负面清单以外,各监管部门也纷纷出台了相关的文件,如表1-10所示。

表 1-10　监管部门出台文件一览

文件名称	发布日期	发布部门
《外商投资信息报告办法》	2019 年 12 月 30 日	商务部、国家市场监督管理总局
《关于外商投资信息报告有关事项的公告》	2019 年 12 月 31 日	商务部
《关于进一步完善外商投资信息报告制度加强和完善事中事后监管工作的通知》	2020 年 6 月 30 日	商务部、市场监管总局
《外商投资企业投诉工作办法》	2020 年 8 月 25 日	商务部
《关于请完善外商投资企业投诉相关工作制度的函》	2020 年 9 月 30 日	商务部
《关于贯彻落实国务院部署　给予重点外资企业金融支持有关工作的通知》	2020 年 12 月 4 日	商务部、中国银保监会
《关于贯彻落实〈外商投资法〉做好外商投资企业登记注册工作的通知》	2019 年 12 月 28 日	国家市场监督管理总局
《关于就废止〈外商投资合伙企业登记管理规定〉公开征求意见的通知》	2020 年 12 月 22 日	国家市场监督管理总局
《关于调整企业登记前置审批事项目录的通知》	2021 年 3 月 20 日	国家市场监督管理总局
《外商投资安全审查办法》	2020 年 12 月 19 日	国家发展和改革委员会、商务部
《关于应对疫情进一步深化改革做好外资项目有关工作的通知》	2020 年 3 月 9 日	国家发展和改革委员会
《〈关于进一步优化跨境人民币政策　支持稳外贸稳外资的通知(征求意见稿)〉公开征求意见的通知》	2020 年 9 月 18 日	中国人民银行、国家发展和改革委员会、商务部、国务院国有资产监督管理委员会、中国银行保险监督管理委员会、国家外汇管理局
《关于进一步促进跨境贸易投资便利化的通知》	2019 年 10 月 23 日	国家外汇管理局
《关于优化外汇管理支持涉外业务发展的通知》	2020 年 4 月 10 日	国家外汇管理局
《关于适用〈中华人民共和国外商投资法〉若干问题的解释》	2019 年 12 月 26 日	最高人民法院
《关于审理外商投资企业纠纷案件若干问题的规定(一)(2020 年修订)》	2020 年 12 月 29 日	最高人民法院
《关于加强外商投资电信企业事中事后监管的通知》	2020 年 10 月 15 日	工业和信息化部

续表

文件名称	发布日期	发布部门
《关于废止〈外商投资建筑业企业管理规定〉等规章的决定》	2020 年 1 月 17 日	住房和城乡建设部、商务部
《关于废止〈外商投资民用航空业规定〉及其 6 个补充规定的决定》	2020 年 12 月 30 日	交通运输部、商务部、发展改革委

注:因整理范围有限,可能无法穷尽。

各地政策上,也纷纷出台了外资优惠政策。例如,表 1 - 11 中关于上海地区的相关政策:

表 1 - 11　上海市外商投资相关政策

文件名称	出台时间	出台部门
《关于推广上海市 24 条稳外资新措施的函》	2020 年 4 月 21 日	商务部办公厅
《上海市外商投资条例》	2020 年 9 月 25 日	上海市人民代表大会常务委员会
《关于印发〈上海市鼓励设立和发展外资研发中心的规定〉的通知》	2020 年 11 月 2 日	上海市人民政府办公厅

注:因整理范围有限,可能无法穷尽。

由此不难看出,国家对于外商在国内投资的发展要求不断改善,主要体现在放宽监管行业、拓展开放地区、细化各对接职能部门的要求,在有条不紊的步伐中推进对外开放的进程。我们也预见,将来在国务院各部门、地方人大和各政府部门层面上,也将出台更多配套衔接的规章制度、地方法规或其他规范性文件。

二、与过渡期安排的衔接问题

除《外商投资法》中规定的整体的过渡期安排以外,自 2018 年全国版负面清单以来,也规定了负面清单中相应领域的过渡期安排问题。表 1 - 12 基于 2017 年外商投资产业指导目录相关行业的规定,罗列了所对应的 2018 年、2019 年及 2020 年三年的负面清单中的内容,以说明该过渡期安排。

表 1 – 12　2017 ~ 2020 年版负面清单过渡期安排

2017 年版产业指导目录	2018 年版负面清单	2019 年版负面清单	2020 年版负面清单
7. 汽车整车、专用汽车制造：中方股比不低于 50%，同一家外商可在国内建立两家及两家以下生产同类（乘用车类、商用车类）整车产品的合资企业，如与中方合资伙伴联合兼并国内其他汽车生产企业以及建立生产纯电动汽车整车产品的合资企业可不受两家的限制	三、制造业 12. 除专用车、新能源汽车外，汽车整车制造的中方股比不低于 50%，同一家外商可在国内建立两家及两家以下生产同类整车产品的合资企业（2020 年取消商用车制造外资股比限制。2022 年取消乘用车制造外资股比限制以及同一家外商可在国内建立两家及两家以下生产同类整车产品的合资企业的限制）	三、制造业 9. 除专用车、新能源汽车外，汽车整车制造的中方股比不低于 50%，同一家外商可在国内建立两家及两家以下生产同类整车产品的合资企业（2020 年取消商用车制造外资股比限制。2022 年取消乘用车制造外资股比限制以及同一家外商可在国内建立两家及两家以下生产同类整车产品的合资企业的限制）	三、制造业 8. 除专用车、新能源汽车、商用车外，汽车整车制造的中方股比不低于 50%，同一家外商可在国内建立两家及两家以下生产同类整车产品的合资企业（2022 年取消乘用车制造外资股比限制以及同一家外商可在国内建立两家及两家以下生产同类整车产品的合资企业的限制）
26. 保险公司（寿险公司外资比例不超过 50%） 27. 证券公司（设立时限于从事人民币普通股、外资股和政府债券、公司债券的承销与保荐，外资股的经纪，政府债券、公司债券的经纪和自营；设立满 2 年后符合条件的公司可申请扩大业务范围；中方控股）、证券投资基金管理公司（中方控股） 28. 期货公司（中方控股）	八、金融业 （二十一）资本市场服务 27. 证券公司的外资股比不超过 51%，证券投资基金管理公司的外资股比不超过 51%。（2021 年取消外资股比限制） 28. 期货公司的外资股比不超过 51%。（2021 年取消外资股比限制） （二十二）保险业 29. 寿险公司的外资股比不超过 51%（2021 年取消外资股比限制）	八、金融业 22. 证券公司的外资股比不超过 51%，证券投资基金管理公司的外资股比不超过 51%。（2021 年取消外资股比限制） 23. 期货公司的外资股比不超过 51%。（2021 年取消外资股比限制） 24. 寿险公司的外资股比不超过 51%（2021 年取消外资股比限制）	直接删除了金融业的相关分类，即提前于 2020 年取消了对金融行业各类公司的股比限制

可以看到，在汽车制造和金融领域，均存在过渡期的安排。汽车制造业的过渡期主要安排为："2020 年取消商用车制造外资股比限制。2022 年取消乘用车制造外资股比限制以及同一家外商可在国内建立两家及两家以下生产同类整车产品的合资企业的限制。"其中，2020 年的商用车制造外资股比限制已经取消。

金融业中,2018 年版负面清单中明确了证券、期货和寿险三个领域均将在 2021 年取消外资股比限制,2020 年版负面清单中显示已经提前取消限制。

负面清单的说明中指出,“《外商投资准入负面清单》对部分领域列出了取消或放宽准入限制的过渡期,过渡期满后将按时取消或放宽其准入限制”。这样的过渡期安排,实际是从国内行业发展的实际出发,结合外商投资相关监管部门的政策做出的分步骤的过渡。因此,对于计划在中国进行相关行业投资的外国投资者,建议也应多关注负面清单中关于过渡期的安排,并结合国内政策变动及时调整投资计划。

三、与外商投资准入相关合同效力的衔接问题

外国投资者在进行外商投资准入过程中,不可避免地会与交易相对方签订合同、协议等。例如,外商合资、合作企业涉及的合资、合伙协议;股权转让时涉及的股权转让协议等。这些协议由于涉外因素,因而会涉及法律适用以及合同效力等问题。

如前文所述,“三资企业法”时代我国对外商投资企业一律采用审批制,对于未经审批的外商投资相关合同只有经过审批之后才能发生效力。2010 年最高人民法院发布的《关于审理外商投资企业纠纷案件若干问题的规定(一)》第 1 条中,将未经审批的合同效力明确为未生效。① 2016 年全国人大常委会修改了“三资企业法”,将负面清单之外的合同由审批制修改为备案制。因此,在审批体制之下,外国投资者签订的投资相关合同的效力如何认定,是实践中亟待明确的问题。

目前,这个问题已经得到最高人民法院的确认。首先,根据最高人民法院《关于审理外商投资企业纠纷案件若干问题的规定(一)(2020 年修订)》第 1 条的规定,该条与 2010 年版的司法解释相比较未发生变化,即需要经审批后才能生效的合同,未经审批的情况仍然为未生效。其次,根据最高人民法院《关于适用〈中华人民共和国外商投资法〉若干问题的解释》第 2 条规定,“对外商投资法

① 《关于审理外商投资企业纠纷案件若干问题的规定(一)》第 1 条第 1 款规定:“当事人在外商投资企业设立、变更等过程中订立的合同,依法律、行政法规的规定应当经外商投资企业审批机关批准后才生效的,自批准之日起生效;未经批准的,人民法院应当认定该合同未生效。当事人请求确认该合同无效的,人民法院不予支持。”

第四条所指的外商投资准入负面清单之外的领域形成的投资合同，当事人以合同未经有关行政主管部门批准、登记为由主张合同无效或者未生效的，人民法院不予支持。前款规定的投资合同签订于外商投资法施行前，但人民法院在外商投资法施行时尚未作出生效裁判的，适用前款规定认定合同的效力”。再次，该解释第3条规定，“外国投资者投资外商投资准入负面清单规定禁止投资的领域，当事人主张投资合同无效的，人民法院应予支持”。最后，该解释第4条规定，“外国投资者投资外商投资准入负面清单规定限制投资的领域，当事人以违反限制性准入特别管理措施为由，主张投资合同无效的，人民法院应予支持。人民法院作出生效裁判前，当事人采取必要措施满足准入特别管理措施的要求，当事人主张前款规定的投资合同有效的，应予支持”。

综上所述，外国投资者签订的投资相关合同的效力可以主要归纳为表1－13：

表1－13　外国投资者签订的投资相关合同

合同涉及领域	合同效力
负面清单以外领域	行政主管部门批准、登记非合同生效的必备前提
负面清单中禁止投资领域	合同无效
负面清单中限制投资领域	(1)违反限制性准入特别管理措施的，合同无效 (2)满足准入特别管理措施的，合同有效 (3)需要审批后生效的，未经审批不发生效力

由此可见，《外商投资法》通过准入前国民待遇加负面清单管理等制度设计，在维护和保障外资管理秩序的前提下，尽可能促进外商投资合同有效，最大限度地保障了外商投资主体的合法权益。①

四、与红筹架构相衔接的问题

“红筹架构”，或者说VIE架构，是一种为了规避国内产业政策对外资的行业准入限制而被设计的投资架构，其在电信、教育、医疗、文化等对外资限制的领域有广泛运用。从架构安排上来说，是由境外投资方通过其所设立的WOFE并基于一系列协议安排来控制在我国境内拟投资的企业，而境外投资方往往由中国

① 肖涌刚：《外商投资法司法解释：聚焦合同争议解决，平等保护中外投资者》，载北京商报网，http://bbtnews.com.cn/2019/1227/330202.shtml。

投资者实际控制。

“红筹架构”由于其特殊的设立目的以及特殊的交易安排，一直以来面临着两个难题：第一，VIE架构控制的被投企业是否属于外商投资企业；第二，如属于外商投资企业，该交易安排是否会导致合同无效。

关于第一点，2015年的《外国投资法（草案征求意见稿）》将“通过合同、信托等方式控制境内企业或者持有境内企业权益”定义为“外商投资”的一种形式。这意味着：即使是外国投资者通过“协议控制”架构控制的境内企业，其也会被视为外资公司，也要受到准入政策的限制，这对于想要投资中国境内公司的外国投资者而言意义重大。[①] 同时期的商务部《关于〈中华人民共和国外国投资法（草案征求意见稿）〉的说明》中也提出：（1）向主管部门申报其受中国投资者实际控制的，可继续保留协议控制结构，相关主体可继续开展经营活动；（2）向主管部门申请认定其受中国投资者实际控制，在主管部门认定其受中国投资者实际控制后，可继续保留协议控制结构，相关主体可继续开展经营活动；（3）向主管部门申请准入许可，主管部门会同有关部门综合考虑外国投资企业的实际控制人等因素做出决定。[②]

然而，在现已生效的《外商投资法》中将“协议控制”的规定删除，这也就表明现行的VIE架构在适用上仍处于灰色地带，未有明确界定。原因可能是无法明确区分中国投资者为实际控制人还是外国投资者是实际控制人的情况。值得一提的是，尽管《外商投资法》已经将协议控制删除，其将“法律、行政法规或者国务院规定的其他方式的投资”也认定为了“外国投资”。因此，如果我国之后出台其他法律、行政法规或国务院出台新的规定来补充这一漏洞，“协议控制”仍有可能被认定为合法的投资形式。

此外，根据国务院办公厅《关于印发〈自由贸易试验区外商投资国家安全审查试行办法〉的通知》第1条第2款规定，“外国投资者在自贸试验区内投资，包括下列情形：……3.外国投资者通过协议控制、代持、信托、再投资、境外交易、租赁、认购可转换债券等方式投资”。这个文件中也明确了协议控制属于外商投资

---

① 曾赞新、孙望清等：《实务视野中的〈外商投资法〉（下）》，载中伦资讯2019年4月28日，http://www.zhonglun.com/content/2019/04-28/1153086。

② 参见《关于〈中华人民共和国外国投资法（草案征求意见稿）〉的说明》。

的一种形式。因此,我们也建议,虽然可以把外国投资者采取协议控制架构进行的投资视为一种“外商投资”,但仍然需要依据实际控制人的国籍进行区别的对待。对于“协议控制”的实际控制人主体位于境外的,应认定其为外商投资;反之,如果主体在境内,可不认定其为外商投资。但实务中,我们还是以当地的窗口指导意见为准。今后,也希望国务院会根据《外商投资法》的授权,对以协议控制形式存在的投资是否纳入“外商投资”范畴这一点,给出明确的结论。

关于第二点,上述合同效力衔接问题中已经提到,如投资的为禁止或限制外国投资的领域,则在 VIE 架构属于外商投资的前提下,投资相关的协议存在被认定为无效或效力待定的风险。对于不属于外商投资的情况,可能需要通过是否符合法定无效情形来认定。实务中有如下两则典型案例:

(1)华懋民生股权纠纷一案。在本案中,香港华懋金融服务公司(以下简称华懋)通过委托投资的方式,委托中国中小企业投资有限公司认购民生银行的股权。最高人民法院于 2012 年做出判决,认为华懋与中小企业投资公司通过签署委托协议确立的委托关系规避了相关法律法规对外商投资金融领域的限制性规定,属于以合法形式掩盖非法目的,因此判决华懋与中小企业投资公司签署的委托协议无效。①

(2)长沙亚兴与北师大安博教育的合同纠纷一案。在本案中,最高人民法院认为《外商投资产业指导目录》及《商务部实施外国投资者并购境内企业安全审查制度的规定》系部门规章,而非法律和行政法规。因此,在不具备违反法律及行政法规的强行性规定的前提下,无法认定以合法形式掩盖非法目的,从而判定合同无效。另外,最高人民法院认为在行政主管机关未作出违法认定前,也不适合作出合同无效的判断。②

从以上两个案例的不同判决结果可以得知,在 VIE 架构的相关属性没有明确的前提下,司法实践中对个案的处理结果有所不同。

综上所述,在外商投资准入的环节,特别是涉及资本市场的投资交易,投资方要充分关注准入政策以及监管、司法的相关口径,以合理的设计交易架构,降低交易的风险。

---

① 参见最高人民法院民事裁定书,(2014)民四终字第 29 号。

② 参见最高人民法院民事裁定书,(2014)民一终字第 24 号。

第二章　外商投资企业设立法律实务

徐春晖[*]　梅颖达[**]　吴雨伦[***]　郭沁钰[****]

第一节　外商投资企业设立审核制度的历史沿革

我国决定改革开放后就开始有序推进外资引入的具体计划,以刺激我国当时经济的发展。此后,外国企业、外国自然人及我国港澳台地区同胞通过投资以设立独资或合资企业等方式在我国开展经营活动,为我国经济建设作出了卓越的贡献。而在这一段历史中,我国也积极进行多次立法,并不断修改外商投资企业的设立程序,为广大境外投资者不断创造更好的投资营商环境。

一、全面前置审批阶段

1979 年至 1988 年我国先后颁布了《中外合资经营企业法》、《外资企业法》和《中外合作经营企业法》,以上三部法律被合称为"三资企业法"。

依照"三资企业法"以及相关法律规定,外国投资者,包括企业、其他经济组织和个人,经过政府批准,可以与中国的企业或其他经济组织采取中外合资、中外合作,或者外商独资的方式,分别设立中外合资企业、中外合作经营企业或者外商独资企业。

外商投资企业的设立采取全面前置审批程序:设立中外合资、中外合作企业

* 徐春晖,上海市金茂律师事务所合伙人。
** 梅颖达,上海市金茂律师事务所律师。
*** 吴雨伦,上海市金茂律师事务所律师。
**** 郭沁钰,上海市金茂律师事务所律师。

的由中方投资者申报,设立外商独资企业的由地方政府部门负责申报。发展改革部门负责项目审批;商务部门负责合同章程审批;工商部门负责设立登记。

二、备案制与审批制相结合阶段

1995年6月20日,中华人民共和国国家计划委员会和国家经济贸易委员会等部门联合发布了《指导外商投资方向暂行规定》(已失效)和《外商投资产业指导目录》。《指导外商投资方向暂行规定》第3条规定:"国家计划委员会会同国务院有关部门根据本规定和国家经济技术发展情况,定期编制和适时修订《外商投资产业指导目录》,经国务院批准后公布。"《外商投资产业指导目录》是指导审批外商投资项目的依据。《指导外商投资方向暂行规定》第4条规定:"外商投资项目分为鼓励、允许、限制和禁止四类。"

鼓励类、限制类和禁止类的外商投资项目,列入《外商投资产业指导目录》。不属于鼓励类、限制类和禁止类的外商投资项目为允许类外商投资项目。允许类外商投资项目不列入《外商投资产业指导目录》。《指导外商投资方向暂行规定》第10条规定,鼓励类、允许类外商投资项目,按照现行规定的程序和办法审批、备案。限制类(甲)外商投资项目,按照现行规定的程序和办法审批、备案。限制类(乙)外商投资项目,属于国务院规定的审批限额以下的,项目建议书由国务院行业归口管理部门审批。限制类(乙)外商投资项目,属于国务院规定的审批限额以上的,按照现行规定的程序和办法审批。

2016年10月8日,中华人民共和国商务部发布《外商投资企业设立及变更备案管理暂行办法》。依照该暂行办法:设立外商投资企业,不涉及国家规定实施准入特别管理措施的,在取得企业名称预核准后,应由全体投资者指定的代表或共同委托的代理人在营业执照签发前,或由外商投资企业指定的代表或委托的代理人在营业执照签发后30日内,通过综合管理系统,在线填报和提交《外商投资企业设立备案申报表》及相关文件,办理设立备案手续。

自此,我国的外商投资企业设立程序结束了全面审批制,并在很长一段时间内处于备案制与审批制相结合的阶段。《外商投资企业设立及变更备案管理暂行办法》(已失效)也于2018年6月29日进行了修订,将第5条内容修改为:"设立外商投资企业,属于本办法规定的备案范围的,全体投资者(或外商投资股份有限公司董事会)指定的代表或共同委托的代理人在向工商和市场监督管理部门办理设立登记时,应一并在线报送外商投资企业设立备案信息。由于并购、吸收合并等方式,非外商投资企业转变为外商投资企业,属于本办法规定的备案范围的,在向工商和市场监督管理部门办理变更登记时,应一并在线报送外商投资企业设立备案信息。备案机构自取得工商和市场监督管理部门推送的备案信息时,开始办理备案手续,并应同时告知投资者。"其中,"备案机构自取得工商和市场监督管理部门推送的备案信息时,开始办理备案手续,并应同时告知投资者"是新增条款。

三、准入前国民待遇加负面清单管理阶段

2019 年 3 月 15 日,我国颁布了《外商投资法》,该法从 2020 年 1 月 1 日生效实施,《外商投资法》生效之日起《中外合资经营企业法》《外资企业法》《中外合作经营企业法》同时废止。根据《外商投资法》第 4 条规定:"国家对外商投资实行准入前国民待遇加负面清单管理制度。前款所称准入前国民待遇,是指在投资准入阶段给予外国投资者及其投资不低于本国投资者及其投资的待遇;所称负面清单,是指国家规定在特定领域对外商投资实施的准入特别管理措施。国家对负面清单之外的外商投资,给予国民待遇。负面清单由国务院发布或者批准发布。中华人民共和国缔结或者参加的国际条约、协定对外国投资者准入待遇有更优惠规定的,可以按照相关规定执行。"《外商投资法》第 31 条规定:"外商投资企业的组织形式、组织机构及其活动准则,适用《中华人民共和国公司法》、《中华人民共和国合伙企业法》等法律的规定。"此外,我国还强调外资企业依法依规享受优惠措施,《外商投资法》第 9 条规定:"外商投资企业依法平等适用国家支持企业发展的各项政策。"第 14 条规定:"国家根据国民经济和社会发展需要,鼓励和引导外国投资者在特定行业、领域、地区投资。外国投资者、外商投资企业可以依照法律、行政法规或者国务院的规定享受优惠待遇。"这意味着,随着《外商投资法》的颁布和实施,我国的外资企业正式进入准入前国民待遇加负面清单管理阶段。

2020 年 12 月,国家发展改革委员会和国家商务部共同印发了《市场准入负面清单(2020 年版)》。2020 年新版清单放开了"森林资源资产评估项目核准"等措施,删除了"证券公司董事、监事、高级管理人员任职资格核准"等措施。2020 年版清单较之 2018 年版清单,事项数量由 151 项缩减至 123 项;与 2016 年

试行的《市场准入负面清单草案(试点版)》328 个事项相比,缩减比例达 62%。同时,负面清单修订并非只减不增,而是有增有减。2020 年版清单纳入了金融控股公司、地方资产管理公司等准入管理措施。

第二节　外商投资企业适用的优惠政策概况

我国引入外商投资企业初期,各地多是自行制定相关外商投资优惠政策,但随着我国正式加入 WTO,同时订立了多个双边或多边外贸协议,我国对外商投资企业的优惠政策亟须规范统一并与国际接轨。随着 2020 年 1 月 1 日《外商投资法》及其配套的《外商投资法实施条例》的正式实施,我国正式确立了以"国民待遇"为基础,结合负面清单及各经济特区特惠的外商投资企业优惠政策。

一、外商投资企业所适用优惠政策的历史沿革

改革开放初期,中国实行的税收制度比较复杂,总体实行了两套税制,其中针对外商投资企业实行涉外税制,针对内资企业实施另一套内资企业税制。当时我国内资企业还根据不同所有制分为:国有企业、集体企业,以及个体工商户,不同所有制企业分别适用不同的税收制度。随后我国通过逐步的改革,虽然通过相关法律法规将内资税收政策进行了统一,但内、外资企业的两套税收体制还是在很长一段时间内处于并行状态。1994 年实行新税制以后,我国内外资税收政策开始逐步实现统一,在包括增值税在内的流转税制度体系中内外资是一致的,但所得税制度还是两套并行。2008 年我国实行了新的《企业所得税法》,把内资和外资的所得税法合并成一部税法,统一适用一个制度,统一税率、统一优惠。新的税法实施以后,我国增订、修订了多种优惠政策,扩大了创业投资优惠政策的范围,加大了对小型微利企业的优惠力度,这些优惠政策均适用外商投资企业。

2020 年 1 月 1 日,随着《外商投资法》及其配套的《外商投资法实施条例》的正式实施,各省市也开始征集、制定相应的地方性外商投资条例,如《上海市外商投资条例》,原先的一系列地方性鼓励外商投资办法也相继失效。新的法律、规章、条例及相应政策在各个方面明确了外资企业的国民待遇,如政府资金安排、土地供应、税费减免、资质许可、标准制定、项目申报、人力资源政策等,并授权县

级以上地方人民政府可以根据法律、行政法规、地方性法规的规定,在法定权限内制定费用减免、用地指标保障、公共服务提供等方面的外商投资促进和便利化政策措施。

因国内各个省市及经济特区的情况有所不同,故截至2021年3月,上海市公布了《上海市外商投资条例》《上海市鼓励设立和发展外资研发中心的规定》,而其他各省市及经济特区的地方性条例、规章和办法尚在征询和制定过程中,故以下着重介绍上海市已确定的外商优惠政策。

二、上海市各区的外商投资企业优惠政策概况

2020年11月1日,《上海市外商投资条例》正式实施。这是地方出台的首个外商投资条例。该条例特此创设扩大开放专章,强化上海开放枢纽门户功能,按照国家对外开放总体部署,推进规则、规制、管理、标准等制度型开放,推动国家有关服务业扩大开放等政策措施在上海率先落实和先行先试,在自贸试验区、临港新片区、长三角生态绿色一体化发展示范区、虹桥商务区等重点区域实施更宽领域和更大力度的开放举措。对标国际规则,上海对外资企业实施“全流程”国民待遇。①

上海各区县的优惠政策主要体现在:土地供应、税费减免、政府资金安排、人力资源政策等方面,且上述优惠政策与高新、创新型外资企业的优惠政策有所重合,故以下先介绍特定行业、企业的优惠政策。

三、上海市关于外资研发中心的优惠政策②

(一)外资研发中心的认定和申请条件

1. 申请认定外资研发中心,应当符合下列条件:

(1)为本市依法设立的外商投资企业;

(2)有明确的研究开发领域和具体的研发项目,固定的场所、科研必需的仪器设备和其他必需的科研条件;

---

① 参见《上海市市政府新闻发布会问答实录》,载上海市人民政府新闻办公室网2020年12月28日 http://www.shio.gov.cn/sh/xwb/n790/n792/n1114/n1140/u1ai26736.html。

② 参见《上海市鼓励设立和发展外资研发中心的规定》。

(3)累计研发总投入不低于200万美元。

2. 申请认定全球研发中心,除符合前款条件外,还应当符合下列条件:

(1)经母公司授权为全球最高级别的研发中心,并承担全球研发项目;

(2)累计研发总投入不低于1000万美元,上一年度研发投入占母公司全球研发投入的比例不低于10%。

3. 申请认定外资开放式创新平台,应当符合下列条件:

(1)总投入不低于200万美元;

(2)有面积不低于1000平方米的研发场所;

(3)签约入驻的研发创新项目不低于10个;

(4)有协同创新必需的设施设备和国际专家指导,具备国际化的技术、人才等资源。

(二)上海市关于外资研发中心的相关优惠政策

1. 跨境研发通关便利

符合条件的外资研发中心可以至海关"一站式"服务信息化平台进行企业备案和进口研发用品备案,享受进口研发用品通关便利化措施。

对暂时进口入境期限不超过1年的二手研发专用关键设备,经海关认可,可以适当延长使用期限。对6个月内须复运出境的实验测试用进口车辆,经海关认可,最长可以延长至两年。

上海市依托海关、浦东新区政府试点建立的入境特殊物品安全联合监管机制,对纳入"白名单"的外资研发中心,开展入境特殊物品来源、安全性、研发生产的合理需求等的评估,优化特殊物品入境管理程序。

2. 跨境金融服务便利

中国人民银行上海总部和国家外汇管理局上海市分局支持银行依托自由贸易账户为外资研发中心提供包括跨境筹资、技术贸易、特许经营、资金集中管理等在内的可兑换跨境金融服务,为外资研发中心员工依法参与股权激励计划提供相关跨境金融服务便利,为外资研发中心海外引进人才提供基于个人自由贸易账户的可兑换跨境金融服务便利。

鼓励上海市银行业金融机构优化外资研发中心非贸易项下付汇流程手续,加强对外资研发中心的纳税辅导与服务,为其非贸易项下付汇合同备案、纳税判定提供绿色通道。

3. 人才引进与培养

外资研发中心直接纳入“上海科技创新职业清单”。外资研发中心聘雇的符合条件的留学回国人员，在申办上海常住户口时，予以优先考虑；聘雇的非本市户籍的国内优秀人才，可以按照规定办理上海市居住证，并申请相应的居住证积分，或依条件转办本市常住户口；聘雇的高端、紧缺急需人才，符合条件的可以直接办理引进落户；聘雇的符合条件的海外人才申请《海外人才居住证》可以享受附加分，并享受相关权益。外资研发中心聘雇的海外高层次人才，可以按照规定享受相关待遇。

外资研发中心聘雇的外国高端人才，在申办《外国高端人才确认函》时，予以优先考虑；其确有需要聘用的外国人才，经市商务部门推荐，可以适当放宽年龄、学历、工作经验的限制；其聘雇的外籍人员，符合条件的，可以采用“告知＋承诺”“容缺受理”等方式，办理工作许可，并在办理工作许可通知及延期等相关业务时，享受“不见面”审批等便利化服务。

在上海地区高校取得本科及以上学历，或在中国境内高校取得硕士及以上学历的优秀国际学生，以及在国(境)外高水平大学取得本科及以上学位的优秀外籍高校毕业生，可以在外资研发中心直接工作，不受外籍高校毕业生配额管理限制。

外资研发中心聘雇的符合条件的海外高层次留学人才参加高级职称评审，其国外专业工作经历、学术或专业技术贡献可以作为参评高级专业技术职称的依据，不受本人国内任职年限限制。科技和人力资源社会保障部门为外资研发中心引进的外籍人才在本市工作和申请相关证件提供便利。

4. 培训补贴与住房保障

外资研发中心进行员工培训，可以按照相关规定获得相应职工职业培训补贴。符合条件的外资研发中心人员可以按照规定申请本市人才公寓或享受人才住房补贴政策。支持符合条件的全球研发中心的高级管理人才和核心技术人才合理的住房需求。

5. 登记注册便利

符合条件的外资开放式创新平台的研发场所可以认定为集中登记地，市场监管部门应当为从事不扰民、不影响周围环境和公共安全经营项目的平台签约入驻企业提供登记注册服务。

6. 环境评价和危废管理便利

生态环境部门应当对外资研发中心环境影响评价实行分类管理，简化对符合条件的外资研发中心环境影响评价前期手续，加强事中、事后监管。本市支持外资开放式创新平台参与危险废物集中管理。

7. 研发用地保障

规划资源部门和各区政府应当依法保障外资研发中心的合理用地需求，合理制定研发用地容积率、建筑高度等控制指标，优化科研创新空间格局，促进科研创新功能和城市功能融合发展。

8. 产学研合作

外资研发中心可以参与本市制造业创新中心等各类科技创新基地与平台建设，以"科技创新券"共享共用研发公共服务平台的大型仪器设备及相关研发实验服务。

外资研发中心可以与本市高校、科研院所、企业联合开展产业链核心技术攻关和研究生培养，共建实践基地、产业学院、产学研联合实验室、数据共享平台等协同平台。研发能力强、产学研结合成效显著的外资研发中心可以设立企业博士后科研工作站，符合条件的企业博士后工作站经批准可以独立招收博士后科研人员。

9. 科技成果转移转化

外资研发中心在本地的科技成果转化项目，按照《上海市促进科技成果转化条例》等相关规定获得财政支持。外资研发中心的产业化创新成果可以申报《上海市创新产品推荐目录》，其中属于首次投放市场的（包括装备首台套、新材料首批次和软件首版次），可以按照相关规定实施政府首购。

10. 知识产权保护

本市依法保护外资研发中心的知识产权。加快中国（上海）知识产权保护中心建设，开展集专利快速审查、快速确权、快速维权于一体的一站式综合服务。外资研发中心获得授权的国内和国外发明专利，按照本市有关规定获得资金支持。符合条件的外资研发中心可以申报专利工作试点示范单位，并享受相关政策。

11. 资金资助

符合条件的全球研发中心按照地区总部发展专项资金相关规定，可以获得开办和租房资助。

支持外国投资者在沪设立具有独立法人资格的研发中心，支持外资研发中心升级为全球研发中心。对研发人员超过100人的全球研发中心和具有独立法人资格的研发中心，参照《上海市鼓励跨国公司设立地区总部的规定》(沪府发〔2017〕9号)，给予500万元人民币开办资助；以不超过1000平方米办公面积、每平方米每天不超过8元人民币的标准，按照租金的30%给予3年租房资助。①

加强对外资研发中心建设国家级、市级企业技术中心政策辅导，提高本市国家级、市级企业技术中心的外资占比；对开展创新基础能力提升、关键核心技术突破更新、智能化绿色化制造等工程的市级企业技术中心，参照《上海市产业技术创新专项支持实施细则》(沪经信技〔2015〕769号)，给予不超过项目相关投入50%，总额不超过300万元人民币的专项支持；支持外资研发中心主导建设制造业创新中心、各类产业技术转化等平台建设，鼓励针对前沿技术、共性关键技术和跨行业融合性技术开展联合攻关和协同创新，打造跨界、共享、协同的制造业创新生态系统，采用适当方式给予专项支持。(市经济信息化委、市财政局负责)

对符合条件的外商投资战略性新兴产业领域的重大研发类项目等，给予专项资金支持。对采用投资补助方式给予支持的重大项目，产业发展项目支持比例一般不超过新增投资的10%，重大科技攻关项目、示范应用项目、公共技术创新服务平台支持比例一般不超过新增投资的30%。(市发展改革委、市财政局、市经济信息化委、市科委负责)②

12. 税收支持

按照国家有关规定，符合条件的外资研发中心进口科学研究、科技开发用品，免征进口关税和进口环节增值税、消费税，采购国产设备，全额退还增值税。

---

① 参见《上海市鼓励跨国公司地区总部发展专项资金使用和管理办法》，载上海市人民政府网，http://service.shanghai.gov.cn/XingZhengWenDangKuJyh/XZGFDetails.aspx?docid=REPORT_NDOC_003652。

② 参见2017年11月10日发布的《〈上海市人民政府关于进一步支持外资研发中心参与上海具有全球影响力的科技创新中心建设的若干意见〉政策解读材料》，载上海市商务委员会网，https://sww.sh.gov.cn/zcjdgnmygl/20191106/0023-247031.html。

第三节　外商投资公司及其分公司的设立登记

本节参照上海市市场监督管理部门的办事指南汇总了针对外商投资公司及其分公司在设立登记时所需提交的申请材料和有关注意事项。

一、外商投资公司的设立①

（一）所需申请材料

1. 所有申请人都必须提供的，不可免交的材料

（1）按照国家市场监督管理总局标准版样式填写的《公司登记（备案）申请书》原件一份

《公司登记（备案）申请书》可以通过上海一网通办网站下载电子版或者通过各区的市场监督管理局办事窗口获取相应的纸质版本。

此份申请书中，若公司为新设立的，则申请人为全体投资方，申请表中对应位置应由全体投资方签署。

（2）企业自行制定的公司章程纸质版原件一份

需要注意的是，提供的公司章程、合同原件中必须具备投资方法定代表人或其授权人的签署以及各投资方的盖章，若投资者为自然人的，原件需包含本人的签署。

（3）欲设立登记的外商投资公司中投资者的主体资格证明或自然人身份证明的原件或复印件一份

若是中方投资者的，应提交由本单位加盖公章的营业执照或事业单位法人登记证书或社会团体法人登记证或民办非企业单位证书复印件作为主体资格的证明；若是非中国领域的投资者，则应当提供经过其本国主管机关公证后送由我国驻该国使（领）馆认证的主体资格证明或身份证明资料；若该投资者的所属国与我国未缔结外交关系，则前述的相关证明材料应当经过和我国缔结了外交关系的第三方国家驻投资者所在国家的使（领）馆认证，再通过我国驻该第三国使

① 根据上海一网通办网站中"上海市外商投资公司设立登记办事指南"总结，详见网址：http://zwdt.sh.gov.cn/govPortals/bsfw/item/0c72a93b-473b-4747-bc16-d38ecfd25f00。

(领)馆认证。除此之外,如果是一些国家的海外属地出具的文书,应先在该国的属地办好公证,再经国家的外交机构认证,之后再通过我国驻该国使(领)馆认证。若是外国自然人来华设立企业进行投资,该自然人提交的身份证明文件是中华人民共和国外国人永久居留身份证的,此份证明文件不需要进行公证。我国香港特别行政区、澳门特别行政区和台湾地区投资者与身份证明有关的文件应依照专项规则或协议依法提供当地公证机构出具的公证文件。前述领域的自然人投资者若提供的是港澳居民居住证或者往来内地通行证的,该身份材料无需进行公证;若提供的是大陆公安部门颁发的台湾居民居住证、大陆出入境管理部门颁发的台湾居民往来大陆通行证,也不用进行公证,因为前述文件可以证明台湾地区自然人的身份。在之前提及的全部文件中,未指出可以提交复印件的,都应当提交原件。

(4)欲设立登记的外商投资公司的法定代表人、董事、监事和经理的任职文件及身份证明复印件各一份

需提交证明文件的公司成员的产生必须符合公司的章程规定,并且还应当包含股东会、董事会或者投资者对前述公司成员任职资格的审查意见。

(5)欲设立的外商投资公司的住所(经营场所)合法使用证明的原件或复印件一份

若是自身所有的房地产,提交产权证的复印件,并提交原件进行核查;若是租赁的房屋则提交租赁协议原件与房屋所有权者的产权证复印件。无论是自有房产还是租赁房屋,若因某些原因无法提供公司住所产权证复印件的,可以提供证明住所(经营场所)所有权的其他房屋产权使用证明复印件作为替代材料。

(6)欲设立的外商投资公司的股东大会会议记录或创立大会的会议记录纸质版原件一份

若是发起设立的股份有限公司,则提交股东大会会议记录;若是募集设立的股份有限公司,则提交创立大会的会议记录。此外,以募集形式创设的股份有限公司公开发行股票的,还需提交国务院证券监督管理机构的核准文件原件或有效复印件。

2. 申请人根据自身情况及政府部门的材料调取情况选择性提交的材料

(1)企业名称登记通知书的原件一份

仅要求涉及企业名称预先登记的欲设立公司提供。登记机关内部可以通过数据核验方式调取打印《名称预先核准通知书》的,申请人则可以免交;而对于无法调取打印的,申请人则应该提供前述文件。

(2)政府核发的批准文件或者许可证件的纸质复印件一份

仅要求经营范围中包含法律、行政法规和国务院决定必须在登记前报经批准的项目的企业提供。其中登记机关通过电子证照库可以调取并下载相关电子证照的,申请人可以免交。但如果无法调取和下载,则需提交证照复印件和原件进行核查。

(二)办理流程

1. 申请与受理阶段

由申请人通过现场前往指定的申办地点窗口或邮寄至指定地址的方式向相应市场监督管理局递交上述申请材料目录所载的所有材料。若申请人通过申办地点窗口现场递交所有申请材料的,窗口审查人员在受理所有申请材料后将向申请人提交一份行政审批申请材料收件凭证,其上将记载该市场监督管理局收到的具体申请材料及后续领取营业执照及相应材料的地点及方式。申请人应妥善保管该等收件凭证直至最终的颁证与送达阶段。

根据不同市场监督管理局的业务量和运行要求,建议申请经办人在前往申办地点提交申请材料前先行前往相应市场监督管理局官网或一网通办网站查看该等市场监督管理局的事项办理是否需要先行预约取号,避免因为没有事先预约致使在到达申办地点后无法立即办理材料递交事项。

2. 审查与决定阶段

由相应市场监督管理局的审查人员和部门负责人在 1 个工作日内完成对所有材料的审查和决定工作,若提供的申请资料符合法定要求,即予以核准。

3. 颁证与送达阶段

市场监督管理局审查通过该等设立申请后,相应发证人员会在 10 个工作日内完成申请设立的外商投资公司的营业执照的颁发和送达工作。

二、外商投资公司分公司的设立[①]

(一)所需申请材料

1. 所有申请人都必须提供的,不可免交的材料

(1)按照国家市场监督管理总局标准版样式填写的《分公司、非法人分支机构、营业单位登记(备案)申请书》纸质版原件一份

《分公司、非法人分支机构、营业单位登记(备案)申请书》可以通过上海一网通办网站下载电子版或者通过各区的市场监督管理局办事窗口获取相应的纸质版本。申请书中分公司的申请人为分公司自身。

(2)欲设立登记的外商投资分公司的住所(经营场所)合法使用证明纸质版原件一份

若是自身所有的房地产,提交产权证的复印件,并提交原件进行核查;若是分公司租赁的房屋则提交租赁协议原件与房屋所有权者的产权证复印件。无论是自有房产还是租赁房屋,若因某些原因分公司无法提供公司住所产权证复印件的,可以提供证明住所(经营场所)所有权归属的其他房屋产权使用证明复印件作为替代材料。

(3)欲设立登记的外商投资分公司隶属公司营业执照复印件一份

加盖隶属公司公章。登记机关通过电子证照库可以调取并下载电子营业执照的,申请人可以不用提交。但如果无法调取和下载的,需提交证照复印件和原件以供核查。

(4)欲设立登记的外商投资分公司隶属公司的章程复印件一份

2. 申请人根据自身情况及政府部门的材料调取情况选择性提交的材料

(1)企业名称登记通知书原件一份

仅要求涉及企业名称预先登记的欲设立公司提供。登记机关内部可以通过数据核验方式调取打印《名称预先核准通知书》的,申请人可以免于提交;而对于无法调取打印的,申请人仍需提交。

---

① 根据上海一网通办网站中“上海市外商投资的公司分公司设立登记办事指南”总结,详见网址:http://zwdt.sh.gov.cn/govPortals/bsfw/item/ee05fde0-8b6a-4abe-a5d6-89ea93f83082。

(2)政府核发的批准文件或者许可证件的复印件一份

法律、行政法规规定设立分支机构需要审批部门审批的,以及分支机构经营范围内有法律、行政法规和国务院决定规定必须在登记前报经批准的项目的,提交审批机关的批准文件和有关前置许可的批准文件或许可证复印件。登记机关通过电子证照库可以调取并下载相关电子证照的,申请人可以免于提交。但如果无法调取并下载的,需提交证照复印件和原件进行核查。

(二)办理流程

参照"外商投资公司的设立"相应要求。

第四节　外商投资合伙企业及其分支机构的设立登记

本章参照上海市市场监督管理部门的办事指南汇总了针对外商投资合伙企业及其分支机构在设立登记时所需提交的申请材料和有关注意事项。

一、外商投资合伙企业的设立①

(一)所需申请材料

1.所有申请人都必须提供的,不可免交的材料

(1)按照国家市场监督管理总局标准版样式填写的《合伙企业登记(备案)申请书》原件一份

《合伙企业登记(备案)申请书》可以通过一网通办网站下载电子版或者通过各区的市场监督管理局办事窗口获取相应的纸质版本。

申请单位按照有关要求填写"基本信息"栏、"设立"栏相关内容与附表。此外,该份文件中还需要包含欲设立的外商投资合伙企业的《全体合伙人签署的符合外商投资产业政策的说明》。其中符合外商投资产业政策的说明应当由全体合伙人签署,且需列明该外商投资企业的经营范围,并说明欲设立的该企业符合国家规定的外商投资产业政策,并不属于《外商投资准入特别管理措施(负面清

① 根据上海一网通办网站中"上海市外商投资合伙企业设立登记办事指南"总结,详见网址:http://zwdt.sh.gov.cn/govPortals/bsfw/item/9e8c5bce-74c2-474d-93f6-02e0d5d68753。

单)》中规定的禁止类别与有关股权要求的领域。

(2)欲设立登记的外商投资合伙企业的住所(经营场所)合法证明的原件一份

若是自身所有的房地产,提交产权证的复印件,并提交原件进行核查;若是合伙企业租赁的房屋则提交租赁协议原件与房屋所有权者的产权证复印件。无论是自有房产还是租赁房屋,若因某些原因合伙企业无法提供公司住所产权证复印件的,可以提供证明住所(经营场所)所有权归属的其他房屋产权使用证明复印件作为替代材料。

(3)欲设立登记的外商投资合伙企业中全体合伙人的主体资格证明或自然人身份证明和住所证明的复印件一份

其中欲设立登记的外商投资合伙企业中的中方合伙人是自然人的,应当提交身份证件复印件;若中方合伙人是法人或者其他组织的,应提交由本单位加盖公章的营业执照/事业单位法人登记证书/社会团体法人登记证/民办非企业单位证书复印件作为主体资格证明;若合伙人是非中国领域的投资者,应提供经过其本国主管机关公证后送我国驻该国使(领)馆认证的主体资格证明或身份证明资料;若该投资者的所属国与我国未缔结外交关系,则前述的相关证明材料应当经过和我国缔结了外交关系的第三方国家驻投资者所在国家的使(领)馆认证,再通过我国驻该第三国使(领)馆认证。除此之外,如果是一些国家的海外属地出具的文书,应先在该国的属地办好公证,再经国家的外交机构认证,之后再通过我国驻该国使(领)馆认证。但是,若是外国自然人来华设立企业进行投资,该自然人提交的身份证明文件是中华人民共和国外国人永久居留身份证的,此份证明文件不需要进行公证。我国香港特别行政区、澳门特别行政区和台湾地区投资者的与身份证明有关的文件应依照专项规则或协议依法提供当地公证机构出具的公证文件。前述地区的自然人投资者若提供的是港澳居民居住证或者往来内地通行证的,该身份材料无须进行公证;若提供的是大陆公安部门颁发的台湾居民居住证、大陆出入境管理部门颁发的台湾居民往来大陆通行证,也不用进行公证,因为前述文件可以证明台湾地区自然人的身份。外国合伙人在中国境内有住所的,提供国内住所证明后即免去公证。登记机关通过电子证照库调取并下载相关电子证照的,不再向申请人收取有关证照复印件。

(4)欲设立的外商投资合伙企业全体合伙人对各合伙认缴或实缴出资的确认书原件一份

合伙人以实物、知识产权、土地使用权或者其他财产权利出资并且是经全体合伙人协商作价的,应当向企业登记机关提交全体合伙人签署的协商作价确认书;若前述合伙人出资是由全体合伙人委托法定评估机构评估作价的,应当向企业登记机关提交中国境内的法定评估机构出具的评估作价证明。另外,通过劳务出资的非中国领域的普通合伙人,需要向登记机关提供外国人就业许可证。

(5)欲设立的外商投资合伙企业全体合伙人签署的合伙协议原件一份

境内合伙人是自然人的,前述合伙协议均需由本人签名;境内合伙人属于法人或者其他组织的,则加盖公章;境外自然人为合伙人的,同样由本人签名;境外的法人或其他组织为合伙人的,由其法定代表人或经授权的相关人员签名。

2. 申请人根据自身情况及政府部门的材料调取情况选择性提交的材料

(1)政府部门核发的企业名称登记通知书的原件一份

涉及企业名称预先登记的提交。登记机关内部可以通过数据核验方式调取打印《名称预先核准通知书》的,申请人可以免于提交;无法调取打印的,申请人需提交《名称预先核准通知书》。

(2)欲设立登记的外商投资合伙企业的资信证明原件一份

仅适用于普通合伙人为外国合伙人的情况,资本信用证明书由与该外国合伙人有业务往来的金融机构出具。

(3)专业服务资质认定机构出具的法律、行政法规规定设立特殊的普通合伙企业需要提交合伙人的职业资格证原件一份

仅适用于法律、行政法规或国务院规定的以专业知识和专门技能为客户提供有偿服务的专业服务机构设立为特殊的普通合伙企业的情形。登记机关通过电子证照库调取并下载相关电子证照的,不再向申请人收取有关证照复印件。

(4)政府部门核发的前置审批文件或证件原件一份

具体系指有关前置许可的批准文件或者许可证书复印件或许可证明,适用于外商投资合伙企业的经营范围中有法律、行政法规和国务院规定在登记前须经批准的行业。登记机关通过电子证照库可以调取并下载相关电子证照的,申请人可以免于提交有关证照复印件。无法通过电子证照库调取并下载的,需提交有关证照复印件并提供原件核对。

(二)办理流程

1. 申请与受理阶段

由申请人通过现场前往指定的申办地点窗口或邮寄至指定地址的方式向相应市场监督管理局递交上述申请材料目录所载的所有材料。若申请人通过申办地点窗口现场递交所有申请材料的,窗口审查人员在受理所有申请材料后将向申请人提交一份行政审批申请材料收件凭证,其上将记载该市场监督管理局收到的具体申请材料及后续领取营业执照及相应材料的地点及方式。申请人应妥善保管该等收件凭证直至最终的颁证与送达阶段。

根据不同市场监督管理局的业务量和运行要求,建议申请经办人在前往申办地点提交申请材料前先行前往相应市场监督管理局官网或一网通办网站查看该等市场监督管理局的事项办理是否需要先行预约取号,避免因为没有事先预约致使在到达申办地点后无法立即办理材料递交事项。

2. 审查与决定阶段

由相应市场监督管理局的审查人员和部门负责人在 1 个工作日内完成对所有材料的审查和决定工作,若提供的申请资料符合法定要求,即予以核准。

3. 颁证与送达阶段

市场监督管理局审查通过该等设立申请后,相应发证人员会在 10 个工作日内完成申请设立的外商投资合伙企业的营业执照的颁发和送达工作。

二、外商投资合伙企业分支机构的设立[①]

(一)所需申请材料

1. 所有申请人都必须提供的,不可免交的材料

(1)按照国家市场监督管理总局标准版样式填写的《分公司、非法人分支机构、营业单位登记(备案)申请书》原件一份

其中,营业单位、非法人分支机构的申请人为隶属单位或企业。

(2)欲设立登记的外商投资合伙企业分支机构的全体合伙人签署的设立分支机构的决定书原件一份

指根据《合伙企业法》《合伙企业登记管理办法》《外国企业或者个人在中国

---

① 根据上海一网通办网站中“上海市外商投资合伙企业分支机构设立登记办事指南”总结,详见网址:http://zwdt.sh.gov.cn/govPortals/bsfw/item/20b8d484-5818-42a8-97e3-bc9c87275f49。

境内设立合伙企业管理办法》以及合伙企业协议规定做出的决定书，决定书的内容与所申请的事项应当保持一致。

(3)欲设立登记的外商投资合伙企业分支机构的经营场所合伙使用证明原件一份

若是合伙企业分支机构自身所有的房地产，提交产权证的复印件，并提交原件进行核查；若是分支机构租赁的房屋则提交租赁协议原件与房屋所有权者的产权证复印件。无论是自有房产还是租赁房屋，若因某些原因合伙企业分支机构无法提供公司住所产权证复印件的，可以提供证明住所(经营场所)所有权归属的其他房屋产权使用证明复印件作为替代材料。

2. 申请人根据自身情况及政府部门的材料调取情况选择性提交的材料

(1)欲设立登记的外商投资合伙企业分支机构的隶属合伙企业营业执照复印件一份

需加盖合伙企业印章。登记机关通过电子证照库可以调取并下载电子营业执照的，申请人可以免交。无法调取并下载的，仍需提交复印件并提供原件以供核查。

(2)政府部门核发的企业名称登记通知书的原件一份

涉及企业名称预先核准的提交。登记机关内部可以通过数据核验方式调取打印《名称预先核准通知书》的，申请人可以免交；无法调取下载的，申请人仍需提交有关文件。

(3)政府部门核发的欲设立登记的外商投资合伙企业分支机构的前置审批文件或证件的原件一份

指有关前置许可的批准文件或者许可证书复印件或许可证明，适用于经营范围中有法律、行政法规和国务院规定必须在登记前报经批准的项目的外商投资合伙企业。登记机关通过电子证照库可以调取并下载相关电子证照的，申请人可以免交。无法调取并下载的，需提交有关证照复印件并提供原件以供核查。

(二)办理流程

参照“外商投资合伙企业的设立”的相应要求。

第五节　涉及特殊经营类目的外商投资企业设立经营许可

对于部分涉及国家重点监管领域的外商投资企业的设立经营除了需要满足上述两节中所阐述的设立审查条件外,还需要就企业设立后的经营资质通过相关部委的审核并获其批准。为便于申请人更为全面了解该部分涉及营业资质审批的企业设立过程,笔者列举了下述五种涉及该等特殊资质许可的企业来完整阐述该等经营许可的申请过程、材料及要求。

一、中外合资医疗机构设立审批①

(一)所需申请材料

(1)设置医疗机构申请书、设置医疗机构审核意见表原件一份

申请人对于上述材料的填写应注意如下事项:

拟设诊疗科目,应按照相应类别的医疗机构基本标准所要求的科室设置规范填写;医疗机构名称申请应符合命名规范②;设置医疗机构审核意见表上需有设置地区卫生和计划生育委员会出具的初审意见。

(2)可行性研究报告原件一份

报告应包括《医疗机构管理条例实施细则》第15条所列内容。

(3)合资合作双方法定代表人签署的项目建议书或项目合作意向书原件一份

其中应包括项目名称、投资总额、类别、选址、所有制形式、诊疗科目、注册资金、规模(床位、牙椅)、经营期限和双方权益比例等内容,并加盖有合资各方单位公章。

---

① 根据上海一网通办网站中"中外合资医疗机构设置审批办事指南"总结,详见网址:http://zwdt.sh.gov.cn/govPortals/bsfw/item/939e232c-766a-470b-971b-518741ddd280。

② 具体可参见国家卫生计生委发布的《医疗机构管理条例实施细则》等法律规章。

（4）选址报告和建筑设计平面图（含建设用地批准证书或房屋产权证明）原件和复印件各一份

选址报告应包括《医疗机构管理条例实施细则》第16条所列内容。[①] 医疗机构使用的医疗用房，建筑尚未竣工的应有建设用地批准证书或建筑已竣工的应有房屋产权证明，属租赁关系的还需提供双方租赁合同或协议。

（5）具备国际先进医院管理经验、管理模式和服务模式或具有国际领先水平医学技术的证明材料原件一份

申请人对上述内容应提供完整的证明材料，应明确能够证明申请人具有国际先进医院的管理经验、管理模式和服务模式或具有国际领先水平的医学技术，对所提交的材料内容有较严格的要求和一定的自主认定空间。

（6）合资双方各自的银行资信证明原件一份

（7）合资双方各自的注册登记证明及复印件各一份

若上述企业营业执照、社会团体法人登记证书、民办非企业单位登记证书等能够通过上海市市场监督管理局完成电子证照调取的，可免交纸质材料。

（8）公示材料原件一份

具体是指上海市政府此前核发的证照或材料，若能够通过共享或数据核验查询到相应材料信息的，申请人可免交纸质材料。

（9）涉及国有资产投入或租赁的应提交资产所有者同意投资或租赁的批复文件复印件一份

非政府设置的医疗机构涉及国有资产投入的应提交：①资产所有者同意投资的批复文件；②如涉及国有房产投入应另行提供资产所有者同意租赁的批复文件。

（10）设置妇产科医院的，须提交卫生健康行政部门关于符合该区域母婴保健专项技术设置规划的意见书复印件一份

（11）合资双方法定代表人身份证明复印件一份

若能够通过上海市市场监督管理局完成电子证照调取的，可免交纸质材料。

---

① 《医疗机构管理条例实施细则》第16条："条例第十条规定提交的选址报告包括以下内容：（一）选址的依据；（二）选址所在地区的环境和公用设施情况；（三）选址与周围托幼机构、中小学校、食品生产经营单位布局的关系；（四）占地和建筑面积。"

(12)办理人员身份证明复印件一份

应提供法定代表人的身份证明复印件;若为委托办理的,需提供授权办理委托书原件以及委托人和被委托人身份证明复印件。

(二)办理流程

1. 申请与受理阶段

由申请人通过现场前往指定申办地点窗口、邮寄至指定地址或网上提交等方式向上海市卫生健康委员会递交上述申请材料目录所载的所有材料,并由受理人员在收到上述材料后5个工作日内完成审查,确保申请材料符合法定的形式要求和内容要求。通常情况下,根据实务经验,窗口审查人员受理所有申请材料后将会向申请人提交一份行政审批申请材料收件凭证,其上将记载上海市卫生健康委员会已实际收取的所有申请材料。申请人应妥善保管该等收件凭证直至最终的颁证与送达阶段。

2. 审查与决定阶段

由上海市卫生健康委员会的审查人员在7个工作日内完成对所有申请材料的审查工作;由上海市卫生健康委员会的部门负责人在2个工作日内完成对所有申请材料的决定工作。

具体的审查标准:

(1)申请人系能够独立承担民事责任的法人。

(2)具有直接和间接从事医疗卫生投资与管理的经验,并应符合下列要求之一:①能够提供国际先进的医疗机构管理经验、管理模式和服务模式。②能够提供具有国际领先水平的医学技术和设备。③可以补充或改善当地在医疗服务能力、医疗技术、资金和医疗设施方面的不足。

(3)申请设立的中外合资、合作医疗机构应当符合以下条件:①必须是独立的法人。②投资总额不得低于2000万元人民币。香港、澳门服务提供者在内地设立的合资、合作医疗机构,其投资总额不得低于1000万元人民币。③中方在中外合资、合作医疗机构中所占的股权比例或权益不得低于30%;香港、澳门服务提供者申请在本市设立的合资、合作医院,对合资比例不予限制。④合资、合作期限不超过20年。⑤中方以国有资产参与投资(包括作价出资或作为合作条件),应当经相应主管部门批准,并按国有资产评估管理有关规定,由国有资产管理部门确认的评估机构对拟投入的国有资产进行评估。经省级以上国有资产管理部门确认的评估结果,可以作为拟投入的国有资产的作价依据。

(4)申请设置医疗机构的中外合资、合作医疗机构的单位,还应同时具备以下条件:①符合区域医疗机构设置规划。②符合医疗机构的基本标准。③审批申请提交的资料和程序符合国家及地方相关规定。

3. 颁证与送达阶段

上海市卫生健康委员会审查决定通过该等新办申请后,相应发证人员会在10个工作日内完成设置医疗机构批准书的颁发和送达工作。

二、中外合作办学机构设立审批①

(一)所需申请材料

(1)授权书(仅限申请表和协议中外方签字人不是法定代理人的情况)原件一份

(2)中外合作办学/内地(大陆)与港澳台地区合作办学机构项目申请表原件一份

(3)培养方案原件一份

(4)证书原件和复印件各一份

(5)中外合作办学请示报告原件一份

(6)办学评估报告原件一份

(7)捐赠协议及相关证明(仅限有捐赠的机构、项目)原件和复印件各一份

(8)相关证明原件和复印件各一份

(9)合作协议(中外文本)原件一份

(10)合作办学机构的章程(仅限中外合作办学机构)原件一份

(二)办理流程

1. 申请与受理阶段

由申请人通过现场前往指定申办地点窗口、邮寄至指定地址或网上提交等方式向上海市教育委员会递交上述申请材料目录所载的所有材料,并由受理人员在收到上述材料后5个工作日内完成审查,确保申请材料符合法定的形式和内容要求。通常情况下,窗口审查人员受理所有申请材料后将会向申请人提交

---

① 根据上海一网通办网站中"中外合作办学机构设立审批办事指南"总结,详见网址:http://zwdt.sh.gov.cn/govPortals/bsfw/item/371d57e9-6069-4f92-966a-fe774d8b54fd。

一份行政审批申请材料收件凭证，其上将记载上海市教育委员会已实际收取的所有申请材料。申请人应妥善保管该等收件凭证直至最终的颁证与送达阶段。

2. 审查与决定阶段

由上海市教育委员会的审查人员在32个工作日内完成对所有申请材料的审查工作；由上海市教育委员会的部门负责人在32个工作日内完成对所有申请材料的决定工作。

3. 颁证与送达阶段

上海市教育委员会审查决定通过该等新办申请后，相应发证人员会在10个工作日内完成中外合作办学许可证、内地（大陆）与港澳台地区合作办学许可证的颁发和送达工作。

三、中外合作职业技能培训机构设立①

（一）所需申请材料

1. 所有申请人都必须提供的，不可免交的材料

（1）《中外合作职业技能培训机构申请表》原件两份

（2）合作协议原件一份

协议应当载明下列内容：合作各方的名称、住所；法定代表人的姓名、职务、国籍；拟设立的中外合作职业技能培训机构的名称、住所、培养目标、办学宗旨、合作内容和期限；合作各方投入资产数额、方式及资金缴纳期限；解决合作各方争议的方式和程序；违反合作协议的责任；合作各方约定的其他事项。

（3）中外合作办学机构的章程，首届理事会、董事会或者联合管理委员会组成人员名单复印件一份

（4）办学投入资产来源、资金数额的有效证明文件原件一份

（5）校长或者主要行政负责人、教师的资格证明文件原件和复印件各一份

（6）中外合作办学双方的注册登记证明、法定代表人的有效证明文件原件和复印件各一份

外国教育培训机构的有关证明文件应当经所在国公证机关证明。

---

① 根据上海一网通办网站中“中外合作职业技能培训机构设立办事指南”总结，详见网址：http://zwdt.sh.gov.cn/govPortals/bsfw/item/4606f1dd-69c3-4dad-8797-87e2f57de3ef。

2. 申请人根据自身情况选择性提交的材料

属捐赠性质的资产须提交捐赠协议及有效证明文件原件和复印件各一份。

该等捐赠协议及相应有效证明文件应载明捐赠人的姓名,所捐资产的数额、用途和管理办法。

(二)办理流程

1. 申请与受理阶段

由申请人通过现场前往指定申办地点窗口、邮寄至指定地址或网上提交等方式向上海市人力资源和社会保障局递交上述申请材料目录所载的所有材料,并由受理人员在收到上述材料后 5 个工作日内完成审查,确保申请材料符合法定的形式和内容要求。通常情况下,窗口审查人员受理所有申请材料后将会向申请人提交一份行政审批申请材料收件凭证,其上将记载上海市人力资源和社会保障局已实际收取的所有申请材料。申请人应妥善保管该等收件凭证直至最终的颁证与送达阶段。

2. 审查与决定阶段

由上海市人力资源和社会保障局的审查人员和部门负责人分别在 10 个工作日内完成对所有申请材料的审查和决定工作。在此期间若存在特别程序,将对申请人申请新办职业技能培训机构的场地进行实地核查和专家评审。

具体的审查标准:

(1)申请设立中外合作职业技能培训机构的中外合作办学者都应具有法人资格。

(2)申请设立中外合作职业技能培训机构应有组织机构和章程。

(3)拟设立的中外合作职业技能培训机构应具有同时培训不少于 200 人的办学规模。

(4)拟设立中外合作职业技能培训机构的办学场所应符合环境保护、劳动保护、安全、消防、卫生等有关规定及相关职业(工种)安全规程。建筑面积应与其办学规模相适应,一般不少于 3000 平方米,其中实习、实验场所一般不少于 1000 平方米。租用的场所其租赁期限不少于 3 年。

(5)拟设立中外合作职业技能培训机构的实训设施和设备应满足教学和技能训练需要,有充足的实习工位,主要设备应达到国际先进水平。具有不少于 5000 册的图书资料和必要的阅览场所,并配备电子阅览设备。

(6)拟设立中外合作职业技能培训机构的校长或主要行政负责人应具有中

华人民共和国国籍,在中国境内定居,热爱祖国、品行良好,具备大学本科及以上学历或者高级专业技术职务任职资格、高级以上国家职业资格。

(7)拟设立中外合作职业技能培训机构应根据办学规模配备有相应数量的专兼职教学管理人员和财会管理人员。管理人员应符合相应的资格条件。所聘的外籍管理人员应当具有学士以上学位和相应的职业证书,并具有2年以上教育培训管理工作经验。

(8)拟设立中外合作职业技能培训机构的专兼职教师队伍应与专业设置、办学规模相适应。专职教师人数一般不少于教师人数的1/3。每个教学班应当按专业分别配备专业理论课教师和实训指导教师,其中理论教师应具有与其教学岗位相适应的教师上岗资格条件;实训指导教师应具备高级及以上职业资格或中级及以上相关专业技术职务任职资格,并具有相应的教师上岗资格。所聘的外籍教师应当具有学士以上学位和相应的职业证书,并具有2年以上教育培训管理工作经验。

(9)中外合作办学者所投入的办学资金,应当与办学层次和规模相适应,并具有稳定的经费来源。

自上海市人力资源和社会保障局作出最终决定之日起14个工作日内,在上海市人力资源社会保障网(http://rsj.sh.gov.cn)上公开审批结果。

3.颁证与送达阶段

上海市人力资源和社会保障局审查通过该等新办申请后,相应发证人员会在10个工作日内完成中华人民共和国中外合作办学许可证的颁证和送达工作。

四、外商投资印刷经营许可[①]

(一)所需申请材料

(1)上海市印刷企业登记发证申请表原件三份

(2)设立外商投资印刷企业项目建议书原件一份

(3)营业执照复印件一份

若能够通过上海市市场监督管理局电子证照库调取的可以免予提交。

---

① 根据上海一网通办网站中"核发外商投资印刷经营许可证办事指南"总结,详见网址:http://zwdt.sh.gov.cn/govPortals/bsfw/item/227a0b40-142a-4f6e-a542-d97231d863b5。

(4)可行性研究报告原件一份

(5)预购印刷设备清单或生产设备权属证明复印件一份

(6)各方投资者的注册登记证明复印件一份

(7)各方投资者及拟设立企业的法定代表人任职文件及简历、身份证明复印件一份

若能够通过上海市市场监督管理局电子证照库调取的可以免于提交。

(8)国有资产管理部门对拟投入国有资产的评估报告确认文件复印件一份

(9)经营场地的证明(包括但不限于不动产权证或租赁合同等)复印件一份

若不动产权证能够通过上海不动产登记部门电子证照库调取的,可以免予提交。若涉及租赁合同等其他材料的,由申请人自行提供。

(二)办理流程

1. 申请与受理阶段

由申请人通过现场前往指定申办地点窗口、邮寄至指定地址或网上提交等方式向上海市新闻出版局递交上述申请材料目录所载的所有材料,并由受理人员在收到上述材料后1个工作日内完成审查,确保申请材料符合法定的形式要求和内容要求。通常情况下,窗口审查人员受理所有申请材料后将向申请人提交一份行政审批申请材料收件凭证,其上将记载上海市新闻出版局已实际收取的所有申请材料。申请人应妥善保管该等收件凭证直至最终的颁证与送达阶段。

2. 审查与决定阶段

由上海市新闻出版局的审查人员和部门负责人分别在5个工作日内完成对所有申请材料的审查和决定工作。在此期间存在特别程序,将对申请人申请设立投资印刷经营业务的场地进行现场检查。

具体的审查标准:

(1)外商投资印刷企业设立,应当符合《设立外商投资印刷企业管理暂行规定》。

《设立外商投资印刷企业暂行规定》第6条规定,设立外商投资印刷企业,应当具备下列条件:

申请设立外商投资印刷企业的中、外方投资者应当是能够独立承担民事责任的法人,并具有直接或间接从事印刷经营管理的经验。

外方投资者应当符合下列要求之一:能够提供国际先进的印刷经营管理模式及经验;能够提供国际领先水平的印刷技术和设备;能够提供较为雄厚的资金。

申请设立外商投资印刷企业的形式为有限责任公司。

从事出版物、其他印刷品印刷经营活动的中外合营印刷企业,合营中方投资者应当控股或占主导地位。其中,从事出版物印刷经营活动的中外合营印刷企业的董事长应当由中方担任,董事会成员中方应当多于外方。

经营期限一般不超过30年。

审批设立外商投资印刷企业,除依照前款规定外,还应当符合国家有关印刷企业总量、结构和布局的规划。

(2)经营场所、印刷设备数量参照内资印刷企业设立条件。

3. 颁证与送达阶段

上海市新闻出版局审查决定通过该等设立申请后,相应发证人员会在10个工作日内完成印刷经营许可证的颁证和送达工作。

五、外商投资旅行社业务经营许可[①]

(一)所需申请材料

(1)许可经营旅行社业务申请书原件一份

申请人可在“上海旅游政务网”下载,填写完成后需加盖旅行社公章。

(2)旅行社企业章程复印件一份

(3)工商行政管理部门核发的企业营业执照副本原件和复印件各一份

(4)营业场所证明(产权证或房屋租赁合同)原件和复印件各一份

若能够通过上海资源规划部门的电子证照库调取,可免予提交,但仍涉及房屋租赁合同的,应由申请人自行准备提交。

(5)营业设施、设备的证明或者说明原件一份

通过直接填写《许可经营旅行社业务申请书》附件1并加盖公章的形式予以申报,无须另行提交相应的说明材料。

(6)法定代表人履历表及身份证明原件和复印件各一份

(7)经理人员和计调人员履历表原件一份

通过直接填写《许可经营旅行社业务申请书》附件2并加盖公章的形式予以

---

① 根据上海一网通办网站中“外商投资旅行社业务经营许可办事指南”总结,详见网址:http://zwdt.sh.gov.cn/govPortals/bsfw/item/f101354d-f6bd-da82-c5d0-0ed96f0a9dc2。

申报,无须另行提交相应的履历表材料。

(8)至少 3 名导游人员与旅行社签订的劳动合同、导游证及旅行社近一个月为导游人员缴纳的社会保险凭证原件和复印件各一份

若能够通过上海市文化和旅游局、人力资源和社会保障局的电子证照库调取或者数据共享的,可免予提交,但申请人仍需提供相应的劳动合同材料。

(二)办理流程

1. 申请与受理阶段

由申请人通过现场前往指定申办地点窗口、邮寄至指定地址或网上提交等方式向上海市文化和旅游局[①]递交上述申请材料目录所载的所有材料,并由受理人员在收到上述材料后 5 个工作日内完成审查,确保申请材料符合法定的形式要求和内容要求。通常情况下,窗口审查人员受理所有申请材料后将会向申请人提交一份行政审批申请材料收件凭证,其上将记载上海市文化和旅游局已实际收取的所有申请材料。申请人应妥善保管该等收件凭证直至最终的颁证与送达阶段。

2. 审查与决定阶段

上海市文化和旅游局的审查人员和部门负责人将分别在 7 个工作日和 8 个工作日内完成各自对所有申请材料的审查和决定工作。

具体的审查标准[②]:

(1)有固定经营场所(申请者拥有产权的营业用房,或者申请者租用的、租期不少于 1 年的营业用房;营业用房应当满足申请者业务经营的需要);

(2)有必要的营业设施(两部以上的直线固定电话;传真机、复印机等办公设备;具备与旅游行政管理部门及其他旅游经营者联网条件的计算机);

(3)有不少于 30 万元的注册资本;

---

① 上海市政府就该事项的具体权限划分为上海市文化和旅游局负责外商投资旅行社业务经营许可(经营入境和国内旅游业务)的审查和决定。浦东新区旅游行政管理部门负责在浦东新区设立的外商投资旅行社业务经营许可的审查和决定。上海市旅游局办事受理中心负责在上海设立的外商投资旅行社业务经营许可申请的受理和证件制作与送达。

② 根据原国家旅游局《关于落实简政放权和行政审批工商登记制度改革有关规定的通知》(旅发〔2015〕96 号)第 2 条第 2 项"……申请设立外商投资旅行社的,直接持工商行政管理部门颁发的外商投资企业的营业执照,依照内资旅行社的审批程序办理"可知,目前内外资旅行社的设立审批程序已经趋于一致。

(4)有具备旅行社从业经历或者相关旅游行业工作经历(在行政机关、企事业单位、社会团体从事与旅游相关的工作均可)的经理人员和计调人员;

(5)有不低于旅行社在职员工总数20%且不少于3名、与旅行社签订固定期限或者无固定期限劳动合同的持有导游证的导游。

3. 颁证与送达阶段

上海市文化和旅游局审查决定通过该等新办申请后,相应发证人员会在10个工作日内完成相应旅行社业务经营许可的颁证和送达工作。

第六节 外商投资企业的变更登记

在现有法律实务中,很多外商投资企业都会遇到需要变更已有登记事项或者申请对公司事项进行备案的情况,而市场监督管理部门会根据企业的性质分类及具体申请事项,要求企业提供相应的申请材料,故本节参照该等分类,将可能涉及的外商投资企业按照外商投资公司、外商投资公司分公司、外商投资合伙企业、外商投资合伙企业分支机构四类来分别阐述具体的变更登记事项。

一、外商投资公司的变更登记[①]

(一)所需申请材料

1. 所有申请人都必须提供的,不可免交的材料

(1)按照国家市场监督管理总局标准版样式填写的《公司登记(备案)申请书》原件一份

《公司登记(备案)申请书》可以通过上海一网通办网站下载电子版或者通过各区的市场监督管理局办事窗口获取相应的纸质版本。

(2)所需变更企业的营业执照原件或复印件一份

如果所需变更的事项为营业执照原件中涉及的对应事项(包括但不限于企

① 根据上海一网通办网站中“外商投资的公司变更登记办事指南”总结,详见网址:http://zwdt.sh.gov.cn/govPortals/bsfw/item/6320d055-57e4-4e6b-82ca-53ce2e4b0ee5。

业名称、企业类型、营业期限等),则应提交该等营业执照正副本的原件。

如果所需变更的事项为营业执照原件中不涉及的事项(包括但不限于企业的董事、监事、高管、股东的变更等),则应提交该等营业执照正副本的复印件(复印件需要加盖公章)。

2. 申请人根据自身情况及政府部门的材料调取情况选择性提交的材料

(1)依法作出的决议或决定原件一份

申请人需根据我国法律法规以及公司章程作出决议或决定,决议或决定的内容应与所申请的事项一致,例如,所申请变更的登记事项为企业法定代表人,则所作出的股东会决议或决定的内容应与该等变更法定代表人事项相一致。如果申请人的办理事项不涉及登记事项修改,仅备案部分内容的,可不提交决议或决定。

(2)法定代表人签署的章程修正案或修改后的章程原件一份

变更决议中通过的文件和提交的文件须匹配。如果提交章程修正案,应确保所参照修订的章程版本与市场监督管理部门目前已备案的企业章程版本一致。

就以实务中常见的外商投资公司增资所需提供的公司章程修正案为例,其主体内容应明确阐述章程修正案的前后变更情况:

“根据公司股东决定,×××(上海)有限公司(以下简称‘公司’)章程修订如下:

编号	原条款	新条款
第六章 第五条	公司的投资总额为______万美元,公司注册资本为______万美元。 其中,新增加的注册资本为______万美元,由投资方在批准之日起的一个月内以美元现汇投入	公司的投资总额为______万美元,公司注册资本为______万美元。 其中,新增加的注册资本为______万美元,由投资方在批准之日起的一个月内以美元现汇投入

“修订后的条款将取代原条款,成为公司章程之不可分割的组成部分。”

(3)企业名称变更登记通知书原件一份(仅针对需要变更企业名称的情况)

涉及企业名称预先登记的提交。登记机关内部可以通过数据核验方式调取打印《名称预先核准通知书》的,申请人可以免于提交;无法调取打印的,申请人需提交《名称预先核准通知书》。

(4)变更后住所的合法使用证明原件和复印件各一份(仅针对需要变更住所的情况)

自有房屋提交产权证复印件,并应将原件交与核对;租赁房屋提交租赁合同原件及相应出租方的产权证复印件,不能提供产权证复印件的,应提交其他能够证明房屋产权归属的使用证明复印件。如果就租赁房屋存在多个出租方或多层出租关系的,所有出租方的产权证复印件或各层出租方之间签订的租赁协议都需要完整提供。

(5)原任法定代表人的免职证明和新任法定代表人的任职证明及身份证明复印件各一份(仅针对变更法定代表人的情况)

根据公司章程的规定提交原任法定代表人的免职证明和新任法定代表人的任职证明及身份证明复印件。登记机关能够通过电子证照库调取并下载相关电子证照的,不再向申请人收取有关证照复印件。

(6)刊登减资公告的报纸报样及债务清偿报告或债务担保证明原件一份(仅针对减少注册资本的情况)

刊登公告的报纸应为上海市全市发行的报纸,刊登满45天后才可正式提交减资申请。减少注册资本的,应提交刊登减资公告的报纸报样及债务清偿报告或债务担保证明。

(7)股权转让协议及其他投资方同意转让的声明原件一份(仅针对股东变更的情况)

涉及股权转让的提交转让协议,其他股东对外转让的,不参与转让的原股东方出具同意转让的声明。

(8)股权受让方的主体资格证明原件和复印件各一份(仅针对股东变更的情况)

中方投资者的主体资格证明为加盖本单位公章的营业执照/事业单位法人登记证书/社会团体法人登记证/民办非企业单位证书复印件;外国投资者的主体资格证明或身份证明应经其本国主管机关公证后送我国驻该国使(领)馆认证。外国自然人来华投资设立企业,提交的身份证明文件为中华人民共和国外国人永久居留身份证的,无须公证。香港、澳门特别行政区和台湾地区投资者的主体资格证明或身份证明应当按照专项规定或协议依法提供当地公证机构的公证文件。香港、澳门特别行政区自然人投资者的身份证明为当地永久性居民身份证、特别行政区护照或者内地公安部门颁发的港澳居民居住证、内地出入境管理部门颁发的往来内地通行证;提交港澳居民居住证或者往来内地通行证的,无须公证。大陆公安部门颁发的台湾居民居住证、大陆出入境管理部门颁发的台湾居民往来大陆通行证,可作为台湾地区自然人投资者的身份证明且无须公证。

(9)法定登记机关出具的准予投资者名称变更的证明文件原件和复印件各一份(仅针对股东名称或姓名变更的情况)

应提交登记机关出具的准予投资者名称变更的证明文件。外方投资者的名称变更证明文件应经其本国主管机关公证送我国驻该国使(领)馆认证。如其本国与我国没有外交关系,则应当经与我国有外交关系的第三国驻该国使(领)馆认证,再由我国驻该第三国使(领)馆认证。香港、澳门特别行政区和台湾地区投资者的名称变更应当按照专项规定或协议依法提供当地公证机构的公证文件。

(10)原董事、监事、经理的免职文件和新任董事、监事、经理的任职文件原件及身份证明复印件各一份(仅针对董事、监事、经理等高级管理人员任免的情况)

(11)公司清算组备案,提交依法作出的决议或决定原件一份(仅针对需要清算备案的情况)

(12)前置审批文件或证件原件和复印件各一份

(二)办理流程

1. 申请与受理阶段

由申请人通过现场前往指定申办地点窗口或邮寄至指定地址的方式向相应市场监督管理局①递交上述申请材料目录所载的所有材料。若申请人是通过申办地点窗口现场递交所有申请材料的,窗口审查人员受理所有申请材料后将向申请人提交一份行政审批申请材料收件凭证,其上将记载该市场监督管理局所收到的具体申请材料及后续领取变更后营业执照及相应材料的地点及方式。申请人应妥善保管该等收件凭证直至最终的颁证与送达阶段。

---

① 上海市市场监督管理局:主要负责登记负面清单内及金融类的外商投资企业及其分支机构、国家市场监督管理总局授权的外商投资企业登记以及其他上海市市场监督管理局认为应由其登记的外商投资企业及其分支机构。自贸试验区市场监督管理局:主要负责登记在自贸试验区行政区域内负面清单外的外商投资企业及分支机构。临港新片区市场监督管理局:主要负责登记在临港新片区行政区域内负面清单外的外商投资企业及分支机构。其他区市场监督管理局:负责登记各区行政区域内除由上海市市场监督管理局登记以外的外商投资企业及分支机构。

根据不同市场监督管理局的业务量和运行要求，建议申请经办人在前往申办地点提交申请材料前先行前往相应市场监督管理局官网或一网通办网站查看该等市场监督管理局的事项办理是否需要先行预约取号，避免因为没有事先预约致使在到达申办地点后无法立即办理材料递交事项。

2. 审查与决定阶段

由相应市场监督管理局的审查人员和部门负责人在5个工作日内完成对所有材料的审查和决定工作，只要所提交的申请材料符合相应的审查要求且申请材料符合法定形式和内容要求，即予以核准。在实务中，若申请人采用现场递交窗口的形式提交申请材料，会由窗口的审查人员直接对所提交材料进行第一轮审查，若经审查发现存在材料内容遗漏、内容或格式错误等问题，窗口审核人员将一次性告知申请人所有该等需要修改补充的事项，且通常情况下审查与决定阶段的实际工作时间会小于5个工作日。

3. 颁证与送达阶段

市场监督管理局审查决定通过该等变更申请后，相应发证人员会在10个工作日内完成变更后的营业执照（若有）和相关变更备案回执材料的颁证和送达工作。在实务中，该等审查结果会通过手机短信的形式通知负责办理该等变更事项的申请经办人，并由该等申请经办人携带行政审批申请材料收件凭证和申请经办人的身份证原件至各市场监督管理局的指定窗口领取变更事项的相关证件材料。

二、外商投资公司分公司的变更登记①

（一）所需申请材料

1. 所有申请人都必须提供的，不可免交的材料

（1）按照国家市场监督管理总局标准版样式填写的《分公司、非法人分支机构、营业单位登记（备案）申请书》原件一份

《分公司、非法人分支机构、营业单位登记（备案）申请书》可以通过上海一网通办网站下载电子版或者通过各区的市场监督管理局办事窗口获取相应的纸

① 根据上海一网通办网站中“外商投资的公司分公司变更登记办事指南”总结，详见网址：http://zwdt.sh.gov.cn/govPortals/bsfw/item/6b6be590-0c3e-4b5c-b9bb-57f0f455b916。

质版本。

分公司申请人为公司，营业单位、非法人分支机构申请人为隶属单位（企业）。

（2）所需变更的分支机构营业执照原件一份

（3）隶属企业营业执照复印件一份（需加盖隶属企业公章）

2. 申请人根据自身情况及政府部门的材料调取情况选择性提交的材料

（1）企业名称变更登记通知书原件一份

涉及企业名称预先登记的提交。登记机关内部可以通过数据核验方式调取打印《名称预先核准通知书》的，申请人可以免于提交；无法调取打印的，申请人需提交《名称预先核准通知书》。

（2）变更后的营业场所（地址）合法使用证明原件一份

应提交变更后的营业场所（地址）合法使用证明。自有房屋的提交产权证复印件，并应提供原件用以核对；租赁房屋应提交租赁合同原件及出租方的产权证复印件，不能提供产权证复印件的，提交能够证明房屋产权归属的其他使用证明复印件。法律、行政法规规定分支机构经营场所变更必须报经有关部门批准的，还需提交批准文件。如果租赁的房屋存在多个出租方或多层出租关系，所有出租方的产权证复印件或各层出租方之间签订的租赁协议都需要完整提供。

（3）分支机构负责人的任职文件原件及身份证复印件一份

在申请书中粘贴身份证复印件和签署确认函、免职信息即可。登记机关可以通过电子证照库调取并下载相关电子证照的，不再向申请人收取有关证照复印件。

（4）隶属企业的变更事项证明复印件一份

因隶属企业登记事项发生变更而申请分支机构变更的提交。登记机关内部可以通过数据核验方式调取打印隶属企业的变更事项证明文件的，申请人可以免于提交；无法调取打印的，申请人需提交隶属企业的变更事项证明复印件。

（5）有关部门的批准文件原件一份

法律、行政法规规定分支机构经营场所、负责人、营业期限、经营（业务）范围变更必须报经有关部门批准的提交。登记机关通过电子证照库可以调取并下载相关电子证照的，申请人可以免于提交有关证照复印件。

(二)办理流程

参照“外商投资公司的变更登记”的相应流程。

三、外商投资合伙企业的变更登记[①]

(一)所需申请材料

1. 所有申请人都必须提供的,不可免交的材料

(1)按照国家市场监督管理总局标准版样式填写的《合伙企业登记(备案)申请书》原件一份

《合伙企业登记(备案)申请书》可以通过上海一网通办网站下载电子版或者通过各区的市场监督管理局办事窗口获取相应的纸质版本。

变更执行事务合伙人、合伙企业类型、合伙人姓名或者名称、承担责任方式、认缴或者实际缴付的出资数额、缴付期限、出资方式和评估方式等登记事项的,有关申请文书的签名应当经过中国法定公证机构的公证。

(2)全体合伙人签署的变更决定书或者合伙协议约定的人员签署的变更决定书原件一份

上述变更决定书是指依据设立登记时合伙协议的约定作出的修改合伙协议的决定书,决定书的内容与所申请的事项应当一致。

(3)全体合伙人签署的合伙协议修正案或修改后的合伙协议原件一份

(4)营业执照原件一份

2. 申请人根据自身情况及政府部门的材料调取情况选择性提交的材料

(1)企业名称变更登记通知书原件一份

涉及企业名称预先登记的,提交《企业名称变更登记通知书》。登记机关内部可以通过数据核验方式调取打印《名称预先核准通知书》的,申请人可以免于提交。

(2)主要经营场所合法使用证明

变更主要经营场所,应提交变更后的主要经营场所使用证明。自有房屋应提交房屋产权证复印件,并提交相应原件用于核对;租赁房屋应提交租赁合同原

① 根据上海一网通办网站中“外商投资合伙企业变更(备案)登记办事指南”总结,详见网址:http://zwdt.sh.gov.cn/govPortals/bsfw/item/a500808f-9e22-4182-8d10-9d63687d0a74。

件及出租方的房屋产权证复印件，不能提供房屋产权证复印件的，应提交能够证明房屋产权归属的其他使用证明复印件。如果租赁房屋存在多个出租方或多层出租关系的，所有出租方的产权证复印件或各层出租方之间签订的租赁协议都需要完整提供。

(3)新任执行事务合伙人或委派代表身份证明复印件一份

合伙企业变更执行事务合伙人或委派代表无须修改合伙协议的，不用提交修正案或修改后的合伙协议及修改合伙协议的变更决定书。新的执行事务合伙人是外国企业、中国法人或者其他组织的，还应当提交其委派代表的委托书和身份证明复印件。执行事务合伙人委派代表变更的，还应当提交继任代表的委托书。变更执行事务合伙人等登记事项的，有关申请文书的签名应当经过中国法定公证机构的公证。

(4)合伙人姓名(名称)变更的证明文件原件一份

变更合伙人姓名或名称，应提交法定登记机关出具的合伙人姓名(名称)变更的证明文件。外方合伙人的企业姓名(名称)变更证明文件应经其本国主管机关公证送我国驻该国使(领)馆认证。

(5)财产转让协议原件一份

如受让原合伙人在合伙企业中的部分或全部财产份额，还应提交财产转让协议。

(6)新合伙人的主体资格证明或自然人身份证明和住所证明原件或复印件一份

若新入伙的外国合伙人为普通合伙人，应由与该外国合伙人有业务往来的金融机构出具资本信用证明书。

(7)全体合伙人对各合伙人认缴或实缴出资的确认书原件一份

应提交全体合伙人对各合伙人认缴出资的确认书。合伙人以实物、知识产权、土地使用权或者其他财产权利出资，经全体合伙人协商作价的，提交全体合伙人签署的协商作价确认书；经全体合伙人委托法定评估机构评估作价的，提交法定评估机构出具的评估作价证明。外国普通合伙人以劳务出资的，应当向企业登记机关提交外国人就业许可证。变更认缴或者实际缴付的出资数额、缴付期限、出资方式和评估方式等登记事项的，有关申请文书的签名应当经过中国法定公证机构的公证。

(8)资信证明原件一份

仅适用于新入伙的外国合伙人为普通合伙人的情形。

(9)前置审批文件或证件复印件一份

如涉及前置许可审批,应提交有关前置许可的批准文件或许可证书复印件。

(10)合伙人住所变更的证明文件原件一份

其指法定登记机关出具的准予住所变更的证明文件。外方合伙人的境外住所变更证明文件应经其本国主管机关公证送我国驻该国使(领)馆认证。

(11)法律、行政法规规定设立特殊的普通合伙企业需要提交合伙人的职业资格证明的,应提交相应证件原件一份

仅适用于法律、行政法规规定设立特殊的普通合伙企业。

(二)办理流程

1. 申请与受理阶段

由申请人通过现场前往指定申办地点窗口或邮寄至指定地址的方式向相应市场监督管理局[①]递交上述申请材料目录所载的所有材料。若申请人通过申办地点窗口现场递交所有申请材料,窗口审查人员受理所有申请材料后将向申请人提交一份行政审批申请材料收件凭证,其上将记载该市场监督管理局所收到的具体申请材料及后续领取变更后营业执照及相应材料的地点及方式。申请人应妥善保管该等收件凭证直至最终的颁证与送达阶段。

根据不同市场监督管理局的业务量和运行要求,建议申请经办人在前往申办地点提交申请材料前先行前往相应市场监督管理局官网或一网通办网站查看该等市场监督管理局的事项办理是否需要先行预约取号,避免因为没有事先预约致使在到达申办地点后无法立即办理材料递交事项。

2. 审查与决定阶段

由相应市场监督管理局的审查人员和部门负责人在5个工作日内完成对所有材料的审查和决定工作,只要所提交的申请材料符合相应审查要求、材料齐全

① 上海市市场监督管理局主要负责本市除浦东新区行政区域外的外商投资合伙企业及分支机构的登记;浦东新区行政区域内的股权投资、股权投资管理类外商投资合伙企业及分支机构的登记;国家工商总局授权的外商投资合伙企业及分支机构的登记等。

上海市浦东新区市场监督管理局主要负责浦东新区行政区域内非由上海市市场监督管理局登记的外商投资合伙企业及分支机构的登记。

且符合法定形式,即予以核准。在实务中,若申请人采用现场递交窗口的形式提交申请材料,窗口的审查人员会直接对所提交材料进行第一轮审查,若经审查发现存在材料内容遗漏、内容或格式错误等问题,窗口审核人员将一次性告知申请人所有该等需要修改补充的事项,且通常情况下审查与决定阶段的实际工作时间会小于5个工作日。

3. 颁证与送达阶段

经市场监督管理局审查并决定通过该等变更申请后,相应发证人员会在10个工作日内完成变更后的营业执照(若有)和相关变更备案回执材料的颁发和送达工作。在实务中,该等审查结果会以手机短信的形式通知负责办理该等变更事项的申请经办人,并由该等申请经办人携带行政审批申请材料收件凭证和申请经办人的身份证原件至各市场监督管理局的指定窗口领取变更事项的相关证件材料。

四、外商投资合伙企业分支机构的变更登记①

(一)所需申请材料

1. 所有申请人都必须提供的,不可免交的材料

(1)按照国家市场监督管理总局标准版样式填写的《分公司、非法人分支机构、营业单位登记(备案)申请书》原件一份

《分公司、非法人分支机构、营业单位登记(备案)申请书》可以通过上海一网通办网站下载电子版或者通过各区的市场监督管理局办事窗口获取相应的纸质版本。

表格由隶属合伙企业执行事务合伙人签署,并盖隶属合伙企业印章。

(2)隶属企业依法做出的决定书原件一份

申请人应参照《合伙企业法》、《合伙企业登记管理办法》、《外国企业或者个人在中国境内设立合伙企业管理办法》以及企业协议规定做出决定书,决定书的内容与所申请的事项应当一致。

---

① 根据上海一网通办网站中"外商投资合伙企业分支机构变更登记办事指南"总结,详见网址:http://zwdt.sh.gov.cn/govPortals/bsfw/item/8164e5f7-3f51-4bdd-874f-7e8d24f99668。

(3)加盖隶属企业印章的隶属合伙企业营业执照复印件一份

(4)分支机构营业执照原件一份

2. 申请人根据自身情况及政府部门的材料调取情况选择性提交的材料

(1)企业名称变更登记通知书原件一份

涉及企业名称预先登记的提交。登记机关内部可以通过数据核验方式调取打印企业名称变更登记通知书的,申请人可以免于提交;无法调取打印的,申请人需提交企业名称变更登记通知书。

(2)经营场所合法使用证明原件一份

自有房产提交产权证复印件,并提交原件核对;租赁房屋提交租赁协议原件及出租方的产权证复印件。以上不能提供产权证复印件的,提交能够证明产权归属的其他房屋产权使用证明复印件。如果租赁房屋存在多个出租方或多层出租关系,所有出租方的产权证复印件或各层出租方之间签订的租赁协议都需要完整提供。

(3)分支机构负责人任免书及其身份证明原件一份

在申请书中粘贴身份证复印件和签署确认任、免职信息即可。

(二)办理流程

参照“外商投资合伙企业的变更登记”的相应流程。

第三章　外商投资企业治理法律实务

刘　东[*]　陈超逸[**]　倪晨飞[***]

第一节　概　　述

自从我国改革开放以来，外商投资的立法随着经济发展在不断修改、变化。从分别于1979年、1986年、1988年通过的《外资企业法》《中外合作经营企业法》《中外合资经营企业法》（合称“三资企业法”），直至2019年3月15日《外商投资法》经第十三届全国人民代表大会第二次会议通过，《外商投资法》规定外商投资企业的治理结构适用《公司法》《合伙企业法》等法律的规定，自此渐渐“内外一致”，实现“国民待遇”。

在“三资企业法”不断完善的几十年间，一直存在“三资企业法”与《公司法》双轨并行以及冲突的情形。在立法时间上，“三资企业法”的颁布和实施在先，均早于1993年颁布的《公司法》，因此造成了内资企业与外资企业在各项规定上内外有别的双轨制模式。而在之后的实际执行中，外资企业在设立、运行和争议解决中应当适用什么法律，是否可以适用《公司法》，在过去几十年间均产生了很多争议。从“三资企业法”的制定背景以及时代来看，其更多的是针对当时的经济环境以及当时的外资企业的发展需要，但随着社会的进步与经济的发展，20世纪

---

[*] 刘东，上海市金茂律师事务所合伙人，南京大学法学学士，英国南安普顿大学法学硕士，中国国际经济贸易仲裁委员会、广州仲裁委员会和宁波仲裁委员会仲裁员，入选司法部“全国千名涉外律师人才名单”。

[**] 陈超逸，上海市金茂律师事务所律师，华东政法大学法学学士，香港中文大学法学硕士。

[***] 倪晨飞，上海市金茂律师事务所律师，西南政法大学法学学士，英国雷丁大学法学硕士。

末的立法已无法满足企业、经济、社会所需。因此,“三资企业法”本身也经历了诸多修订。

进入21世纪后,在立法上,可以明显感受到外商投资企业政策法规在趋向于将外商投资企业并入内资企业进行一致性管理。2006年,《关于实施〈关于外商投资的公司审批登记管理法律适用若干问题的执行意见〉》由原国家工商行政管理总局颁布实施,其中规定:“中外合资、中外合作的有限责任公司需按照有关规定设立董事会作为权力机构,公司的其他组织机构按照公司自治原则由公司章程依法规定;外商合资、外商独资的有限责任公司和外商投资的股份有限公司的组织机构应当符合《公司法》的规定,建立健全公司的组织机构。对于2006年1月1日以前已经设立的外商投资的公司是否对章程进行修改,公司登记机关不做强制要求,由公司自行决定,如果修改则报审批机关批准和登记机关备案。”

在2008年,随着《外商投资企业和外国企业所得税法》的废止,外资企业与内资企业适用的法律体系进一步实现一致性,在税收方面不再以资本属性为标准划分管理模式,内外资企业将适用统一规则,市场主体法律地位愈趋平等。①

2010年后,“三资企业法”及其相关实施条例进行了多次修改,其原因有实际执行中的不断优化和调整,也有对于未来立法趋势的试点和探索。如在2013年,适用上海自贸区的总体方案中包含了很多试点性的、积极开放的外商投资政策措施,如对境外投资开办企业实行以备案制为主的管理方式,提高境外投资便利化程度以及加强境外投资事后管理和服务等方针。

2020年1月1日起施行的《外商投资法》,规定了外商投资企业的组织形式、组织机构及其活动准则适用《公司法》《合伙企业法》等法律的规定。这意味着长达几十年的法律适用问题在一定程度上得到了解决,我国市场在进一步对外资开放与放宽。

而本章将基于有限责任公司与股份有限公司的模式,对外商投资企业的治理结构进行讨论与分析。

---

① 王嫣:《〈外商投资法〉》下中外合资企业公司治理结构的调整和并轨化》,载微信公众号“观韬中茂律所”2019年3月21日,https://mp. weixin. qq. com/s/ayLdpLpPDp6PZGQlsDjFMQ。

第二节　外商投资企业治理结构的变化

一、权力机构的差异

如表 3－1 所示，《外商投资法》实施后，权力机构发生了变化，将董事会从外商投资企业的金字塔尖拉了下来，并将股东会推到权力顶端，加强和强调了股东对于公司的参与度和控制度，避免了过去那种外商投资企业部分董事无视股东的利益独立操作并做出重大决策的情形。但该种模式在更加强调股东权力、保护股东利益的同时，对于那些中外股东存在矛盾、异议的外商投资企业来说，可能会更加激化中外股东的矛盾，从董事会僵局变为更为激化的股东会僵局。

表 3－1　权力机构变化

《外商投资法》实施前的规定	《外商投资法》实施后的规定	重大变化
《中外合资经营企业法》规定，董事会根据平等互利的原则，决定合营企业的重大问题	《公司法》规定，有限责任公司股东会由全体股东组成。股东会是公司的权力机构，依照本法行使职权	公司应设立股东会，公司的最高权力机构变为股东会

二、法定代表人的差异

如表 3－2 所示，《外商投资法》实施后，法定代表人的选择范围变大，更注重中外双方的协商与决策。在实际操作中，外资股东往往会很轻易认为法定代表人只是一个职位或名称，但是实际上法定代表人并非字面的“代表”的含义，其需要承担部分公司行为的责任以及在民商事争议程序中的风险，如被限制出境的风险、不配合司法程序被处罚的风险以及被限制消费的风险。[①] 此外，在公司面临一些司法或行政程序时，法定代表人还需要配合进行程序性事项，如签收相关

① 参见叶臻勇、张洁、赵怡青：《公司法定代表人在民商事争议程序中的个人风险》，载君合律师事务所网站 2020 年 6 月 18 日，http://www.junhe.com/legal-updates/1232。

文件、接受调查等。

表 3－2　法定代表人变化

《外商投资法》实施前的规定	《外商投资法》实施后的规定	重大变化
《中外合资经营企业法实施条例》规定，外商投资企业的法定代表人应当由董事长担任	《公司法》规定，公司法定代表人依照公司章程的规定，由董事长、执行董事或者经理担任，并依法登记	法定代表人的选择范围更大，可以从董事长、执行董事或者经理中选择

三、董事会的差异

（一）董事会的设置上的差异

《外商投资法》实施后，董事会的设置灵活性更强，优化了董事会的形式对于小型的合资企业，董事会的非必要的设置能够提高管理效率，其更能够根据法规找到适合自身的模式和架构。具体如表 3－3 所示。

表 3－3　董事会设置变化

《外商投资法》实施前的规定	《外商投资法》实施后的规定	重大变化
《中外合资经营企业法》规定，中外合资经营企业必须设置董事会，董事会依照平等互利的原则，决定合营企业的重大问题	《公司法》规定，有限责任公司董事会成员人数为 3 人至 13 人，但股东人数较少或者规模较小的有限责任公司，可以设 1 名执行董事，不设董事会。股份有限公司董事会成员人数为 5 人至 19 人	特定模式下可以只设置执行董事而不设置董事会

（二）董事产生程序上的差异

如表 3－4 所示，《外商投资法》不再强调中外合营双方对董事的委派权，也消除了“合营方”的概念，而是将双方均赋予股东这一平等身份，消除了双方委派权隐含的双方的互相防范、制衡的含义，由公司股东会作为决策机构，决定董事的选举和产生。

表3－4　董事产生程序变化

《外商投资法》实施前的规定	《外商投资法》实施后的规定	重大变化
《中外合资经营企业法》规定，董事由合营各方直接委派和撤换，董事长和副董事长由合营各方协商确定或由董事会选举产生。中外合营者的一方担任董事长的，由他方担任副董事长	《公司法》规定，董事由股东会选举产生（职工代表董事除外）	股东会掌握了董事的任命权

（三）董事会人数上的差异

如表3－5所示，《外商投资法》实施后，董事会成员人数被设置了上限，避免了在股东各方存在分歧或矛盾时，股东利用其持股的比例不停增加委派董事、操纵公司的情形。

表3－5　董事会人数变化

《外商投资法》实施前的规定	《外商投资法》实施后的规定	重大变化
《中外合资经营企业法》以及《中外合资经营企业法实施条例》规定，合营企业设置董事会，其人数组成由合营各方协商确定，但不得少于3人	《公司法》规定，有限责任公司如果设董事会，其成员人数为3人至13人	董事会成员人数设置上限

（四）董事任期的差异

由表3－6可知，《外商投资法》实施后，董事任期变短，符合了原本体系下内外资双轨制的两个模式的制度并为统一模式的理念。

表3－6　董事任期变化

《外商投资法》实施前的规定	《外商投资法》实施后的规定	重大变化
《中外合资经营企业法实施条例》规定，董事的任期为4年	《公司法》规定，有限责任公司董事任期由公司章程规定，但每届任期不得超过3年	董事任期由4年变为3年

四、监事会的差异

监事会的变化（见表3－7）与股东会取代董事会成为最高权力机构的变化

相辅相成。和内资企业的“人合性”高于“资合性”不同,外商投资企业兼具“人合性”与“资合性”。在之前的“三资企业法”的模式中,外商投资企业的董事会兼任公司的权力机构和执行机构,概括性地接受了所有权力,但具体的权力和责任不清晰,经常会出现一方股东以及其委派的董事在经营过程中隐瞒情况欺骗另一方股东,或大股东通过其委派董事侵害小股东权益的情况。当前中外股东双方在把属于股东会的公司控制权、重大事项决策权从董事会职权中剥离的同时设置监事会,也是随着经济发展、企业管理需要的与时俱进的表现。

表3－7　监事会变化

《外商投资法》实施前的规定	《外商投资法》实施后的规定	重大变化
《中外合资经营企业法》规定,中外合资经营企业的组织形式虽然为有限责任公司,却没有被法规要求必须设置监事会	《公司法》规定,有限责任公司应建立监事会,监事会成员不得少于3人。股东人数较少或者规模较小的有限责任公司,可以设1至2名监事,不设监事会	外商投资企业不再是董事会“一家独大”,也不是股东会完全接手所有公司重大事件,而是需要监事会与股东会相互监督与牵制

五、高级管理人员的差异

《外商投资法》不再强调高级管理人员由合营双方各自委派和担任,具有更强的自主性和协商性,更强调公司利益与意志,具体对比内容见表3－8。

表3－8　高级管理人员变化

《外商投资法》实施前的规定	《外商投资法》实施后的规定	重大变化
《中外合资经营企业法》规定,董事会决定总经理、副总经理、总工程师、总会计师、审计师的任命或聘请及其职权和待遇等,但正副总经理(或正副厂长)由合营各方分别担任	《公司法》规定,董事会决定聘任或者解聘公司经理及其报酬事项,并根据经理的提名决定聘任或者解聘公司副经理、财务负责人及其报酬事项	不再对高级管理人员,特别是正副总经理的来源进行约束

第三节　外商投资企业治理结构变化引发的治理转变

一、股东会

对公司来说，股东既是公司的基础，也是利益与公司捆绑最深、与公司重大决策结果息息相关的角色。在外商投资企业沿袭《公司法》进行治理结构的设立与管理后，股东会成为了外商投资企业的最高权力机构，掌控公司的最终决策权。

在《外商投资法》实施以前，中外合资企业由股东委派产生的董事会为公司的最高决策机构，决定企业的重大问题，企业不设股东会。在此种模式下，董事由各方股东委派，在某种程度上担任着该方股东的传声筒以及决策执行人的角色。不过，随着"三资企业法"的废除，该等规定亦将成为历史。如今，在有限责任公司形式的外商投资企业中，股东会是最高权力机构，股东会和董事会将依据《公司法》规定进行分工来治理公司。权力机构的变更会导致重要事项表决权的变化，这将影响有限责任公司形式的外商投资企业股东的利益。

（一）股东会职权

根据《公司法》的规定，股东会行使下列职权：

（1）决定公司的经营方针和投资计划；

（2）选举和更换非由职工代表担任的董事、监事，决定有关董事、监事的报酬事项；

（3）审议批准董事会的报告；

（4）审议批准监事会或者监事的报告；

（5）审议批准公司的年度财务预算方案、决算方案；

（6）审议批准公司的利润分配方案和弥补亏损方案；

（7）对公司增加或者减少注册资本作出决议；

（8）对发行公司债券作出决议；

（9）对公司合并、分立、解散、清算或者变更公司形式作出决议；

（10）修改公司章程；

(11)公司章程规定的其他职权。

对前款所列事项股东以书面形式一致表示同意的,可以不召开股东会会议,直接做出决定,并由全体股东在决定文件上签名、盖章。

从最高权力机构的职能来看,《公司法》较《中外合资经营企业法》对公司最高权力机构职权有更明确的规定。《公司法》中规定的股东会职权,在《外商投资法》实行之前由董事会行使,这就可能出现董事会成员自行决定重大事宜,损害股东利益,甚至外资一方的董事渐渐脱离外资股东控制的情况。而在《外商投资法》实施后,公司各项重大事宜的决策权回归股东会,外资企业的治理发生了质的改变。

在该种情况下,对于股东的要求,尤其是外资股东的要求较以往有所提高。决策权的行使不仅仅是关乎企业利益,还要同时综合考虑当地的法规政策、经营情况,而外资股东往往身在国外,很难切实进入企业在当地的经营以及关注当地法规政策的变更和修改。在之前的“三资企业法”时代,外资股东很多是大方向的把控,没有深入到企业与当地环境的实际情况中。因此在《外商投资法》时代,在行使决策权时,建议外资股东:

(1)应当深入了解企业所在地的法规政策,了解企业各方面的经营模式及其与法律法规的差异;

(2)较以往更为深入地了解企业在当地的经营,与其他股东、董事积极沟通,避免以本国的操作习惯、法规政策进行类推操作;

(3)在当地委托专业人员(如咨询人员、律师等)并听取其意见,以确保在全面了解企业情况、相关政策法规的前提下做出决策。

尽管最终决策权调整至股东会,但并不意味着在决定企业的决策与方向时将董事与董事会完全撇在一边。对于股东来说,董事,尤其是己方所派和指定之董事,在《外商投资法》实施之前是代表和保护其利益的角色,在实际操作中,董事在股东企业中往往也担任重要角色。而在《外商投资法》实施后,把股东通过法律纳入公司企业的经营管理中,回归到股东与公司的“父子关系”,让外资企业的决策机构不再存在法律上的双轨制并行的情况,解决了法律适用的困局。董事会与股东会将按照《公司法》各自行使其权力,履行其职权。实际上,董事会与股东会的职权并非各自完全独立,彼此在一定程度上是相辅相成和互相关联的。

（二）股东会召开和议事方式

1. 股东会的召集与主持

（1）首次股东会会议由出资最多的股东召集和主持；

（2）设立董事会的有限责任公司，由董事会召集和主持股东会会议；

（3）董事长不能履行职务或者不履行职务的，由副董事长主持；

（4）副董事长不能履行职务或者不履行职务的，由半数以上董事共同推举一名董事主持；

（5）有限责任公司不设董事会的，股东会会议由执行董事召集和主持；

（6）董事会或者执行董事不能履行或者不履行召集股东会会议职责的，由监事会或者不设监事会的公司的监事召集和主持；

（7）监事会或者监事不召集和主持的，代表1/10以上表决权的股东可以自行召集和主持。

2. 定期会议与临时会议

股东会会议分为定期会议和临时会议：

（1）定期会议应当依照公司章程的规定按时召开。

（2）代表1/10以上表决权的股东，1/3以上的董事，监事会或者不设监事会的公司的监事提议召开临时会议的，应当召开临时会议。

（3）股东会应当对所议事项的决定作成会议记录，出席会议的股东应当在会议记录上签名。

3. 股东会会议的议题

（1）《公司法》对有限责任公司召开股东会只规定了提前15天通知全体股东的期限性规定，即：《公司法》第41条第1款规定：召开股东会会议，应当于会议召开15日前通知全体股东；但是，公司章程另有规定或者全体股东另有约定的除外。法律没有规定必须通知会议审议的事项，亦没有要求不得对通知中未列明事项进行表决。换言之，除非公司的章程另有约定，有限责任公司召开股东会会议，并不禁止会议进行期间临时增加议题和对增加的议题进行表决。

（2）对于股份有限公司，根据《公司法》第102条的规定：召开股东大会会议，应当将会议召开的时间、地点和审议的事项于会议召开20日前通知各股东；临时股东大会应当于会议召开15日前通知各股东；发行无记名股票的，应当于会议召开30日前公告会议召开的时间、地点和审议事项。

(3)根据最高人民法院《关于适用〈中华人民共和国公司法〉若干问题的规定(四)》第5条的规定,股东会或者股东大会、董事会决议存在下列情形之一,当事人主张决议不成立的,人民法院应当予以支持:

①公司未召开会议的,但依据公司法第37条第2款或者公司章程规定可以不召开股东会或者股东大会而直接作出决定,并由全体股东在决定文件上签名、盖章的除外;

②会议未对决议事项进行表决的;

③出席会议的人数或者股东所持表决权不符合公司法或者公司章程规定的;

④会议的表决结果未达到公司法或者公司章程规定的通过比例的;

⑤导致决议不成立的其他情形。

4. 股东会会议的决策程序

在决策程序上,一般情况下股东按照其出资比例行使表决权,但是公司章程另有规定的,章程规定优先,因此可以通过公司章程打破前述决策标准。一些重大的决议,如公司章程的修改、注册资本变化的决议,以及公司合并、分立、解散或者公司形式变更的决议,必须经代表2/3以上表决权的股东通过。在决策程序上,即使决策权回归,也并未完全解决股东矛盾导致的僵局,只是把矛盾从董事会转移至了股东会。

5. 一票否决制的谨慎使用

需要外资企业股东以及管理层注意"一票否决制"的谨慎应用问题。如果公司在章程中设置需全体股东或全体董事一致同意方可通过决议的情况,该种情况实质上就是"一票否决权"。"一票否决权"虽然可以保障小股东的利益,但是,若在章程中规定所有事项都必须经全体股东的一致同意,容易导致决策程序无法推进,公司陷入决策僵局,阻碍公司的发展。因此,建议在如公司担保等重大事项上约定"一票否决权",其余事项仍可采取资本多数决的原则。①

二、董事会

(一)董事会职权

董事会对股东会负责,行使下列职权:(1)召集股东会会议,并向股东会报告

① 艾黎清:《公司章程约定董事会凌驾于股东会之上,是否可行?》,载微信公众号"苏清合伙股权"2020年4月22日,https://mp.weixin.qq.com/s/TNIW-WWTH1bmn-XiPK6Dqw。

工作;(2)执行股东会的决议;(3)决定公司的经营计划和投资方案;(4)制定公司的年度财务预算方案、决算方案;(5)制定公司的利润分配方案和弥补亏损方案;(6)制定公司增加或者减少注册资本以及发行公司债券的方案;(7)制定公司合并、分立、解散或者变更公司形式的方案;(8)决定公司内部管理机构的设置;(9)决定聘任或者解聘公司经理及其报酬事项,并根据经理的提名决定聘任或者解聘公司副经理、财务负责人及其报酬事项;(10)制定公司的基本管理制度;(11)公司章程规定的其他职权。

对于董事会来说,《外商投资法》实施后最重大的改变就是董事会的职权将依据《公司法》进行规制,重要决策权将由股东会行使,一些原本在董事会职权范围下的事项不再需要董事会进行决策。基于此,建议股东或境内管理层整体应对,把与《外商投资法》带来的相关影响与变化一并报告给境外股东,并密切关注后续的配套立法,尤其是地方政府出台的配套政策。

在实际操作中,建议中方股东、管理层与外方股东积极沟通,对章程进行更新与修改。章程的作用不容小觑,不仅要按照法律进行修改,还可以通过章程维持和优化现有的体系,避免伤筋动骨和触碰到不可调和的矛盾,以避免五年的依据《外商投资法》调整的转换期内出现僵局,恶化矛盾。

此外,外资企业应当避免"章程约定一切""章程高于一切"的想法。有些企业会持有通过章程继续维持当前董事会职权的想法,但该种想法有误。公司章程不能对法规,如股东会应为公司最高权力机构的规定做出修改性和任意性的规定。《外商投资法》规定外商投资企业的组织形式、组织机构及其活动准则,适用《公司法》《合伙企业法》等法律的规定。而《公司法》明确规定了股东会为公司最高权力机构,重大事项必须经股东会决议。若股东擅自通过章程约定董事会行使股东会的权力,或者废除股东会,无异于剥夺股东权利,公然触犯法律,最终导致章程无效。①

(二)董事人选

有限责任公司设成员为 3 人至 13 人的董事会,董事会设董事长 1 人,可以设副董事长。公司章程规定董事长、副董事长的产生办法。董事任期为 3 年。《公

---

① 艾黎清:《公司章程约定董事会凌驾于股东会之上,是否可行?》,载微信公众号"苏清合伙股权"2020 年 4 月 22 日,https://mp.weixin.qq.com/s/TNIW-WWTH1bmn-XiPK6Dqw。

司法》没有特别对中外方股东指派的董事数量有所要求,也并未进行强制性禁止,因此对于外资企业,如没有特殊的需要和情况,可以对当前的董事人选进行梳理,仅对需要调整的部分进行调整。

但对于董事的确定方式、任期,应当基于《公司法》对章程中的规定进行调整:首先非由职工代表担任的董事由股东会选举和确定,董事会设董事长一人,可以设副董事长。董事长和副董事长由董事会以全体董事的过半数选举产生。董事任期为 3 年。

(三)董事会会议召开和议事方式

1. 董事会的召集与主持

(1)董事会会议由董事长召集和主持;

(2)董事长不能履行职务或者不履行职务的,由副董事长召集和主持;

(3)副董事长不能履行职务或者不履行职务的,由半数以上董事共同推举 1 名董事召集和主持。

2. 董事会的议事方式和表决程序

(1)除本法有规定的外,由公司章程规定。

(2)董事会应当对所议事项的决定做成会议记录,出席会议的董事应当在会议记录上签名。

(3)董事会决议的表决,实行一人一票。

(4)在表决程序上,当前《公司法》规定的模式与"三资企业法"规定的模式相差较大。在"三资企业法"的体系中,董事长负责召集并主持的董事会会议每年至少召开一次。董事长不能召集时,由董事长委托副董事长或者其他董事负责召集并主持董事会会议。经 1/3 以上董事提议,可以由董事长召开董事会临时会议。

(5)《公司法》在董事会会议召开的最低人数上没有明确规定,外资企业可以根据需要与实际情况在章程中予以规定。

(6)对于董事会会议的决议,"三资企业法"的配套规定中,除重大事项需要出席董事会会议的董事一致通过方可做出决议外,其他事项根据合营企业章程载明的议事规则做出决议。《公司法》给予企业更多的自由度和商议上的空间,规定了董事会的议事方式和表决程序,除前述已有的规定外,由公司章程规定。

(7)董事会决议的表决,实行一人一票,这与“三资企业法”的规定没有出入。

三、监事会

在之前的“三资企业法”中,设立监事会或监事并非法规规定的强制性要求,但2006年《关于外商投资的公司审批登记管理法律适用若干问题的执行意见》颁布以后,已有部分外商投资企业依据《公司法》设置监事(会)。而在《外商投资法》实施后,外资企业的治理结构将按照《公司法》进行调整,监事会的设立变为法规规定的要求。

(一)监事会职权

监事会、不设监事会的公司的监事行使下列职权:(1)检查公司财务;(2)对董事、高级管理人员执行公司职务的行为进行监督,对违反法律、行政法规、公司章程或者股东会决议的董事、高级管理人员提出罢免的建议;(3)当董事、高级管理人员的行为损害公司的利益时,要求董事、高级管理人员予以纠正;(4)提议召开临时股东会会议,在董事会不履行本法规定的召集和主持股东会会议职责时召集和主持股东会会议;(5)向股东会会议提出提案;(6)依照法律规定,对董事、高级管理人员提起诉讼;(7)公司章程规定的其他职权。

监事可以列席董事会会议,并对董事会决议事项提出质询或者建议。

监事会、不设监事会的公司的监事发现公司经营情况异常,可以进行调查;必要时,可以聘请会计师事务所等协助其工作,费用由公司承担。

从职权角度来看,监事会是肩负监督、审查作用的机构,“三资企业法”此前的规定没有强制要求公司设置监事会,因此很多外资企业采用其他内部的监督机制。而《外商投资法》实施后,企业可以根据已有的监督机制,将监督机构调整为监事会。

(二)监事会人选

监事会应当包括股东代表和适当比例的公司职工代表,其中职工代表的比例不得低于1/3,具体比例由公司章程规定。监事会中的职工代表由公司职工通过职工代表大会、职工大会或者其他形式民主选举产生。监事会设主席一人,由全体监事过半数选举产生。监事不得由董事、高级管理人员兼任。

(三)监事会召开和议事方式

1. 监事会会议的召集与主持

(1)监事会主席召集和主持监事会会议;

(2)监事会主席不能履行职务或者不履行职务的,由半数以上监事共同推举一名监事召集和主持监事会会议。

2. 会议时间

监事会每年度至少召开一次会议,监事可以提议召开临时监事会会议。

3. 议事方式与表决程序

除非《公司法》另有规定,监事会的议事方式和表决程序由公司章程规定。监事会决议应当经半数以上监事通过。监事会应当对所议事项的决定作成会议记录,出席会议的监事应当在会议记录上签名。

四、高级管理人员

(一)高级管理人员的职权

有限责任公司可以设经理,由董事会决定聘任或者解聘。经理对董事会负责,行使下列职权:(1)主持公司的生产经营管理工作,组织实施董事会决议;(2)组织实施公司年度经营计划和投资方案;(3)拟订公司内部管理机构设置方案;(4)拟订公司的基本管理制度;(5)制定公司的具体规章;(6)提请聘任或者解聘公司副经理、财务负责人;(7)决定聘任或者解聘除应由董事会决定聘任或者解聘以外的负责管理人员;(8)董事会授予的其他职权。

公司章程对经理职权另有规定的,从其规定。经理列席董事会会议。

(二)高级管理人员人选

总经理、副总经理的人选不再必须由股东各方分别指派。企业可根据经营需要决定总经理、副总经理人选。

五、公司董事、监事、高级管理人员的资格、义务和责任

(一)禁止担任公司董事、监事、高级管理人员的情形

有下列情形之一的,不得担任公司的董事、监事、高级管理人员:(1)无民事行为能力或者限制民事行为能力;(2)因贪污、贿赂、侵占财产、挪用财产或者破

坏社会主义市场经济秩序，被判处刑罚，执行期满未逾5年，或者因犯罪被剥夺政治权利，执行期满未逾5年；(3)担任破产清算的公司、企业的董事或者厂长、经理，对该公司、企业的破产负有个人责任的，自该公司、企业破产清算完结之日起未逾3年；(4)担任因违法被吊销营业执照、责令关闭的公司、企业的法定代表人，并负有个人责任的，自该公司、企业被吊销营业执照之日起未逾3年；(5)个人所负数额较大的债务到期未清偿。

公司违反规定选举、委派董事、监事或者聘任高级管理人员的，该选举、委派或者聘任无效。

董事、监事、高级管理人员在任职期间出现前述所列情形的，公司应当解除其职务。

前述第(1)项为基础规定，无民事行为或限制民事行为能力人不得担任董事、监事、高级管理人员。第(2)项规定了存在违法行为的候选人不得担任董事、监事、高级管理人员，在威海双联起重挖掘有限公司、孟勇公司决议撤销纠纷二审(2019)鲁10民终454号案中，被诉公司的董事孟勇因挪用威海市起重装卸服务中心50万元资金在威海双联起重挖掘有限公司入股被判处挪用资金罪，判处有期徒刑10个月。法院认为“孟勇被判处刑罚后，在执行期满尚未逾五年的情况下，公司应依法解除其职务”。[①] 对于前述第(3)项至第(5)项规定，则更加强调人员的责任性，对于其过去任职的以及其个人的债务情况的要求，体现了对公司利益的保护。

(二)公司董事、高级管理人员的禁止性行为

董事、高级管理人员不得有下列行为：(1)挪用公司资金；(2)将公司资金以其个人名义或者以其他个人名义开立账户存储；(3)违反公司章程的规定，未经股东会、股东大会或者董事会同意，将公司资金借贷给他人或者以公司财产为他人提供担保；(4)违反公司章程的规定或者未经股东会、股东大会同意，与本公司订立合同或者进行交易；(5)未经股东会或者股东大会同意，利用职务便利为自己或者他人谋取属于公司的商业机会，自营或者为他人经营与所任职公司同类的业务；(6)接受他人与公司交易的佣金归为己有；(7)擅自披露公司秘密；

---

① 参见陶纯意：《哪些人不能担任公司董事、监事?》，载微信公众号“公司必修课”2020年3月2日，https://mp.weixin.qq.com/s/JhbL1pYAk7sS0AiKpzvNXw。

(8)违反对公司忠实义务的其他行为。

董事、高级管理人员违反前款规定所得的收入应当归公司所有。

需要注意的是,在该部分禁止性行为中,规定了公司董事、高级管理人员的竞业限制义务,这与劳动法意义上的竞业限制有所不同。公司法上的竞业禁止源于法律的规定,是法定义务,即前述《公司法》的规定;劳动法上的竞业限制源于用人单位与劳动者之间的约定,属于约定义务,《劳动合同法》第23条规定:用人单位与劳动者可以在劳动合同中约定保守用人单位的商业秘密和与知识产权相关的保密事项。对于负有保密义务的劳动者,在与劳动者协商一致的前提下,用人单位可以在劳动合同或者保密协议中设置竞业限制条款,并约定在解除或者终止劳动合同后,在竞业限制期限内按月给予劳动者经济补偿。劳动者违反竞业限制约定的,应当按照约定向用人单位支付违约金。[①] 此外,《公司法》的竞业限制业务规制的是公司董事以及高级管理人员,而《劳动合同法》中的竞业限制义务一般规制的是接触到公司商业秘密的员工。因此,此处的竞业限制更有针对性,也更加严格。

(三)公司董事、监事、高级管理人员的忠实勤勉义务

董事、监事、高级管理人员应当遵守法律、行政法规和公司章程,对公司负有忠实义务和勤勉义务。董事、监事、高级管理人员不得利用职权收受贿赂或者其他非法收入,不得侵占公司的财产。

此处的忠实勤勉义务,将公司的利益放在了顶端,且董事、监事、高级管理人员皆为了公司利益行使职权。而在《外商投资法》实施前,董事来自合营各方的委派并对委派其的一方负责,这与《公司法》的规定有所不同。[②]

(四)公司董事、监事、高级管理人员接受质询的义务

股东会或者股东大会要求董事、监事、高级管理人员列席会议的,董事、监事、高级管理人员应当列席并接受股东的质询。

董事、高级管理人员应当如实向监事会或者不设监事会的有限责任公司的监事提供有关情况和资料,不得妨碍监事会或者监事行使职权。

---

① 参见邵雷、丁弈月:《董事、高管违反竞业禁止义务的司法实践》,载北大法宝网2021年2月20日,https://www.pkulaw.com/lawfirmarticles/fff001b930ef1142e5f45dcd05039a5dbdfb.html。

② 参见李居镁:《〈外商投资法〉与相关法律的衔接问题研究》,载国枫律师事务所网2020年4月14日,https://www.grandwaylaw.com/guofengshijiao/2334.html。

公司董事、监事、高级管理人员在某些程度上是受公司之托，管理公司的运营和相关财产，自然要对公司负责，由此产生应当接受股东质询的义务。

（五）损害公司利益之赔偿责任

董事、监事、高级管理人员执行公司职务时违反法律、行政法规或者公司章程的规定，给公司造成损失的，应当承担赔偿责任。

在实际情况中，赔偿责任往往不是单一的责任，可能会出现收益归入权和损害赔偿请求权竞合的现象。在（2012）民四终字第15号一案中，法院认为"故原告既可以……要求被告将其从该商业机会的所得归入目标公司；也可以……要求被告向目标公司承担赔偿损失的民事责任。在追究归入责任之后还未能填补损失的，对于未能填补的损失部分，仍然可以要求赔偿"。[①]

（六）针对董事、高级管理人员的诉讼程序

董事、高级管理人员执行公司职务时违反法律、行政法规或者公司章程的规定，给公司造成损失的，有限责任公司的股东、股份有限公司连续180日以上单独或者合计持有公司1%以上股份的股东，可以书面请求监事会或者不设监事会的有限责任公司的监事向人民法院提起诉讼。

监事会、不设监事会的有限责任公司的监事，或者董事会、执行董事收到前款规定的股东书面请求后拒绝提起诉讼，或者自收到请求之日起30日内未提起诉讼，或者情况紧急、不立即提起诉讼将会使公司利益受到难以弥补的损害的，前款规定的股东有权为了公司的利益以自己的名义直接向人民法院提起诉讼。

他人侵犯公司合法权益，给公司造成损失的，有限责任公司的股东、股份有限公司连续180日以上单独或者合计持有公司1%以上股份的股东可以依照前两款的规定向人民法院提起诉讼。

董事、高级管理人员违反法律、行政法规或者公司章程的规定，损害股东利益的，股东可以向人民法院提起诉讼。

前述规定的实际执行，体现了保护公司利益的思想理念。公司诉讼是关于公司组织法性质的诉讼，往往存在与公司组织相关的多数利害关系人，涉及多数

① 参见杨岚：《董事、高管违反同业禁止的收益归入权困境及其解决》，载律商网2020年10月29日，http://hk.lexiscn.com/topic/legal.php?tpi=21&act=detail&id=372333&newstype=3&keyword=&prid=e723a0a5-f80d-4a04-8331-39baf45d7240&crid=2153a078-2699-4f81-a50d-8052f2ff4576。

利害关系人的多项法律关系的变动,具有团体法性质的诉讼程序和判决方面统一的规律。[①]

第四节 外商投资企业治理结构调整涉及的问题及实务建议

一、《外商投资法》实施后,外商投资企业治理结构得到改善

(一)不容易陷入公司僵局

公司僵局理论起源于英美法系,不少学者将公司僵局的概念归纳为公司在存续过程中由于股东或董事之间发生矛盾或分歧,且彼此不愿妥协而处于僵持状态,导致公司不能按照法定程序做出决策,从而使公司陷入无法正常运转甚至瘫痪的事实状态。[②]

在我国改革开放初期,结合当时初步形成的市场环境,建立起了具有中国特色的外商投资企业的组织机构"董事会制"。"三资企业法"规定的外商投资企业的董事会制就是将股东会、董事会和监事会的权责集于一身。在实践中,外商投资企业的董事也会把股东会的职权、董事会的经营管理权和监事会的监督权混于一体。虽然董事会制在过去几十年中为外商投资企业的运营立下了"汗马功劳",但这种不符合现代公司治理理念的组织机构也极易让外商投资企业产生各类问题。[③] 董事会制因集三权于一身,其权利非常大,外商投资企业的合并、分立、变更组织形式、解散、资产抵押、注册资本的增加、减少及章程的修改等重大事项都须经董事会一致通过。由于外商投资企业的股东来自其他不同国家或地

---

① 参见彭胜锋、李垚:《损害公司利益责任纠纷案件的管辖裁判规则探析》,载律商网 2020 年 10 月 25 日,http://hk. lexiscn. com/topic/legal. php? tpi = 21&act = detail&id = 372062&newstype = 3&keyword = &keyword = &prid = 8d774e11 - 1cdf - 4f00 - 84cc - 5000f0074d9b&crid = ec18c999 - 2ba0 - 451c - b1c3 - b7f322f42a2e。

② 高霞:《外商投资企业公司僵局的法律防范研究》,首都经济贸易大学 2009 年硕士学位论文,第 6 页。

③ 高霞:《外商投资企业公司僵局的法律防范研究》,首都经济贸易大学 2009 年硕士学位论文,第 8 页。

区,外国投资者与中方投资者之间的文化背景不同、投资目标不同、投资回报预期不同等,容易使中外投资者之间产生隔阂,甚至发生不可调和的矛盾。一旦中外投资者之间产生了矛盾,投资者可能会通过委派的董事在董事会会议上投出"反对票",使得需要"一致通过"的重大事项或者其他会议事项无法通过,从而让外商投资企业陷入公司僵局。例如,上海市浦东新区人民法院在原告司某诉被告德某公司及第三人张某、周某公司解散纠纷一案[(2017)沪0115民初74833号]中认为"被告德某公司是中外合资经营企业,根据《中华人民共和国中外合资经营企业法》第6条第1款、《中华人民共和国中外合资经营企业法实施条例》第30条的规定,合营企业设董事会,董事会是其最高权力机构,决定合营企业的一切重大问题。因此,合营企业的实际管理和经营是依靠董事会这一决策和权力执行机构的有效运行才得以维系,公司'经营管理发生严重困难'的重要体现就是董事会的运行发生严重困难。被告德某公司的董事之间长期存在不可调和的冲突,其董事会无法正常运行,导致董事会会议不能正常召开。德某公司已无法通过公司自治等其他非诉途径解决当前积累已久的困境。因董事会已形成僵局,公司经营管理已发生严重困难,公司已无法对任何经营事项作出有效的决议。公司人合性基础丧失,合营者人心离散、各自为政、疲于烦冗诉讼,合营者的精力和利益也在僵持中无谓消耗。故法院最终依法责令解散公司。"该案是典型的董事之间长期冲突,董事会会议无法正常召开,从而让公司陷入僵局。

《外商投资法》实施后,外商投资企业需按照《公司法》规定建立股东会、董事会和监事会。现代企业制度中股东会、董事会和监事会是三权分立的,即公司所有权、经营权和监督权各司其职,互相制约,相互制衡,既能保护股东的权益,又能产生高效率的经营管理者。监事会或监事的设立很大程度上保护了大小股东及董事会、董事的正当权益。由于调整后的企业治理结构相较之前能够更加兼顾多方利益,从源头上减少了产生公司僵局的概率。另外,在"三资企业法"时代,重大事项需要董事会"一致通过",《公司法》已经调整为经代表2/3以上表决权的股东通过,无须一致通过。关于重大事项的投票机制的调整同样也降低了公司僵局产生的概率。

(二)董事损害公司或者股东利益的风险降低

在"三资企业法"时代,董事会制将股东会、董事会和监事会的权责集于董事会一身,股东只能通过董事会对公司间接行使控制权、决策权和经营权,因此董事会中董事的权力是巨大的。一般情况下,董事是听命于各个委派其为董事的股东,根据股东的指令在董事会会议上行使权利。但当股东和委派的董事之间产生矛盾时,董事不再听命于股东,鉴于董事会是外商投资企业的最高权力机构,外商投资企业的重大事项是由董事会作出决定,董事会一旦擅自作出违背股东意志的决定时,其后果极其严重,股东的利益将受到重大损害,并且这种损害可能难以挽回。宁波市鄞州区人民法院在一起董事会与股东关于知情权纠纷案[(2019)浙02民终5573号]中认定,2018年5月3日,华某公司3位董事召开董事会会议,就股东黄某查阅公司账簿等知情权事宜进行讨论,3位董事一致认为黄某查账目的不纯,可能会泄露公司商业机密,损害其他股东权益,故董事会决定不予准许黄某的查账请求。法院最终支持了股东黄某要求查阅、复制华某公司自成立起至判决生效之日止的公司章程(含章程修正案)、董事会会议决议、财务会计报告(含资产负债表、损益表、现金流量表、财务情况说明书和利润分配表)的诉讼请求。事实上,该起诉讼的根本起因在于董事会已经脱离股东控制,董事会与股东之间存在矛盾,董事会阻止股东查阅公司各类股东有权知情的文件。

《外商投资法》实施后,明确了外商投资企业的重大事项由股东会决议决定,董事会的职权相比较之前缩小不少,董事会须向股东会报告工作并执行股东会的决议。以往董事会可以决定诸如公司合并、分立、解散等重大事项,但如今这些职权都被回收至股东会,脱离控制的董事会将无法再掀起"大浪"。

(三)明确董事会与股东会的权力分配

根据现代企业制度及《公司法》的规定,股东会是最高的权力机构,但"三资企业法"规定董事会是外商投资企业的最高权力机构。股东虽然有权委派董事,但却不是外商投资企业的最高权力者,这种历史特殊原因造成的畸形组织机构,导致股东会的权力在外商投资企业中并不明确。股东会是否有权利行使董事会的职权,股东会是否有权推翻董事会的决议等问题一直困扰着外商投资企业。《外商投资法》实施前不少法院认为,董事会是外商投资企业的最高权力机构,而非股东会,股东会不能干涉董事会的职权。例如,江苏省淮安市中级人民法院在(2018)苏08民初37号判决书中认为,"对于中外合资企业有专门法律调整,《中华人民共和国中外合资经营企业法实施条例》第30条规定,董事会是合营企业的最高权力机构,决定合营企业的一切重大问题。公司章程是公司宪法,被告章程明确了公司设董事会,董事会是最高权力机构。由于该法立法时间在改革开放初期，立法时间较早，对一些公司经营过程中可能发生的纠纷并无明确规定，故在后的《公司法》在与其不冲突的情况下可以适用。即在《中华人民共和国中外合资经营企业法》及《中华人民共和国中外合资经营企业法实施条例》并未明确禁止的情况下，中外合资经营企业可以设立股东会或股东大会，股东之间也可以开会。但股东会行使职权时不得超越职权，更不得侵害董事会职权。修改公司章程和解聘公司总经理均属于董事会的职权，而本案中决议均是在公司监事提议召开的临时股东会，尽管参加者既是股东代表也是董事，但是由于公司章程对召开董事会有严格的程序性规定，因此应认定召开的是股东会。而股东会无权就公司章程修改做出决定”。从该判例可以看出股东会处于不明确的地位，虽然有权委派董事，但却不是外商投资企业的最高权力机构。

《外商投资法》实施后，明确了外商投资企业的最高权力机构为股东会，股东会拥有选举、更换董事，审议批准董事会的报告等权利。董事会应向股东会报告工作、执行股东会的决议。在法律层面上，厘清了股东会与董事会职权的界限，避免了在“三资企业法”时代，股东有权委派董事，但企业的最高权力机构却是董事会的尴尬局面，从而最大限度地减少董事会与股东会的权力相争。

二、《外商投资法》实施后，外商投资企业治理结构调整涉及的问题和实务建议

（一）“三资企业法”与《公司法》关于最高权力机构职权范围的规定不一致，外商投资企业的股东如何调整新的最高权力机构职权范围

1. 问题的产生

从最高权力机构的职权范围来看，由于《公司法》较《中外合资经营企业法》《中外合作经营企业法》对公司最高权力机构职权有更明确的规定，这必然会导致在《中外合资经营企业法》或《中外合作经营企业法》规定下的作为最高权力机构的董事会的职权范围会与《公司法》规定的作为最高权力机构的股东会的职权范围不一致，甚至存在冲突，外商投资企业并不能仅仅简单地将最高权力机构的职权由董事会平移至股东会，势必要对最高权力机构的职权范围进行相应调整，从而符合《公司法》的规定。由于最高权力机构职权的调整会影响外商投资企业股东的利益，因此可以预见，未来最高权力机构职权范围的调整将成为外商投资企业股东关注的焦点问题之一。外商独资企业由于往往只有一个外资股东

组成,因此最高权力机构职权范围的调整对于外商独资企业股东而言并不存在很大的障碍。

2. 实务建议

关于最高权力机构职权的调整可能会存在以下两类情况,建议如下:

(1)第一类调整:外商投资企业原最高权力机构的职权未包含《公司法》明确规定的最高权力机构的职权。

例如,《公司法》规定的最高权力机构拥有审议批准监事会或者监事的报告的职权,但在原最高权力机构的职权中未包含,此类情况下,外商投资企业应当将未包含《公司法》规定的该项最高权力机构的职权调整进去。

(2)第二类调整:外商投资企业原最高权力机构的部分职权超出《公司法》明确规定的最高权力机构的职权。

此类情况下,外商投资企业就需要考虑自身实际经营情况进行取舍,是否将超出《公司法》规定的职权下放至董事会甚至经理这一级。最高权力机构职权范围的调整势必会影响到外商投资企业股东的利益。适用《公司法》规定后,对在最高权力机构——股东会表决权占据优势一方股东而言,股东会的职权范围一般越大越有利于自己,建议尽量保留超出《公司法》明确规定的最高权力机构的职权。相反,适用《公司法》规定后,在最高权力机构——股东会表决权处于劣势一方股东而言,股东会的职权范围一般越小越避免对自己不利的加剧,建议尽量取消超出《公司法》明确规定的最高权力机构的职权。

另外,需要注意的是,若部分超出《公司法》明确规定的职权与《公司法》关于董事会职权产生重叠的情况下,如外商投资企业原最高权力机构有权决定总经理的聘任或解聘,但《公司法》规定该职权属于董事会,则该部分职权建议应按照《公司法》的规定,调整至董事会。

(二)外商投资企业的最高权力机构由董事会转变为股东会,外商投资企业的股东如何应对最高权力机构表决权的变化

1. 问题的产生

《外商投资法》实施后,在有限责任公司形式的外商投资企业中,股东会将是最高权力机构,股东会和董事会将依据《公司法》规定进行分工。最高权力机构的变更会导致重要事项表决权的变化,从而对中外合资企业和中外合作企业股东的利益产生影响。外商独资企业由于很多由单一股东控制,因此影响不是很大。

最高权力机构从董事会调整为股东会意味着包含其中的重要事项表决权存在新变化,《中外合资经营企业法》和《中外合作经营企业法》规定对重大事项的决定需要出席董事会会议的董事或者出席联合管理委员会会议的委员一致同意,然而在《公司法》下,重大事项由股东会会议做出决议,必须经由代表2/3以上表决权的股东通过。因此原来在董事会或者联合管理委员会占据优势的一方,可能在《外商投资法》实施后失去优势地位,相反在董事会或者联合管理委员会处于劣势的一方,可能在《外商投资法》实施后转为优势的一方。以下表格归纳了股东在按照出资比例行使表决权时,6种可能出现的情形(见表3-9):

表3-9　股东表决权变化

情形	《中外合资经营企业法》《中外合作经营企业法》的规定	《公司法》的规定	前后变化
情形一: 该股东在董事会或者联合管理委员会占据优势,但出资比例小于33.3%	除了需要"一致通过"的重大事项外,其余事项该股东都可单方面决定	无论是必须经代表2/3以上表决权的股东通过的重大事项,还是经代表1/2以上表决权的股东通过的一般事项,该股东都无法单方面决定	该股东权力被大幅度削减
情形二: 该股东在董事会或者联合管理委员会占据优势,出资比例大于33.3%,但小于66.6%	除了需要"一致通过"的重大事项外,其余事项该股东都可单方面决定	必须经代表2/3以上表决权的股东通过的重大事项,该股东无法单方面决定; 在该股东投资金额比例大于50%但小于66.6%时,经代表1/2以上表决权的股东通过的一般事项,该股东可单方面决定	该股东权力被削减
情形三: 该股东在董事会或者联合管理委员会占据优势,出资比例大于66.6%	除了需要"一致通过"的重大事项外,其余事项该股东都可单方面决定	无论是必须经代表2/3以上表决权的股东通过的重大事项,还是经代表1/2以上表决权的股东通过的一般事项,该股东都可单方面决定	该股东权力增加
情形四: 该股东在董事会或者联合管理委员会处于劣势,出资比例小于33.3%	除了需要"一致通过"的重大事项,该股东拥有一票否决权,其余事项该股东无法单方面决定,没有一票否决权	无论是必须经代表2/3以上表决权的股东通过的重大事项,还是经代表1/2以上表决权的股东通过的一般事项,该股东都无法单方面决定,没有一票否决权	该股东权力被削减

续表

情形	《中外合资经营企业法》《中外合作经营企业法》的规定	《公司法》的规定	前后变化
情形五： 该股东在董事会或者联合管理委员会处于劣势，出资比例大于33.3%，但小于66.6%	除了需要“一致通过”的重大事项，该股东拥有一票否决权，其余事项该股东无法单方面决定，没有一票否决权	必须经代表2/3以上表决权的股东通过的重大事项，该股东有一票否决权； 在该股东投资金额比例大于50%但小于66.6%时，经代表1/2以上表决权的股东通过的一般事项，该股东可单方面决定	该股东权力增加
情形六： 该股东在董事会或者联合管理委员会处于劣势，出资比例大于66.6%	除了需要“一致通过”的重大事项，该股东拥有一票否决权，其余事项该股东无法单方面决定，没有一票否决权	无论是必须经代表2/3以上表决权的股东通过的重大事项，还是经代表1/2以上表决权的股东通过的一般事项，该股东都可单方面决定	该股东权力大幅度增加

上述表格是按照股东以出资比例行使表决权时可能出现的情形，当然根据《公司法》第42条规定“股东会会议由股东按照出资比例行使表决权；但是，公司章程另有规定的除外”，因此股东之间也可以协商不按照出资比例行使表决权。

由于最高权力机构职权行使的重要性，在《外商投资法》实施后，对于调整后的最高权力机构表决权的控制权将会是外商投资企业股东关注的焦点问题之一。

2. 实务建议

就外商投资企业的股东角度而言，由于各个股东在外商投资企业出资比例不同，在今后谈判过程中的地位和侧重点也会有所不同。

(1)大股东

对于大股东而言，尤其是持有外商投资企业2/3以上股权的大股东，为了能够完全掌控这个企业，肯定是希望减少其他股东“否决权”的限制。建议各方按照出资比例行使表决权，并尽快按照《公司法》的相关规定完成调整，从而加强大股东表决权方面的优势。大股东应避免各方不按照出资比例行使表决权，从而让小股东获得相对出资比例更大的表决权。

(2)小股东

对于小股东而言，特别是原来在董事会或者联合管理委员会占据优势的小股东，则肯定希望原有的《中外合资经营企业法》《中外合作经营企业法》项下各项表决机制不变，以避免自己的权力被削弱甚至剥夺。建议小股东应尽可能避免各方按照出资比例行使表决权，一旦按照出资比例行使表决权，不仅可能失去一般事项的决定权，甚至连重大事项的否决权都可能会被剥夺。小股东应尽力让自己获得相对出资比例更大的表决权。

因此，股东各方应当基于自身的实际情况，结合法律的强制性规定与意思自治下的协商交涉，确定符合自身利益的解决方案。

（三）"三资企业法"与《公司法》关于董事产生的规定不一致，外商投资企业的股东如何应对董事名额的变化

1. 问题的产生

根据《中外合资经营企业法》《中外合作经营企业法》及相关的实施条例和实施细则的规定，外商投资企业的董事由各方委派产生，董事名额的分配由各方参照出资比例协商确定。根据以上规定，只要外商投资企业的各方股东协商一致，可直接向公司委派董事，同时还可不按照出资比例分配董事名额。在此情况下，持股比例较少的股东也可以实现对公司董事会的控制，因为外商投资企业的股东在董事会委派董事的人数可以与其在公司的持股比例脱钩。但根据《公司法》规定，公司董事需通过股东会选举产生，仅可根据公司章程的规定享有董事候选人提名权，不再享有直接委派董事的权利，而其提名的董事候选人还须经股东会选举后才能正式成为公司董事。[①] 因此原来在董事会占据优势的股东，若其实际出资比例小于其他股东，则在《外商投资法》实施后，其在董事会的控制权将可能被削弱，甚至可能其提名的董事都无法通过股东会选举，导致董事会没有代表其利益的董事。股东能够拥有多少席位的董事将密切影响其自身利益。例如，上海市第一中级人民法院在一起撤销公司决议民事纠纷案[（2014）沪一中民四（商）终字第 S435 号]中认为"申 X 公司章程相关条款规定董事会会议应有超过 2/3 的董事出席方可举行，同时规定决定公司对外投资需要经全体董事通过，聘任公司总经理和决定公司的利润分配方案需要经 2/3 的董事通过。章程中既

---

① 参见李旸：《〈外商投资法〉实施后中外合资企业将面临的公司治理结构调整和规范的几个问题》，载君泽君律师事务所网 2019 年 3 月 17 日，http://www.junzejun.com/publications/1838126750a317-3.html。

对会议召开必须到会董事的比例作出了规定,也对表决事项的通过比例作出了规定,且上述规定中的“董事”应指申 X 公司全体 5 名董事,而不是指出席董事。涉案董事会召开时仅 3/5 的董事到会并参加表决,出席会议比例和表决比例均不到章程规定的多数,该情形下形成的决议应予撤销。”该案就是典型的申请撤销方股东在董事会拥有足够数量的董事名额,从而导致其他股东“控制”的董事不能够绕开申请撤销方股东“控制”的董事,单独在董事会形成一份合法有效的董事会决议。因此,未来外商投资企业董事名额的分配将是股东之间关注的焦点问题之一。

2. 实务建议

(1)对于大股东而言,在股东人数较少或者规模较小的有限责任公司的前提下,建议积极推动公司只设执行董事

根据《公司法》的规定,董事会并非必须设置,股东人数较少或者规模较小的有限责任公司,可以设一名执行董事,不设董事会。这与《中外合资经营企业法》《中外合作经营企业法》及相关的实施条例和实施细则规定必须设置董事会不一致。对于出资比例占据优势的大股东而言,显然不设董事会更加有利于其对于公司执行层面的控制,因为只有一名执行董事的情况下,该执行董事很大概率就是由大股东提名执行董事候选人并经股东会选举通过。建议大股东在符合条件的情况下,积极推动企业只设执行董事,不设董事会。

(2)设立董事会的情况下,建议大股东应保证其提名当选的董事人数大于或等于公司章程规定董事会通过决议的最低人数

《公司法》第 48 条规定董事会的议事方式和表决程序,除本法有规定的外,由公司章程规定。董事会决议的表决,实行一人一票。《公司法》并未明确规定董事会通过决议的具体比例,因此大股东应根据公司章程的规定来保证其提名当选的董事人数。例如董事会共 5 名成员,章程规定各类事项需董事会经半数以上董事通过,则此时大股东应该极力推进至少 3 名自己选定的候选人当选董事。

另外,大股东应该尽量避免在公司章程中事先约定关于董事会名额的分配,这意味着小股东能够让其选定的候选人当选董事,从而削弱大股东对于董事会的控制。

（3）对于小股东而言，建议推动章程或股东协议明确小股东的董事候选人能够当上公司董事，并争取在董事会中获得一票否决权

由于《公司法》中未对董事数量及名额如何分配作出具体规定，拥有超过50%表决权比例的大股东理论上在股东会会议上可以单方面决定董事人选，甚至可以让大股东提名的董事全部当选，让小股东提名的董事候选人无法当选董事，使其在董事会拥有绝对的权利。因此，对小股东而言，建议在公司章程中对各股东提名董事的人数作出明确规定，保障小股东也可以提名自己的董事。同时为确保外商投资企业股东所享有的董事委派权能够最终实现，公司章程或股东协议中还需要明确规定公司股东应当确保各股东根据公司章程提名的董事候选人能够在股东会上被选举成为公司董事。这样能够确保小股东在董事会中有发言权，保障其自身利益。小股东在争取更多的董事席位时，应同时尽量提高董事会通过决议的"门槛"，尽可能争取在重大事项中拥有一票否决的权利。这样小股东可以在董事会中占据相比股东会中相对的优势的地位，例如出资比例为30%的小股东，在总人数为5人的董事会中占据2席，若章程规定某些事项需要2/3以上董事通过，则小股东在董事会中单独拥有一票否决权，可以保障自己的权益。

（4）小股东可推动职工代表担任董事

根据《公司法》第44条规定，有限责任公司董事会成员中可以有公司职工代表。董事会中的职工代表由公司职工通过职工代表大会、职工大会或者其他形式的民主选举产生。对于在董事会董事名额处于劣势的小股东而言，推动职工代表担任董事更有利于小股东的利益。根据《公司法》的规定，董事会决议的表决，实行一人一票，因此董事人数处于劣势的小股东很难单方面让董事会做出有利于自己的决议。在此情况下，若有职工代表担任董事，由于职工代表董事并非由股东会选举产生，大股东可能也难以把控"职工代表"董事的人选，"职工代表"董事相对而言比较中立，一般情况下不会单方面听命于大股东的指令，会兼顾各个股东的利益。让董事会中加入相对中立第三方的"职工代表"董事有利于处于劣势的小股东，在董事会决议中可以有效地平衡各方的利益，避免大股东在董事会中"一家独大"，从而避免在董事会中单方面通过有利于大股东的决议。

（四）董事会不再是外商投资企业的最高权力机构，外商投资企业股东如何应对董事会职权的调整

1. 问题的产生

在“三资企业法”时代，规定了外商投资企业的董事会制，董事会作为最高权力机构将股东会、董事会和监事会的权责集于一身。在实践中，外商投资企业的董事往往会把股东会的职权、董事会的经营管理权和监事会的监督权混为一体。《外商投资法》实施后，彻底改变了董事会“一家独大”的情形，董事会的权力被极大地削弱，公司控制权明确回到股东会手中，重大事项由股东会决定。

虽然董事会的职权范围被削减，但是根据《公司法》关于董事会职权范围的规定，外商投资企业除股东会职权外的其他决策权仍然由董事会把控，原来在董事会占据优势的一方仍然不会放弃在董事会的优势。董事会是按照一人一票进行表决，每一个董事对公司重大事项的决策能力在某些情况下将比股东在股东会上的决策能力强。这种情况下，持股比例较少的股东将会愿意选择将公司重大事项的决策权尽可能“下放”至董事会，通过争取更多的董事席位来提高其对公司重大事项的决策能力和影响力；对公司的大股东来说，其可能更愿意在股东会层面进行决策，利用在股东会上的优势来决策和影响重大事项的决定。根据《公司法》的规定，除了列举明确属于董事会职权的事项外，还留了“公司章程规定的其他职权”这个口子，这意味着董事会的职权还可以继续扩大。在董事会占据优势的一方可能希望扩大董事会的职权，从而尽可能达到在公司决策层面的控制。相反，在董事会处于劣势的一方，可能希望在《公司法》列举的明确属于董事会的职权之外，公司章程不再增加董事会的职权，从而尽可能的减少董事会决定对于其自身的影响。由于外商投资企业的决策在很大程度上影响着股东的实际利益，因此可以预见外商投资企业拥有决策权的董事会职权范围大小的调整将成为各股东关注的焦点问题之一。

2. 实务建议

（1）股东之间无较大争议的前提下，股东会的职权可以尽量“下放”到董事会

由于此前的外商投资企业是根据“三资企业法”而设立的，因此现在不少外商投资企业的最高权力机构为董事会，几乎都是围绕董事会来设计和搭建公司的治理结构。外商投资企业及其股东已经习惯通过其委派的董事在董事会中对公司的重大事项进行决策。若股东之间不存在较大争议，又对当前公司治理机构运转相对满意的前提下，基于长期以来的运营习惯，将来在对外商投资企业的

董事会职权进行调整时，可以考虑将股东会的职权尽量“下放”到董事会，从实际操作的角度上仍由董事会掌握公司日常重大事项的决策权，最大限度保持调整后的董事会与原来董事会的职权相一致，当然根据《公司法》规定必须由股东会决定的事项除外。这一方案的优势在于对外商投资企业现行治理结构进行符合法律规定调整的同时，可以尽量保持当前治理机构正常运转，有利于促成外商投资企业股东尽快达成一致。①

（2）股东之间有争议的前提下，建议未在董事会占据优势地位的大股东尽量将《公司法》未明确规定为董事会职权的部分“上调”至股东会

若大股东在董事会中并未占据优势地位，则意味着董事会在决定某个事项时，大股东不能通过其提名的董事单方面表决通过该事项，其他股东在董事会中拥有一票否决权。这种情况下，建议大股东应积极推动将原来董事会职权中《公司法》未明确规定为董事会职权的部分“上调”至股东会，利用其在股东会中的表决权优势来单方面通过该事项。

（3）股东之间有争议的前提下，建议未在董事会拥有一票否决权的小股东尽量将《公司法》未明确规定为董事会职权的部分“下放”至经理

若小股东在董事会中并未占据优势地位，则意味着董事会在决定某个事项时，大股东能通过其提名的董事单方面表决通过该事项，小股东无法阻止对自身不利事项的通过。虽然根据《公司法》的规定，有限责任公司的经理由董事会决定聘任或者解聘，经理对董事会负责。在董事会占据优势地位的大股东，虽然能够通过董事会决定“心仪”的经理，但毕竟实际履行职务行为是经理本身，董事会只是起到类似“监管”的作用，并不会直接参与进来。大股东对于经理的“控制”显然相较于董事会要弱不少。因此，这些职权“下放”至经理相对更有利于小股东。

（五）外商投资企业需增设监事或监事会，外商投资企业股东选择何种形式或人员可以更加有利于保障自身利益

1. 问题的产生

《中外合资经营企业法》和《中外合作经营企业法》均未明确规定外商投资

---

① 参见李晹：《〈外商投资法〉实施后中外合资企业将面临的公司治理结构调整和规范的几个问题》，载君泽君律师事务所网 2019 年 3 月 17 日，http://www.junzejun.com/publications/1838126750a317-3.html。

企业监督机构的设立，虽然其规定了工会代表有权列席董事会反映职工意见和要求，审计师负责审查外商投资企业财务收支和会计账目，但这些并非专门的监督机构，只是带有“监督”属性的其他机构，且缺乏明确的职权范围，对外商投资企业的运营的监督缺乏可操作性。虽然前国家工商行政管理总局曾发布要求外商投资企业设立监事制度的行政规章（该行政规章不要求其发布之前设立的外商投资企业设立监事会或监事），但在实践中，各地的前工商行政管理部门在具体执行时亦存在差异。① 因此，不少外商投资企业并未设立监事制度。随着外商投资法的颁布，外商投资企业将按照《公司法》的规定，设立监事会或监事。根据《公司法》的规定，监事机构的职权并非只有检查公司财务，还包括了对董事、高级管理人员执行公司职务的行为进行监督、向股东会会议提出提案、列席董事会会议以及对董事会决议事项提出质询或者建议等职权，这意味着监事机构本身是有能力和权利影响董事会决议、股东会决议和董事的行为的。例如董事在履行职务时损害了其他股东的利益（可能是董事自身原因，也可能是提名其为董事的股东授意），监事机构可以纠正其职务行为上的错误，保障受害股东的利益。虽然实践中监事机构履行前述职权的概率很小，但毕竟其权利犹如尚方宝剑一样，平常可以不用，但真要使用时，其威力也不可小觑。监事机构的设置，理论上能够平衡各方的力量，因为其本身的职权就决定着其属于外商投资企业的内部“法官”，监事机构是从企业整体而非股东或者董事个人的角度出发，对于一切损害公司利益的行为进行阻止。但毕竟监事机构的人员是根据《公司法》的规定由股东会选举产生，因此对于需要增加监事机构的外商投资企业股东而言，监事机构的人选就成了股东双方争夺的焦点之一，因为一旦自己选定的候选人当选了监事，那么监事机构的天平很可能向自己这边倾斜。

2. 实务建议

（1）对大股东而言，在股东人数较少或者规模较小的有限责任公司的情形下，建议积极推动公司只设一名监事

从《公司法》关于监事会人员的规定来看，一般情况下监事会成员不得少于

---

① 参见吴建安：《外国资本投资中国市场利益再平衡——〈外商投资法〉视角下的公司治理结构的现代化》，载德恒律师事务所网 2020 年 4 月 9 日，http://www.dhl.com.cn/CN/tansuocontent/0008/018258/7.aspx。

3 人,但股东人数较少或者规模较小的有限责任公司可以设 1 名至 2 名监事,不设监事会。因此监事会并非必须设立,在符合条件的情况下,法律规定可以只设 1 名监事。对于在股东会表决权占据优势的大股东而言,若设立监事会,由于《公司法》规定监事会应当包括比例不得低于 1/3 的公司职工代表,故监事会人员并非都由股东会决定,大股东当然也不可能决定监事会全部人员,不能全面掌控监事会。但当外商投资企业只设 1 名监事时(这种情况下无须公司职工代表监事),根据资本多数决的原则,在股东会表决权占据优势的大股东显然更有理由和能力让其提名的候选人当选监事。设立 1 名监事有利于大股东单方面的选定,让监事履行职权时倾向于己方,最大限度防止其他股东通过监事来阻碍大股东的决策,甚至可以通过监事去进一步扩大其在外商投资企业的优势地位。

(2)设立监事会的情况下,建议大股东应保持监事会至少一半监事为其提名的监事

《公司法》第 55 条规定监事会决议应当经半数以上监事通过,因此大股东若想能够单方面通过监事会的决议,则必须要保证监事会至少一半监事为其提名的监事。例如监事会成员有 3 名,其中 1 名监事根据《公司法》规定为公司职工代表,剩下两名监事由股东会选举产生。此时大股东应该利用其在股东会表决权的优势,让其选定的两名候选人当选监事。另外,大股东应该尽量避免在公司章程中事先约定关于监事会名额的分配,这意味着小股东能够让其选定的候选人当选监事,从而削弱大股东对监事会的控制。

(3)对小股东而言,建议设立监事会,提高职工代表担任监事的比例

对于在股东会表决权处于劣势的小股东,设立监事会更有利于小股东通过监事保障其利益,因为小股东更容易让其提名的候选人在监事会中担任监事。当然根据《公司法》的规定,监事会决议应当经半数以上监事通过,小股东提名的监事人数在一般情况下很难占据半数以上,从而难以单方面让监事会做出有利于自己的决议。《公司法》规定监事会中职工代表的比例不得低于 1/3,具体比例由公司章程规定,因此建议小股东应该积极推动提高职工代表担任监事的比例。因为职工代表监事并非由股东会选举产生,大股东难以把控职工代表监事的人选,职工代表监事相对而言比较中立,一般情况下不会单方面听命于大股东的指令,会兼顾各个股东的利益。让监事会中加入更多相对中立的第三方职工代表监事是有利于处于劣势的小股东的,这样在监事会决议中可以有效地平衡

各方利益，避免大股东在监事会中一家独大，从而避免单方面在监事会中通过有利于大股东的决议。

（六）外商投资企业在调整组织结构时如面临僵局如何应对

1. 问题产生

外商投资企业组织结构的调整无疑会涉及各股东在公司中重大权利和利益的重新分配问题，从而不可避免地会面临各股东之间的博弈甚至分歧，尤其是在经营过程中股东之间已经出现相左意见甚至矛盾的企业。外商投资企业组织结构调整容易产生僵局的原因主要有以下两个方面：

（1）外商投资企业的涉外因素

外商投资企业因其投资人来自不同国家或地区，其商业文化和法律制度与我国差异较大，在调整组织形式、组织机构时发生企业僵局的概率远远大于内资企业。例如中方投资者可能更加强调企业集体文化、员工执行力等，而外方投资者可能更加注重价值观、远期发展等，这种差异性势必会导致中外投资者的意见无法统一，引发很多不必要的矛盾，由同一个利益团体渐渐拆分成不同的利益团体，摩擦和纠纷由小到大，导致有些决议几乎不可能通过，公司僵局问题爆发出来，阻碍企业组织形式、组织机构的正常调整。

（2）外商投资企业更加注重人合性

由于外商投资企业的股东背景不同，彼此之间的了解程度并不像内资企业的股东之间那么高，双方的合作更多是建立在互相信任的基础之上，外商投资企业在设立、协议及章程的签订、投资项目等方面均体现了协商一致的原则。随着外商投资企业的不断经营，如果企业各方面运营良好，则中外投资者之间对于企业组织形式、组织机构的调整的分歧一般不会特别大，因为股东之间一般仍然会维持良好信任基础；相反，如果企业已经陷入经营困难，那么中外投资者之间的信任基础势必会坍塌，在企业组织形式、组织机构调整的某些事项上很可能无法协商达成一致，导致矛盾和利益冲突激烈发生，企业就可能陷入僵局。

由此可以预见，一部分外商投资企业在调整过程中难免会出现新组织形式、组织机构的难产。外商投资企业一旦陷入公司僵局，不仅无法正常运转获得利益，而且还会把企业现有的有形财产或无形财产都损耗殆尽，从而损害各个股东的利益。

2. 实务建议

(1)选举临时董事

当外商投资企业在调整组织形式、组织机构时面临僵局,由于股东作为投资者是不能随意替换的,但董事由于实质是股东"委派"的,因此为了缓和股东之间的矛盾,同样也是为了能够避免企业由于调整组织形式、组织机构存在阻碍而导致企业实际运营陷入困境,股东之间可以都退让一步,即重新选定新的候选人当选临时董事。临时董事的人选建议是一位中立的人员,既非公司的投资者(包括名义或者实际投资者),亦非公司的其他利益相关者,如公司投资者的近亲属。临时董事不仅承担着原来董事的职权,比如参加董事会会议和对各类事项进行表决,同样也作为股东之间的调解人,可以促进陷入僵局的股东心平气和地对话,更好地达成一致意见。①

(2)部分股东收购其他股东股权

当外商投资企业陷入僵局并且股东之间都难以做出让步时,可以考虑部分股东收购其他股东的全部股权,让被收购股份的股东退出企业,这也是其中一个救济方式。这个救济方式的优点是使陷于僵局泥潭的公司可以继续存续和经营,避免公司僵局的持续,以致全部投资者血本无归,而且存续的公司从另一方面讲也对债权人和企业员工更加有利。从这个层面来说,股权收购是最符合利益最大化的解决公司僵局的方式。当然,由于外商投资企业的特殊性,当部分股东完全收购其他股东的全部股权时,企业的性质有可能会发生变化。若中国股东收购外国股东全部股权,此时该企业不再符合外商投资企业的形式要件,可能之前享受的关于外商投资企业的优惠政策将不再享受。另外,当一个股东退出企业时,极有可能会打破企业原有的经营模式,退出股东势必会带走其自身带给企业的"资源",从而可能导致企业陷入经营困境。

(3)第三方受让部分股东股权

当外商投资企业陷入僵局且现有股东不愿意收购其他股东的股权时,也可以引入第三方来收购股权,让第三方收购有意退出股东的股权能够避免外商投资企业因为现有股东不愿意收购其他股东的股份而长期处于僵局状态,从而避

① 参见高霞:《外商投资企业公司僵局的法律防范研究》,首都经济贸易大学2009年硕士学位论文,第17页。

免让全部投资者血本无归；另外，由于第三方在收购股权前，一般会对外商投资企业做尽职调查并与未被收购的其他股东进行企业未来发展的讨论，因此通常而言，一旦第三方收购成功，外商投资企业将立刻从僵局中走出，进入正常经营的轨道。

(4)自主解散企业

若外商投资企业股东之间的纠纷已经陷入无法挽回的状态，各方股东无意收购对方持有的股权，也无第三方有意愿收购外商投资企业的股权，在无法召开股东会和董事会会议，无法做出任何有效的决议时，为了避免企业长时间的停摆而导致各方股东利益受损的进一步扩大，建议股东自主协议解散该外商投资企业。外商投资企业主动解散企业的流程大致如下：

第一步，做出公司主动解散的内部决议，并成立清算组：

①公司权力机构[董事会/股东(大)会]做出关于解散公司的决议；

②成立清算组(解散事由出现之日起15日内成立清算组，开始清算)；

③完成清算组备案(将清算组成员、清算组负责人名单向企业登记机关备案)。

第二步，结合《公司法》以及公司内部相关规定，实施相应的清算程序，一般包括：

①通知债权人、在报纸上公告(清算组成立后10日内通知，60日内公告)；

②处理公司未了结业务(包括与交易方协商终止现有合同等)；

③处理公司相关诉讼、仲裁(如有)；

④制订员工遣散方案、与员工沟通谈判遣散事宜；

⑤确定和清理清算财产、债权，将清算财产变现(如需)；

⑥编制资产负债表和财产清单；

⑦制订和确认清算方案；

⑧清税，办理完税证明；

⑨财政补贴返还(如有)；

⑩执行清算方案，按顺序清偿：A. 清算费用，B. 职工工资、社会保险费和法定补偿金，C. 国家税款，D. 其他债务，E. 分配剩余财产；

⑪清算结束后，制作清算报告并报公司内部权力机构确认。

第三步，结合公司所在地各部门/机构的具体要求，依次完成如下注销程序：

①税务登记注销；

②海关注销(如有)；

③社保、公积金注销；

④工会法人资格登记(如有)；

⑤外汇登记注销；

⑥银行账户注销；

⑦工商登记注销；

⑧公章注销(如需)。[1]

(5)通过诉讼解散企业

若双方无法达成协议解散企业,则根据《公司法》第182条,公司经营管理发生严重困难,继续存续会使股东利益受到重大损失,通过其他途径不能解决的,持有公司全部股东表决权10%以上的股东,可以请求人民法院解散公司。10%以上表决权的股东可以强制要求解散企业。以下这个通过诉讼解散公司的案例供处于公司僵局的股东参考。河北省沧州市中级人民法院在原告日本某东贸易株式会社与被告沧州某旭公司公司解散纠纷一案(2019)冀09民初175号判决书中认为,沧州某旭公司由大连某旭公司持有75%的股权,某东贸易株式会社持有25%的股权。原告提交的证据能够证实被告公司早已停止正常经营活动,不具备继续经营的条件。公司董事会决议的股权转让事宜长期不能得到切实的执行,股东及其法定代表人之间亦不能有效地沟通协商。上述僵局状态的形成和延续严重影响了原告的利益,已不能通过其他途径进行解决。因此原告某东贸易株式会社的诉讼请求符合公司解散的法定情形。

(七)在5年过渡期内未完成治理结构变更的外商投资企业,在过渡期满后如何应对

1.问题的产生

《外商投资法》在2020年1月1日起施行后,《中外合资经营企业法》《外资企业法》《中外合作经营企业法》同时废止。现有的外商投资企业应该根据《公司法》等规定调整原有的治理结构,并给予了5年过渡期来完成前述变更。

---

① 参见朱永春、赖海燕:《外商投资企业主动解散清算注销法律实务问题》,载微信公众号"创睿微律"2021年5月8日,https://mp.weixin.qq.com/s/IkQlxYGBpbPJG0B6LrIQUg。

在南京市中级人民法院审理的(2020)苏01民终4772号一案中,法院认为"根据《外商投资法》的规定,本法实施前依照中外合资经营企业法设立的外商投资企业,在本法施行后五年内可以继续保留原企业组织形式等。本案中,某公司作为外商投资法实施之前依照中外合资经营企业法设立的外商投资企业,在其未变更组织形式之前,董事会依然是企业的最高权力机构,合资经营合同及公司章程依然是公司治理的依据。"因此,无论是依据法律规定还是法院判决,过渡期内,在外商投资企业未办理组织机构变更登记前,外商投资企业仍应按照原来的组织机构运行。由于组织机构变更会影响到外商投资企业股东利益,并非所有的外商投资企业都能够在过渡期内完成治理结构的变更,那么在5年过渡期后(2025年1月1日后)未完成治理结构变更的外商投资企业该处于何种状态?未办理组织机构变更登记的外商投资企业是否仍按照原来的组织机构运行?现阶段《外商投资法》及其实施条例只规定对未办理组织机构变更登记的外商投资企业采取不予办理其申请的其他登记事项的限制措施,并未明确规定不能按照原来的组织机构运营,期待未来出台更多相关细则予以规定。但可以预见的是,在过渡期后,未办理组织机构变更登记的外商投资企业在日常运营中会受到"阻碍",特别是需要办理登记的事项将不予办理,从而影响企业的正常运转。

2. 实务建议

(1)建议在《外商投资法》施行后5年内应尽快完成组织形式、组织机构等的调整

根据《外商投资法》和其实施条例的规定,如果外商投资企业未在5年内完成组织形式、组织机构等的调整并办理变更登记的,市场监督管理部门将不予办理其申请的其他登记事项,并将相关情形予以公示。为了避免前述限制影响到企业的运营,我们建议在《外商投资法》施行后5年内应尽快完成组织形式、组织机构等的调整。当然,可以预见的是,外商投资企业根据《公司法》就股东会、董事会等相关机构进行调整时,企业目前各组织机构中的人员组成和表决机制极大可能与在《公司法》体系下完全不一致,届时股东之间很可能会就公司治理相关事宜展开新的谈判和利益博弈。

(2)建议章程与合资/合作合同同时进行修改,保持一致性

《外商投资法》实施后,负面清单外的外商投资企业进行变更时无须再向商

务部门备案，商务部门也不再审批负面清单内限制类项目的变更，外商投资企业均只需通过企业登记系统以及国家企业信用信息系统向商务部门报送信息。因此，即使外商投资企业不修改合资/合作合同，只修改章程，也不影响外商投资企业变更事项的办理，市场监督管理部门或者商务部不会审查合资/合作合同的内容。但是，此举可能导致修改后的公司章程和未做修改的合资/合作合同内容互相矛盾，但这两份文件都是有法律效力，可以同时存在的，这也就给未来纠纷的发生埋下了隐患，纠纷发生时到底以哪份文件的规定为准会成为问题。因此，建议外商投资企业在调整组织机构的过程中，应当同时对合资/合作合同与章程进行修改，保持二者的一致性，并明确当事方基于合资/合作合同的义务、责任以及争议解决机制，从而降低纠纷发生的可能。[①]

(3)章程修改建议由全体股东一致同意

根据《中外合资经营企业法实施条例》第 10 条规定，合营企业章程，是指按照合营企业合同规定的原则，经合营各方一致同意，规定合营企业的宗旨、组织原则和经营管理方法等事项的文件；而第 33 条规定，合营企业章程的修改由出席董事会会议的董事一致通过方可作出决议。同样，根据《中外合作经营企业法实施细则》第 10 条规定，合作企业章程，是指按照合作企业合同的约定，经合作各方一致同意，约定合作企业的组织原则、经营管理方法等事项的书面文件；而第 29 条规定，合作企业章程的修改由出席董事会会议或者联合管理委员会会议的董事或者委员一致通过。由此可见，在原来的立法体系下，外商投资企业的初始章程是由合营各方股东协商一致产生的，而对于章程的修改则须出席董事会会议的董事一致同意做出决议，因此原来的立法体系对于章程的产生或者修改注重“一致决”。

但根据《公司法》第 43 条规定，股东会会议作出修改公司章程、增加或者减少注册资本的决议，以及公司合并、分立、解散或者变更公司形式的决议，必须经代表 2/3 以上表决权的股东通过。因此当外商投资企业中大股东持有的表决权超过 2/3 时，则大股东可以单方面通过修改后的章程，而无须顾及小股东的意愿。但我们建议外商投资企业在调整中适用《公司法》规则重新提交的章程应该

---

① 参见叶鹏、董晨辉：《新外商投资法律体系下，外商投资企业应如何进行调整》，载微信公众号“天达共和法律观察”2020 年 3 月 20 日，https://mp.weixin.qq.com/s/tfcAiFQOzr3GgR9Y6Fcj4Q。

由全体股东一致同意,因为有限责任公司是建立在人合基础上的资合,任何股东不应该受到未经其同意的规则的约束,任何对章程内容持否定态度的股东亦然。①

① 参见王嫣:《〈外商投资法〉下中外合资企业公司治理结构的调整和并轨化》,载微信公众号"观韬中茂律所"2019 年 3 月 21 日,https://mp. weixin. qq. com/s/ayLdpLpPDp6PZGQlsDjFMQ。

第四章 外商投资企业外汇管理法律实务

金 盈[*] 刘 沂[**] 姚 铮[***]

第一节 外汇管理体制概述

外汇市场是我国改革开放和对外交往的窗口，缔连着国内国际的多样资源和市场。我国外汇管理部门职能主要包括了经常项目、资本项目和金融项目的资金收付和汇兑的管理，国际收支统计监测，对外债权债务统计监测，外汇市场的发展和监管，国家外汇、黄金储备以及其他外汇资产的经营管理，防范跨境资本流动风险管理，以及依法实施外汇检查和处罚等。改革开放以来，随着社会主义市场经济体制改革的不断推进，外汇管理亦坚持改革开放政策的统领，管理体制不断革新，市场在资源配置中的作用得到了强调和充分体现，一套适应中国特色社会主义市场经济要求的"宏观审慎＋微观监管"的外汇管理体制框架逐步建立了起来。

一、经常项目和资本项目

外汇管理在国际收支管理范畴内，即就一个国家或地区的居民与其他国家或地区的非居民之间的经济交易的总和而言，主要涉及经常项目、资本项目两个

---

* 金盈，上海市金茂律师事务所合伙人，华东政法大学法学学士，上海交通大学公共管理硕士，上海市青浦区市场监管局法律顾问，具有基金从业资格。

** 刘沂，上海市金茂律师事务所律师，华东政法大学法学学士，香港城市大学英美法学位，美国范德堡大学法学硕士。

*** 姚铮，上海市金茂律师事务所律师，华东政法大学法学学士、文学学士，新加坡国立大学法律硕士。

部分。21世纪以来,我国外汇管理改革和创新一直朝着提升跨境贸易和投资自由化便利化、推动形成全面开放新格局的目标展开,一方面,坚持经常项目可兑换原则,在依法依规的前提下,对切实、合规的经常项目项下的外汇支付与转移予以保证;另一方面,为顺应中国经济和金融市场对外开放的需要,有条不紊地推动资本项目可兑换,推进金融市场双向开放。整体而言,我国长期关注改进外商投资外汇管理服务的环境,深化开展"放管服"改革,大幅提高了我国外汇管理效力于实体经济的水平和效益。基于本书讨论的外商投资大背景,本章将概括介绍我国经常项目和资本项目外汇改革历程,并着重展开介绍我国资本项目外汇管理与外商投资相关的最新实践。

(一)经常项目改革

经常项目的收支从国际收支统计分类上看主要包括货物贸易、服务贸易、初次收入、二次收入,从管理对象上区分主要包括货物贸易、服务贸易、个人外汇管理。其中,初次收入指通过生产要素获得的报酬,包括劳动报酬、利息、利润汇出等,二次收入指无偿的转移或捐赠等的汇出。

1996年12月,我国加入《国际货币基金组织协定》第8条义务,对经常项目可兑换做出承诺。根据《国际货币基金组织协定》第8条第2款(a)项约定,未经基金组织同意,各成员国不得对国际经常性交易的支付和资金转移实行限制;第8条第3款约定,成员国应避免采取歧视性货币做法;第8条第4款约定,如果其他成员国提出申请兑换其持有的任何成员国本国货币余额,并能说明此项货币余额系最近经常性交易中所获得或此项兑换系支付经常性交易所必需,该成员国应予以兑换。①

坚持真实性、合规性前提始终是经常项目改革的基本准则,《外汇管理条例》(国务院令第532号)第12条规定,经常项目外汇收支应当具有真实、合法的交易基础。经营结汇、售汇业务的金融机构应当按照国务院外汇管理部门的规定,对交易单证的真实性及其与外汇收支的一致性进行合理审查。② 21世纪以来,

---

① 参见《国际货币基金组织协定》(1944年7月22日在布雷顿森林召开的联合国货币金融会议通过,1945年12月27日生效。1968年5月31日经理事会第23-5号决议同意修改,自1969年7月28日生效。经1976年4月30日理事会第31-4号决议同意修改,自1978年4月1日起生效)。

② 参见《外汇管理条例》(国务院令第532号,经2008年8月1日国务院第20次常务会议修订通过,自公布之日起施行)。

我国一直坚持探索经常项目外汇便利化的改革,并注重便利化和防范跨境资金异常流动风险的相互促进和平衡,多年来探索的改革成果在货物贸易、服务贸易和个人外汇管理等多方面均有体现。

1. 货物贸易

经常项目中,货物贸易是重中之重。20 世纪 90 年代至 21 世纪初,因货物贸易发生的外汇相关收入和支出需要按笔进行核销,即对出口货物是否具备相应价值的外汇回收以及对外付汇是否具备相应价值的货物进口需逐笔审核,涉及多个部门手续烦琐。2000 年至 2012 年,我国又经过多次改革,建立了电子口岸系统等机制,进一步完善和简化了收付汇核销手续,改进了货物贸易结汇管理,同时加强了对延期付汇、远期付汇涉及金融风险的防范和审核。2011 年 12 月 1 日,江苏、山东等七省(市)开展货物贸易外汇管理制度改革试点,允许出口收入存放境外,使跨境资金得到更灵活高效的使用,后推广至全国。[①] 2012 年 6 月,国家外汇管理局、海关总署、国家税务总局联合发布公告,决定自 2012 年 8 月 1 日起取消货物贸易外汇收支逐笔核销,改为对企业货物流、资金流实施非现场总量核查,外汇管理局通过货物贸易外汇监测系统,全面采集企业货物进出口和贸易外汇收支逐笔数据,定期比对、评估企业货物流与资金流总体匹配情况,便利合规企业贸易外汇收支,对存在异常的企业进行重点监测,必要时实施现场核查;同时,区分 A、B、C 类企业执行付汇管理,A 类企业进口付汇单证简化,可凭进口报关单、合同或发票等任何一种能够证明交易真实性的单证在银行直接办理付汇,出口收汇无须联网核查,银行为企业办理收付汇的文件和流程已大大简化。[②] 货物贸易外汇改革伴随着我国对外贸易的飞速发展,随着改革政策的落实,外贸企业的财务成本和脚力成本明显降低,企业的周转效率相应提高,相对宽松的市场环境和对企业的动态分类调整,使得合法经营的企业得到鼓励并享受到政策便利。

2. 服务贸易

服务贸易外汇管理多年来的改革进步明显,主要体现在事前审批和单据审

---

① 参见国家外汇管理局、国家税务总局、海关总署《关于货物贸易外汇管理制度改革试点的公告》(国家外汇管理局公告 2011 年第 2 号,现已废止)。

② 参见国家外汇管理局、海关总署、国家税务总局《关于货物贸易外汇管理制度改革的公告》(国家外汇管理局公告 2012 年第 1 号)。

核的简化上,2013 年以前服务贸易外汇收支往往需要经过事前审批,涉及多个部门和较多需要企业提供的文件,工作效率难以提高。2013 年后前述情况得到了全面改善,事前审批全面取消,相关外汇收付业务都分散到银行,具体的单笔等值 5 万美元以下业务不再需要单据审核,超过额度的业务手续也大大简化,相关单据简化整合的种类就达几十种之多,同时相关场外检测分析和风险防控体系的建立也提供了辅助,以保证坚决不触及系统性风险底线。服务贸易改革成果显著,每年千万计的相关外汇收支业务不再涉及单据审核,缩减了银行冗繁的业务流程,企业办事成本大幅降低,相对应的经济效益得到提升。

3. 个人外汇

个人外汇管理方面,2005 年,国家外汇管理局发布《关于调整境内居民个人经常项目下因私购汇限额及简化相关手续的通知》(汇发〔2005〕60 号),对境内居民个人经常项目下因私购汇指导性限额予以提高,简化相关购汇手续。[①] 2006 年,国家外汇管理局发布《关于调整经常项目外汇管理政策的通知》(汇发〔2006〕19 号),进一步放宽境内居民个人购汇政策,实行年度总额管理,年度总额为每人每年等值 2 万美元,境内居民个人在年度总额内购汇的,凭本人真实身份证明并向银行申报用途后办理;超过年度总额购汇的,经银行审核外汇管理规定的真实需求凭证后办理,境内居民个人年度总额内所购外汇,可以存入本人境内外汇账户或用于经常项目外汇支出,外汇管理局对境内居民个人购汇不再实行核销管理。[②] 2007 年 2 月,《个人外汇管理办法》(中国人民银行令 2006 年第 3 号)正式实施,对个人外汇业务按照交易主体区分境内与境外个人外汇业务,按照交易性质区分经常项目和资本项目个人外汇业务管理,并从外汇收支、结售汇、外汇账户等多方面作出了规范管理,[③]同步施行的《个人外汇管理办法实施细则》(汇发〔2007〕1 号)将个人结汇和境内个人购汇年度总额提升至每人每年等值 5 万美元,国家外汇管理局可根据国际收支状况,对年度总额进行调整。[④]

---

① 参见国家外汇管理局《关于调整境内居民个人经常项目下因私购汇限额及简化相关手续的通知》(汇发〔2005〕60 号,现已失效)。

② 参见国家外汇管理局《关于调整经常项目外汇管理政策的通知》(汇发〔2006〕19 号,现已失效)。

③ 参见《个人外汇管理办法》(中国人民银行令 2006 年第 3 号)。

④ 参见《个人外汇管理办法实施细则》(汇发〔2007〕1 号,已根据 2016 年 5 月 29 日发布的国家外汇管理局《关于宣布废止失效 14 件和修改 1 件外汇管理规范性文件的通知》修订)。

（二）资本项目改革

资本项目，就国际收支角度而言，系指金融和资本账户项下的跨境资本流入和流出。其中，资本账户包括非生产的居民与非居民间的资本转移、非生产非金融资产的收买与放弃（如商誉、专利、版权、商标等）；金融账户则是涉及金融资产与负债以及发生于居民与非居民之间的交易，具体包括跨境直接投资（FDI、ODI），跨境证券投资（如 QFII、QDII、沪港通、深港通等），其他跨境投资（如外债等），跨境衍生产品投资、储备等。

资本项目可兑换是资本项目外汇改革的重要目标之一，也是中国对外开放的重要举措，但不同于经常项目，在国际层面并未就资本项目可兑换的概念和标准达成一致，各国可以各自把握尺度，较常见的理解是指国家跨境资本交易活动和汇兑环节的开放不设限，其中不同于汇兑环节主要由外汇管理部门负责管理，跨境交易活动往往还受到其他金融、外贸、产业部门的共同管理，从而决定了特定跨境交易从交易层面是否可进行，而从跨境资金层面又是否可流转和汇兑的问题。从国际上看，由于没有统一的标准和定义，各国对资本项目自由化的路径有各自的方针，我国一直根据自身国情和国际金融形势，坚持稳扎稳打的渐进式发展，有序开展资本项目可兑换，并同时建立了一套完整的审慎监管体系。

20 世纪，事前审批存在于大部分跨境资本项目交易过程中，及在汇兑各环节中包括资本项目项下的开户、结汇、收入、支出也都涉及相关部门的批准或核准。21 世纪后，我国资本项目可兑换的进程才开始有序推展开，并具有全面、协调、可持续的特点。

从开放性来看，外汇管理改革的覆盖面不仅针对直接投资，还拓展到证券投资、跨境债权等其他资本流动渠道。在证券投资领域，2002 年建立了合格境外机构投资者制度（QFII），允许经中国证券监督管理委员会批准的投资于中国证券市场的合格境外机构投资者在国家外汇管理局批准的额度内在中国境内证券市场投资①，2006 年启动建立了合格境内机构投资者制度（QDII），允许经中国证券监督管理委员会批准的境内基金管理公司和证券公司等证券经营机构（合格境

① 参见《合格境外机构投资者境内证券投资管理暂行办法》（中国证券监督管理委员会、中国人民银行令第 12 号，现已失效）。

内机构投资者)在中国境内募集资金,运用所募集的部分或者全部资金以资产组合方式进行境外证券投资[①],并逐渐扩大了这些制度的适用范围和投资额度,后又分别建立了人民币合格境外机构投资者制度(RQFII)、人民币合格境内机构投资者制度(RQDII);在其他跨境投资领域,建立了外债登记管理制度,2015 年前后开展外债宏观审慎管理改革试点,企业融资成本和渠道问题得到一定程度解决。这些制度的建立和实施,充分调动了跨境资本积极性,全面提高了外汇管理开放水平,使市场可以更好地施展在跨境资本配置中的效用和效益。

从协调性来看,从"引进来"到"走出去",金融市场的双向开放要求逐渐取代过往"宽进严出"的监管思路。具体包括:直接投资领域,一方面资本项目外汇收入结汇和再投资限制逐渐放开,可兑换程度逐步提高,例如 2010 年前后各地陆续开始建立合格境外有限合伙人制度(QFLP),提高了外商投资股权投资的灵活性和便利性;另一方面境外直接投资购汇额度限制取消及允许前期费用汇出;证券投资领域,除了前述 QFII、QDII 和后续政策,深港通、沪港通等交易互联互通渠道的搭建,通过当地证券公司或经纪商,无论香港特别行政区或内地投资者均可以买卖规定范围内的对方交易所上市的股票,此外内地与香港基金互认机制构建完成,允许受当地监管机构监管的一地注册的基金,可以向另一地居民公开销售,境内金融机构境外放行债券等也得到支持;其他投资领域,2014 年新修订的《跨境担保外汇管理规定》(汇发〔2014〕29 号)取消了所有跨境担保事前审批,中外资企业内保外贷政策相对统一。这些制度的建立和实施,使市场主体境内外投融资的需求得到了更好的满足,国际收支平衡得到促进,人民币国际地位也随之不断提升。

从可持续性来看,资本项目外汇管理改革放管结合,一方面相关外汇流程的行政审批手续大大简化,原由外汇管理部门审批的事项逐渐下放至指定银行予以办理,大大提高了企业办事便利性,节约了办事时间。另一方面在兼顾便利性的同时,外汇改革也充分考虑风险防范,由事前审批向事后登记转变的外汇管理方式逐渐形成,全口径跨境融资宏观审慎管理模式得以建立和不断完善。

---

① 参见《合格境内机构投资者境外证券投资管理试行办法》(中国证券监督管理委员会令第 46 号)。

二、资本项目外汇管理框架

(一)直接投资

直接投资,按照投资方向可分为外商直接投资(FDI)和境外直接投资(ODI)。外商直接投资具体包括,外国投资者(包括自然人、企业或其他组织)直接或间接在境内设立外商投资企业,抑或取得境内企业股份、股权、财产份额或其他类似权益,又或在境内投资新建项目等①;境外直接投资,系指境内机构经境外直接投资主管部门核准,通过设立(独资、合资、合作)、并购、参股等方式在境外设立或取得既有企业或项目所有权、控制权或经营管理权等权益的行为。②

我国的直接投资外汇改革一直着重于提升直接投资项下外汇管理效率以提高跨境资本项目投资便利性。以此为重点,以登记为主要管理方式的框架得以建立和运转,外汇管理流程的便利性和服务性优势得到彰显。特别地,从"宽进严出"到现在的"双向开放",国际收支平衡压力得到缓解,在平衡的直接投资外汇管理体系作用下,与直接投资相关的跨境资本流转和兑付的便捷性进一步提高。

FDI项下,2012年国家外汇管理局颁布了《关于进一步改进和调整直接投资外汇管理政策的通知》(汇发〔2012〕59号),取消或简化部分直接投资外汇管理行政许可项目,包括35项行政许可项目被取消,并有14项行政许可项目被简化合并,2013年国家外汇管理局进一步简化及合并了外商直接投资涉及的外汇登记、账户开立、账户收入支出范围及结售汇各环节的外汇管理政策,以基本信息登记和外国投资者权益确认登记为核心的新的FDI外汇管理框架至此初步形成。2015年,国家外汇管理局颁布了《关于进一步简化和改进直接投资外汇管理政策的通知》(汇发〔2015〕13号)、《关于改革外商投资企业外汇资本金结汇管理方式的通知》(汇发〔2015〕19号),在全国范围内实施外商投资企业外汇资本金结汇管理方式改革,具体包括,外商直接投资外汇资本金实行完全意愿结汇管理,银行及其分支机构可在所在地外汇局的指导下开展直接投资外汇登记等相关业务,简化境内直接投资项下外国投资者出资确认登记管理,取消直接投资外

① 参见《外商投资法》(中华人民共和国主席令第26号)。
② 参见《境内机构境外直接投资外汇管理规定》(汇发〔2009〕30号)。

汇年检，改为实行存量权益登记。[①] 2016 年，国家外汇管理局颁布了《关于改革和规范资本项目结汇管理政策的通知》（汇发〔2016〕16 号），进一步统一规范了资本项目外汇收入意愿结汇及支付管理，境内机构资本项目外汇收入意愿结汇所得人民币资金纳入结汇待支付账户管理，并进一步放宽了境内机构的资本项目外汇收入及其结汇所得人民币资金的支出限制。2019 年，国家外汇管理局颁布了《关于进一步促进跨境贸易投资便利化的通知》（汇发〔2019〕28 号），深入推进“放管服”改革，便利市场主体合规办理外汇业务，取消非投资性外商投资企业资本金境内股权投资限制，扩大资本项目收入支付便利化试点，取消境内资产变现账户资金结汇使用限制，放宽外国投资者保证金使用和结汇限制。

ODI 项下，2005 年，全国范围内开始推行对外直接投资外汇改革试点。2009 年，国家外汇管理局颁布了《境内机构境外直接投资外汇管理规定》（汇发〔2009〕30 号），以贯彻落实“走出去”发展战略，促进境内机构境外直接投资的健康发展和对跨境资本流动实行均衡管理，并在对外直接投资外汇管理的方式和环节上进行了简化和规范，具体包括简化审核程序、取消 ODI 资金汇出核准、扩大 ODI 外汇资金来源、取消境外投资利润汇回的要求等。2015 年，根据国家外汇管理局《关于进一步简化和改进直接投资外汇管理政策的通知》（汇发〔2015〕13 号）等规定，对外直接投资项下外汇登记核准取消，取消境外再投资外汇备案，银行及其分支机构应在所在地外汇局的指导下开展直接投资外汇登记等相关业务，取消直接投资外汇年检，改为实行存量权益登记，并进一步简化了相关登记流程。2017 年，国务院办公厅转发国家发展改革委、商务部、人民银行、外交部《关于进一步引导和规范境外投资方向指导意见的通知》（国办发〔2017〕74 号），以进一步加强对境外投资的宏观指导，引导和规范境外投资方向，对房地产、酒店、影城、娱乐业、体育俱乐部等境外投资从国家和平发展外交方针层面和互利共赢开放战略视角提供宏观调控指导，以推动境外投资持续合理有序健康发展，有效防范各类风险。

---

① 参见国家外汇管理局《关于进一步简化和改进直接投资外汇管理政策的通知》（汇发〔2015〕13 号，已根据 2019 年 12 月 30 日国家外汇管理局发布的《关于废止和失效 5 件外汇管理规范性文件及 7 件外汇管理规范性文件条款的通知》修订）、国家外汇管理局《关于改革外商投资企业外汇资本金结汇管理方式的通知》（汇发〔2015〕19 号，已修订）。

（二）证券投资

跨境证券投资，包括跨境的证券发行和交易，涉及的证券工具包括股票、债券、货币市场工具以及其他新金融工具等。跨境证券投资外汇管理主要涵盖了境内外机构、个人从事有价证券或衍生品发行、交易及相关的资金汇兑管理和外汇账户管理等。我国的跨境证券投资外汇管理呈现额度控制的特点。

我国的证券投资外汇管理对外开放的进程展现了额度可控的核心管理方式。20 世纪末，由于跨境证券投资呈现风险较高的特点，我国证券投资对外开放程度较低。21 世纪以来，加快开放要求我国尽快融入国际资本市场，打开金融市场，双向开放，这也是我国长期资本累积而产生的分散风险、拓宽市场渠道的客观需求。基于证券投资流动性强的特点，考虑到国际收支均衡管理的要求，我国在证券投资外汇管理上呈现便利化改革与有序管理的特点。

证券投资外汇改革也顺从"先流入后流出、先长期后短期、先直接后间接、先机构后个人"的原则，逐步发展，QFII、QDII、沪港通、深港通、基金互认、境外机构投资者投资境内银行间债券市场、债券通等制度安排陆续建立，跨境投资者通过一定制度投资双向证券市场已基本或部分实现可兑换。

2002 年，中国证监会、中国人民银行颁布《合格境外机构投资者境内证券投资管理暂行办法》（中国证券监督管理委员会、中国人民银行令第 12 号）允许符合一定条件的境外投资者在经批准的投资额度内投资境内股票、国债、企业债券等人民币金融工具（QFII），此后该制度从准入条件、投资范围、额度管理、资金汇兑方面进行了多轮改革，2011 年起允许境外机构投资者使用跨境人民币在境内从事证券投资（RQFII），2019 年 9 月 10 日国家外汇管理局宣布取消 QFII/RQFII 额度，并于 2020 年颁布《境外机构投资者境内证券期货投资资金管理规定》（中国人民银行、国家外汇管理局公告〔2020〕第 2 号），推动金融市场进一步开放。

2007 年，中国证监会颁布了《合格境内机构投资者境外证券投资管理试行办法》（中国证券监督管理委员会令第 46 号），允许符合条件的境内机构投资者以自有资金或代客资金在审定的额度内开展境外证券投资（QDII）。2014 年，中国人民银行又颁布了《关于人民币合格境内机构投资者境外证券投资有关事项的通知》（银发〔2014〕331 号），以进一步丰富跨境资金尤其是人民币资金的流动路径，扶持人民币合格境内机构投资者开展境外证券投资（RQDII）。

2014 年至 2016 年，通过特定的技术和跨境结算安排，并经中国证监会与香港证监会签订联合公告，上海证券交易所、深圳证券交易所先后与香港联合交易所有限公司打通股票交易互联互通机制，即沪港通、深港通，使两地投资者可以在规定范围内互相买卖对方交易所上市的股票，并在 2016 年取消了双向总额度控制。

2015 年，中国证监会与香港证监会发布联合公告，就内地与香港两地基金互认安排正式签署《监管合作备忘录》，确认两地基金跨境公开发行销售，以促进证券投资基金和资本市场的健康发展。[①] 中国人民银行、国家外汇管理局发布《内地与香港证券投资基金跨境发行销售资金管理操作指引》（中国人民银行、国家外汇管理局公告〔2015〕第 36 号），鼓励内地与香港证券投资基金跨境发行销售以人民币计价，使用人民币进行跨境收付，并对所有香港基金内地发行募集资金净汇出规模上限、所有内地基金香港发行募集资金净汇入规模上限进行管理。

除上述主要跨境证券投资渠道外，2005 年中国人民银行、财政部、国家发展和改革委员会、中国证券监督管理委员会颁布了《国际开发机构人民币债券发行管理暂行办法》（中国人民银行等公告〔2005〕第 5 号）并于 2010 年修订，允许国际开发机构依法在中国境内发行的、约定在一定期限内还本付息的、以人民币计价的债券[②]。2010 年，中国人民银行颁布了《关于境外人民币清算行等三类机构运用人民币投资银行间债券市场试点有关事宜的通知》（银发〔2010〕217 号），境外中央银行或货币当局、港澳地区人民币业务清算行、跨境贸易人民币结算境外参加银行可在核准的额度内在银行间债券市场从事债券投资业务。此后在 2016 年、2019 年国家外汇管理局、中国人民银行分别颁布了《关于境外机构投资者投资银行间债券市场有关外汇管理问题的通知》（汇发〔2016〕12 号）、《关于进一步便利境外机构投资者投资银行间债券市场有关事项的通知》（银发〔2019〕240 号），进一步拓宽了境外机构投资者范围和额度限制。在前述基础上，2017 年内地与香港债券市场互联互通的创新合作机制启动（“债券通”），划分为“北向通”和“南向通”，允许中国内地与境外投资者通过在香港建立的基础设施连接，在对方市场买卖债券。

---

① 参见《香港互认基金管理暂行规定》（中国证券监督管理委员会公告〔2015〕12 号）。

② 参见《国际开发机构人民币债券发行管理暂行办法》（中国人民银行等公告〔2005〕5 号，根据 2018 年 9 月 8 日中国人民银行、财政部、发展改革委、中国证券监督管理委员会发布的公告〔2018〕第 15 号文，此文件被宣布废止）。

(三)其他投资

其他投资指除直接投资、证券投资、外汇储备等以外的就某一国家或地区居民与非居民之间的金融资本交易。在我国,其他投资主要包括外债管理和跨境担保管理等。

2003年,国家计划委员会、财政部、国家外汇管理局共同颁布《外债管理暂行办法》(国家计划委员会、财政部、国家外汇管理局令第28号),规范举借外债和对外担保行为,外商投资企业举借的中长期外债累计发生额和短期外债余额之和应当控制在审批部门批准的项目总投资和注册资本之间的差额以内,在差额范围内,外商投资企业可自行举借外债。2013年,国家外汇管理局颁布《外债登记管理办法》(汇发〔2013〕19号)以及附件的《外债登记管理操作指引》,取消了部分外债审批及明确了外债资金结汇和使用问题,除资金划转类外,非银行债务人无须再办理外债账户开立、资本金结汇和还本付息等的业务审批,外债申请人向国家外汇管理局办理外债签约登记后,可直接在银行办理开户、提款、还款、结汇、付汇等手续,但中资企业除另有规定的不得结汇。2016年,国家外汇管理局先后出台《关于进一步促进贸易投资便利化完善真实性审核的通知》(汇发〔2016〕7号)、《关于改革和规范资本项目结汇管理政策的通知》(汇发〔2016〕16号),统一中、外资企业外债结汇管理政策,中资非金融企业借用的外债资金可以按现行外商投资企业外债管理规定结汇使用,境内企业(包括中资企业和外商投资企业,不含金融机构)外债资金均可按照意愿结汇方式办理结汇手续,并可根据境内机构的实际经营需要在银行办理结汇,外债收入意愿结汇所得人民币资金纳入结汇待支付账户管理。2017年,中国人民银行颁布了《关于全口径跨境融资宏观审慎管理有关事宜的通知》(银发〔2017〕9号),建立宏观审慎规则下基于微观主体资本或净资产的跨境融资约束机制。2019年,国家外汇管理局颁布了《关于进一步促进跨境贸易投资便利化的通知》(汇发〔2019〕28号),取消非银行债务人需到所在地外汇局办理外债注销登记的管理要求和时间限制,试点取消非金融企业外债逐笔登记。

2014年5月12日,国家外汇管理局发布了《跨境担保外汇管理规定》(汇发〔2014〕29号),从管理范围和职责等各方面,对跨境担保的外汇管理要求作出了规定,并大幅度简政放权,缩小了跨境担保登记的范围,该规定适用于所有的跨境担保形式,包括内保外贷(担保人注册地在境内、债务人和债权人注册地均在境外的跨境担保)、外保内贷(担保人注册地在境外、债务人和债权人注册地均在境内的跨境担保)和其他形式的跨境担保(不属于前两种情况的跨境担保),对内保外贷和发生境外担保履约外保内贷应履行登记管理。2017 年 1 月 26 日,国家外汇管理局颁布了《关于进一步推进外汇管理改革完善真实合规性审核的通知》(汇发〔2017〕3 号),允许内保外贷项下资金调回境内使用,债务人可通过向境内进行放贷、股权投资等方式将担保项下资金直接或间接调回境内使用。跨境担保外汇管理的改革,使得跨境资本双向流动路径更通畅,尤其资金调回路径的拓宽,使得跨境投融资架构的建设更具灵活性、更节省成本,也更加吸引境外资金流入境内。

(四)个人投资

我国个人投资项下的对外投资暂未全面开放,对于境内个人跨境投融资和相关资本流程尚无较为完整的体系上的管理要求,特别对于境内个人 ODI 相关路径的开放仍持较为谨慎的态度。

个人对外投资管理开放的路径主要有:如对企业创始人在搭建红筹架构的外汇登记需求而言,国家外汇管理局于 2014 年 7 月 4 日颁布了《关于境内居民通过特殊目的公司境外投融资及返程投资外汇管理有关问题的通知》(汇发〔2014〕37 号),允许境内居民以投融资为目的(实践中以融资目的为主),以其合法持有的境内企业资产或权益,或者以其合法持有的境外资产或权益,在境外直接设立或间接控制的境外企业。其他路径主要有参与境外上市公司股权激励、移民等涉及的个人跨境投资或资产流转等。

第二节　外商投资企业常见外汇业务管理

一、外商直接投资(FDI)外汇管理

(一)FDI 基本概念

外商直接投资(Foreign Direct Investment,FDI)。根据 2020 年 1 月 1 日起实施的《外商投资法》,外商投资指外国的自然人、企业或其他组织(以下简称外国投资者)直接或间接在中国境内进行的投资活动,具体情形有以下几点:

(1)外国投资者单独或者与其他投资者共同在中国境内设立外商投资企业;

(2)外国投资者取得中国境内企业的股份、股权、财产份额或者其他类似权益;

(3)外国投资者单独或者与其他投资者共同在中国境内投资新建项目;

(4)法律、行政法规或者国务院规定的其他方式的投资。

前述所称外商投资企业,是指全部或者部分由外国投资者投资,依照中国法律在中国境内经登记注册设立的企业。① 为后续外汇业务的开展,外国投资者或外商投资企业经外汇登记后,银行可凭资本项目信息系统中的登记信息和额度控制等信息为该等主体办理后续外汇业务。

(二)外汇登记和账户

1. 前期费用信息登记

境内直接投资前期费用,系指在外商直接投资发生前,外国投资者为解决注册资本实缴登记的企业出资或外商投资企业设立前在境内从事市场调研、可行性研究等活动的费用。前期费用登记一般要求外国投资者(或筹备组)在市场监督管理部门名称自主申报相关系统申报并取得《企业名称自主申报告知书》,按规定无须提交的除外。前期费用登记申请人为外国投资者(或筹备组),其应在后续拟设立外商投资企业注册地银行进行登记和开立前期费用外汇账户。若前期费用用途系汇入注册资本实缴制企业筹备资金的,通常还需提供行业主管部门的筹备批准文件或其他证明材料。②

前期费用外汇账户由银行负责入账手续和结汇、划转的办理。前期活动结束后,若后续企业成立的,剩余资金可由银行划转至成立企业的外汇资本金账户;若后续企业未成立的,剩余资金可由银行办理原路退回并注销前期费用外汇账户。原前期费用关于单一项目的 30 万美元限额及账户 6 个月有效期的相关限制已取消。

2. 外商投资企业基本信息登记(新设、并购等)

外商投资企业基本信息登记系采集外商投资企业及其股东基本信息、外国投资者跨境可汇入资金总额等重要控制信息的登记环节,具体包括外商投资企

① 参见《外商投资法》(中华人民共和国主席令第 26 号)。

② 参见《资本项目外汇业务指引(2020 年版)》(汇综发〔2020〕89 号)。

业设立(新设、并购)、变更及注销的登记,登记主体为外商投资企业,登记部门为外商投资企业注册所在地银行。

以设立为例,外国投资者进行绿地投资设立外商投资企业或向境内企业增资使之成为外商投资企业的按新设办理基本信息登记,外国投资者收购境内企业股权使之成为外商投资企业的按外资并购办理基本信息登记。新设的外商投资企业,在相关主管部门批准设立并取得营业执照后,应向银行办理基本信息登记及开立资本金账户,如外国投资者以现汇方式出资的,应向银行办理资本金入账登记手续,并由企业按规定进行结汇、使用。并购设立的外商投资企业,在相关主管部门批准变更并取得营业执照后,应向银行办理基本信息登记,并将取得的业务凭证交境内出让方用以开立资产变现账户,外国投资者以现汇方式出资的,应向银行办理资产变现账户入账登记手续,由出让方按规定进行结汇、使用。①

基本信息登记除记载外商投资企业自身情况外,还需填报股东信息,包括需如实披露各股东及实际控制人是否为境内居民(机构和个人)的情况,以及标识"返程投资"。在外商投资企业并购设立、进行股权转让等资本变动的情况下,银行通常将根据展业原则对交易真实性、合规性予以审查,包括企业是否遵循商业原则按公允价格交易进行审查,防范通过极端价格规避外汇管理、非法转移资产的情况。外商投资企业发生资本相关的变动的,应履行基本信息的变更登记。

3. 外汇资本金账户

外汇资本金账户系接收外汇资本金的账户,账户开立主体为外商投资企业,外商投资企业在办理基本信息登记后可以向银行办理外汇资本金账户开立,可以异地开立,同一外商投资企业可以开立多个外汇资本金账户。外汇资本金由于外商投资企业注册资本计价币种和出资币种差异的原因(如注册资本以人民币计价,股东以美元现汇出资),允许因汇率浮动等原因导致累计不超出 3 万美元的登记外的流入。外国投资者跨境汇入资本金的,应首先办理直接投资货币出资入账登记,否则不得进行结汇、划转、付汇等业务。

根据国家外汇管理局《关于改革和规范资本项目结汇管理政策的通知》(汇发〔2016〕16 号),境内机构资本项目外汇收入的使用应在经营范围内遵循真实、

① 参见《资本项目外汇业务指引(2020 年版)》(汇综发〔2020〕89 号)。

自用原则。外汇资本金作为一种境内机构的资本项目外汇收入,该等汇入款项及其结汇所得人民币资金可用于企业自身经营范围内的经常项下支出,以及法律法规允许的资本项下支出,并应当遵守以下规定:

(1)不得直接或间接用于企业经营范围之外或国家法律法规禁止的支出;

(2)除另有明确规定外,不得直接或间接用于证券投资或除银行保本型产品之外的其他投资理财;

(3)不得用于向非关联企业发放贷款,经营范围明确许可的情形除外;

(4)不得用于建设、购买非自用房地产(房地产企业除外)。①

同时,根据国家外汇管理局《关于进一步促进跨境贸易投资便利化的通知》(汇发〔2019〕28 号)及此前的相关规定,投资性外商投资企业(包括外商投资性公司、外商投资创业投资企业和外商投资股权投资企业)或非投资性外商投资企业,可依法依规并在不违反现行外商投资准入特别管理措施(负面清单)且境内所投项目真实、合规的前提下,以资本金开展境内股权投资。以投资为主要业务的外商投资企业可按实际投资规模将外汇资本金直接结汇或将结汇待支付账户中的人民币资金划入被投资企业账户。外商投资企业以资本金原币划转开展境内股权投资的,被投资主体应按规定办理接收境内再投资登记并开立资本金账户接收资金,无须办理货币出资入账登记;非投资性外商投资企业以资本金结汇开展境内股权投资的,被投资主体应按规定办理接收境内再投资登记并开立"资本项目—结汇待支付账户"接收相应资金,被投资企业继续开展境内股权投资的,按上述原则办理。②

4. 境内直接投资货币出资入账登记

外商投资企业收到外国投资者境外汇入或境内划转资本金(不含境内再投资),若为货币形式的,应在结汇、付汇、境内划转前进行货币出资入账登记。

货币出资入账登记的功能系采集外商投资企业各个股东的明细货币资金,外商投资企业收到外国投资者的投资款后,应尽快(原则上不超过 5 个工作日)向收款银行提交货币出资入账登记证明,由收款银行通过资本项目信息系统办

① 参见国家外汇管理局《关于改革和规范资本项目结汇管理政策的通知》(汇发〔2016〕16 号)。

② 参见国家外汇管理局《关于进一步促进跨境贸易投资便利化的通知》(汇发〔2019〕28 号)、国家外汇管理局《关于改革外商投资企业外汇资本金结汇管理方式的通知》(汇发〔2015〕19 号,已修订)。

理货币出资入账登记。出资入账登记所使用的资金折算率应以资金入账日中国人民银行发布的人民币汇率中间价及不同外币间套算率为准。源于境内外汇再投资和境外上市的外汇资金,无须办理货币出资入账登记。[①]

5. 境内资产变现账户

资产变现账户系规范境内资产变现的账户,账户开立主体为境内股权出让方,外商投资企业在办理基本信息登记后,境内股权出让方可以向银行办理资产变现账户开立,如同外汇资本金账户一样,资产变现账户可以异地开立、可以开立数量不限以及允许因汇率浮动等原因导致累计不超出 3 万美元的登记外的流入。

外商直接投资项下境内股权出让方接收外国投资者股权转让对价款时,可凭相关业务登记凭证直接在银行办理账户开立、资金汇入和结汇使用手续,[②]经常项目支出按照经常项目真实性审核原则办理,资本项目支出需经外汇局(银行)登记或外汇局核准。[③]

6. 结汇待支付账户

结汇待支付账户系存放资本项目外汇收入意愿结汇所得人民币资金的账户,账户开立主体为外商投资企业或接受外汇收入结汇资金的境内机构,境内机构按支付结汇所得人民币不得通过结汇待支付账户进行支付。[④] 意愿结汇制度下,企业无须提交证明资金用途的材料就可将外汇资本金收入结汇为人民币划入配套的结汇待支付账户。[⑤] 结汇待支付账户可以异地开立及开立多个,多个同名外汇收入账户可以共用一个结汇待支付账户。

结汇待支付账户由于系存放资本项目外汇收入意愿结汇所得人民币资金的账户,其账户支出间接受到前述资本项目外汇收入相关用途的限制。银行审查一笔结汇资金使用时,需履行"了解客户""了解业务""尽职调查"等原则承担真实性审核责任,通常还包括审查前一笔结汇资金使用的真实性与合规性。企业以结汇待支付账户支付资金支付备用金使用的,银行可不要求企业提交真实性

---

① 参见《资本项目外汇业务指引(2020 年版)》(汇综发〔2020〕89 号)。

② 参见国家外汇管理局《关于进一步促进跨境贸易投资便利化的通知》(汇发〔2019〕28 号)。

③ 参见《资本项目外汇业务指引(2020 年版)》(汇综发〔2020〕89 号)。

④ 参见《资本项目外汇业务指引(2020 年版)》(汇综发〔2020〕89 号)。

⑤ 参见国家外汇管理局《关于改革和规范资本项目结汇管理政策的通知》(汇发〔2016〕16 号)。

证明材料,备用金每月不得超过 20 万美元。[①]

7. 外商投资企业利润汇出

外商投资企业利润汇出属于经常项目项下的初次收入分配,并受国际条约可兑换义务的约束。利润汇出办理主体为外商投资企业,并应以办妥外商投资企业联合年报为前提。外商投资企业利润汇出可直接在银行办理,但需遵守相关要求。

企业在利润汇出前应依法弥补以前年度亏损,向银行提交经审计的财务报告确定整体可汇出利润,可汇出利润的计算公示为:可汇出利润 = 企业当期实现的净利润 + 年初未分配利润(或减去年初未弥补亏损) + 其他转入。[②] 若企业年度审计报告无法体现可汇出利润,而实际经营中在年中产生可汇出利润的并拟进行预分配利润的,企业应相应提交专项审计报告。企业汇出 5 万美元(含)以下利润的可无须单证直接向银行办理汇出,若企业需汇出超过 5 万美元(不含)利润的,银行应根据真实交易原则审核与本次利润汇出相关证明文件,包括企业股东会、董事会出具的利润分配决议(或合伙人利润分配决议)、经审计的财务报表以及主管税务机关出具的税务凭证(纸质或电子化税务凭证)。[③]

8. 外国投资者所得资金汇出

外国投资者所得资金汇出可分为外国投资者清算、减资所得资金汇出,外国投资者境内出让股权所得资金汇出,以及外国投资者先行收回投资资金汇出。减本类型的汇出,通常只能在外汇登记的实缴出资的额度内予以减出。

外国投资者清算、减资所得资金汇出的,根据具体情况由外国投资者或外商投资企业向银行申请办理,外商投资企业应首先办妥境内直接投资基本信息登记变更后方可进行汇出,通常该等基本信息登记变更要求企业提供变更后的营业执照或相关证明。

外国投资者境内出让股权所得资金汇出的,由收购股权的境内机构或个人向银行申请办理汇出,同样的,外商投资企业应首先办妥境内直接投资基本信息登记变更后方可进行汇出,故需要首先取得变更后的营业执照。银行将对股权

---

① 参见《资本项目外汇业务指引(2020 年版)》(汇综发〔2020〕89 号)。

② 参见《资本项目外汇业务指引(2020 年版)》(汇综发〔2020〕89 号)。

③ 参见国家外汇管理局《关于进一步推进外汇管理改革完善真实合规性审核的通知》(汇发〔2017〕3 号)。

转让交易的真实性、合规性根据展业三原则予以审慎审查，转让定价应同样根据商业原则进行公允定价（不简单地认为是按照净资产），企业可充分向银行就估值方式及合理性予以说明。

外国投资者先行收回投资资金汇出，主要适用于中外合作企业保证外方投资收益汇出的情况。

9. 基本信息登记注销

外商投资企业因破产、解散、营业期限届满、合并分立等原因注销的，应以外商投资企业为主体向注册登记地银行申请办理基本信息登记注销。基本信息登记注销应在发生消亡事项并由主管部门核准或有其他证明材料之后，但在企业登记主管部门登记注销之前办理的，通常是在清算的公告期结束后（但注销登记未办理前）凭清算公告的相关凭证向银行申请办理。

外商投资企业因外国投资者减资、转股、先行收回投资、上市公司外资股东坚持股份等撤资行为转为内资企业的，在办理基本信息登记变更后无须再办理基本信息登记注销。[①]

10. 接受境内再投资基本信息登记

外商投资企业以外汇资本金或其结汇所得人民币资金开展境内股权投资的，被投企业应向注册登记地银行办理接受境内再投资基本信息登记，但投资性外商投资企业以结汇人民币再投资境内企业的除外。

境内机构接收再投资的外汇资金或以外汇支付的股权转让对价的，在办理接受境内再投资基本信息登记后，应开立外汇资本金账户管理。境内机构接收非投资性外商投资企业结汇人民币投资资金或股权转让对价的，应开立结汇待支付账户管理。境内机构接收投资性外商投资企业结汇人民币投资资金或股权转让对价的，可直接将资金划入境内收款主体人民币账户。境内个人接受再投资的，无须办理接受境内再投资基本信息登记或开立前述账户。前述再投资项下的收款主体继续开展境内股权投资的，应参照同等原则使用账户管理。[②] 投资性外商投资企业和非投资性外商投资企业在外汇管理上的区别可见表4－1。

---

① 参见《资本项目外汇业务指引（2020年版）》（汇综发〔2020〕89号）。

② 参见《资本项目外汇业务指引（2020年版）》（汇综发〔2020〕89号）。

表4-1　投资性外商投资企业和非投资性外商投资企业外汇管理的区别

区别项目	投资性外商投资企业	非投资性外商投资企业
被投公司性质	投资性外商投资企业被视为境外投资者,被投公司按照外商投资企业登记,需要按照外商投资企业的规则办理相关外汇登记手续	按照外商投资企业再投资对待,涉及外商投资负面清单内限制产业需办理再投资审批,不得在禁止类产业投资,但被投公司按照内资企业对待,不属于外商投资企业
被投公司外汇登记手续	采用结汇人民币投资的,无须办理接受境内再投资基本信息登记,采用外汇投资的需要办理接受境内再投资基本信息登记	被投公司需要办理接受境内再投资基本信息登记
增资情形下的账户管理	投资性外商投资企业资本金结汇后进入被投公司的人民币结算账户且其使用不再受其他限制	非投资性外商投资企业使用结汇人民币再投资的,被投资公司应当开立结汇待支付账户,资金使用按照结汇待支付账户的管理使用
股权收购情形下的账户管理	投资性外商投资企业资本金结汇后支付给出让方(为内资企业的情况)的人民币结算账户且适用不再受其他限制	资本金结汇后支付,股权转让款需支付到出让方(为内资企业的情况)的结汇待支付账户,资金使用按照结汇待支付账户管理适用

二、境外直接投资(ODI)外汇管理

(一)ODI基本概念

境外直接投资(Overseas Direct Investment,ODI),是指在中华人民共和国境内依法设立的企业(境内企业)直接或通过其控制的境外企业,以投入资产、权益或提供融资、担保等方式,获得境外所有权、控制权、经营管理权及其他相关权益的投资活动,[①]是境内企业资金出境投资的主要路径之一。

中国政府鼓励具备“走出去”实力的境内企业积极参与国际市场竞争。近年来,随着“一带一路”建设的不断深化,每年对外直接投资流量均保持在千亿美元以上的水平,使得近年来中国对外直接投资存量占全球比重持续上升。根据我国现行的境外投资相关法律,实施境外投资前(一般指资金汇出境外前),除特殊情况外,境内企业资金出境需要经过以下三个部门的核准/备案,即发展改革委

① 参见《企业境外投资管理办法》(国家发展和改革委员会令第11号)第2条。

主管部门、商务主管部门以及国家外汇主管部门。实践中,发改委和商务主管部门核准/备案可同时申办,在取得发改委出具的《境外投资备案通知书》与商务主管部门出具的《企业境外投资证书》后,可办理外汇登记及资金汇出。

(二)企业 ODI 流程

1. 政府部门 ODI 监管流程概要

发展改革委主管部门核准/备案。根据国家发改委 2018 年 3 月 1 日开始实施的《企业境外投资管理办法》(国家发展和改革委员会令第 11 号)以及国家发改委《关于发布企业境外投资管理办法配套格式文本(2018 年版)的通知》,国家发改委对境外投资项目按情况进行核准或备案管理。实行核准管理的范围是境内企业直接或通过其控制的境外企业开展的敏感类项目(敏感类项目包括涉及敏感国家、敏感行业的项目),核准机关是国家发改委。实行备案管理的范围是境内企业直接开展的非敏感类项目,其中,境内企业是中央管理企业(含中央管理金融企业、国务院或国务院所属机构直接管理的企业)的,备案机关是国家发改委;境内企业是地方企业,且中方投资额 3 亿美元及以上的,备案机关是国家发改委;境内企业是地方企业,且中方投资额 3 亿美元以下的,备案机关是境内企业注册地的省级政府发展改革部门。① 自 2018 年 3 月 1 日开始,国家发改委系统办理境外投资核准/备案需披露境内投资人、控股股东和实际控制人的具体信息和合规情况,通过境外控制企业实现境外投资的,还需要披露境外控制企业的具体信息和合规情况。

商务主管部门。根据商务部的《境外投资管理办法》(商务部令 2014 年第 3 号),商务部门对境内企业境外投资采用"备案为主、核准为辅"的方式,即企业境外投资涉及敏感国家、敏感行业的,由省级商务主管部门受理并上报商务部核准。其他境内企业境外投资项目均实行备案管理,其中中央企业的境外投资,由商务部备案;地方企业的境外投资,由省级商务委备案。根据商务部、国家外汇管理局等七部门联合发布的《对外投资备案(核准)报告暂行办法》(商合发〔2018〕24 号),商务部等部门加强对境外投资的事后报告制度,并将开展"两随机、一公开"的事后检查。

根据国家外汇管理局 2015 年 2 月 28 日发布的《关于进一步简化和改进直

① 参见《企业境外投资管理办法》(国家发展和改革委员会令第 11 号)第 14 条。

接投资外汇管理政策的通知》(汇发〔2015〕13号),境内企业境外直接投资的外汇登记改为“银行办理、外汇监督”的模式,境内企业可自行选择注册地银行办理境外直接投资外汇登记及账户开立、资金汇兑等业务,银行代替国家外汇主管部门完成企业境外直接投资的相关外汇登记手续。但为确保外汇跨境流动平衡,外管局加强对银行的窗口指导和事后检查力度,一定金额以上的采用事前约谈。

2. 境外投资行业监管

根据《企业境外投资管理办法》(国家发展和改革委员会令第11号)(《发改委11号令》)与《境外投资管理办法》(商务部令2014年第3号)(《商务部3号令》)的规定,境外投资涉及敏感行业的,实行核准管理;国家发改委、商务部与省级商务主管部门分别负责核准项目的管理。

国务院办公厅转发国家发改委、商务部、中国人民银行、外交部《关于进一步引导和规范境外投资方向指导意见的通知》(国办发〔2017〕74号)(以下简称《境外投资方向指导意见》)将对外投资投向划分为三个类型,即“鼓励类”“禁止类”“限制类”。

该意见提及的“鼓励类”投资方向包括:重点推进有利于“一带一路”建设和周边基础设施互联互通的基础设施对外投资;稳步开展带动优势产能、优质装备和技术标准输出的对外投资;加强与境外高新技术和先进制造业企业的投资合作,鼓励在境外设立研发中心[①];在审慎评估经济效益的基础上稳妥参与境外油气、矿产等能源资源勘探和开发;着力扩大农业对外合作,开展农林牧副渔等领域互利共赢的投资合作;有序推进商贸、文化、物流等服务领域对外投资,支持符合条件的金融机构在境外建立分支机构和服务网络,依法合规开展业务。

该意见提及的“禁止类”投资方向包括:涉及未经国家批准的军事工业核心技术和产品输出的对外投资;运用我国禁止出口的技术、工艺、产品的对外投资;赌博业、色情业等对外投资;我国缔结或参加的国际条约规定禁止的对外投资;其他危害或可能危害国家利益和国家安全的对外投资。

该意见明确了“限制类”的投资方向,包括:赴与我国未建交、发生战乱或者我国缔结的双多边条约或协议规定需要限制的敏感国家和地区开展对外投资;

① 参见国务院办公厅转发国家发改委、商务部、中国人民银行、外交部《关于进一步引导和规范境外投资方向指导意见的通知》第3条,鼓励开展的境外投资。

房地产、酒店、影城、娱乐业、体育俱乐部等对外投资；在境外设立无具体实业项目的股权投资基金或投资平台；使用不符合投资目的国技术标准要求的落后生产设备开展对外投资；不符合投资目的国环保、能耗、安全标准的对外投资；其中，前三类须经对外投资主管部门核准。

国家发改委发布的《境外投资敏感行业目录（2018 年版）》中亦明确了：武器装备的研制生产维修、跨境水资源开发利用、新闻传媒以及房地产、酒店、影城、娱乐业、体育俱乐部、在境外设立无具体实业项目的股权投资基金或投资平台系敏感行业。

在实践中，国家发改委发布了《境外投资常见问题解答》，对于限制类行业的内容作了进一步的释明，例如对于房地产行业，说明主要是指以下两类对外投资活动：(1)从境内投入资产、权益或提供融资、担保等，在境外新建或并购住宅、商业地产项目以及并购用于建设住宅或商业地产的土地；(2)从境内投入资产、权益或提供融资、担保等，在境外新建或并购房地产企业、向境外既有房地产企业增加投资、投资境外房地产信托基金等。并明确所称"房地产"，不包括以下六类对外投资活动："(1)投资物业管理、房地产中介服务；(2)新建或并购企业自用的办公场所、员工宿舍等；(3)投资用于实体产业的基础设施建设和建筑开发，例如产业园、科技园、仓储物流园等；(4)建筑企业以获取工程承包合同为目的，对拟承建的项目进行小比例投资；(5)已依法合规取得发展改革部门核准文件或备案通知书，但尚未完成的项目；(6)既不涉及境内投入资产、权益，也不涉及境内提供融资、担保等，全部从境外募集资金的项目。"①

（三）企业 ODI 外汇登记

1. 前期费用汇出外汇登记

根据《境内机构境外直接投资外汇管理规定的通知》（汇发〔2009〕30 号）（以下简称汇发 30 号文）与《直接投资外汇业务操作指引》，办理前期费用汇出外汇登记与购汇流程有如下要点需注意：

(1)前期费用汇出外汇登记的办理部门

根据《直接投资外汇业务操作指引》，前期费用外汇登记等境外直接投资外汇登记业务已由外汇局下放至投资主体所在地银行办理；但是，如前期费用累计

---

① 参见国家发改委《境外投资常见问题解答》第 19 条。

汇出额超过 300 万美元或超过中方投资总额 15%的，境内投资者需提交说明函至注册地外汇局申请（外汇局按个案业务集体审议制度处理）办理。

（2）关于前期费用汇出的额度上限

累计汇出额原则上不超过 300 万美元，且不超过中方投资总额的 15%。如确有客观原因，前期费用累计汇出额超过 300 万美元或超过中方投资总额 15%的，境内投资者需提交说明函至注册地外汇局申请（外汇局按个案业务集体审议制度处理）办理。[①]

（3）前期费用计入境外投资总额

境内机构已汇出境外的前期费用，应列入境内机构境外直接投资总额；外汇指定银行在办理境内机构境外直接投资资金汇出时，应扣减已汇出的前期费用金额。因此，投资方在前期费用汇出办理完毕后，在 ODI 申请时，应注意将已申请汇出的前期费用额度包含在申请 ODI 额度内。[②]

（4）整体时间要求

境内机构自汇出前期费用之日起 6 个月内仍未完成境外直接投资项目核准程序的，应将境外账户剩余资金调回原汇出资金的境内外汇账户。该 6 个月期限经银行同意可适当延长，但最长不得超过 12 个月。因此，建议投资主体提前制定时间表，确保前期费用汇出后的尽职调查、交易谈判以及境内政府 ODI 审批等流程的时间总体控制在 6 个月内。

（5）前期费用汇出外汇登记与后续购汇申请材料

综合汇发 30 号文与《直接投资外汇业务操作指引》的规定，申请材料包括："（1）书面申请（包括境外直接投资总额、各方出资额、出资方式，以及所需前期费用金额、用途和资金来源说明等）；（2）境内机构有效的营业执照或注册登记证明及组织机构代码证；（3）境内机构参与投标、并购或合资合作项目的相关文件（包括中外方签署的意向书、备忘录或框架协议等）；（4）境内机构已向境外直接投资主管部门报送的书面申请；（5）境内机构出具的前期费用使用书面承诺函；（6）《境外直接投资外汇登记业务申请表》。"[③]根据前述申请材料要求，可见银

① 参见《境内机构境外直接投资外汇管理规定》第 14 条。
② 参见《境内机构境外直接投资外汇管理规定》第 15 条。
③ 《直接投资外汇业务操作指引》2.1 境内机构境外直接投资前期费用登记之审核材料。

行/外管局并未要求递交发改委境外投资项目核准或备案通知书。关于第4项材料,因申请前期费用汇出支付招标保证金、中介尽职调查费用时,尚处项目尽调或谈判阶段,对于项目实施与否、实施的具体金额与内容可能尚无法确定,故向境外直接投资主管部门报送具体文件可能会产生实际困难,具体需看银行的要求。此外,根据《直接投资外汇业务操作指引》办理前期费用汇出时,需递交:①业务登记凭证;②前期费用额度控制信息表;③境外投资资金来源证明;④资金使用计划和董事会决议(或合伙人决议)、合同或其他真实性证明材料。

(6)前期费用汇出的收款方

汇发30号文与《直接投资外汇业务操作指引》并未明确前期费用汇出的直接收款方,而是列出了前期费用的几种情形,如保证金或因项目尽调等原因向第三方中介支付的费用。而保证金一般应支付予并购项目的股权转让方或标的公司或项目的招标方,中介费用一般直接向第三方中介支付。故因前期费用的性质不同,最终收款方也会存在差异。外管局前述规定未限制投资方款项只能先支付予标的公司,后由标的公司再向第三方支付;另外,统一要求将款项先支付予标的公司不具有合理性:根据项目情况,以尽调费用为例,一般由投资方与尽调中介签订合同并支付费用,标的公司承担尽调费用的情况一般是在投资方已实际完成投资后再向投资方补偿;而且,很多境外直接投资项目中,投资项目可能以合作协议的方式存在。因此,投资方在有合同等真实性审查文件的基础上,可将前期费用直接支付予最终收款方(如第三方中介)。但如此操作会产生其他问题,以在境外收购老股并购公司为例,前期费用支付予第三方尽调中介并向老股东支付股权交易意向保证金。其中保证金的部分可在后续交易正式实施时,转化为交易价款的一部分。但是,支付予第三方中介的尽调费用,费用承担主体一般为投资方,故难以冲抵应付投资款;而根据前述规定"已汇出境外的前期费用,应列入境内机构境外直接投资总额",如此一来,商委境外投资证书上,该投资方的前期中介费用汇出也将计入对标的公司的投资,这将与实际情况相悖,并对项目后续退出甚至可能对税务核算产生不利影响。基于前述问题,实践中,如境内企业急需汇出前期费用,一般将向银行申请通过"服务贸易对外支付"程序向境外付款。

(7)前期费用的汇回

根据汇发30号文,境内机构自汇出前期费用之日起6个月内仍未完成境外直接投资项目核准程序的，应将境外账户剩余资金调回原汇出资金的境内外汇账户。该6个月期限经银行同意可适当延长，但最长不得超过12个月。根据《直接投资外汇业务操作指引》，前期费用汇回的材料包括：①业务登记凭证；②外汇局资本项目信息系统银行端中打印的境外投资前期费用额度控制信息表。因此，前述规定下汇回的法定事由为在一定期限内未完成境外直接投资项目核准。在银行逐笔审核合同与汇出申请的前提下，一般不会出现汇出金额过多的情况。但是，在出现例外情形（如中介费用折扣、取消委任中介、境外方违约双倍返还保证金等）而在境外有多余的前期费用时，是否强制要求该部分资金汇回在规定层面尚不明确。此外，如尽调费用已向第三方支付，但因尽调结果不满意或境内审批客观原因不办理或未能办理ODI程序的，该笔资金是否需汇回亦成问题。本文理解，在相关费用已支付予第三方中介且中介已提供服务的，仍要求费用汇回不符合实际情况；且规定条文中明确了“剩余资金”调回，故本书理解不包括已实际发生的费用。但需要注意的是，为防止恶意向境外关联方输送资金，实践中银行可能要求提供费用已实际发生且无法汇回的证明材料（如境外中介确已提供相关服务，且该项目尽调结果不满足投资方需求）。

2. ODI外汇登记

根据《境内机构境外直接投资外汇管理规定的通知》（汇发〔2009〕30号）、《直接投资外汇业务操作指引》等规定，境内机构在以境外合法资产或权益（包括但不限于货币、有价证券、知识产权或技术、股权、债权等）向境外出资前，应到注册地银行申请办理境外直接投资外汇登记。银行在为境外投资标的企业做主体信息登记时，应登记《企业境外投资证书》上“投资路径（仅限第一层级境外企业）”一栏中的企业。金融类境外投资根据行业主管部门的批复或无异议函等进行相应登记。[①]

境内机构以境外合法资产或权益出资的境外直接投资，应向注册地银行申请办理境外直接投资外汇登记。银行应审核其境外资金留存或境外收益获取的合规性，涉嫌以非法留存境外的资产或权益转做境外投资的，不得为其办理境外直接投资外汇登记。[②] 外汇局资本项目管理部门应加强境内机构以境外资产或

① 参见《直接投资外汇业务操作指引》2.2境内机构境外直接投资外汇登记。

② 参见《直接投资外汇业务操作指引》2.2境内机构境外直接投资外汇登记。

权益出资的境外投资登记业务的事后核查。

根据《直接投资外汇业务操作指引》,多个境内机构共同实施一项境外直接投资的,由约定的一个境内机构向其注册地银行申请办理境外直接投资外汇登记。就多个境内机构开展一项境外投资的项目,实践中需注意银行对于"一项境外投资"的管理口径,例如三家投资方,其中一家在英属维尔京群岛设立其全资子公司作为投资路径,并通过该路径投资最终标的企业;而另外两家投资方未设立投资路径,选择直接持有最终标的企业的股权。在此情况下,有投资路径主体的境内投资方无法与本例中其他两家申请办理外汇登记联合申报。原因为外汇登记系在境外第一层级企业上登记,因此无路径的两家境内投资方将被视为开展同一项境外投资项目,而存在投资路径的境内投资方需单独在其所在地银行办理外汇登记。

3. ODI 资金汇出

境内投资方在办理完毕外汇登记后,即可办理资金汇出手续。根据《直接投资外汇业务操作指引》,资金汇出审核材料包括:业务登记凭证(外汇登记办结后的凭证)、资本项目信息系统银行端中打印的对外义务出资额度控制信息表、境外投资资金来源证明、资金使用计划和董事会决议(或合伙人决议等企业有权部门决议)、合同或其他真实性证明材料。

另外,银行在办理资金汇出业务时,将遵循以下审核原则:一是汇出资金金额不得超过外汇登记的可汇出资金额度;二是银行将在业务办理后及时完成国际收支申报;三是收款人信息与资本项目信息系统中登记信息不一致的,银行应进行真实性审核并在国际收支申报交易附言中予以说明(例如登记信息为境外投资标的企业,交易模式为收购老股,故此情况下收款方为老股东而非登记的境外投资标的企业);四是银行将履行展业原则,在为境内机构办理相关资金汇出业务时,承担真实性审核责任,在办理每一笔资金支付时,亦应审核资金来源与境外资金用途的真实性证明材料。对于第四点,需注意如外汇登记银行与购汇行非同一银行时,尽管获得了登记银行核发的业务凭证,购汇时,购汇行仍将开展独立的展业尽调。

4. ODI 年度存量权益登记

根据《直接投资外汇业务操作指引》,境外投资企业(含境内个人在境外设立的特殊目的公司)的境内投资主体应于每年1月1日至6月30日的期间内,通过资本项目信息系统企业端、银行端或事务所端向外汇局报送上年度境外企业存量权益相关信息；对于两个或两个以上境内投资主体共同投资一家境外企业的，各境内投资主体应确定其中一个境内投资主体作为境外直接投资存量权益信息申报主体，由其向境外投资企业登记地外汇局申报相关信息，其他境内投资主体不再申报。原则上，持股比例最大的境内投资主体为申报责任股东，若持股比例相同，由相关境内投资主体约定其中一个境内投资主体为申报责任股东。

外汇局将对存量权益登记信息内容进行抽查，对于隐瞒真实情况、弄虚作假的情形，外汇局将按相关程序通过资本项目信息系统业务管控功能暂停该境外投资企业的境内投资主体相关业务，并依法处理；此外，银行为境外投资企业的境内投资主体办理资本项下外汇业务前，应确认其是否已按规定办理境外直接投资存量权益登记及是否被业务管控，①未按规定办理登记或被业务管控的，银行不得为其办理任何资本项下外汇业务。

5. ODI 境外资产变现与利润汇回

境外投资企业发生减资、清算、转股、清算等境内企业从境外获得的资本变动收入需汇回境内的，银行将根据境内企业申请办理境外资产变现账户的开立；资产变现账户开立后，可办理境外资产变现入账与结汇的手续，银行将在入账与结汇完毕后进行国际收支申报。

除资本变现收入外，境内企业因持有境外资产所获得的利润可申请办理境外直接投资企业利润汇回。银行在办理境外投资企业利润汇回时，将审核境外企业利润的相关真实性证明材料，实践中，银行将审核境外投资企业的分红决议、财务报表等材料。

（四）个人对外直接投资

根据国家发改委《企业境外投资管理办法》（国家发展和改革委员会令第 11 号）、商务部《境外投资管理办法》（商务部令 2014 年第 3 号）及《对外投资备案（核准）报告暂行办法》（商合发〔2018〕24 号）等相关规定，境内个人开展境外直接投资无相对应的国家发改委与商务主管部门核准或备案的流程，实践中国家发改委与商务主管部门亦不接受境内个人作为境外直接投资主体提出的申请。在外汇主管部门层面，虽然《外汇管理条例》（国务院令第 532 号）提及了境内个

① 参见《直接投资外汇业务操作指引》1.8 境内直接投资存量权益登记（年度）。

人可就境外直接投资办理外汇登记,但实践中外汇主管部门目前未开放境内个人境外直接投资的外汇登记流程。

1. 境内个人特殊目的公司外汇登记

根据国家外汇管理局《关于境内居民通过特殊目的公司境外投融资及返程投资外汇管理有关问题的通知》(汇发〔2014〕37 号)(以下简称汇发 37 号文),境内个人(含境内机构和境内个人)以境内外合法资产或权益向境外特殊目的公司出资前,应向外汇局申请办理境内个人特殊目的公司外汇登记手续。但需要注意的是,境内个人根据汇发 37 号文办理外汇登记的情形限于境内个人通过"特殊目的公司"开展"返程投资",境内个人无法就一般意义上的境外直接投资根据汇发 37 号文办理外汇登记。本文理解,较一般意义上的境外直接投资,"返程投资"具有如下特性:

(1)开展"返程投资"的目的系融资。根据汇发 37 号文,境内个人开展返程投资的目的在于境内个人为其境内企业资产或权益在境外进行融资(虽然汇发 37 号文规定了"投融资"的目的,但实践中目前仅允许以融资为目的),即不允许境内个人向其境外特殊目的公司投入资金,设立境外特殊目的公司的目的系后续为境内权益主体进行海外融资;

(2)境内个人特殊目的公司外汇登记应于返程投资前合规办理完毕,以确保后续境内个人从特殊目的公司获得的利润、红利调回境内的合规性。

基于前述特性,办理境内个人特殊目的公司外汇登记的情形一般见于红筹海外上市或融资架构中(包括 VIE 架构与股权控制架构),即境内企业通过重组搭建海外上市或融资架构的过程中,为实现境内企业的自然人股东于境外层面持有境内企业权益,该等自然人股东需合规办理境内个人特殊目的公司外汇登记;因此,境内个人无法就一般意义上的境外直接投资根据汇发 37 号文办理外汇登记。

2. 境内个人特殊目的公司外汇变更与注销登记

根据汇发 37 号文,已登记境外特殊目的公司发生境内个人股东、名称、经营期限等基本信息变更,或发生境内个人增资、减资、股权转让或置换、合并或分立等重要事项变更后,应及时到外汇局办理境外投资外汇变更登记手续。① 同时,

---

① 参见国家外汇管理局《关于境内居民通过特殊目的公司境外投融资及返程投资外汇管理有关问题的通知》(汇发〔2014〕37 号)第 5 条。

基于境内个人特殊目的公司外汇登记亦仅就第一层级境外企业进行登记，因此，一般仅在境外第一层企业发生变更时才相应需办理境内个人特殊目的公司外汇登记变更。为了避免或减少触发变更登记的情形，在设计返程投资架构时，一般由境内个人设立由其百分之百持有的全资境外子公司，再通过该境外子公司持有境外标的公司。如此，在境外标的公司（返程投资架构中多为开曼拟上市主体）发生股本等重大事项变化时，境内个人因其持有的境外子公司本身未发生变化，故不涉及37号文变更或注销事项。

根据汇发37号文，因转股、破产、解散、清算、经营期满、身份变更等原因造成境内个人不再持有已登记的特殊目的公司权益的，或者不再属于需要办理特殊目的公司登记的，应及时向外汇局提交相关真实性证明材料办理变更或注销登记手续。[①]

三、外债、跨境担保和境外放款

（一）外债业务

1. 外债基本概念

外债，指中国境内的机关、团体、企业、事业单位、金融机构或者其他机构，对中国境外的国际金融组织、外国政府、金融机构、企业或者其他机构用外国货币承担的具有契约性偿还义务的全部债务，主要包括国际金融组织贷款、外国政府贷款、外国银行和金融机构贷款等十余种债务形式。[②] 外债是境内企业跨境获得境外融资最为高效的途径之一，相对其他形式都更为灵活与便利。

2014年之前，我国对于外债的管理限制较多，例如，在借款主体上限制了境内中资企业举借外债，同时借债规模也在审批端有所限制。伴随对外开放进程的加速，外债的登记管理和汇兑管理也经历了调整与优化，2016年，人民银行和外汇局建立了全口径跨境融资宏观审慎管理的政策框架，通过设置可调整参数的方式统筹管理外债，使经济实体跨境融资成本明显下降，外债综合风险得到防控。

---

① 参见国家外汇管理局《关于境内居民通过特殊目的公司境外投融资及返程投资外汇管理有关问题的通知》（汇发〔2014〕37号）第9条。

② 参见《外债统计监测暂行规定》（国务院令第732号）。

2. 现行管理框架

(1)职责分工

国家发改委:针对企业发行外债有事前备案及资金用途的管理要求,一是事前备案部分需按照《国家发展改革委关于推进企业发行外债备案登记制管理改革的通知》(发改外资〔2015〕2044 号)的要求,境内企业及其控制的境外企业或分支机构发行 1 年期以上外债须事前向国家发改委申请办理备案登记手续;二是资金用途管理需符合国家发改委备案登记的用途范围,需在企业生产经营范围内真实自用①,另外国家发改委针对承担政府融资职能的地方国有企业及房地产企业,要求其发行的外债只能用于置换未来一年内到期的中长期境外债务②。

人民银行:2016 年,人民银行开始建立全口径跨境融资宏观审慎管理的政策框架,统一国内的外债管理,拉平中资企业与外资企业在外债举借方面的各项待遇。2017 年年初,人民银行发布《关于全口径跨境融资宏观审慎管理有关事宜的通知》(银发〔2017〕9 号),从全口径角度扩大了经济主体跨境融资额度,便利境内企业及金融机构利用美元的降息周期借得更多低成本的境外资金。

外汇局:自全口径跨境融资管理以来,外汇局的主要职能为外债的签约管理及相关资金的汇兑管理。近年来,针对外债部分外汇局也根据企业实际情况做了大幅的简化、优化及调整,列举主要便利化措施如下:

• 为促进高新技术企业开展跨境融资业务,2020 年,国家外汇管理局上海市分局颁布了《关于中国(上海)自由贸易试验区高新技术企业外债便利化额度试点业务的通知》(上海汇发〔2020〕16 号),在中国(上海)自由贸易试验区开展高新技术企业外债便利化额度试点,允许符合要求的中小微高新技术企业在一定额度内(不超过等值于 500 万美元)自主借用外债,不受净资产与宏观审慎系数的限制;③

• 为进一步推动中国(上海)自由贸易试验区跨境融资便利化,支持上海国

① 参见国家发展改革委《关于推进企业发行外债备案登记制管理改革的通知》(发改外资〔2015〕2044 号)。

② 参见国家发展改革委办公厅《关于对房地产企业发行外债申请备案登记有关要求的通知》(发改办外资〔2019〕778 号)、国家发展改革委办公厅《关于对地方国有企业发行外债申请备案登记有关要求的通知》(发改办外资〔2019〕666 号)。

③ 参见《关于中国(上海)自由贸易试验区高新技术企业外债便利化额度试点业务的通知》(上海汇发〔2020〕16 号)。

际金融中心建设,国家外汇管理局上海市分局颁布了《关于在中国(上海)自由贸易试验区开展融资租赁公司母子公司外债额度共享业务的通知》(上海汇发〔2020〕30号),在上海自贸区开展关于融资租赁公司的外债便利化措施,允许注册在上海自贸区的融资租赁母、子公司参与外债额度共享业务。融资租赁公司子公司在自身外债额度不足的情况下,可以使用母公司尚未使用的外债额度借用外债。①

• 2019年,国家外汇管理局上海市分局关于印发《进一步推进中国(上海)自由贸易试验区外汇管理改革试点实施细则(4.0版)》的通知(上海汇发〔2019〕62号),允许在上海自贸区区内试点实施资本项目外汇收入支付便利化业务,支持区内非投资性外商投资企业在真实、合规的前提下,按实际投资规模将资本项目外汇收入或结汇所得人民币资金(含外债资金)依法用于境内股权投资。②

(2)管理对象

外债管理针对不同的债务人,管理的要求也有所区别。如债务人为财务部门,应于每月初10个工作日向所在地外汇局报送上月外债签约、提款、结汇等相关数据;如债务人为境内银行,在首次借用外债前,应报所在地外汇局备案后实施;如债务人为非银行债务人(除财政部门和银行以外的其他境内债务人),应不晚于外债提款前的3个工作日,到所在地外汇局办理外债签约登记手续。

(3)管理环节

境内企业在外汇局完成签约登记(如需)后,一般至所在地银行开立外债专户,后续资金由开户银行根据国家外汇局下发的资本项目外汇业务指引进行管理与审核。除"搭桥"外,短期外债不得用于固定资产投资等中长期用途,另外,如审批部门或债权人未指定资金用途的,不限制中长期外债用于短期流动资金。在外债本息清偿之后,债务人可至银行办理外债账户关闭手续及外债注销登记手续。③

---

① 参见《关于在中国(上海)自由贸易试验区开展融资租赁公司母子公司外债额度共享业务的通知》(上海汇发〔2020〕30号)。

② 参见国家外汇管理局上海市分局关于印发《进一步推进中国(上海)自由贸易试验区外汇管理改革试点实施细则(4.0版)》的通知(上海汇发〔2019〕62号)。

③ 《资本项目外汇业务指引(2020年版)》(汇综发〔2020〕89号)。

3. 外债管理模式

(1)宏观审慎模式、投注差模式

自中国人民银行《关于全口径跨境融资宏观审慎管理有关事宜的通知》(银发〔2017〕9 号)引入全新的外债管理模式,即"全口径跨境融资宏观审慎管理"(以下简称"全口径模式")以来,颠覆了以往"投注差模式"的理念和管理模式,更为贴合境内企业的实际用款需求及金融机构的配套产品运用。"全口径模式"制定了余额上限管理:

企业和金融机构跨境融资风险加权余额≤跨境融资风险加权余额上限。

• 跨境融资风险加权余额 = $\sum$ 本外币跨境融资余额 × 期限风险转换因子(1 或 1.5) × 类别风险转换因子(1) + $\sum$ 外币跨境融资余额 × 汇率风险折算因子(0.5);

• 跨境融资风险加权余额上限 = 资本或净资产 × 跨境融资杠杆率 × 宏观审慎调节参数。①

在引入"全口径模式"之初,已明确为外商投资企业和外资金融机构设置一年过渡期,过渡期结束后即适用"全口径模式",然而在 2018 年 1 月 10 日过渡期到期至今,仍没有明确规定过渡期结束,"投注差模式"尚未完全终结,实操过程中企业仍可自行选择模式。

(2)"投注差模式"下各类企业的外债额度管理

外商投资企业:可借用外债不得超过经备案的投资总额与其注册资本的差额,可实际借用外债额度等于外方股东资本金到位比例乘以"投注差"。②

外商投资性公司:注册资本不低于 3000 万美元的,外债额度不超过实缴注册资本的 4 倍;注册资本不低于 1 亿美元的,外债额度不超过实缴注册资本的 6 倍。③

外商投资租赁公司:新借外债余额的最高限额不超过上年度净资产的 8 倍减去上年度末风险资产总额的差额,其间实际可借外债额度为该公司新借外债余额的最高限额乘以外方股东注册资本金到位比例。④

---

① 中国人民银行《关于全口径跨境融资宏观审慎管理有关事宜的通知》(银发〔2017〕9 号)。

② 《外债登记管理办法》(汇发〔2013〕19 号),附件 2 外债登记管理操作指引。

③ 参见国家外汇管理局《关于完善外债管理有关问题的通知》(汇发〔2005〕74 号)。

④ 参见《外债登记管理办法》(汇发〔2013〕19 号),附件 2 外债登记管理操作指引、《融资租赁公司监督管理暂行办法》(银保监发〔2020〕22 号)。

(3)外商投资房地产企业外债额度管理

成立于2007年6月1日(含)后的,不予办理外债签约登记手续;成立于2007年6月1日前的,可在原“投注差”范围内举借外债;但未取得《国有土地使用证》或开发项目资本金未达到项目投资35%的,不予办理外债签约登记手续。①

(4)外债结汇管理

外债资金可直接支付结汇使用或意愿结汇至结汇待支付账户,资金的使用应在企业经营范围内遵循真实自用原则,并遵守以下规定:

- 不得直接或间接用于企业经营范围之外或国家法律法规禁止的支出;
- 除另有明确规定外,不得直接或间接用于证券投资;
- 不得用于向非关联企业发放贷款,经营范围明确许可的情形除外;
- 不得用于建设、购买非自用房地产(房地产企业除外)。②

(二)跨境担保信贷业务

1. 内保外贷履约外债登记

境内非金融企业发生内保外贷履约的,会形成对外债权,该部分对外债权余额会纳入该企业的境外放款额度的统一管理,境内非金融企业内保外贷履约对外债权余额与该企业境外放款余额合计不得超过该企业所有者权益的30%。③

境内企业在银行办理内保外贷业务实操中,银行一般对境内企业及债务人的尽调审核较为严格,会重点关注境内企业及债务人基本情况、已办理且未了结的各项跨境担保余额、本次担保交易内容要点、预计还款资金来源等,严格审核有无通过担保履约偿还担保项下债务的意图。

2. 外保内贷履约外债登记

中资非金融企业及选择宏观审慎管理模式的外商投资企业因外保内贷履约形成的对外负债,应直接占用该企业跨境融资风险加权余额。因此造成企业外债超出跨境融资风险加权余额上限的,按未经批准擅自对外借款进行处理。发生外保内贷履约的,金融机构可直接与境外担保人办理担保履约收款,但境内债

① 参见《外债登记管理办法》(汇发〔2013〕19号),附件2外债登记管理操作指引。
② 参见国家外汇管理局《关于改革和规范资本项目结汇管理政策的通知》(汇发〔2016〕16号)。
③ 参见《资本项目外汇业务指引(2020年版)》(汇综发〔2020〕89号)。

务人应在担保履约后15个工作日内到所在地外汇局办理短期外债签约登记及相关信息备案。①

境内企业在银行办理外保内贷业务实操中，银行重点审核债务人有无尚未清偿的外保内贷履约形成的外债；债务人与担保人的关联关系、担保的商业合理性；融资金额、用途与自身财务状况和经营范围的匹配性，以及合理估算债务人的偿债能力。

（三）境外放款业务

1. 境内企业境外放款基本概念

境外放款，指境内非金融企业在核准额度内，以合同约定的金额、利率和期限，为与其具有股权关联的境外企业提供直接放款的资金融通方式。股权关联关系为具有直接或间接持股关系的两家企业，或由同一家母公司直接或间接持股的两家企业。② 境外放款的政策出台有利于解决部分外贸企业融资难的困境，同时也提高了境外中资企业资金流动性，进一步促进投资贸易的便利化。

2. 境内企业本外币境外放款登记的发展

2016年11月前，为鼓励人民币国际市场发展，关于跨境人民币管理的外汇政策也以鼓励为风向，但是，较为宽松的管理在一定程度上导致了部分企业就人民币对外放款出现违法情况。2016年11月29日，央行银发《关于进一步明确境内企业人民币境外放款业务有关事项的通知》（银发〔2016〕306号），基本拉平了人民币与外汇关于境外放款的政策管理要求，防止过多套利投机行为。对于银发〔2016〕306号文件前发生的境外放款业务，监管部门不要求企业在外汇局做补登记，但存量余额纳入企业的本外币境外放款余额管理。③

目前，境内企业在办理境外放款业务之前，需至注册地所在外汇局办理登记手续。外汇局在办理与人民币境外放款有关的境外放款额度登记业务时，会征求当地的人民银行有关部门的意见，针对存量余额情况决定是否办理登记。④

---

① 参见《资本项目外汇业务指引（2020年版）》（汇综发〔2020〕89号）。

② 参见国家外汇管理局《关于境内企业境外放款外汇管理有关问题的通知》（汇发〔2009〕24号）、国家外汇管理局《关于进一步改进和调整资本项目外汇管理政策的通知》（汇发〔2014〕2号）、《资本项目外汇业务指引（2020年版）》（汇综发〔2020〕89号）。

③ 参见《资本项目外汇业务指引（2020年版）》（汇综发〔2020〕89号）。

④ 参见《资本项目外汇业务指引（2020年版）》（汇综发〔2020〕89号）。

3. 境外放款专用账户开立、注销

企业在外汇局办理完境外放款额度登记后，可凭外汇业务登记凭证至所在地银行直接办理开户，所有境外放款的资金必须经境外放款专用账户汇出境外。在境外放款到期并收回本息的或虽未到期但本息回收完毕的，放款人可至银行办理境外放款专用账户关闭手续及境外放款注销登记手续。[①]

4. 境外放款资金汇出、汇入入账

放款人可通过外汇资本金账户、经常项目外汇账户、国内外汇贷款专用账户等账户以及购汇资金向境外放款专用账户归集用于境外放款的资金。境外放款还款资金汇回后，可直接结汇（境外放款资金源于国内外汇贷款的部分不得结汇）、保留外汇或对外支付。[②]

---

① 参见《资本项目外汇业务指引（2020 年版）》（汇综发〔2020〕89 号）。

② 参见《资本项目外汇业务指引（2020 年版）》（汇综发〔2020〕89 号）。

第五章　外商投资企业知识产权法律实务

林　旭[*]　贺　煜[**]

第一节　概　　述

近年来,我国坚持对外开放的基本国策,不断优化营商环境,积极吸引、鼓励并促进外商投资。在法律层面,我国于2019年3月15日正式出台的《外商投资法》,取代了《中外合资经营企业法》《中外合作经营企业法》《外资企业法》,成为外商投资领域的唯一一部基础性法律,该法于2020年1月1日正式施行。《外商投资法》的出台,使我国的投资环境更富吸引力,为外商投资企业的合法权益提供了有力的法律保障。商务部数据显示,即使在2020年面对新冠肺炎疫情的严重冲击,不同于全球跨国直接投资大幅下降的趋势,我国全年实际使用外资逆势增长,同比增长6.2%。① 由此可见,法律层面的保障对吸引外商投资具有重要影响和意义。

知识产权保护一直是外商投资企业较为重视的环节,完善的知识产权保护体系对优化外商投资环境、吸引外商投资具有十分积极的意义。对此,《外商投资法》于第三章"投资保护"中对外商投资企业的知识产权保护作出了相应的规定,包括外商投资企业在中国境内的知识产权收益可以自由汇入汇出、外商投资

---

* 林旭,上海市金茂律师事务所合伙人,华东政法大学法学学士、硕士,意大利都灵大学知识产权硕士(世界知识产权组织合办),曾被选任为欧盟商会(上海)知识产权工作组副主席、欧盟商会知识产权工作组全国主席,并被聘任为复旦大学知识产权研究中心特邀研究员。

** 贺煜,上海市金茂律师事务所律师助理,南京理工大学法学学士,同济大学民商法学硕士。

① 参见《2020年我国利用外资增长6.2%规模创历史新高》,载商务部官网2021年1月20日,http://www.mofcom.gov.cn/article/news/202101/20210103032555.shtml。

企业可以自愿开展技术合作、行政机关有义务对外商投资企业的商业秘密进行保密等内容。这些规定有利于打消外商投资企业的投资顾虑，进一步吸引外商投资企业将先进的技术带到国内。

在《外商投资法》正式实施一年后，2021 年 1 月 1 日，《民法典》正式施行。作为新中国成立以来第一部以“法典”命名的法律，民法典的颁布和实施对我国经济社会生活等方方面面产生了十分深远的影响。民法典为市场经济构建了基本规则，对市场主体的行为进行了规制，对外商投资的重要性不言而喻。其中，与知识产权相关的内容共计 52 条，包含原则性条款、商业秘密条款、惩罚性赔偿制度、技术合同条款等诸多内容。知识产权虽然未单独成编入典，但也在民法典中占据了相当数量的条款，足见《民法典》对知识产权之重视。可以肯定的是，这些知识产权条款的制定，对解决外商投资中的知识产权问题，具有十分重要的参考价值和指导作用。

本文试对《外商投资法》和《民法典》中有关知识产权的条款进行介绍和解读，由此分析相关知识产权条款对外商投资的影响，并就外商投资企业在知识产权保护方面需要采取的措施和注意的事项提供实务建议，以期最大限度维护外商投资企业在投资过程中的合法权益。

第二节　《外商投资法》及配套规定中的知识产权条款及解读

一、外商投资企业知识产权保护的原则性条款

知识产权保护是外国投资者对华投资过程中十分重视的内容，同时也是外国投资者作出投资决定的关键因素之一。为增强外国投资者的投资信心，激励其投资，我国应当从法律层面作出保护外国投资者的知识产权的承诺。《外商投资法》第 22 条第 1 款对这一内容作出了原则性的规定：“国家保护外国投资者和外商投资企业的知识产权，保护知识产权权利人和相关权利人的合法权益；对知识产权侵权行为，严格依法追究法律责任。”

《外商投资法实施条例》在上述规定的基础上，对外商投资企业的知识产权

保护作出了进一步的规定，其中第 23 条第 1 款规定："国家加大对知识产权侵权行为的惩处力度，持续强化知识产权执法，推动建立知识产权快速协同保护机制，健全知识产权纠纷多元化解决机制，平等保护外国投资者和外商投资企业的知识产权。"

此外，各地也根据《外商投资法》和《外商投资法实施条例》制定了符合当地实际情况的地方性法规。以全国首部地方外商投资条例《上海市外商投资条例》为例，第 29 条第 1 款规定："本市依法严格保护外国投资者、外商投资企业的知识产权，推进跨区域、跨部门知识产权快速协同保护机制建设，不断完善司法和行政执法知识产权保护体系，依法惩处侵犯外国投资者、外商投资企业知识产权的行为。"第 2 款规定："本市各级人民法院对于外国投资者、外商投资企业涉及知识产权的证据保全、行为保全申请，应当快速受理和审查，依法裁定并立即执行。对于重复侵权、恶意侵权以及其他具有严重侵权情节的侵权行为，依法适用惩罚性赔偿等惩处措施。适时出台有关法律适用指引，发布中英文知识产权司法保护典型案例。"

对比上述规定可以发现，《外商投资法》明确了外国投资者和外商投资企业的知识产权受我国法律保护，以及严格打击知识产权侵权行为这一原则，但对于如何保护外国投资者和外商投资企业的知识产权、如何打击知识产权侵权行为未作进一步规定。《外商投资法实施条例》对《外商投资法》的原则性规定进行了补充，一方面通过加大惩处力度来严格打击知识产权侵权行为，另一方面通过持续强化知识产权执法、建立知识产权快速协同保护机制和健全知识产权纠纷多元化解决机制来保护外国投资者和外商投资企业的知识产权。《上海市外商投资条例》则进一步细化了具体措施，其中，强调通过司法手段保护外国投资者和外商投资企业的知识产权是该条例的一大亮点。在实践中，及时进行证据保全，有利于权利人固定证据以供后续诉讼之用；及时进行行为保全，有利于权利人尽早制止知识产权侵权行为，防止损失进一步扩大。因此，上海市要求本市各级法院快速受理和审查外国投资者、外商投资企业涉及知识产权的证据保全、行为保全申请，依法裁定并立即执行。另外，在严格打击知识产权侵权行为方面，上海市强调应依法适用惩罚性赔偿规则。此外，为方便外国投资者和外商投资企业维权，上海市还要求适时出台法律适用指引和发布知识产权司法保护典型案例。通过上文的对比可以看出，从《外商投资法》到《外商投资法实施条例》，再到地方性的外商投资条例,关于外商投资企业知识产权保护的原则性条款越来越充实,也更具有可操作性,对实践的指导作用也更明确。

那么,《外商投资法》设立关于外商投资企业知识产权保护的原则性条款,具有怎样的意义呢?本文认为,首先,《外商投资法》作为外商投资领域的基础性法律,奠定了我国大力保护外商投资企业的知识产权的基调。其次,关于外商投资企业知识产权保护的原则性条款有利于完善我国的知识产权体系,这意味着,我国不仅对内建立了完备的知识产权保护体系,对外也将按照国民待遇标准,给予外商投资企业平等的知识产权保护。最后,关于外商投资企业知识产权保护的原则性条款有利于回应贸易伙伴国的关切,即近年来,我国关于外商投资企业的知识产权保护问题一直受到西方国家的无端指责和质疑,此次《外商投资法》明确强调保护外商投资企业的知识产权,严格打击知识产权侵权行为,是对国际上无端指责和质疑的有效回应,彰显了我国保护知识产权的态度和决心。

二、外商投资企业在中国境内的知识产权收益可自由汇入汇出

外国投资者关心其投资的本金、利润和其他合法收入能否兑现成可自由使用的货币,能否将投资所得转移出东道国。因此,只有在国家保障外国投资者的投资收益可以依法自由汇入汇出时,才能增加外国投资者对华投资的信心。《外商投资法》特别明确了这一点,具体于第21条规定:"外国投资者在中国境内的出资、利润、资本收益、资产处置所得、知识产权许可使用费、依法获得的补偿或者赔偿、清算所得等,可以依法以人民币或者外汇自由汇入、汇出。"值得注意的是,虽然《外商投资法》仅提到了知识产权许可使用费这一项与知识产权相关的投资收益,但是这仅是对典型的知识产权收益进行例举,而并非表明只有知识产权许可使用费可以自由汇入或汇出。该条规定中通过"等"字进行兜底,表明外国投资者对于其他知识产权投资收益,例如,知识产权转让费用、知识产权委托开发报酬等,也可依法自由汇入或汇出。

《外商投资法实施条例》第22条进一步规定:"外国投资者在中国境内的出资、利润、资本收益、资产处置所得、取得的知识产权许可使用费、依法获得的补偿或者赔偿、清算所得等,可以依法以人民币或者外汇自由汇入、汇出,任何单位和个人不得违法对币种、数额以及汇入、汇出的频次等进行限制。"可以看到,《外商投资法实施条例》对"自由汇入汇出"一词进行了解释,即汇入或汇出的币种、

数额、频次不受非法限制。

同时,《外商投资法实施条例》第22条还规定:“外商投资企业的外籍职工和香港、澳门、台湾职工的工资收入和其他合法收入,可以依法自由汇出。”本书对此的理解是,部分外商投资企业中的外籍职工或港澳台职工,同样可以成为知识产权权利人,或是基于技术开发等原因获得报酬或奖励,对于这部分职工的合法收入,同样应当允许依法自由汇出,通过保障职工的合法权益,从而激励职工为外商投资企业创造更多的知识产权和财富,这也是《外商投资法》中“保护知识产权权利人和相关权利人的合法权益”这一原则的体现。

《上海市外商投资条例》则在《外商投资法实施条例》的基础上,进一步推出措施来保障外商投资企业及其外籍职工、港澳台职工自由汇出合法收益的权利,其中第28条第2款规定:“鼓励本市银行业金融机构加大金融科技应用,为外商投资企业提供涉外收支便利化和结算电子化服务,探索实施外籍和香港、澳门、台湾职工薪酬购汇便利化措施。”目前,上海市正积极探索实施资金便利收付的跨境金融管理制度,并且已经取得了瞩目的成果。

如上所述,外国投资者对华投资并设立外商投资企业,其直接目的在于营利,并对投资收益进行自由利用,例如继续在华投资或将资金转移到他国投资。因此,外国投资者对投资及收益能否自由汇入汇出十分看重,这也直接影响外国投资者的投资决定。《外商投资法》明确保障了外国投资者的这一权利,释放了我国进一步推动投资便利化的信号。可以预见的是,各地将在《外商投资法》和《外商投资法实施条例》的指导下,进一步推出便利措施,降低外商投资企业汇入投资和汇出收益的难度,这也有利于我国对外开放规模的进一步扩大。

三、外商投资企业可以自愿开展技术合作

技术合作是指国家或企业间为了实现特定目标,在科学技术领域按照合同或协议的相互配合、共同协作。它包括技术情报和技术经验的交流、技术专利的转让、共同勘查、设计、互派专家交流等活动。① 技术合作是平等主体间的民商事活动,当事人应处于平等地位,基于自由意志而自愿开展,这是民法上平等、自愿、公平原则的体现。因此,在外商投资过程中,各方当事人之间的技术合作也

---

① 岳树梅、丛文:《外商投资法中知识产权保护条款创新》,载《人民法治》2019年第7期。

应是自愿开展的。对此，为了回应西方国家关于中国强制技术转让的无端指责，《外商投资法》于第22条第2款规定："国家鼓励在外商投资过程中基于自愿原则和商业规则开展技术合作。技术合作的条件由投资各方遵循公平原则平等协商确定。行政机关及其工作人员不得利用行政手段强制转让技术。"该条再次强调了外商投资过程中的技术合作应遵循平等、自愿、公平的基本原则，同时明确规定不得利用行政手段强制转让技术，有效地回应了外国投资者的关切。

《外商投资法实施条例》第24条规定："行政机关（包括法律、法规授权的具有管理公共事务职能的组织，下同）及其工作人员不得利用实施行政许可、行政检查、行政处罚、行政强制以及其他行政手段，强制或者变相强制外国投资者、外商投资企业转让技术。"该条对行政机关的范围作了广义的定义，将法律、法规授权的具有管理公共事务职能的组织也纳入了行政机关的范畴；同时，该条将行政手段解释为包括行政许可、行政检查、行政处罚、行政强制在内的一切行政手段，并明确"变相强制"也属于"强制"的范畴。由此可见，《外商投资法实施条例》通过扩大可能存在的侵权主体和侵权手段的范围，进一步加大了对外国投资者和外商投资企业的保护力度。

同时，《外商投资法实施条例》第43条特别规定了强制外国投资者转让技术的法律责任，其中规定："行政机关及其工作人员利用行政手段强制或者变相强制外国投资者、外商投资企业转让技术的，对直接负责的主管人员和其他直接责任人员依法给予处分。"值得注意的是，非法强制外国投资者转让技术，不仅要追究直接责任人员的行政责任，更要追究直接负责的主管人员的行政责任。本文认为，通过追究直接负责的主管领导的责任，有利于倒逼其承担起领导的职责，严格禁止下属利用行政手段强制转让技术，从而进一步完善对外国投资者和外商投资企业的知识产权保护。

此外，《上海市外商投资条例》第31条也明确规定："本市鼓励并依法保障外国投资者、外商投资企业基于自愿原则和商业规则，与本市各类市场主体、科研主体开展技术合作。"可以看到，从法律、行政法规再到地方性法规，我国各层级法律规定均一以贯之地强调尊重外国投资者和外商投资企业在开展技术合作时的自由意志。上述规定向外国投资者释放了积极信号，有利于打消外国投资者对华投资的顾虑，吸引外商投资进入，促进内外企业公平竞争，增强发展的内外联动性。①

四、行政机关对外商投资企业的商业秘密有保密的义务

根据《反不正当竞争法》第 9 条的规定,商业秘密,是指不为公众所知悉、具有商业价值并经权利人采取相应保密措施的技术信息、经营信息等商业信息。商业秘密是外商投资企业的重要资产,在优化营商环境的背景下,强调对商业秘密的保护,有利于吸引外商投资,激励外商投资企业在国内开展研发和创新。

在外商投资企业设立、运作过程中,需要向行政机关提出各种申请并递交相关材料,部分材料可能涉及外商投资企业的商业秘密。而行政机关及其工作人员在工作过程中,往往会接触并知悉这些商业秘密。若相关商业秘密被行政机关不当地泄露,则会给外商投资企业造成严重的损失。因此,《外商投资法》第 23 条规定:"行政机关及其工作人员对于履行职责过程中知悉的外国投资者、外商投资企业的商业秘密,应当依法予以保密,不得泄露或者非法向他人提供。"

同时,第 39 条规定了行政机关工作人员泄露、非法提供外国投资者、外商投资企业的商业秘密应承担的法律责任:"行政机关工作人员在外商投资促进、保护和管理工作中滥用职权、玩忽职守、徇私舞弊的,或者泄露、非法向他人提供履行职责过程中知悉的商业秘密的,依法给予处分;构成犯罪的,依法追究刑事责任。"根据相关规定,行政机关工作人员若因泄露或非法提供外商投资企业的商业秘密,给权利人造成损失数额或者其违法所得数额在 30 万元以上,或直接导致外商投资企业因重大经营困难而破产、倒闭的,将可能被认定构成侵犯商业秘密罪,并被追究刑事责任。

事实上,行政机关及其工作人员应对履职过程中知悉的商业秘密负有一定的保密义务,在《外商投资法》出台之前,就已经在相关法律中有所体现。例如,2017 年修订的《反不正当竞争法》第 30 条规定:"监督检查部门的工作人员滥用职权、玩忽职守、徇私舞弊或者泄露调查过程中知悉的商业秘密的,依法给予处分。"之前的规定并未专门强调对外国投资者和外商投资企业的商业秘密予以保护,因此外国投资者存在担心我国利用行政审批手段获取并泄露其商业秘密的顾虑。《外商投资法》的出台,并非外国投资者和外商投资企业的商业秘密自此

---

① 参见《关于〈中华人民共和国外商投资法(草案)〉的说明》,载中国人大网 2019 年 3 月 15 日,http://www.npc.gov.cn/npc/c30834/201903/e167985f1a3a449b8815739326e3bd52.shtml。

才获得保护,而是对我国一贯坚持的保护外国投资者的商业秘密这一原则的重申,同时也是我国给予外国投资者和外商投资企业国民待遇这一事实的体现。

《外商投资法实施条例》第 25 条进一步强调:“行政机关依法履行职责,确需外国投资者、外商投资企业提供涉及商业秘密的材料、信息的,应当限定在履行职责所必需的范围内,并严格控制知悉范围,与履行职责无关的人员不得接触有关材料、信息。”“行政机关应当建立健全内部管理制度,采取有效措施保护履行职责过程中知悉的外国投资者、外商投资企业的商业秘密;依法需要与其他行政机关共享信息的,应当对信息中含有的商业秘密进行保密处理,防止泄露。”根据该规定,我国行政机关需要对外国投资者和外商投资企业的商业秘密采取以下保护措施:首先,只有在行政机关依法履行职责且确有必要时,才可以要求外国投资者、外商投资企业提供涉及商业秘密的材料、信息;其次,行政机关对所需获得的商业秘密的范围以及知悉人员的范围应严格控制;再次,行政机关应专门针对外国投资者和外商投资企业的商业秘密保护建立健全内部管理制度,例如指定专门机构和专人对商业秘密进行整理归档等;最后,行政机关之间共享在履职过程中知悉的商业秘密时,应采取保密措施,例如遮盖掉涉密信息。

《上海市外商投资条例》进一步强调了通过司法手段保护外国投资者和外商投资企业商业秘密的重要性,其中第 30 条第 2 款规定:“本市各级人民法院应当加强商业秘密司法保护,依法适用证据规则,减轻权利人的维权负担。”

从上述内容可以看出,不同于《反不正当竞争法》重点关注其他经营者对权利人商业秘密的侵害,《外商投资法》主要强调了行政机关不能侵犯外国投资者和外商投资企业的商业秘密,这进一步完善了我国的商业秘密保护体系。同时,《外商投资法》单独对商业秘密这一知识产权作出规定,体现了我国将商业秘密保护提升到前所未有的高度,一方面回应了西方国家对我国利用行政手段窃取外国投资者商业秘密的无端指责,另一方面也有利于激励希望通过商业秘密保护其技术的外国投资者开展对华投资活动。

综上所述,《外商投资法》作为外商投资领域的基础性法律,特别强调了我国保护外国投资者和外商投资企业知识产权这一原则,重点规定了外商投资企业在中国境内的知识产权收益可以自由汇入汇出、外商投资企业可以自愿开展技术合作以及行政机关有义务对外商投资企业的商业秘密进行保密等知识产权保护措施。《外商投资法》关于知识产权保护的规定有利于优化我国公平平等的营商环境，有效回应了外国投资者和外商投资企业的关切，符合我国进一步扩大对外开放的深层需求。

第三节 《民法典》及配套规定中的知识产权条款及解读

一、知识产权宣示性条款

（一）基本介绍

根据全国人大常委会所作的《关于〈中华人民共和国民法典（草案）〉的说明》，《民法典》于第123条对知识产权作了概括性规定，以统领各个单行的知识产权法律。《民法典》第123条共两款，第1款规定："民事主体依法享有知识产权。"第2款规定："知识产权是权利人依法就下列客体享有的专有的权利：（一）作品；（二）发明、实用新型、外观设计；（三）商标；（四）地理标志；（五）商业秘密；（六）集成电路布图设计；（七）植物新品种；（八）法律规定的其他客体。"其中，第1款是宣示性规范，第2款是对知识产权的定义，并对知识产权的客体进行了列举，有利于明确知识产权的权利属性和类型。

从法条变迁上看，《民法典》第123条直接沿用了《民法总则》第123条的规定，但与《民法通则》第五章第三节中关于知识产权的规定存在较大区别。《民法通则》第94条规定："公民、法人享有著作权（版权），依法有署名、发表、出版、获得报酬等权利。"第95条规定："公民、法人依法取得的专利权受法律保护。"第96条规定："法人、个人工商户、个人合伙依法取得商标专用权受法律保护。"第97条规定："公民对自己的发现享有发现权。发现人有权申请领取发现证书、奖金或者其他奖励。公民对自己的发明或者其他科技成果，有权申请领取荣誉证书、奖金或者其他奖励。"这四条规定，分别将著作权（版权）、专利权、商标专用权、发现权、发明权和其他科技成果权纳入知识产权的范畴。此外，原《民法通则》第118条规定了侵犯这些知识产权的法律责任："公民、法人的著作权（版权），专利权、商标专用权、发现权、发明权和其他科技成果权受到剽窃、篡改、假冒等侵害的，有权要求停止侵害，消除影响，赔偿损失。"

长期以来,《民法通则》作为我国民事领域的基本法律,对调整平等主体之间的财产关系和人身关系起到了十分重要的作用。尽管原《民法通则》制定时我国的知识产权立法刚刚起步,但我国立法者仍十分具有前瞻性地将知识产权明确规定为民事权利的一种,并用专节、共四条规定的形式对知识产权相关内容进行描述。此次《民法典》第123条仍沿用《民法通则》的做法,将知识产权明确纳入民事权利范畴之中。与《民法通则》不同的是,《民法典》仅在总则中用一个条文规定了知识产权的相关内容,数量上有所减少。有学者对此认为,这种变化"对21世纪的时代特征和三十多年间中国社会发生的巨大变化缺乏足够的回应,进而在事实上形成了一种知识产权在我国国家政策体系中受重视但在民法典编纂体系中被忽视的观念落差。"①不过,尽管《民法典》"总则编"中仅有一条关于知识产权的规定,但该规定存在的意义可谓非凡:既明确了知识产权的性质和地位,终结了有关知识产权是私权还是公权的争论;又为此后的知识产权立法起指导作用,任何知识产权立法均应符合《民法典》第123条的规定。同时,"总则编"更多的是对民事权利的基本介绍,相关条文主要起宣示性作用,即公示、告知知识产权作为民事权利而存在,防止权利被侵犯。因此,没有必要在"总则编"对知识产权作更加详尽的描述和规定,各具体知识产权的相关内容,例如著作权项下的著作人身权、著作财产权等具体规定,应留待各具体单行法规进行规定。因此,有学者指出:"能够对知识产权加以概括性定义与列举,就已经完成其立法使命了。"②

从内容上看,《民法典》第123条是在《民法通则》相关规定的基础上,吸收知识产权国际公约的有益经验而形成的。《民法典》第123条对《民法通则》中的知识产权规定进行了整合和完善,并删除了一些不适宜的规定,从而使得《民法典》和《民法通则》在内容上存在较大区别。下文将对这些内容进行解读,并指出相关规定对外商投资的影响。

(二)《民法典》中知识产权宣示性条款的解读

1. 明确知识产权的私权属性和专有性质

长期以来,我国对知识产权的权利属性一直存在争议,这也直接关系到是否

---

① 何华、肖志远:《〈民法总则〉知识产权条款评析及未来立法展望》,载《知识产权》2017年第5期。

② 易继明:《知识产权法定主义及其缓和——兼对〈民法总则〉第123条条文的分析》,载《知识产权》2017年第5期。

应当在《民法典》中规定与知识产权相关的内容。我国加入的《与贸易有关的知识产权协定》(TRIPs)开篇即表明知识产权属私权,但《民法通则》并没有相应的条款对该问题作出回应,立法上对知识产权权利属性评价的缺失导致相关争论难以休止。此次《民法典》于第123条第1款即规定:"民事主体依法享有知识产权。"这直接表明了知识产权的私权性质,且并不因知识产权在授权确权、权利行使和保护中存在众多公权因素而改变。这一规定,对知识产权属公还是属私这一问题作出了解答。有观点指出,知识产权的私权属性,本质上还是针对知识产权的财产权属性。[①] 因此,在《民法典》背景下,知识产权是作为民事主体的私人财产进行保护的。这一规定,有利于激励民事主体进行知识产权创造,从而实现我国知识产权制度的立法宗旨和目标。

知识产权的私权属性,表现为知识产权是权利人专有的权利。"专有"意味着知识产权人有权同意或禁止他人使用其智力成果,未经知识产权人同意使用其智力成果即构成侵权。换言之,知识产权是一种对世权、绝对权,具有独占性、排他性和支配性。这一关于知识产权专有性的规定,在《民法通则》中也未有体现。《民法典》第123条通过对知识产权专有性质的描述,进一步明确了知识产权的私权属性。事实上,专有性并非知识产权所独有,而是所有财产权的共同属性。立法者强调知识产权是专有的权利,从某种角度上看,也是在强调知识产权作为财产权的属性。虽然某些知识产权(如著作权)也具有人身权的性质,但财产权属性是所有知识产权的共性,也是知识产权能够在市场交易中流通的本质原因。因此,《民法典》第123条明确规定知识产权是民事权利,是专有的权利,意味着在我国知识产权是被作为一种典型的私权和财产权进行保护的。

那么,《民法典》中明确知识产权的私权属性和专有性质,对外商投资存在什么影响呢?笔者认为,对于外商投资企业而言,我国于《民法典》中明确知识产权的私权属性和专有性质具有以下几点重要意义:其一,外商投资企业带入我国的知识产权,并不因我国公权因素的介入而公有化,其本质仍是外商投资企业的私人财产。因此,外商投资企业无须担忧其知识产权被"充公"或被强制转让。其二,外商投资企业的知识产权系其专有的权利,未经外商投资企业同意或授权,

---

① 参见冯晓青:《知识产权的私权属性及其制度完善——民法典实施背景下我国知识产权制度的变革与发展》,载《甘肃政法大学学报》2020年第5期。

任何人不得使用其知识产权,除非法律另有规定。即使基于公共利益的考量,需要外商投资企业强制许可其知识产权,也会充分保障外商投资企业获得报酬的权利。其三,知识产权的私权属性表明,在平衡外商投资企业的私人利益和公共利益时,会重点保护和考虑外商投资企业的私人利益,将实现公共利益立足于充分保护知识产权这一私权的基础之上。

总之,《民法典》第 123 条对知识产权的私权属性和专有性质的明确,强化了知识产权作为民事权利的地位,突出了知识产权权利人的地位,奠定了充分保护外商投资企业知识产权的基调。

2. 丰富知识产权的类型和客体

对比《民法典》第 123 条与《民法通则》中关于知识产权的规定不难发现,《民法典》进一步丰富了知识产权的类型和客体。《民法通则》采取的模式是直接列举知识产权的类型,具体而言,《民法通则》第 94 条规定了著作权(版权),第 95 条规定了专利权,第 96 条规定了商标专用权,第 97 条规定了发现权、发明权和其他科技成果权。而《民法典》采取的方式是列举知识产权的客体,除了将著作权(版权)的客体——作品,专利权的客体——发明、实用新型、外观设计以及商标权的客体——商标纳入知识产权的客体外,还将地理标志、商业秘密、集成电路布图设计、植物新品种等智力成果纳入知识产权的客体进行保护。《民法典》进一步丰富了知识产权的类型和客体,一方面符合技术发展的需求,另一方面也与国际接轨,对我国加入的《与贸易有关的知识产权协定》《国际植物新品种保护公约》等国际公约作出了立法上的回应。

同时,值得注意的是,上述知识产权是权利人"依法"就相关客体享有的权利。这意味着我国对知识产权种类和客体的确定采取的是严格的法定主义,即不在上述知识产权客体列举范围内的内容,不属于我国规定的知识产权,自然也就难以受到法律保护。

但是,除了以列举式的方式表明知识产权的客体外,《民法典》第 123 条第 2 款第 8 项还对知识产权的客体进行了兜底规定,即"法律规定的其他客体"。这一开放性的规定,为将来可能出现的新型知识产权客体留有保护的余地,有便于我国根据技术发展的情况扩张知识产权的范围。不过,这些将来可能成为知识产权客体的智力成果,必须由全国人大及其常委会制定的法律来规定。目前已失效的《著作权法》(2010 年修正)第 3 条将"行政法规规定的其他作品"作为著作权的客体进行保护,在《民法典》正式生效后,行政法规规定的作品则无法成为著作权的客体,笔者亦注意到,在2020年修正的《著作权法》中,已经将相关表述修改为"符合作品特征的其他智力成果",说明立法者对知识产权客体的扩张将采取较为严格的法定主义,从而避免知识产权类型和客体的不当扩张。

对于外商投资企业而言,随着技术的发展,其持有的知识产权类型也呈现出多样化的趋势,在《民法通则》的背景下,鉴于大量新型知识产权未有规定,导致外商投资企业的新型知识产权难有被保护的请求权基础。但是,《民法典》第123条进一步丰富了知识产权的类型和客体,使得新型知识产权获得了受保护的法律依据。因此,在《民法典》背景下,外商投资企业的知识产权将能够得到充分的保护,这也彰显我国保护知识产权、鼓励并吸引外商投资的信心和决心。

3. 将发现权、发明权和其他科技成果权剔除出知识产权范畴

此外,《民法典》还将《民法通则》中规定的发现权、发明权和其他科技成果权剔除出知识产权的范畴,这进一步体现了立法的科学性。

首先,发现权是否属于知识产权,本身就存在争议。笔者认为发现权并不属于知识产权,其原因在于,其一,科学发现已明确被《专利法》排除在可授予专利权的客体之外;其二,《民法典》第123条明确规定知识产权是权利人专有的权利,专有性是知识产权的本质属性之一,未经权利人同意,任何人不得利用其知识产权。但对于发现权而言,权利人并没有禁止他人利用该发现的权利,其仅有获得奖励的权利,难以体现知识产权的专有性。因此,若将发现权纳入知识产权的范畴,则易破坏知识产权的私权属性,与知识产权的专有性相悖,故笔者认为,《民法典》将发现权剔除出知识产权范畴的做法值得肯定。

其次,发明和其他科技成果属于可授予专利权的客体,可统一纳入专利权的范畴进行保护。因此,没有必要再在专利权外额外增设发明权和其他科技成果权,否则将会导致发明或其他科技成果被排除在专利权的客体范围之外,与《专利法》的相关内容冲突。同时,值得注意的是,《民法通则》第97条第2款也只规定公民对于其发明和其他科技成果享有的是领取荣誉证书、奖金或者其他奖励的权利,这明显具有科学领域荣誉权的性质,而非是知识产权专有、独占、排他性质的体现。至于在《民法通则》背景下发明权和其他科技成果权是否具有禁止他人利用的权能,难以得到确定的回答。虽然《民法通则》第118条也规定侵害发明权、科技成果权应承担侵权责任,但结合《民法通则》第97条的规定来看,这更

多的是对未给予公民奖励而提供的救济途径,与未经权利人许可使用其知识产权的侵权形式存在本质的不同。因此,《民法典》第 123 条将发明权和其他科技成果权剔除出知识产权的范畴,也体现了立法的科学性。

但是,《民法典》将发明权和其他科技成果权剔除出知识产权的范畴,并不意味着民事主体基于其发现、发明或其他科技成果所应获得的奖励就不复存在了。例如,《国家科学技术奖励条例》第 9 条第 1 款规定:"国家自然科学奖授予在基础研究和应用基础研究中阐明自然现象、特征和规律,做出重大科学发现的个人。"第 10 条第 1 款规定:"国家技术发明奖授予运用科学技术知识做出产品、工艺、材料、器件及其系统等重大技术发明的个人。"第 11 条第 1 款规定:"国家科学技术进步奖授予完成和应用推广创新性科学技术成果,为推动科学技术进步和经济社会发展做出突出贡献的个人、组织。"因此,在《民法典》背景下,民事主体依然可以根据其他法律依据基于发现权、发明权和其他科技成果权主张其所应获得的荣誉证书、奖金或者其他奖励。

综上所述,作为我国民事基础法律《民法典》中有关知识产权的原则性规定,《民法典》第 123 条对我国知识产权法律起总领作用,对外商投资企业的知识产权保护有着十分重要的指引作用。该条不仅明确了知识产权的私权属性和专有性质,奠定了保护外商投资企业合法财产的基调,同时也丰富了知识产权的类型和客体,扩大了对外商投资企业知识产权的保护范围。

二、商业秘密保护条款

(一)基本介绍

在 1986 年制定的《民法通则》中,商业秘密尚未被规定为知识产权的客体,也未能受到保护。商业秘密一词在我国法律条文中最早出现于 1991 年《民事诉讼法》第 60 条和第 120 条,1992 年的最高人民法院《关于适用〈中华人民共和国民事诉讼法〉若干问题的意见》第 154 条对商业秘密首次进行了定义,不过当时商业秘密仍未被作为一种民事权利进行保护。1993 年,《反不正当竞争法》首次将商业秘密确立为受保护的法益,标志着我国商业秘密保护制度的建立。随后,原国家工商行政管理总局于 1995 年发布了《关于禁止侵犯商业秘密行为的若干规定》,对商业秘密的保护作出了进一步的规定,该规定于 1998 年进行了修订。由此可见,早在 20 世纪 90 年代,商业秘密的保护在我国就已经得到了足够的重视。

不过遗憾的是，商业秘密始终未能被民事基础法律明确列为知识产权的客体。近年来，随着我国对知识产权保护力度的进一步加大，商业秘密保护立法也在不断地推进。2017 年，作为《民法典》"总则编"的《民法总则》于第 123 条首次将商业秘密明确规定为知识产权的客体之一，意味着商业秘密权首次被提高到民事权利的地位，标志着我国对商业秘密保护的进一步重视。

自 2018 年中美经贸摩擦以来，美国无端指责我国大量窃取外商投资企业的商业秘密。在此背景下，为彰显我国不断扩大开放，优化营商环境，保护外商投资企业合法权益的决心，我国进一步制定和修订了多部与商业秘密保护相关的法律法规以及司法解释，这些规定均与外商投资息息相关。除本书第二部分提到的《外商投资法》及配套规定外，《反不正当竞争法》分别于 2017 年和 2019 年进行修正，进一步丰富和完善了有关商业秘密保护的规定；同时，国家市场监督管理总局于 2020 年 9 月 4 日发布《商业秘密保护规定（征求意见稿）》，其中对商业秘密的界定、侵犯商业秘密行为的界定、法律责任的确定等内容作出了非常详尽的规定，赋予了权利人非常有效的行政救济途径；在司法实践层面，最高人民法院发布《关于审理侵犯商业秘密民事案件适用法律若干问题的规定》，为商业秘密纠纷案件提供清晰的裁判指引，另外，在 2021 年 2 月 26 日，最高人民法院宣判了我国史上判决赔偿额最高的侵害商业秘密案件。由此可见，我国越来越重视对商业秘密的保护，在此背景下，外商投资企业的商业秘密将在我国得到更完善的保护。

在此次制定的《民法典》中，亦有部分规定与商业秘密保护相关，那么这些内容会对外商投资企业的权益产生怎样的影响，下文试作简要的解读。

（二）《民法典》中商业秘密条款的解读

1. 商业秘密客体化

如上所述，《民法总则》第 123 条首次将商业秘密明确规定为知识产权的客体之一。《民法典》沿用了《民法总则》的这一做法，于第 123 条规定："知识产权是权利人依法就下列客体享有的专有的权利：……（五）商业秘密……"长期以来，商业秘密的法律性质一直存在争议，其根源在于商业秘密究竟是知识产权的客体，还是仅是一种财产性利益。《民法典》对这一争论明确作出了回应——商业秘密是知识产权的客体，商业秘密权是一项民事权利。这一规定，对商业秘密在民法上的保护提供了最基础的法律依据。

同时,值得注意的是,既然商业秘密是知识产权的客体,那么也应当具有专有性的特点。商业秘密的专有性和排他性体现在,未经权利人同意,任何人不得非法获取、披露、使用其商业秘密。但是,根据最高人民法院《关于审理不正当竞争民事案件应用法律若干问题的解释》第 12 条、最高人民法院《关于审理侵犯商业秘密民事案件适用法律若干问题的规定》第 14 条的规定,通过自行开发研制或者反向工程获得权利人的商业秘密的,不构成侵犯商业秘密。由此可见,商业秘密的专有性和排他性存在一定的限制,这也是有观点认为商业秘密缺乏排他性从而不属于知识产权的原因之一。有学者指出:"商业秘密与专利、版权、商标等知识产权相比,区别在于排他性的高低,而不是排他性的有无。"[①]本文亦赞同这样的观点。与专利的公开换保护的规则不同,商业秘密的保护是通过保密实现的。一般情况下,他人难以获取和知晓权利人的商业秘密。如果权利人未采取有效的保密措施,导致公众容易获得相关信息,该相关信息则很有可能难以被认定为商业秘密,从而丧失权利基础。如果被诉侵权人通过不正当手段获取权利人的商业秘密,即使其以反向工程为由,也同样构成侵权。因此,商业秘密的专有性和著作权的专有性存在一定的相似之处,即他人在未接触权利人的商业秘密或作品的前提下,通过自行研发、反向工程获取商业秘密或者独立创作出新作品,即使相关商业秘密或作品完全一致,也不构成侵权。因此,笔者认为,商业秘密作为一种特殊的知识产权,在专有性的表现上也有特殊性,但并不意味着商业秘密没有专有性。现行法律将商业秘密明确列为知识产权的客体,无疑是正确的做法。

笔者认为,《民法典》将商业秘密列为知识产权的客体,为外商投资企业的技术信息提供了更加丰富的保护手段,同时也为其经营信息等商业信息提供了可保护的途径。对于外商投资企业的技术信息而言,既可以选择通过申请专利的方式予以保护,也可以选择通过商业秘密的形式予以保护。对于公众不易获取的技术而言,往往采取商业秘密保护的方式更加合适,因为无须担心专利权到期后相关技术流入公共领域,从而丧失企业竞争力,可口可乐的配方就是最典型的例子。对于有些无法通过专利制度进行保护的信息,例如,外商投资企业的经营信息,可以通过商业秘密制度保护,不至于出现法律保护上的真空地带。因此,

---

① 林秀芹:《商业秘密知识产权化的理论基础》,载《甘肃社会科学》2020 年第 2 期。

《民法典》将商业秘密客体化,有利于进一步对外商投资企业的合法权益进行全方位的保护。

2.缔约过程中的保密义务

在实践中,当事人泄露、不正当地使用在缔约过程中知晓的商业秘密,是侵犯商业秘密的典型情形之一。如果双方达成合同,则合同中往往会有保密条款的规定,合同双方受保密条款的约束,违反则应承担违约责任。但是,如果双方未能达成合同,但在合同订立过程中,已经知晓了权利人的商业秘密,此时是否仍然具有保密义务呢?《民法典》第501条对此问题作出了回应,该条规定:“当事人在订立合同过程中知悉的商业秘密或者其他应当保密的信息,无论合同是否成立,不得泄露或者不正当地使用;泄露、不正当地使用该商业秘密或者信息,造成对方损失的,应当承担赔偿责任。”由此可见,即使合同未能订立,当事人仍然存在保密义务,不得泄露在缔约过程中知晓的商业秘密,给权利人造成损失的,应当承担赔偿责任。同时,如上所述,商业秘密是具有排他性的,这意味着,即使当事人知晓了权利人的商业秘密,未经权利人同意,也不得不正当地使用该商业秘密或信息,否则仍应承担侵权责任。

需要提及的是,《民法典》第501条是从《合同法》第43条演变过来的。《合同法》第43条规定:“当事人在订立合同过程中知悉的商业秘密,无论合同是否成立,不得泄露或者不正当地使用。泄露或者不正当地使用该商业秘密给对方造成损失的,应当承担损害赔偿责任。”对比这两条规定不难发现,最大的变化在于,《民法典》在“商业秘密”的基础上增加了“其他应当保密的信息”,这进一步扩大了保护的范围,对缔约当事人的保密义务提出了更高的要求。因此,即使相关信息难以构成商业秘密,只要该信息是应当保密的,缔约当事人就应承担保密义务。

总体上看,《民法典》第501条对外商投资企业无疑是利好的,因为在外商投资过程中,外商投资企业往往担心对方当事人不与其订立合同却泄露、不正当使用其商业秘密。而根据这条规定,即使双方没有订立合同,外商投资企业依然能对对方当事人侵犯商业秘密或其他保密信息的行为进行追责。

三、惩罚性赔偿条款

（一）基本介绍

知识产权侵权惩罚性赔偿制度是依法惩处严重侵害知识产权行为的重要制度，对遏制知识产权侵权、充分补偿权利人的损失具有重要意义。近年来，为加大知识产权保护力度，党和国家多次强调要建立和引入知识产权侵权惩罚性赔偿制度。例如，习近平总书记在2018年11月召开的首届中国国际进口博览会上提出，我国“坚决依法惩处侵犯外商合法权益特别是侵犯知识产权行为……引入惩罚性赔偿制度……”[①]中共中央办公厅、国务院办公厅在《关于强化知识产权保护的意见》中提出：“加快在专利、著作权等领域引入侵权惩罚性赔偿制度……有效执行惩罚性赔偿制度。”[②]党的十九届四中全会通过的中共中央《关于坚持和完善中国特色社会主义制度、推进国家治理体系和治理能力现代化若干重大问题的决定》也强调：“建立知识产权侵权惩罚性赔偿制度。”[③]

事实上，知识产权侵权惩罚性赔偿制度并非近年才在我国出现的制度。早在2013年修订的《商标法》中，就已经规定了惩罚性赔偿制度，其中第63条规定：“对恶意侵犯商标专用权，情节严重的，可以在按照上述方法确定数额的一倍以上三倍以下确定赔偿数额。”在党和国家对建立惩罚性赔偿制度、加大对知识产权恶意侵权的惩处力度的支持下，2019年修订的《商标法》将惩罚性赔偿的最高倍数提高至五倍。另外，近期修订的多部知识产权单行法规中，均增加了惩罚性赔偿制度。例如，2019年修订的《反不正当竞争法》第17条规定：“经营者恶意实施侵犯商业秘密行为，情节严重的，可以在按照上述方法确定数额的一倍以上五倍以下确定赔偿数额。”2020年修订的《专利法》第71条规定：“对故意侵犯专利权，情节严重的，可以在按照上述方法确定数额的一倍以上五倍以下确定赔偿数额。”2020年修订的《著作权法》第54条也规定：“对故意侵犯著作权或者与

---

① 参见《共建创新包容的开放型世界经济——在首届中国国际进口博览会开幕式上的主旨演讲》，载《国务院公报》2018年第33期。

② 参见《关于强化知识产权保护的意见》，载中国政府网，http://www.gov.cn/zhengce/2019-11/24/content_5455070.htm。

③ 参见中共中央《关于坚持和完善中国特色社会主义制度、推进国家治理体系和治理能力现代化若干重大问题的决定》，载中国政府网，http://www.gov.cn/zhengce/2019-11/05/content_5449023.htm。

著作权有关的权利，情节严重的，可以在按照上述方法确定数额的一倍以上五倍以下给予赔偿。”由此可见，我国建立的知识产权侵权惩罚性赔偿制度已经进入全面落实阶段。

在此次制定的《民法典》中，亦确立了有关惩罚性赔偿的一般规则。《民法典》第 1185 条规定：“故意侵害他人知识产权，情节严重的，被侵权人有权请求相应的惩罚性赔偿。”《民法典》规定惩罚性赔偿制度，具有怎样的意义，又会对外商投资产生怎样的影响，下文试作简单的解读。

（二）《民法典》中惩罚性赔偿条款的解读

《民法典》作为民事领域的基础性法律，对各民事单行立法起统领和指导作用。本文认为，知识产权侵权惩罚性赔偿制度被写进《民法典》，意味着我国知识产权侵权领域全面引入惩罚性赔偿制度。一方面，对于还未建立惩罚性赔偿制度的知识产权单行法规，《民法典》中的惩罚性赔偿条款能够起到指导作用，推动知识产权单行惩罚性赔偿制度的建立；另一方面，即使单行法规中未规定惩罚性赔偿制度，被侵权人仍可基于《民法典》的规定主张惩罚性赔偿。

不过，稍显遗憾的是，《民法典》的惩罚性赔偿条款还只是一般条款，未对惩罚性赔偿的倍数等内容作出规定。因此，在具体适用惩罚性赔偿制度时，还需根据知识产权单行法规的具体规定予以适用。而对于还未建立惩罚性赔偿制度的单行法规，尽管可以依据《民法典》主张惩罚性赔偿，但实际操作上也较为困难。因此，在《民法典》的指导下，尽快在单行法规中建立惩罚性赔偿制度，是较为合适的做法。

另外，《民法典》中有关惩罚性赔偿的一般条款，对各单行法规中的惩罚性赔偿制度起统领作用。可以注意到，各单行法规中确立的惩罚性赔偿规则存在一定的差异，主要体现为对侵权人主观状态的要求——《商标法》《反不正当竞争法》要求侵权人是“恶意”侵权，而《专利法》《著作权法》仅要求侵权人“故意”侵权即可。《民法典》惩罚性赔偿条款将侵权人的主观状态规定为“故意”，有利于消除不同知识产权法规中对于侵权人主观状态要求的分歧。换言之，在《民法典》出台之后，只需侵权人是“故意”侵权，即满足了适用惩罚性赔偿的其中一个要件。《民法典》的统领作用即在此体现。

申言之，对比“恶意”与“故意”，“恶意”一词似乎程度更加严重。若只有在侵权人是恶意侵权时才能适用惩罚性赔偿，无疑对权利人提出了更为苛刻的要求,不利于保护权利人的合法权益。实践中,在对《关于审理侵害知识产权民事案件适用惩罚性赔偿的解释》(以下简称《惩罚性赔偿解释》)这一司法解释的解读中,最高人民法院强调,对故意和恶意的含义应当作一致性理解,这样既有利于增强实践操作性,又有利于避免造成商标、不正当竞争领域采取不一样的判断标准的误解。[①] 因此,最高人民法院在上述司法解释第1条明确规定:“本解释所称故意,包括商标法第六十三条第一款和反不正当竞争法第十七条第三款规定的恶意。”由是可见,尽管《商标法》《反不正当竞争法》对主观状态的要求仍是恶意,但事实上应与《民法典》相统一而变为故意,这意味着我国对惩罚性赔偿制度的进一步放开。因此,笔者认为,在强调全面落实惩罚性赔偿制度的背景之下,《民法典》将侵权人的主观状态确定为“故意”,无疑是恰当的。

对于外商投资企业而言,《民法典》的惩罚性赔偿条款存在两点利好:其一,如上所述,在《民法典》出台之后,尽管外商投资企业拥有的知识产权在相对应的单行法规中未规定惩罚性赔偿制度,外商投资企业仍能基于《民法典》的规定主张惩罚性赔偿,为保护其合法权益提供了更多可能性。其二,《民法典》降低了对惩罚性赔偿制度的适用门槛,对于侵权人的主观状态,只要求故意侵权即可,而不再要求恶意侵权,因此,外商投资企业主张惩罚性赔偿将更加容易,也能够进一步增强对侵权行为的威慑作用。

四、技术合同条款

(一)基本介绍

技术合同条款是《民法典》知识产权条款中条文数量最多的一部分内容,共45条,规定于《民法典》“合同编”下的典型合同之中。何为技术合同?根据《民法典》第843条的规定,技术合同是当事人就技术开发、转让、许可、咨询或者服务订立的确立相互之间权利和义务的合同。由此可见,技术合同可分为技术开发合同、技术转让合同、技术许可合同、技术咨询合同和技术服务合同,《民法典》“技术合同”一章的内容也是围绕技术合同的不同类别展开的。

从法律沿革上看,早在1987年,我国就出台了《技术合同法》,专门对技术合

---

① 参见林光海、李剑、秦元明:《〈关于审理侵害知识产权民事案件适用惩罚性赔偿的解释〉的理解和适用》,载《人民司法》2021年第10期。

同的订立、履行、变更和解除以及各类技术合同的特殊规则进行了规定。1999年，我国出台《合同法》，取代了原先的《技术合同法》，同时也在分则第十八章专章规定了“技术合同”这一有名合同。由于司法实践中涉及技术合同的纠纷处理起来较为复杂，最高人民法院分别于2001年和2004年出台《关于印发全国法院知识产权审判工作会议关于审理技术合同纠纷案件若干问题的纪要的通知》和《关于审理技术合同纠纷案件适用法律若干问题的解释》（以下简称《技术合同司法解释》），进一步明确涉及技术合同纠纷的裁判规则。此次编纂的《民法典》中的技术合同条款，是在吸收了上述法律和司法解释的立法经验基础上进一步完善后所形成的，对现实问题作出了回应，更加符合当今时代技术发展的要求。

对于外商投资企业而言，其在中国境内进行投资合作，多数是技术合作。不论外商投资企业是将先进技术带入中国，还是与中国境内企业合作开发技术成果，抑或是为中国境内企业提供技术服务，均离不开技术合同的订立。因此，厘清《民法典》中有关技术合同规定的变化，了解这些变化对外商投资的影响，对外商投资企业在中国境内开展业务存在重要影响，下文将对相关内容进行介绍和解读。

（二）《民法典》中技术合同条款的解读

1. 明确将技术许可合同列为技术合同的类型之一

长期以来，技术许可合同并未被单独列为技术合同的类型之一，而是被涵盖于技术转让合同之中。例如，《合同法》第322条规定：“技术合同是当事人就技术开发、转让、咨询或者服务订立的确立相互之间权利和义务的合同。”第342条规定：“技术转让合同包括专利权转让、专利申请权转让、技术秘密转让、专利实施许可合同。”由此可见，《合同法》中的“技术合同”概念是不包括技术许可合同的，技术许可是技术转让下的子概念，而且仅指专利实施许可。

但技术转让与技术许可明显存在本质区别，二者并非包含与被包含的关系，而是并列关系。根据《民法典》第862条的规定，技术转让合同是合法拥有技术的权利人，将现有特定的专利、专利申请、技术秘密的相关权利让与他人所订立的合同。技术许可合同是合法拥有技术的权利人，将现有特定的专利、技术秘密的相关权利许可他人实施、使用所订立的合同。二者的本质区别在于是否让与技术的所有权。因此，《合同法》将技术许可合同列为技术转让合同的下位概念的做法是不妥的。《民法典》纠正了《合同法》的不当做法，明确将技术许可合同规定为与技术转让合同相并列的合同形式，有利于合同当事人对技术合同进行定性，从而判断应当遵循何种规则订立合同。在纠纷发生后，也有利于法院确定应当适用何种裁判规则。

同时，《民法典》扩大了技术许可合同的范围，增加了“技术秘密使用许可合同”。《合同法》仅规定了“技术秘密转让合同”，而这意味着权利人必须转让技术秘密，才能受技术合同规则的约束，但权利人特别是外商投资企业往往不愿意转让技术秘密。而在《民法典》实施之后，这一问题得到了解决，权利人可以自由选择转让或是许可技术秘密。

另外，《民法典》增加技术秘密许可合同的规定，还有效地解决了司法解释中的矛盾。2004 年的《技术合同司法解释》第 29 条规定：“合同法第三百四十七条规定技术秘密转让合同让与人承担的‘保密义务’，不限制其申请专利，但当事人约定让与人不得申请专利的除外。”但是，如果权利人已经转让了技术秘密，则其不再是权利人，此时再申请专利，又将成为新的专利权人，并再次对技术秘密受让人产生控制，这无疑是不妥的。因此，《民法典》在增加了“技术秘密使用许可合同”后，在第 868 条第 2 款修改了上述规定：“前款规定的保密义务，不限制许可人申请专利，但是当事人另有约定的除外。”该修改是恰当的，因为许可人仍然是技术秘密的权利人，有权决定是否将技术秘密申请为专利，但考虑到技术秘密的特点，为了防止被许可人的权益受损，双方可以约定许可人不得将技术秘密申请为专利。

总之，《民法典》对技术许可合同的确立是科学的，有利于对技术合同进行正确的定性。外商投资企业在对中国境内企业投资技术时，可以根据技术的特点，自由选择有利于自身的方式订立技术合同。

2. 丰富订立技术合同所应遵循的原则

《民法典》第 844 条规定：“订立技术合同，应当有利于知识产权的保护和科学技术的进步，促进科学技术成果的研发、转化、应用和推广。”相较于《合同法》第 323 条的规定，《民法典》增加了“有利于知识产权的保护”和“促进科学技术成果的研发”两条新原则。上述原则作为订立技术合同的基本原则，应当被技术合同当事人所遵循。同时，上述原则性内容实质上也是技术合同当事人在订立技术合同时所追求的根本目的，若当事人违反了上述原则，导致不能实现合同目的，将会存在合同被解除的风险。

《民法典》丰富了订立技术合同所应遵循的原则,同时也为技术合同当事人解除合同提供了更多可主张的空间。特别是"有利于知识产权的保护"原则,将为外商投资企业对华投资技术提供更进一步的保障。例如,在技术秘密使用许可合同中,即使未在合同中明确约定保密义务,但基于"有利于知识产权的保护"原则,被许可方仍应履行保密义务。若被许可方泄露外商投资企业的技术秘密,则明显不利于知识产权的保护,有违外商投资企业订立合同的根本目的,因此,外商投资企业可以尝试基于《民法典》第563条第4款的规定行使法定解除权,并追究被许可方的违约责任。

但值得注意的是,《民法典》第844条毕竟是订立技术合同的原则性规定,如何判断技术合同当事人是否违反上述原则,导致不能实现合同目的,仍存在困难。例如,在当事人没有约定的情况下,技术秘密使用许可合同的许可人可以将技术秘密申请专利,这也是保护知识产权的一种方式,但如果被许可人主张许可人的做法不利于科学技术成果的研发、转化、应用和推广,从而主张解除合同,是否可行,仍待商榷。而在实践中,如何判断当事人的行为是否"有利于促进科学技术成果的研发、转化、应用和推广",不同法院仍有不同的观点。在眉山市中能生物科技研究所与西宁信利机械制造有限公司技术转让合同纠纷二审案件中,青海省高级人民法院认为,技术转让人眉山中能研究所转让的技术不能加速科学技术成果的转化、应用和推广,无法实现预期的经济目标,从而支持了西宁信利公司解除合同的请求。[①] 随后,在本案的再审中,最高人民法院支持了青海省高级人民法院的判决,表明最高人民法院也认可有利于促进科学技术成果的转化、应用和推广应能实现预期的经济目标的观点。[②] 但是,在汾州裕源土特产品有限公司与陕西天宝大豆食品技术研究所技术合同纠纷再审一案中,最高人民法院又认为,技术合同领域,尤其是涉及技术工业化的合同中,如果当事人之间没有明确约定,不应将产品商业化认定为技术合同的目的。[③] 由此可见,在判断技术合同当事人订立、履行技术合同是否符合"促进科学技术成果的研发、转化、应用和推广"上,法院的判决存在分歧,不过可以确定的是,原则性条款的适用有

---

① 参见青海省高级人民法院民事判决书,(2012)青民三终字第4号。

② 参见最高人民法院民事裁定书,(2015)民申字第1469号。

③ 参见最高人民法院民事判决书,(2016)最高法民再251号。

严格的限制,如果对当事人订立、履行技术合同提出过高的原则性要求,将不利于市场的稳定和技术的发展。

总之,《民法典》增加有关订立技术合同所应遵循的新原则,一方面再次强调了我国保护知识产权的原则,另一方面也为技术合同当事人解除合同、从而维护自己的合法权益提供了新的思路。当事人在订立、履行合同时,应充分把握这些原则性要求,以避免因不能实现合同目的而引起纠纷。

3. 委托开发合同的当事人不再免费实施专利

《合同法》第 339 条第 1 款规定:“委托开发完成的发明创造,除当事人另有约定的以外,申请专利的权利属于研究开发人。研究开发人取得专利权的,委托人可以免费实施该专利。”但在《民法典》实施后,除非法律另有规定或者当事人另有约定外,委托人只能“依法”实施该专利,而不再享有“免费”实施的权利。目前,并没有法律对委托人可以免费实施委托开发的专利作出规定,因此当事人在合同中约定委托人可以免费实施专利便显得尤为重要。若委托开发合同的当事人未对此作出约定,则依据《专利法》的规定,未经专利权人许可,都不得实施其专利。本文对《民法典》规定的“委托人可以依法实施该专利”的理解是,当事人没有约定的,委托人应当取得专利权人的许可并支付报酬。

对于外商投资企业而言,在作为委托人订立委托开发合同时,从实现利益最大化的角度,首先可以在合同中约定申请专利的权利属于委托人。其次,如果双方未能就专利申请权的权属达成一致或者约定专利申请权属于研究开发人,则建议委托人在合同中约定在研究开发人取得专利后,其可以免费实施该专利。如此,才可以保证委托人能够实施相关专利,而不用支付额外的报酬。

4. 新增其他知识产权如何转让和许可的规定

《民法典》第 876 条规定:“集成电路布图设计专有权、植物新品种权、计算机软件著作权等其他知识产权的转让和许可,参照适用本节的有关规定。”这条规定是《民法典》新增的规定,在《合同法》及其他技术合同相关法律中并未出现过。如上所述,《民法典》所称的“技术转让”包括专利权转让、专利申请权转让、技术秘密转让等,“技术许可”包括专利实施许可、技术秘密使用许可等,其客体主要体现为专利和技术秘密,而并不包括集成电路布图设计专有权、植物新品种权、计算机软件著作权等其他知识产权。但是,不论是《合同法》还是《民法典》,都将技术合同的客体统称为“技术成果”。何为技术成果?早在 2004 年,《技术合同司法解释》第 1 条第 1 款就规定:“技术成果,是指利用科学技术知识、信息和经验作出的涉及产品、工艺、材料及其改进等的技术方案,包括专利、专利申请、技术秘密、计算机软件、集成电路布图设计、植物新品种等。”2020 年修订的《技术合同司法解释》并未对此规定进行修改。由此可见,计算机软件、集成电路布图设计、植物新品种等知识产权,也应属于技术合同的客体。但是,《合同法》却未对这些知识产权的转让和许可作出规定,这将导致对于这些知识产权的转让和许可无法可依。因此,《民法典》于第 876 条规定了其他知识产权的转让和许可参照适用技术转让合同和技术许可合同的相关规定,填补了《合同法》中有关其他知识产权如何转让和许可的规定的缺失,使技术转让和技术许可的法律体系更加完整。

对于外商投资企业而言,《民法典》新增其他知识产权转让和许可的规定,有利于其明确合同的性质,并以专利、技术秘密转让和许可的规定作为订立其他知识产权转让、许可合同的指引。在纠纷发生后,外商投资企业同样可以依据专利、技术秘密转让和许可的规定追究对方当事人的违约责任,而不再有无法可依从而难以维权的尴尬。

5. 新增技术咨询合同和技术服务合同中工作费用由受托人负担的规定

《民法典》第 886 条规定:“技术咨询合同和技术服务合同对受托人正常开展工作所需费用的负担没有约定或者约定不明确的,由受托人负担。”本条规定在《合同法》中并未出现,而是将 2004 年《技术合同司法解释》第 31 条第 1 款和第 35 条第 1 款的规定整合之后形成的新规定。《民法典》提升了司法解释相关内容的法律位阶,这意味着实践中经常存在有关工作费用如何承担的纠纷,需要通过法律的形式作出明确规定。在赣州逸豪实业有限公司与潘某峰技术服务合同纠纷一案中,双方并未就技术服务合同受托人的食住行等费用承担进行约定,在履行合同过程中,原告逸豪公司为被告潘某峰垫付了上述费用,而在后续的纠纷中,原告要求被告返还垫付的费用,江西省高级人民法院支持了原告的诉讼请求,最高人民法院驳回了被告的再审申请。①

由此可见,技术咨询合同和技术服务合同的当事人在合同中明确对正常开

① 参见江西省高级人民法院民事判决书,(2016)赣民终 350 号;最高人民法院民事裁定书,(2016)最高法民申 2680 号。

展工作所需费用的负担问题作出约定具有重要意义,这关系到双方的实质利益。对于外商投资企业而言,其作为技术的持有者,有可能会成为技术咨询合同和技术服务合同的受托人,若未在合同中约定工作费用的承担问题,则需由其自身承担,委托人垫付的资金也需要返还,外商投资企业的实质利益将减少。因此,外商投资企业应在技术咨询合同和技术服务合同中明确对上述问题进行约定,若未约定或约定由其自身承担工作费用,则应相应提高合同总价款,从而保障可获得利益不会不当的流失。

6. 其他重要变化

《民法典》第 846 条关于约定查账办法的规定,将《合同法》第 325 条规定的"约定提成支付的,当事人应当在合同中约定查阅有关会计帐目的办法"修改为"当事人可以约定查阅有关会计账目的办法",这体现了意思自治的原则,同时也避免了对当事人约定提成支付,却未约定查账办法的合同是否有效的争议。

《民法典》第 850 条关于技术合同无效的规定,将《合同法》第 329 条规定的"妨碍技术进步"的情形删去,其原因在于"妨碍技术进步"和"非法垄断技术"在实践中难以区分,2004 年《技术合同司法解释》也是将两种情形一概而论。另外,妨碍技术进步是较为宽泛的概念,存在较大的不确定性,而非法垄断技术必然会妨碍技术进步。因此,本文认为,为维护市场秩序的稳定,应当严格适用技术合同无效条款。在判定技术合同是否无效时,应当选取外延较小的概念,例如"非法垄断技术",而不应该选取"妨碍技术进步"这一不确定的概念,《民法典》的修改或许也有这方面的考量。

《民法典》第 852 条关于委托开发合同的委托人的法定义务的规定,将《合同法》第 331 条规定的委托人提供"原始数据"的义务删除,并增加了"提出研究开发要求"的义务。本文认为相关修改是恰当的,因为委托人一般不掌握受托人掌握的技术,因此也很难基于对相关技术的实施而提供原始数据。同时,受托人应根据委托人的要求来开发技术成果,若委托人不提出要求,则受托人的研究开发活动实际难以进行。因此,《民法典》明确规定委托人有"提出研究开发要求"的义务,是符合现实情况的。

总之,《民法典》"技术合同"一章看似是对《合同法》对应章节的搬迁,但实际上进行了较多的修改,有些变化对订立技术合同存在实质性影响。合同当事人应对这些变化有充分的了解,从而避免因法律变化而引发不必要的纠纷。

第四节 《外商投资法》和《民法典》背景下外商投资企业知识产权法律实务

一、商业秘密保护实务

商业秘密作为企业的重要资产，应当得到企业的重视并尽心维护。在侵权行为发生之前，权利人就应当采取相应措施避免商业秘密遭受侵害；在侵权行为发生之后，权利人应当采取相应手段予以维权。通过“预防+救济”的方式，尽可能全面地保护好企业的商业秘密。

（一）对相关信息进行梳理、分类和评估

根据《反不正当竞争法》对商业秘密的定义，商业秘密的核心要件为：不为公众所知悉（秘密性）、具有商业价值（价值性）、经权利人采取相应保密措施（保密性）。对于企业而言，首先应当确定相关信息能否成为商业秘密，即确定相关信息是否具有秘密性和价值性。因此，企业应当对相关信息进行分类管理和评估。

根据最高人民法院《关于审理侵犯商业秘密民事案件适用法律若干问题的规定》，技术信息一般包括与技术有关的结构、原料、组分、配方、材料、样品、样式、植物新品种繁殖材料、工艺、方法或其步骤、算法、数据、计算机程序及其有关文档等信息；经营信息一般包括与经营活动有关的创意、管理、销售、财务、计划、样本、招投标材料、客户信息、数据等信息，客户信息则一般包括客户的名称、地址、联系方式以及交易习惯、意向、内容等信息。

对于企业而言，首先，应当评估自身拥有的相关信息是否属于上文所述的技术信息或者经营信息。如果相关信息属于技术信息或者经营信息，则表明相关信息可以成为商业秘密的客体，存在以商业秘密形式保护的可能性。

其次，企业应当评估相关商业信息是否不为公众所知悉。一般而言，如果相关信息在被诉侵权行为发生时是不为所属领域的相关人员普遍知悉和容易获得的，则相关信息具有秘密性。申言之，如果具有以下情形之一，则可以认定相关商业信息具有秘密性：（1）该信息在所属领域不属于一般常识或者行业惯例的；（2）该信息不是仅涉及产品的尺寸、结构、材料、部件的简单组合等内容，所属领

域的相关人员通过观察上市产品无法直接获得的；(3)该信息未在公开出版物或者其他媒体上公开披露；(4)该信息未通过公开的报告会、展览等方式公开；(5)所属领域的相关人员从其他公开渠道无法获得该信息的。另外，即使相关信息为公众所知悉，但是通过整理、改进、加工后形成的新信息不为所属领域的相关人员普遍知悉和容易获得，该新信息仍能被认定为具有秘密性。

再次，企业应当评估相关商业信息是否具有商业价值。根据《商业秘密保护规定(征求意见稿)》，具有商业价值是指该信息因其秘密性而具有现实的或者潜在的商业价值，能为权利人带来商业利益或竞争优势。具体而言，如果具有下列情形之一，则可以认定相关商业信息具有商业价值：(1)该信息能给权利人带来经济收益的；(2)该信息能够对企业生产经营产生重大影响的；(3)权利人为了获得该信息，付出了相应的价款、研发成本或者经营成本以及其他物质投入的；(4)涉嫌侵权人以不正当手段获取或者试图获取权利人商业秘密的，则可以认定为该信息能为权利人带来商业利益或竞争优势。

最后，在对相关信息进行评估后，如果确定相关信息具有秘密性和价值性，则表明相关信息可以通过商业秘密的形式进行保护，此时应当对这些信息进行分类，建立对应的管理档案，并根据涉密层级的不同进行标识和分类，例如，在文件首页加盖“绝密”“机密”“秘密”字样的印章，并在分类的基础上做好检索信息和检索目录，方便后续的管理和使用。

总之，企业首先应对相关信息进行梳理、分类和评估，这有利于企业较为清晰地认识自身的商业信息，并明确哪些信息可以通过商业秘密的形式进行保护，从而为企业采取何种措施保护相关信息提供思路，并为后续的商业秘密管理工作奠定良好的基础。

(二)建立完善的保密制度

商业秘密的另一大特征在于，权利人要对相关信息采取保密措施，即保密性的要求。企业采取的保密措施越多，商业秘密被泄露的可能性越低，在发生纠纷后也越容易得到司法机关的认可和保护。企业可采取以下保密措施：

(1)指派专人对商业秘密文件进行管理，有条件的企业可以建立专门的保密人员队伍，由不同人员管理不同类型的商业秘密文件。对于一般密级的商业秘密文件，建议由专门的保密人员管理，主管领导负责统筹安排；对于密级较高的商业秘密，建议由主管领导直接负责管理。对保密人员的安排应当形成记录，以便在发生纠纷时追究直接负责人的责任,并有利于向法院证明已采取保密措施。另外,对于负责商业秘密保密管理的主管领导以及管理商业秘密文件的保密人员,应定期接受法律培训,强化保密意识,使其清楚自身的职务范围和责任。

(2)指定专门场所用于保管商业秘密文件,并指派专人负责管理存放商业秘密文件的场所。密级越高的文件,应当存放于越安全的场所,例如,在保险柜中,同时应当限定知晓打开方式的人员范围。未经主管领导批准,应当严格限制其他人员进入存放商业秘密文件的场所。

(3)严格限定涉密信息的知悉范围。企业应严格控制知悉商业秘密的人员范围,密级越高的商业秘密,知悉范围应当越小。同时,在对必须知悉的相关人员告知商业秘密时,应当仅告知其需要知悉的相关内容,对于与相关业务无关的内容,不应告知。

(4)对于电子涉密信息,应当对信息载体采取加密、加锁、反编译等预防措施或在相关载体上加注保密标识或加密提示。同时可以采取防火墙技术等措施,防止外部网络用户接入企业内网。

(5)对于涉密的机器、厂房、车间等场所,采取门禁、监控、权限控制等方式严格限制来访人员。对于需要进入的人员,应当做好登记工作,并禁止进入人员将通信、拍照等设备带入涉密场所。

(6)建立商业秘密文件的查阅、复制、收发管理制度。企业应规定查阅、复制商业秘密文件需提交申请并经主管领导审批,查阅、复制商业秘密文件必须在企业中进行,且只能在业务必需范围内进行查阅、复制。对于绝密文件,原则上不得复制。确有复制必要的,应由企业法定代表人、业务主管领导和保密主管领导共同签字审批。商业秘密文件的收文和发文应当做好登记,标明收发份数和日期,防止文件丢失。

(7)制定专门的保密规章制度并对企业全体员工进行培训和宣传,培养全体员工的保密意识。

此外,在合同中订立保密条款是企业采取保密措施的重要表现形式,下文将简单介绍。

(三)在合同中订立保密条款

企业签订的合同可包括内部合同和外部合同,内部合同是指企业与员工签订的协议,外部合同是指企业对外开展业务时签订的合同。笔者认为,无论是内部合同还是外部合同，企业均需订立专门的保密条款。

1. 在内部合同中订立保密条款

相较于外部人员，企业员工更容易接触到本企业的商业秘密，在多数商业秘密纠纷案件中，泄露企业商业秘密的往往是内部员工。因此，加强对内部员工的管理，约定保密义务，是降低商业秘密泄露风险的重要措施。

具体而言，在员工入职时，应当在劳动合同中明确约定员工对于工作中获取的保密信息应承担保密义务，要求员工不得随意记录、复制、传输工作中接触的商业秘密。对于特殊岗位的员工，应当做好背景调查，确保招聘的员工符合岗位需求，并确保招聘的员工没有窃取商业秘密的不良记录。同时，企业应与特殊岗位的员工签订专门的保密协议，明确商业秘密的范围，并约定该员工需对工作内容和接触的商业秘密尽保密义务，以及着重强调违反保密义务需要承担的责任。

在员工离职时，企业应告诫并要求员工在离职后仍应承担保密义务，并要求离职员工登记、返还、清除、销毁其接触或者获取的商业秘密及其载体。对于特殊岗位的员工，如企业的高级管理人员、高级技术人员和其他负有保密义务的人员，应当与其签订专门的竞业禁止协议，明确要求其在解除或者终止劳动合同后，不得到与本企业生产或者经营同类产品、从事同类业务的有竞争关系的其他企业，或者自己开业生产或者经营同类产品、从事同类业务，并按照法律规定对其支付相应的经济补偿。

2. 在外部合同中订立保密条款

企业在对外交易时，一方面，要尽可能避免向外部人员披露商业秘密，即使需要披露，也应尽可能避免披露核心商业秘密，谨防外部人员窃取商业秘密后拒绝交易。外部人员需要参观考察的，应当避免其参观考察涉密场所。确有参观考察生产线等内容的需要的，也应禁止其拍照记录。

另一方面，企业在交易过程中，应当在合同中订立保密条款，明确约定对方对于交易过程中获取的商业秘密应承担保密义务，未经本企业同意，不得对第三人披露商业秘密，也不得超出合同范围使用商业秘密。另外，在委托开发、技术合作项目中，企业应同对方当事人明确约定商业秘密的权属，从而避免权属纠纷。

（四）通过民事、行政和刑事渠道维权

同多数知识产权维权措施一致，商业秘密侵权纠纷也可通过民事、行政和刑事渠道维权。

民事手段即通过民事诉讼的方式，要求侵权人承担停止侵害、赔偿损失等法律责任。在民事诉讼中，首先，商业秘密权利人应当提供初步证据，证明其已经对所主张的商业秘密采取保密措施。其次，商业秘密权利人应当提供初步证据表明商业秘密被侵犯，如果：(1)有证据表明涉嫌侵权人有渠道或者有机会获取商业秘密，且其使用的信息与该商业秘密实质上相同；或者(2)有证据表明商业秘密已经被涉嫌侵权人披露、使用或者有被披露、使用的风险，则由涉嫌侵权人举证证明未侵犯权利人的商业秘密。在判断涉嫌侵权人是否有渠道或机会获取权利人的商业秘密时，可参考以下因素：员工、前员工的职务、职责、权限；承担的本职工作或者单位分配的任务；参与和商业秘密有关的生产经营活动的具体情形；是否保管、使用、存储、复制、控制或者以其他方式接触、获取商业秘密及其载体。在判断被诉侵权信息与商业秘密是否在实质上相同时，可参考以下因素：被诉侵权信息与商业秘密的异同程度；所属领域的相关人员在被诉侵权行为发生时是否容易想到被诉侵权信息与商业秘密的区别；被诉侵权信息与商业秘密的用途、使用方式、目的、效果等是否具有实质性差异；公有领域中与商业秘密相关信息的情况。由是观之，在商业秘密侵权纠纷民事诉讼中，权利人应当尽可能收集证据，既要提供证据证明自己主张的信息属于商业秘密，也要提供证据证明被诉侵权信息与自己的商业秘密实质性相似。因此，一方面，权利人应当做好商业秘密的保密管理工作，对于采取的保密措施，尽可能形成完善的记录，以便在将来可能出现的诉讼中提供；另一方面，权利人应当尽可能关注市场动向，如果市场上出现与本企业的商业秘密实质性相似的信息，应当立刻调查是否有本企业的前员工供职于涉嫌侵权的企业，并尽量收集该前员工曾经接触本企业商业秘密的证据。同时，可以组织专家证人对被诉侵权信息与商业秘密进行比对，以证明相关信息实质上相同，并形成初步证据向法院提交，从而将举证责任转移给涉嫌侵权人。

通过行政渠道维权，即向县级以上市场监督管理部门举报侵权行为，由行政机关认定查处。通过行政渠道维权的优势在于，行政机关可以对涉嫌侵权人进行调查，要求被调查的经营者说明有关情况或者提供与被调查行为有关的其他资料,并可以查询、复制与涉嫌不正当竞争行为有关的协议、账簿、单据、文件、记录、业务函电和其他资料。相较于民事诉讼,行政投诉更容易获取证据,有利于快速制止和打击侵权行为。在向行政机关举报时,应当证明企业拥有的相关信息符合商业秘密的法定条件,以及提供其商业秘密被侵犯等证明材料,具体要求与民事诉讼类似。

通过刑事渠道维权即向司法机关控告报案,该措施针对的是严重的商业秘密侵权行为。我国《刑法》第 219 条规定了"侵犯商业秘密罪",结合最高人民法院、最高人民检察院《关于办理侵犯知识产权刑事案件具体应用法律若干问题的解释(三)》第 4 条的规定,给商业秘密权利人造成损失数额或者侵权违法所得数额在三十万元以上,或者直接导致商业秘密的权利人因重大经营困难而破产、倒闭的,属于"给商业秘密权利人造成重大损失",应处三年以下有期徒刑,并处或者单处罚金;给商业秘密权利人造成损失数额或者侵权违法所得数额在二百五十万元以上的,属于"造成特别严重后果",应处三年以上十年以下有期徒刑,并处罚金。因此,若权利人因侵权行为遭受了重大损失,也可以寻求刑事救济,对侵权人进行最严厉的惩处。

考虑到商业秘密案件收集证据的难度比其他的知识产权侵权案件更大,在实践中,权利人可以在收集一定证据后,先向行政机关进行举报,由行政机关开展先行调查,若行政机关能够认定涉嫌侵权人侵犯了权利人的商业秘密,并基于此作出行政处罚,那无疑是非常有利于权利人的。在后续的民事诉讼中,权利人可以依据行政机关收集到的新证据,以及作出的有利于权利人的行政处罚决定书,在权利人的证据得到补强后,向法院提起民事诉讼。对于给企业造成重大损失的侵犯商业秘密的行为,可以通过刑事手段维权,给予侵权人严厉惩处的同时也可以震慑其他潜在的侵权人。

综上所述,在实践中,企业应充分认识到商业秘密作为企业资产的重要性,在对企业的相关商业信息进行分类和评估后,应采取相应保密措施并做好记录,以便在之后的维权过程中用以证明相关信息构成商业秘密;在侵权行为发生后,企业应当尽可能收集证据,通过民事、行政和刑事措施相结合的方式予以维权,从而最大限度地维护自己的合法权益。

二、惩罚性赔偿制度适用实务

总结《民法典》、各知识产权单行法规以及《惩罚性赔偿解释》的规定，笔者认为知识产权权利人在适用惩罚性赔偿时应注意以下问题：

（一）惩罚性赔偿需权利人主动申请适用

从现行法律规定来看，《民法典》第1185条规定，惩罚性赔偿是被侵权人"有权请求"的。《惩罚性赔偿解释》第2条规定："原告主张被告故意侵害其依法享有的知识产权且情节严重，请求判令被告承担惩罚性赔偿责任的，人民法院应当依法审查处理。"各知识产权单行法规的用词较为模糊，表述为"可以……确定……""可以……给予……"。从《民法典》和《惩罚性赔偿解释》的规定来看，惩罚性赔偿制度应由原告请求适用，法院对原告提出的主张进行审查。笔者认为，在民事诉讼中，基于"不告不理"的基本原则，法院只能审理当事人提出的主张，而不能主动审理当事人未提出的主张。同时，鉴于惩罚性赔偿的功能在于惩罚而非填平损失，对被控侵权人提出了更高的要求，从平衡当事人诉讼地位的角度出发，法院也不能主动适用惩罚性赔偿。因此，知识产权权利人如果想在诉讼中适用惩罚性赔偿，则应向法院明确提出这一主张。

需要注意的是，根据《惩罚性赔偿解释》第2条第2款的规定，权利人关于惩罚性赔偿的请求应当在一审法庭辩论终结前提出。法院对此应主动向权利人释明，告知其有权主张惩罚性赔偿。即使权利人未在一审中主张惩罚性赔偿，仍可在二审中增加相应的请求，法院将根据当事人的意愿进行调解，调解不成的，权利人有权单就惩罚性赔偿请求另行起诉。

笔者建议，为节约成本，权利人应当尽可能在一审案件中提交适用惩罚性赔偿的请求，因为在一审案件中提出，不论是一审法院还是后续上诉到二审法院甚至到再审环节，法院均应对这一主张进行审理并作出判决。如果在二审中提出，则法院没有义务对适用惩罚性赔偿的主张主动进行审理，只能根据双方的意愿进行调解，而被告往往是不会同意调解的，在此种情况下，权利人只能另行起诉，这无疑增加了诉讼成本。不过，若因特殊原因，权利人确实无法在一审案件中提出适用惩罚性赔偿的请求，那也应该充分认识到其仍有权单就惩罚性赔偿请求另行起诉，从而打击被告的侵权行为，维护自身的合法权益。

（二）权利人需明确赔偿数额和计算方式

惩罚性赔偿是在确定的用于填平损失的赔偿数额的基础上加倍计算的赔偿。因此，适用惩罚性赔偿的首要条件就是确定赔偿基数。根据法律规定，知识产权侵权赔偿数额可按照权利人因被侵权所受到的实际损失、侵权人因侵权所获得的利益以及知识产权许可使用费的倍数确定，在按上述方法难以确定的情况下，可以适用法定赔偿。但是，在实践中，权利人的损失、侵权人获得的利益以及知识产权许可使用费往往难以确定，因此绝大多数知识产权案件均以法定赔偿确定赔偿数额，而惩罚性赔偿并不能以法定赔偿为赔偿基数，这就导致多数知识产权案件实际上难以适用惩罚性赔偿。因此，权利人应当对如何确定赔偿基数有清楚的认识。

目前，最高人民法院《关于审理商标民事纠纷案件适用法律若干问题的解释》、深圳中院《关于知识产权民事侵权纠纷适用惩罚性赔偿的指导意见》等规定为如何确定赔偿基数提供了一定的思路。

1. 以权利人的实际损失为赔偿基数

可考虑以下因素：(1)权利人商品销售减少量或侵权商品销售量与权利人商品单位利润的乘积；(2)权利人商品价格下降数与权利人商品单位利润与该商品销售数量的乘积；(3)权利人因用户数量下降导致的损失；(4)权利人为其所诉请保护的知识产权已实际支出的研发成本；(5)权利人为修复商誉已实际支出的合理广告费；(6)其他因素。

权利人以其实际损失为赔偿基数，首先应当证明其损失与侵权行为之间存在因果关系，如在侵权行为发生前，权利人具有相当的产品销售数量和收入，但在侵权行为发生之后，在市场环境和条件未发生重大变化的情况下，权利人的产品销售数量和收入大幅度下降，由此证明损失和侵权行为之间具有因果关系。

另外，在实践中，在商品销售减少量难以确定的情况下，权利人往往会主张侵权商品销售量作为数量计算依据。但这也是比较难确定的，以商标侵权案件为例，除非侵权人具有详细记录的销售清单，否则权利人仅能以扣押数量作为销售数量，但扣押商品又是明显未销售的，这就存在悖论，也难以得到法院的支持。

2. 以侵权人的侵权利益为赔偿基数

可考虑以下因素：(1)侵权产品销售量与该产品单位利润的乘积；侵权产品单位利润无法查明的，按照权利人商品的单位利润计算；(2)侵权人的营业利润与被诉产品所占比重与该产品销售数量的乘积;(3)侵权人自认的销售数量及价格;(4)公证书显示的产品销售数量、评价数量及价格;(5)侵权人被行政管理部门查处的侵权产品数量及价格;(6)侵权人相关专用账户的资金流水情况;(7)侵权人纳税情况、增值税开具及认证情况;(8)侵权人网站、宣传资料、年度报告等公开披露的相关数据;(9)其他因素。

根据《惩罚性赔偿解释》第5条的规定,权利人提供有关侵权人的账簿、资料存在困难的,可以请求法院责令被告提供相关资料,若被告无正当理由拒不提供或者提供虚假账簿、资料的,人民法院可以参考权利人的主张和证据确定惩罚性赔偿数额的计算基数。这一规定,有利于减轻权利人的举证负担,增加了适用惩罚性赔偿的可能性。

3. 以权利许可使用费为赔偿基数

可考虑以下因素:(1)有无签订许可合同,许可合同是否备案;(2)许可合同是否实际履行,有无支付凭证;(3)许可合同的对象、许可的方式、范围、权限与被诉侵权行为的关联性;(4)许可人与被许可人之间是否存在亲属关系、关联关系等利害关系或交叉许可等特殊商业关系;(5)许可费是否受到外在因素的影响,如许可人或被许可人受到破产清算、并购重组或涉及重大诉讼等;(6)其他因素。

以权利许可使用费确定赔偿基数,重点在于权利许可使用费是真实存在的,是符合商业逻辑和习惯的,而非为了谋求赔偿数额而虚构的。因此,在提交给法院的许可合同中,权利人与被许可方应尽可能避免存在特殊关系,同时有条件的应尽可能进行备案,并提供双方支付凭证予以佐证,以赢得法院对许可使用费的信任。

总之,确定赔偿基数是实践中的一大难题,权利人应根据搜集的证据,确定最有利于自己且最能获得法院支持的计算方式。

(三)权利人需证明侵权人的主观故意

适用惩罚性赔偿的主观要件是,侵权人是“故意”实施侵权行为的。而故意是一种主观状态,难以确定,只能通过客观行为予以证明。根据《惩罚性赔偿解释》第3条的规定,认定侵权人具有主观故意可以考虑以下因素:

首先,确定被侵害的知识产权客体类型、权利状态和相关产品知名度。如果权利人的知识产权是在积极使用中,而且具有较高的知名度,为公众熟知,那么在这种情况下,侵权人作为同领域的从业人员,理应对权利人的知识产权熟知,但其仍然实施了侵权行为，具有主观故意的可能性较大。

其次，确定权利人与侵权人之间是否具有特殊关系。在通常情况下，侵权人与权利人的关系越密切，侵权人知道诉争知识产权的可能性就越大。[①] 如果侵权人与权利人存在以下关系，包括但不限于关联关系、劳动、劳务、合作、许可、经销、代理、代表关系、业务往来关系，并接触过被侵害的知识产权，则可以认定侵权人明知权利人知识产权的存在而故意实施侵权行为。

最后，如果侵权人已经在权利人的通知、警告下获知其已构成侵权，仍继续实施侵权行为的，也可认定侵权人的侵权行为是故意实施的。另外，如果侵权人实施盗版、假冒注册商标行为的，足见其侵犯商标权、搭便车、傍名牌的主观意图十分明显，也能以此确定其主观故意。

总之，证明侵权人的主观故意，重点在于确定侵权人在对权利人的知识产权是明知的情况下仍然实施侵权行为。证明侵权人的明知，既可以通过知识产权的知名度予以确定，也可以通过侵权人是否接触过知识产权来确定。

（四）权利人需证明侵权行为情节严重

适用惩罚性赔偿的客观要件是，侵权行为情节严重。情节严重主要是针对侵权手段的恶劣性以及侵权后果的严重性，具体而言：

首先，如果侵权人因侵权被行政处罚或者法院裁判承担责任后，再次实施相同或者类似侵权行为，或者以侵害知识产权为业，则可以认定其侵权次数多，侵权手段恶劣，从而认定其侵权行为情节严重。

其次，如果侵权人在诉讼中伪造、毁坏或者隐匿侵权证据，或者拒不履行保全裁定，此等妨碍诉讼的行为也会被法院认定为情节严重。

最后，如果侵权人的侵权行为造成了较为严重的侵权后果，如侵权行为的持续时间长，侵权获利或者权利人受损巨大，或者侵权行为可能危害国家安全、公共利益或者人身健康，则同样构成情节严重。

总之，侵权行为情节严重的证明，可以从侵权行为的实施、发展、诉讼过程以及最终导致的侵权后果等各个环节予以考察。权利人应充分把握侵权人在整个侵权过程中的所作所为，寻求能够证明情节严重的有力证据。

---

① 参见《中共中央关于坚持和完善中国特色社会主义制度、推进国家治理体系和治理能力现代化若干重大问题的决定》，载中国政府网，http://www.gov.cn/zhengce/2019-11/05/content_5449023.htm。

综上所述，在实践中，企业应充分认识到惩罚性赔偿制度对维护自身合法权益的重要性，对于可以主张惩罚性赔偿的案件，应当积极主动地向法院提出。在诉讼过程中，权利人应当充分搜集有关侵权人具有主观故意、侵权行为情节严重的证据，并尽可能搜集证据证明自身的损失、侵权人实施侵权行为获得的利益或者涉案权利许可使用费的金额，从而满足惩罚性赔偿的适用要件，这样才能对侵权人的严重侵权行为予以有效的打击。

三、技术合同相关实务

（一）技术合同的订立

订立技术合同关键在于尽可能完善技术合同的条款，将可能涉及的问题在合同中作出明确规定。根据《民法典》第845条的规定，技术合同一般应当包括以下内容：

（1）项目的名称。主要是对双方技术合同项目内容的概括，方便双方在后续的活动中使用项目名称指代该合同，如“人事管理系统技术开发合同”。

（2）标的的内容、范围和要求。主要是对该技术合同涉及的具体内容进行规定，例如，在技术转让合同中明确转让的专利内容、在技术秘密使用许可合同中明确许可使用的技术秘密的内容和范围、在技术开发合同中明确委托开发的新产品的内容和需要实现的要求。若技术合同涉及专利的，则应当注明发明创造的名称、专利申请人和专利权人、申请日期、申请号、专利号以及专利权的有效期限。

（3）履行的计划、地点和方式。主要是对合同如何履行作出规定，如在技术开发合同中明确约定在何阶段应完成怎样的成果、在技术服务合同中约定服务的地点和方式等，这是判断技术合同是否按时、按约履行的关键内容。与履行合同有关的项目任务书和计划书、技术标准、技术规范等内容可以根据当事人的约定写进合同。

（4）技术信息和资料的保密。主要是对在合同订立、履行过程中涉及的技术信息和资料如何保密作出约定。如上所述，在合同中约定保密义务，尤其对技术秘密转让合同和技术秘密使用许可合同具有重要意义，建议当事人在合同中明确约定需要采取保密措施以及需要实现的保密效果。

（5）技术成果的归属和收益的分配办法。主要是对履行技术合同产生的技术成果的归属以及后续对实施技术成果所获得的收益如何分配作出约定。尤其在技术开发合同中，当事人必须明确技术成果的归属。对于委托开发合同的技术成果，当事人未有约定的，申请专利的权利属于研究开发人。对于合作开发合同的技术成果，当事人未有约定的，申请专利的权利属于合作开发的当事人共有。

(6)验收标准和方法。主要是对判断技术成果是否符合合同约定的标准和方法作出规定，合同当事人应根据约定的验收标准和方法来判断合同是否依约履行以及是否实现合同目的。

(7)名词和术语的解释。主要是对技术合同中涉及的专业名词和术语进行统一规定，从而避免当事人因对名词和术语的不同解释而产生纠纷。

除上述技术合同特有的条款外，技术合同还应包括一般合同应具有的内容，主要包括：

(1)风险责任的承担。主要是对在合同履行过程中可能产生的风险以及责任承担问题进行约定，如研究开发失败的风险、基于咨询报告和意见作出决定的风险等。根据《民法典》的规定，若当事人未有约定，技术开发合同履行过程中研究开发失败的风险由当事人合理分担；技术咨询合同的委托人按照受托人符合约定要求的咨询报告和意见作出决策所造成的损失，由委托人承担。

(2)价款、报酬或者使用费及其支付方式。主要是对当事人履行合同应支付的对价以及支付方式进行约定。《民法典》第 846 条提供了“一次总算、一次总付”或者“一次总算、分期支付”，以及“提成支付”或者“提成支付附加预付入门费”的方式供当事人选择。

(3)违约金或者损失赔偿的计算方法。主要是对合同违约后如何计算当事人的损失以及违约方如何承担赔偿责任作出约定。

(4)解决争议的方法。主要是对争议发生后如何解决作出约定，一般可以约定先由双方友好协商解决，同时应在合同中明确约定协商不成时的仲裁机构或者管辖法院，避免因未约定管辖而导致不必要的管辖权纠纷。

总之，技术合同条款的完善与否对技术合同的订立、履行以及后续发生纠纷时如何解决具有重要意义，当事人应当尽可能将涉及的内容在合同中明确规定。

(二)技术合同的认定登记

1. 技术合同认定登记的概念和意义

根据《技术合同认定规则》第 2 条的规定,技术合同认定是指技术合同登记机构对技术合同当事人申请认定登记的合同文本从技术上进行核查,确认其是否符合技术合同要求的专项管理工作。技术合同认定登记的意义在于,登记企业可以享受国家对有关促进科技成果转化规定的税收、信贷和奖励等方面的优惠政策,如免征增值税、减免所得税、研发费用加计扣除、提取奖酬金等。

2. 技术合同认定登记的主管部门

根据《技术合同认定登记管理办法》第 3 条的规定,科学技术部管理全国技术合同认定登记工作。省、自治区、直辖市和计划单列市科学技术行政部门管理本行政区划的技术合同认定登记工作。地、市、区、县科学技术行政部门设技术合同登记机构,具体负责办理技术合同的认定登记工作。以上海市为例,上海市科学技术委员会是上海市技术合同登记的主管机关。其所属的上海市技术市场管理办公室(市场办),具体负责全市技术合同认定、登记的管理工作。市场办设立的技术合同登记处负责技术服务合同的受理、初审和复审工作;市场办负责技术服务合同的审定工作。

3. 技术合同认定登记的申请人

技术合同认定登记的申请并非双方当事人均可以提出,而是有特殊规定,只有技术开发合同的研究开发人、技术转让合同的让与人、技术咨询和技术服务合同的受托人,以及技术培训合同的培训人、技术中介合同的中介人才可以提出申请。另外根据上海市的规定,在涉外技术合同中,外方为技术出让方的,可委托注册在上海市的技术受让方进行认定登记。①

4. 技术合同认定登记所需的材料

根据《技术合同认定登记管理办法》第 9 条的规定,当事人申请技术合同认定登记,应当向技术合同登记机构提交完整的书面合同文本和相关附件,以口头形式订立的技术合同将无法办理认定登记。根据《上海市技术合同登记管理暂行办法》第 7 条的规定,各类技术合同须符合相关法律规定,并使用上海市科学

① 参见《关于做好 2020 年度上海市技术合同认定登记工作的通知》(沪科合〔2020〕11 号),载上海市科学技术委员会官网,http://stcsm.sh.gov.cn/zwgk/tzgs/zhtz/20201125/61a88619ced541e6bd5321a028ca2834.html。

技术委员会制发的示范文本。根据《技术合同认定规则》第8条的规定，申请认定登记的技术合同应当是依法已经生效的合同。

5. 技术合同认定登记的审查内容

根据《上海市技术合同登记管理暂行办法》第13条的规定，技术合同认定登记主要审查以下内容：(1)是否属于技术合同；(2)合同条款是否符合《合同法》；(3)合同当事人是否为合法的合同主体。

另根据科技部发布的《技术合同认定规则》第15条的规定，申请认定登记的技术合同，其技术标的或内容不得违反国家有关法律法规的强制性规定和限制性要求。对于以下技术合同无法进行登记：(1)合同主体不明确的；(2)合同标的不明确，不能使登记人员了解其技术内容的；(3)合同价款、报酬、使用费等约定不明确的。此外，其第18条规定，如果技术合同包含非法垄断技术、妨碍技术进步等不合理限制条款的，也不能进行登记。

6. 技术合同认定登记的办理流程

以上海市为例，第一步，由申请人登录上海政务"一网通办"平台，填写相关信息，上传申请材料。

第二步，由技术合同登记处受理人员于5个工作日内依据受理条件对申请材料进行审查，申请材料齐全且符合法定形式的，予以受理并出具《受理通知书》；申请材料不齐全的，要求申请人补正材料；申请材料不符合法定形式的，不予受理并出具《不予受理通知书》。

第三步，技术合同登记处经办人员于3个工作日内，依据审批条件对申请材料进行初审，提出审查意见，报复核人审核。复核人于2个工作日内，依据审批条件对申请材料和经办人审查意见进行复审。

第四步，上海市技术市场管理办公室主管领导于2个工作日内，依据审批条件对相关审查意见进行审定，作出是否审批通过的决定。如需专家评审，办理时限将延长至20个工作日。

第五步，上海市技术市场管理办公室经办人员于1个工作日内，对于审核不通过的申请，出具《不予登记通知书》；对于符合认定条件的申请，出具《上海市技术合同认定登记审核证明》。

(三)技术合同的履行

技术合同的履行是实现合同目的的重要步骤。在合同履行阶段，当事人应

当严格依据合同的约定承担自己的义务。一般而言,外商投资企业在合同履行过程中应当注意以下几方面:

1. 定期检查对方当事人是否严格遵守保密义务

外商投资企业往往是技术的持有者,如技术秘密使用许可合同的许可人,在合同履行过程中,外商投资企业往往需要对方当事人遵守合同中的保密条款,从而防止技术秘密泄露而造成损失。因此,外商投资企业应在技术合同履行过程中,定期检查对方当事人是否严格遵守保密义务,可以定期对市场进行监控,通过查看市场上有无出现与其技术相近似的技术的方式作为判断依据。定期检查的意义在于,能在技术秘密泄露的第一时间发现并采取措施,从而将损失控制在最小范围内。

2. 定期与对方当事人沟通合同履行情况

在技术合同履行过程中,由于技术的复杂性,履行时间往往较长,此时就需要当事人之间及时沟通合同履行情况,对可能存在的问题进行协商解决。如在委托开发合同和技术服务合同中,外商投资企业若作为受托人,应当按期完成研究开发工作和服务工作,并对阶段完成的成果及时向委托人交付和汇报。若在合同履行过程中,需要委托人提供技术资料或其他帮助,也应及时进行沟通,避免耽误合同履行的进度而构成违约。

3. 注意对在履行合同过程中产生的技术成果进行保护

如上所述,技术合同的履行周期较长,可能在合同还未完全履行完毕时就产生了阶段性的技术成果。对于这些成果,当事人应当根据合同的约定,确定成果的权属,并由合同约定的权利人及时确定保护策略,如进行专利申请或者采取保密措施作为商业秘密进行保护。

4. 注意合同款项的支付情况

合同款项是外商投资企业谋求的合同利益,因此需要特别注意合同款项的支付情况。如果对方当事人未按照合同约定支付款项,应及时进行催告。若对方当事人经催告后仍不支付合同款项,则外商投资企业可以要求解除合同,并追究对方当事人的违约责任。对合同款项的支付情况应予以重视,避免对方当事人未支付报酬,而己方付出了人力、物力成本,从而造成损失的进一步扩大。

总之,在技术合同履行过程中,外商投资企业不仅应关注自身的履约情况,同时也应关注对方当事人的履约情况,只有在共同履约的情况下,双方的友好合作才能继续进行。

(四)技术合同的纠纷解决

外商投资企业在中国境内发生技术合同纠纷时,首先应通过协商的方式进行,协商是当事人解决纠纷成本最低的方式,往往也能实现理想的效果。若当事人之间无法协商一致,则应根据合同约定的争议解决条款,通过诉讼或者仲裁的方式解决纠纷。

若当事人约定通过诉讼的方式解决纠纷,在管辖法院的选择上,根据《民事诉讼法》的规定,合同当事人可以书面协议选择被告住所地、合同履行地、合同签订地、原告住所地、标的物所在地等与争议有实际联系地点的人民法院管辖,但不得违反级别管辖和专属管辖的规定。因此,外商投资企业应尽可能选择有利于自身的法院进行诉讼,例如,选择原告住所地的法院作为管辖法院可以提供较大的诉讼便利。

若当事人约定通过仲裁的方式解决纠纷,则需要以书面形式在合同中订立仲裁条款或达成请求仲裁的协议,仲裁协议应包括请求仲裁的意思表示、仲裁事项和选定的仲裁委员会等内容。达成仲裁协议后,当事人可以向选定的仲裁委员会提出仲裁申请。需要注意的是,当事人达成仲裁协议后,一方当事人再向人民法院起诉的,法院会不予受理。同时,仲裁实行一裁终局的制度,裁决作出后即生效,无法再进行仲裁或起诉。

总之,外商投资企业在发生技术合同纠纷时,应尽可能选择有利于自己的方式来解决纠纷。鉴于技术合同纠纷的复杂性和专业性,笔者建议外商投资企业委托专业的知识产权律师来协助解决纠纷,从而最大限度地维护其合法权益。

综上所述,外商投资企业在订立合同时,应按照《民法典》的规定尽可能完善地约定双方的权利义务;在履行合同时,不仅应按照合同约定履行自己的义务,同时也应关注对方的履约情况,避免造成不必要的损失;在纠纷发生后,应选择最有利于自己的纠纷解决方式,必要时应委托专业的律师来维护合法权益。

第六章　外商投资企业监管法律实务

黄书渊*

第一节　外商投资信息报告制度

2020 年 1 月 1 日,随着《外商投资法》《外商投资法实施条例》实施,外商投资企业信息报告制度也正式落地,从此,外商投资企业告别了批准证书和备案回执,进入了全面信息报告的时期。与法配套,商务部、国家市场监管总局颁布了《外商投资信息报告办法》(商务部、国家市场监管总局令 2019 年第 2 号),《国家市场监管总局、商务部、国家外汇管理局关于做好年报"多报合一"改革有关工作的通知》(国市监信〔2019〕238 号),明确了外商投资企业设立报告、变更报告和年度报告的基本规则,体现了信用监管和信息共享的现代政府治理理念。

一、外商投资信息报告制度的出台背景和法律属性

(一)外商投资信息报告制度历史沿革和出台背景

自 2014 年我国实行注册资本认缴制改革后,企业登记机关的企业年度检验改为企业年度报告公示制度,实施几年来已成为推进政府治理方式改革的有效途径。在外商投资领域也是一样,信息报告制度代表了我国推进外资监管方式的变革,有助于实现外商投资准入前国民待遇,便于吸引外资、提高我国国际竞

---

* 黄书渊,上海市金茂律师事务所合伙人,华东政法大学法学学士,上海市青年创业协会理事,上海市律师协会国际投资业务研究委员会委员,主要业务领域包括外商直接投资、私募基金设立与投资、跨境兼并与收购、资本市场与融资、企业日常合规事务、境外直接投资等。

争力。

第一阶段:外商投资全面审批制

改革开放初期,随着最初分别于 1979 年、1988 年和 1986 年通过(后历经修订)的《中外合资经营企业法》《中外合作经营企业法》和《外资企业法》的颁布实施,国家对外商投资领域实行严格的准入管理和逐案审批模式,涉及外商投资企业设立、变更、股权转让等事项均需商务主管部门的前置审批,涉及外商投资活动的各类合资协议、合作协议、股权转让协议、公司章程等文件均需提交商务部门审查,经批准获得相关批文后才能向市场监管部门申请相应事项的登记或备案。

第二阶段:全面审批制转为负面清单管理 + 备案制

全国人大常委会于2013 年8 月授权上海自由贸易试验区内对外商投资企业暂停实施外资三法中规定的部分行政审批事项,改为备案制和负面清单管理模式。随后,《关于修改〈中华人民共和国外资企业法〉等四部法律的决定》及《外商投资企业设立及变更备案管理暂行办法》自 2016 年 10 月生效。据此,外商投资领域在全国范围内实施外资准入前国民待遇及负面清单管理模式,由全面逐案审批制转变为普遍备案制与负面清单下的审批制。

第三阶段:信息报告制

随着《外商投资法》及《外商投资法实施条例》的正式实施,以及陆续出台的《外商投资信息报告办法》及《商务部关于外商投资信息报告有关事项的公告》等文件,正式明确了外商投资的"信息报告制"以替代之前的"普遍备案制",自 2020 年 1 月 1 日起外国投资者或外商投资企业设立登记及变更等事项不再需要单独向商务主管部门进行备案,直接在向市场监管部门进行登记备案时,通过企业登记系统进行各类报告即可将相关投资信息报送至商务主管部门。

外商投资信息报告制度的推进,是我国提升外商投资便利度、实现准入前国民待遇的重要举措,也是推进政府职能转变、加强政府信息共享的有力途径。按时、全面、准确履行外商投资信息报告义务是外商投资企业在中国境内合规经营和信用管理的重要内容。我们相信外商投资信息报告制度的实施将进一步优化我国营商环境、促进我国开放型经济的发展。

(二)外商投资信息报告制度的法律属性

《外商投资法》第34条[①]确定了国家建立外商投资信息报告制度,并明确了主管部门、报送途径和“确有必要”的原则,同时在法律责任章节明确了违反信息报告义务的法律后果。该等原则性规定成为了《外商投资信息报告办法》的制定依据。综观外商投资信息报告的制度设计,可以从以下三个方面来理解信息报告的法律属性。

首先,外商投资信息报告具备程序独立性的特点。与之前商务部门的外商投资企业准入审批或者备案程序不同,提交外商投资信息报告并不是办理外商投资企业注册登记的必要条件,也不是外汇登记、固定资产投资项目备案/核准的必备条件。

其次,外商投资信息报告具备强制性的特点,是外商投资者和外商投资企业的法定义务。法定主体必须在法定时间内完成规定的报告内容,且必须保证提交的信息真实、准确、完整。商务部门将对报告内容进行监督检查,如发现未报、漏报、错报的,将要求企业进行更正,逾期不更正的,将启动行政处罚流程,处以10万元以上50万元以下罚款,相关违法信息还将列入信用信息系统。

最后,外商投资信息报告具备便利性的特点。虽然商务部门是信息报送的主管部门,但该制度同时也建立了与外商投资企业的登记机关(市场监管部门)系统的衔接,通过企业登记系统来提交报告,并且对于一些可以通过政府共享的信息不再重复要求企业申报。

二、信息报告制度的主要内容

(一)外商投资信息报告事项

《外商投资信息报告办法》按照外商投资不同的业务类型确定了初始报告、变更报告、注销报告和年度报告。不同的报告类型对应的报告事项如表6-1所示:

---

① 《外商投资法》第34条规定:“国家建立外商投资信息报告制度。外国投资者或者外商投资企业应当通过企业登记系统以及企业信用信息公示系统向商务主管部门报送投资信息。外商投资信息报告的内容和范围按照确有必要的原则确定;通过部门信息共享能够获得的投资信息,不得再行要求报送。”

表6-1　外商投资信息报告基本类型及事项

报告类型	报告事项
初始报告	1. 外国投资者在中国境内设立外商投资企业(包括公司、合伙企业); 2. 外国投资者股权并购中国境内非外商投资企业; 3. 外国(地区)企业在中国境内从事生产经营活动; 4. 外国(地区)企业在中国境内设立从事生产经营活动的常驻代表机构; 5. 外商投资举办的投资性公司、创业投资企业和以投资为主要业务的合伙企业在中国境内投资设立企业或者并购非外商投资企业的; 6. 非企业形式的外商投资
变更报告	初始信息发生变更的(包括企业登记信息以及非登记信息事项),外商投资企业应当进行变更报告
注销报告	外商投资企业注销或者转为内资企业
年度报告	外商投资企业[外国投资者直接在中国境内设立的公司、合伙企业,外国(地区)企业在中国境内从事生产经营活动,外国(地区)企业在中国境内设立从事生产经营活动的分支机构、外商投资性公司、创业投资企业、以投资为主要业务的外商投资合伙企业在中国境内投资设立的企业];当年成立的参加下一年度年报

(二)外商投资信息报告内容和要求

初始报告、变更报告、注销报告和年度报告对应的报告要求如表6-2所示:

表6-2　外商投资信息报告具体要求

报告类型	报告要求
初始报告	1. 报送内容:包括企业基本信息、投资者及实际控制人信息、投资交易信息等。 2. 报送时间:在外商投资企业设立登记和被并购企业办理变更登记时报送。 3. 报送途径:通过企业登记系统报送,上海通过一网通办系统报送
变更报告	1. 报告时间: (1)信息变更涉及企业登记(备案)事项的,在办理企业变更登记(备案)时通过企业登记系统提交变更报告(企业登记事项由公司登记管理条例、合伙企业登记管理规定规范,且规定了相关事项的登记备案时限)。 (2)信息变更不涉及企业登记(备案)事项的,包括但不限于实际控制人变更、进口设备免税信息变更、住所未变更但所在特殊经济区域变更、外商投资股份有限公司除发起人之外的股东基本信息变更等,在变更事项发生后20个工作日内通过企业登记系统提交功能报告。 2. 报告内容:只需填报变更事项

续表

报告类型	报告要求
注销报告	在企业办理注销登记或者变更为内资企业的变更登记后视同已经提交注销报告，相关信息由市场监管部门推送至商务主管部门
年度报告	1. 每年1月1日至6月30日通过国家企业信用信息公示系统提交上年度的年度报告。 2. 根据《国家市场监管总局、商务部、国家外汇管理局关于做好年报“多报合一”改革有关工作的通知》（国市监信〔2019〕238号），采用多报合一年报方式，在原市场监管部门年报信息的基础上，增加商务部门和外管部门的年报内容

注：不涉及国家规定实施外商投资准入特别管理措施的外商投资企业，如2019年12月31日前已在市场监管部门办理设立登记，或发生《外商投资企业设立及变更备案管理暂行办法》第6条、第7条规定的变更事项，但尚未办理外商投资企业设立或变更备案，2020年1月31日前仍可通过外商投资综合管理系统（网址：wzzxbs. mofcom. gov. cn）办理备案。2020年1月1日起设立或发生变更的外商投资企业，无须办理外商投资企业设立或变更备案，只需报告投资信息。

三、多层次投资的外商投资信息报告

《外商投资法》对外商投资的定义包括了直接投资和间接投资，《外商投资信息报告办法》第2条也明确外国投资者直接或者间接在中国境内进行投资活动，应由外国投资者或者外商投资企业进行信息报告。[①] 由于立法层面对“间接投资”的概念和范围尚未进行明确定义，特别是外商投资企业再投资设立的企业后续再行投资的管理措施尚待进一步明确。《外商投资信息报告办法》对此类情况通过“多层次投资”的定义规定了信息采集之要求，其采集方式为市场监管部门企业登记信息的推送。

根据《外商投资信息报告办法》，外商投资举办的投资性公司、创业投资企业和以投资为主要业务的合伙企业因被视为境外投资者，在中国境内投资设立的企业仍需根据上述要求通过企业登记系统进行外商投资信息报告。[②] 其他外商投资企业在中国境内投资（含多层次投资）设立企业的，在向市场监管部门办理登记备案、报送年报信息后，相关信息由市场监管部门推送至商务主管部门，该等外商投资企业或其在中国境内投资（含多层次投资）设立的企业无须另外进行

① 《外商投资信息报告办法》第2条规定：“外国投资者直接或者间接在中国境内进行投资活动，应由外国投资者或者外商投资企业根据本办法向商务主管部门报送投资信息。”

② 《外商投资信息报告办法》第29条规定：“外商投资举办的投资性公司、创业投资企业和以投资为主要业务的合伙企业在境内投资设立企业的，应当参照本办法第二章的规定报送投资信息。”

外商投资信息报告。关于多层次投资的信息报告系商务部门首次对该类数据进行采集，是否会对外资投资管理体制产生影响还有待进一步观察。

四、外商投资信息报告的更正

《外商投资信息报告办法》按照不同的信息报告类型明确了补报和更正的流程，其补报和更正的类型、途径及时限如表 6－3 所示：

表 6－3　外商投资信息报告的更正途径

更正类型	更正途径及时限
初始、变更报告更正	1. 自行更正：外国投资者或者外商投资企业发现其存在未报、错报、漏报有关投资信息的，应当通过企业登记系统及时进行补报或更正。 2. 通知更正：商务主管部门发现外国投资者或者外商投资企业存在未报、错报、漏报的，应当通知外国投资者或者外商投资企业于 20 个工作日内进行补报或更正；更正涉及公示事项的，更正前后的信息应当同时公示
年度报告更正	1. 每年 6 月 30 日前，年度报告存在错报、漏报的，外国投资者或者外商投资企业应通过国家企业信用信息公示系统进行补报或更正。 2. 每年 7 月 1 日起，年度报告存在错报、漏报的，外国投资者或者外商投资企业应向商务主管部门申请，通过外商投资信息报告管理系统（网址：wzxxbg.mofcom.gov.cn）进行补报或更正。 3. 每年 7 月 1 日起，外国投资者或者外商投资企业未按时提交年度报告的，应根据商务主管部门、市场监管部门的相关规定办理相关手续

五、外商投资信息报告公示和监督体系

（一）外商投资信息报告公示

关于外国投资者或外商投资企业报送的投资信息的公示相关规定，具体如表 6－4 所示：

表 6－4　外商投资信息报告的公示

信息公示渠道	国家企业信用信息公示系统及外商投资信息报告系统
信息公示内容	法定公示信息：外国投资者或者外商投资企业报送的投资信息，根据《企业信息公示暂行条例》应当向社会公示。 酌定公示信息：外国投资者、外商投资企业同意公示的，将通过国家企业信用信息公示系统及外商投资信息报告系统向社会公示

续表

公示信息的更正	外国投资者或者外商投资企业认为外商投资信息报告系统公示平台上有关信息记录不完整或者有错误的,可提供相关证明材料并向商务主管部门申请修正。经核查属实的,予以修正

（二）外商投资信息报告监督体系

外商投资信息报告的监管责任和监管方式,具体如表6－5所示:

表6－5　外商投资信息报告的监督

监督管理部门	商务主管部门
监督检查的发起	1. 联合有关部门,采取抽查:商务主管部门采取抽查方式对外国投资者、外商投资企业履行信息报告义务的情况实施监督检查,应当随机抽取检查对象、随机选派执法检查人员,抽查事项及查处结果及时通过外商投资信息报告系统公示平台予以公示。 2. 根据举报进行检查:公民、法人或其他组织发现外国投资者或者外商投资企业存在违反《外商投资信息报告办法》的行为的,可向商务主管部门举报。举报采取书面形式,有明确的被举报人,并提供相关事实和证据的,商务主管部门接到举报后应当依法及时处理。 3. 根据有关部门或司法机关的建议和反映的情况进行检查:其他有关部门或司法机关在履行职责的过程中,发现外国投资者或者外商投资企业有违反《外商投资信息报告办法》的行为的,可向商务主管部门提出监督检查的建议,商务主管部门接到相关建议后应当依法及时处理。 4. 依职权启动检查:对于未按《外商投资信息报告办法》的规定进行报告,或曾有报告不实、对监督检查不予配合、拒不履行商务主管部门作出的行政处罚决定记录的外国投资者或者外商投资企业,商务主管部门可依职权对其启动检查
监督检查的方式	1. 实地核查、书面检查:商务主管部门可采取实地核查、书面检查等方式进行监督检查。商务主管部门可依法查阅或者要求被检查人提供有关材料,被检查人应当配合检查,如实提供。 2. 从其他部门获取信息:可根据需要从其他部门获取信息用于核实外国投资者或者外商投资企业报送的投资信息是否真实、准确、完整、及时

六、违反外商投资信息报告义务的法律责任

对于违反外商投资信息报告义务需承担的法律责任,如表6－6所示:

表 6-6　违反外商投资信息报告义务的法律责任

违法行为	法律责任
外国投资者或者外商投资企业未按要求报送投资信息,且在商务主管部门通知后未予以补报或更正的: (1)外国投资者或者外商投资企业故意逃避履行信息报告义务,或在进行信息报告时隐瞒真实情况、提供误导性或虚假信息; (2)外国投资者或者外商投资企业就所属行业、是否涉及外商投资准入特别管理措施、企业投资者及其实际控制人等重要信息报送错误; (3)外国投资者或者外商投资企业未按要求报送投资信息,并因此受到行政处罚的,两年内再次违反有关要求; (4)商务主管部门认定的其他严重情形	1.由商务主管部门责令其于20个工作日内改正;逾期不改正的,处10万元以上30万元以下罚款;逾期不改正且存在以下情形的,处30万元以上50万元以下罚款。 2.商务主管部门在监督检查中掌握的外国投资者、外商投资企业未依法履行信息报告义务的有关情况,应当记入外商投资信息报告系统,并按照国家关于信用体系建设的有关规定完善信用监管。 3.外国投资者、外商投资企业因违反信息报告义务受到商务主管部门行政处罚的,商务主管部门可将相关情况在外商投资信息报告系统公示平台上予以公示,并按照国家有关规定纳入信用信息系统。商务主管部门可与市场监管、外汇、海关、税务等有关部门共享外国投资者、外商投资企业履行信息报告义务以及受到相应行政处罚的有关情况

七、外商投资信息报告填报的重点提示

(一)信息报告各项指标的说明

1.《基本信息》指标说明

(1)统一社会信用代码:系指营业执照上的统一社会信用代码。

(2)住所:系指营业执照上的住所。填写住所后,需勾选是否位于自由贸易试验区、国家级经济技术开发区、国家级边境经济合作区或跨境经济合作区等特殊经济区域内,如是则还需勾选所属的具体区域。

(3)投资行业:从《国民经济行业分类》(GB/T4754-2017)的行业类别中勾选,可多选。从投资行业中勾选一个作为主营行业,主营行业为单选项。

(4)经营范围:系指营业执照上的经营范围。填写后并勾选该经营范围是否涉及国家规定实施的外商投资准入特别管理措施,如是则勾选涉及的特别管理措施条目。投资者如为符合条件的港澳投资者、服务提供者,勾选经营范围是否涉及内地与香港、澳门《CEPA服务贸易协议》《CEPA投资协议》负面清单内的领域。

(5)投资总额、注册资本、出资额和资金数据:以币种的万元为单位填写金额。

(6)业务类型:

"外商投资的投资性公司"系指依据《关于外商投资举办投资性公司的规定》设立的外商投资性公司;

"外商投资的创业投资企业"系指依据《外商投资创业投资企业管理规定》设立的外商投资创业投资企业;

"外商投资的以投资为主要业务的合伙企业"系指以投资为主要业务的外商投资合伙企业。

(7)投资方式:

"合并新设"系指两个以上公司合并设立一个新的公司,合并各方解散;

"分立新设"系指一个公司分立成两个以上公司,本公司继续存在并设立一个以上新的公司,或本公司解散并设立两个以上新的公司;

"资产并购"系指外国投资者设立外商投资企业,并通过该企业协议购买境内非外商投资企业资产且运营该资产,或外国投资者协议购买境内非外商投资企业资产,并以该资产投资设立外商投资企业运营该资产;

"股权并购"系指外国投资者购买境内非外商投资企业股东的股权或认购境内非外商投资企业增资,使该境内公司变更设立为外商投资企业;

"吸收合并"系指公司接纳其他公司加入本公司,接纳方继续存在,加入方解散;

"外国投资者战略投资境内上市非外商直接投资企业"系指外国投资者通过协议转让、上市公司定向发行新股(包括非公开发行股票募集资金和发行股份购买资产)、要约收购以及国家法律法规规定的其他方式取得非外商直接投资上市公司 A 股股份的行为,首次投资完成后取得的股份比例不低于该公司已发行股份的 10%。

(8)国家鼓励发展的外商投资项目:按照《指导外商投资方向规定》《外商投资产业指导目录》和《中西部地区外商投资优势产业目录》的规定勾选"国家鼓励外商投资的产业""中西部地区外商投资优势产业"及其具体条目,并填写项目内容、项目投资总额(美元值)、项目起始年、项目截止年和项目用汇额度(万美元)。企业投资经营涉及多项鼓励类产业政策条目的,应当按照相关条目分别填报上述信息。

2.《投资者基本信息》指标说明

(1)资金来源地:按穿透原则追溯资金来源地。

(2)股权转让情况:外国股东(或外国合伙人)并购境内企业或外资企业股权发生转让交易时填写;"转让方实际出资金额"系指转让方转让股权(或财产份额)的实际投入金额;"支付对价"系指股权(或财产份额)交易中的交易总金额;以"基本信息"中"币种"的万元为单位填写金额。

(3)投资者类型:

境外投资者:外资在境内设立的投资性公司、创业投资企业、以投资为主要业务的合伙企业视同外国投资者,需在"投资者类型"栏的"境外投资者"项中勾选相应选项。

境内投资者:境内投资者为外商投资企业或外商投资企业境内投资的企业(含多层次投资),系指该境内投资者为外商投资企业在中国境内投资设立的企业,或该境内投资者的股东中有外商投资企业。

(4)投资者最终实际控制人:系指通过股份、合同、信托或其他方式最终直接或间接对外商投资企业投资者实现控制(支配公司行为)的自然人、企业、政府机构或国际组织。实际控制人是境外的,需追溯至境外上市公司、境外自然人、外国政府机构(含政府基金)或国际组织;实际控制人是境内的,需追溯至境内上市公司、境内自然人或国有/集体企业。

3.《并购设立外商投资企业交易基本情况》指标说明

(1)被并购方:购买境内非外商投资企业股东的股权时应填写股东名称、证件和交易支付情况;认购境内非外商投资企业增资时应填写境内非外商投资企业名称、证件和交易支付情况;协议购买境内非外商投资企业资产时应填写出售资产的非外商投资企业名称、证件和交易支付情况。

(2)被并购股权/资产价值评估情况:

股权/资产评估值:系指根据第三方资产评估机构对拟转让的股权或拟出售资产的评估结果,以"基本信息"中"币种"的万元为单位填写金额。如并购支付对价低于评估值的90%,需作出说明。根据《企业国有资产交易监督管理办法》(国资委、财政部令2016年第32号)第32条的规定,在同一国有企业内部重组整合的情形下,国有企业可以资产评估报告或最近一期审计报告确认的净资产值作为交易价格依据。如因上述情形,无资产评估报告,应填写审计报告中的净资产值。

财务审计报告编号:系指被并购境内公司上一财年年度的财务审计报告编号。

核准/备案机构:涉及国有资产交易,应填写相应核准或备案国有资产监督管理机构的名称。

(3)关联并购:系指外国投资者与被并购企业交易属于《关于外国投资者并购境内企业的规定》(商务部令2009年第6号)第11条规定的关联并购。

4.《外国投资者战略投资上市公司交易基本情况》指标说明

(1)战略投资范围:外国投资者对上市公司战略投资范围参见《外国投资者对上市公司战略投资管理办法》(商务部、证监会、税务总局、工商总局、外汇局令2005年第28号)的规定。

其中,战略投资:首次投资完成后取得的股份比例不低于该公司已发行股份的10%;取得的上市公司A股股份3年内不得转让。

其中,战略投资者:依法设立、经营的外国法人或其他组织,财务稳健、资信良好且具有成熟的管理经验;境外实有资产总额不低于1亿美元或管理的境外实有资产总额不低于5亿美元;或其母公司境外实有资产总额不低于1亿美元或管理的境外实有资产总额不低于5亿美元;有健全的治理结构和良好的内控制度,经营行为规范;近3年内未受到境内外监管机构的重大处罚(包括其母公司)。

(2)战略投资阶段:战略投资可分期进行,如外国投资者首次通过战略投资方式进入上市公司,成为上市公司股东,勾选"投资者首次战略投资";如外国投资者已通过战略投资方式进入上市公司,再次对上市公司进行战略投资的,勾选"投资者对其已持有股份的上市公司继续进行战略投资"。

(二)新设、变更、外资并购信息报告填报的重点提示

考虑到商务部将外商投资信息报告审查的权限下放至各个省市商务委,不同省市根据其行政便利性将外商投资信息报告内嵌于不同的审查模块。我们以上海为例,就于上海一网通办服务平台进行外商投资企业新设、变更、内资变外资(外资并购)的信息报告填报过程中的重点信息提示如下:

1. 新设信息报告的重点提示

外商投资信息报告须填报所有外商投资企业的投资者信息及所有投资者的实际控制人信息(不区分境内外投资者),如图6-1至图6-3所示:

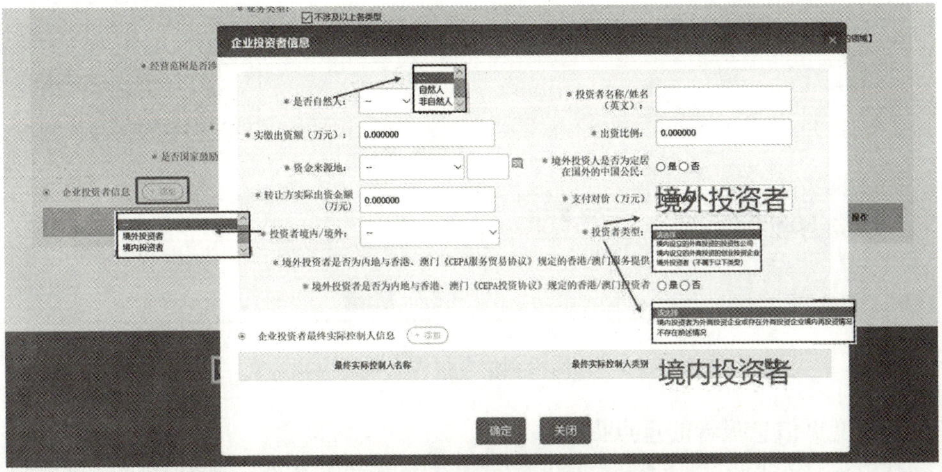

图6-1　外商投资信息报告之投资者信息

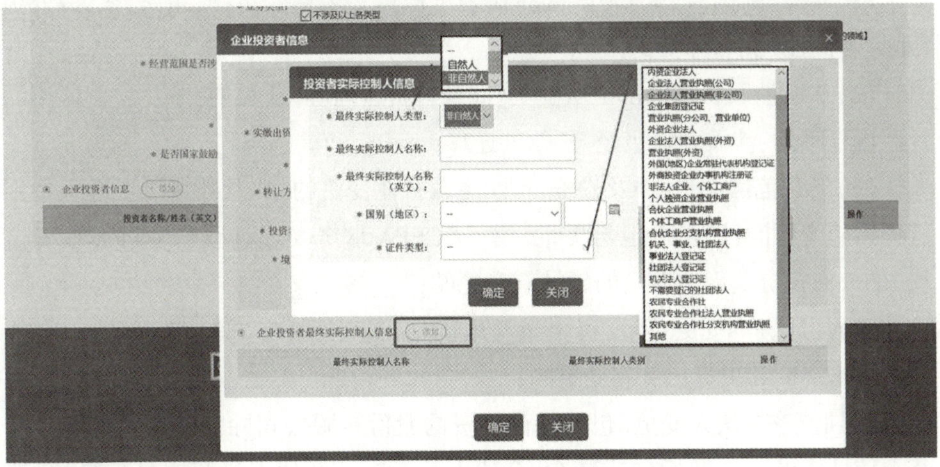

图6-2　外商投资信息报告之实控人类型

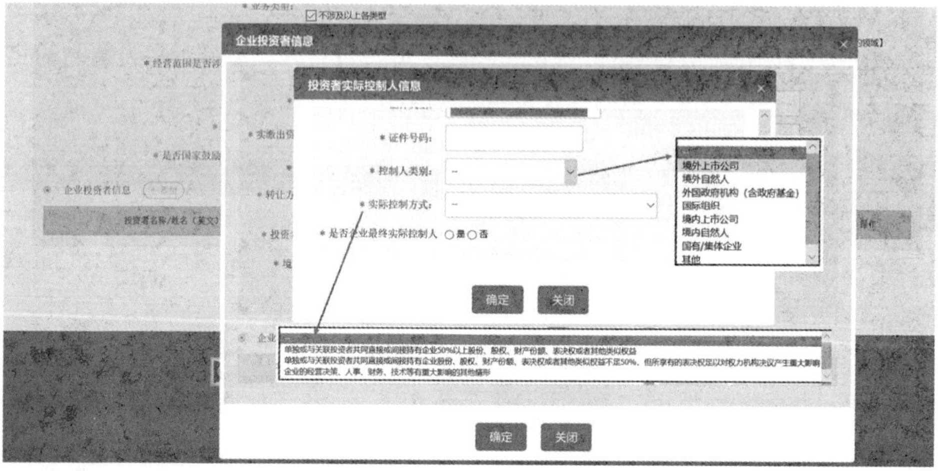

图 6－3　外商投资信息报告之实际控制方式

2. 变更信息报告的重点提示

需通过企业电子营业执照/法人一证通登录后做信息报告的修改。需要进行外商投资信息填报的变更事项具体包括：

(1)企业/外国(地区)企业常驻代表机构英文名称变更、股东/合伙人/外国(地区)企业英文名称变更；

(2)住所涉及特殊经济区域变更：涉及自贸区内/外迁移的；涉及自贸区不同片区内迁移的；涉及国家级经开区/外迁移；

(3)经营范围变更：涉及投资行业、主营行业变更的；涉及外商投资准入特别管理措施变更的；涉及内地与香港、澳门《CEPA 服务贸易协议》《CEPA 投资协议》的外商投资负面清单内的领域有变更的；

(4)注册资本变更：涉及资金来源地国别(或地区)变更的；涉及股东/合伙人实缴出资额和出资比例有变更的；

(5)股东/合伙人变更(包括外商投资的股份有限公司除发起人之外的股东基本信息变更)：涉及增加或减少/合伙人的；涉及/合伙人投资交易信息的；涉及/合伙人实缴出资额和出资比例有变更的；涉及投资者/合伙人类型有变更的；

(6)外商投资企业实际控制人变更(包括股东/合伙人的最终实际控制人有变更的)；

(7)外国(地区)企业常驻代表机构、外国(地区)企业在中国境内从事生产经营活动的资金来源变更；

(8)涉及外商投资鼓励类项目进口设备减免税信息变更。

3. 外资并购信息报告的重点提示

(1)投资方式需选择“股权并购”，如图 6－4 所示：

图 6－4　外资并购信息报告之投资方式填报

(2)当投资方式选择股权并购后，需填报“被并购企业境内投资情况”“被并购方信息”“被并购企业投资行业”等信息(如图 6－5 至图 6－9 所示)，其中需提供该被并购外商投资企业的资产总额、销售收入、股权评估值、并购支付对价(若并购支付对价低于评估值的 90% 的，需特殊说明)、被并购股权/资产财务审计报告编号等数据信息，并确认是否存在关联并购、是否涉及国有资产或知识产权交易。

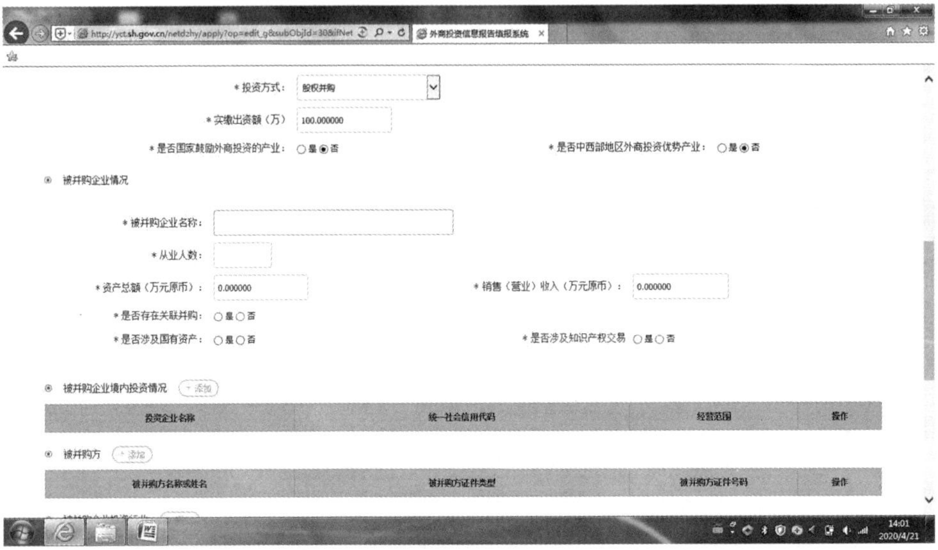

图 6－5　外资并购信息报告股权并购项下的信息填报 1

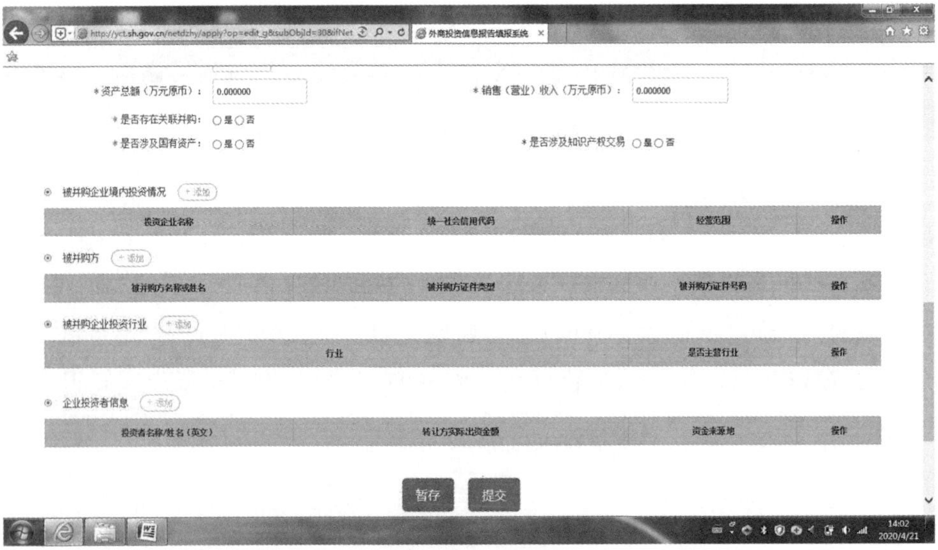

图 6－6　外资并购信息报告股权并购项下的信息填报 2

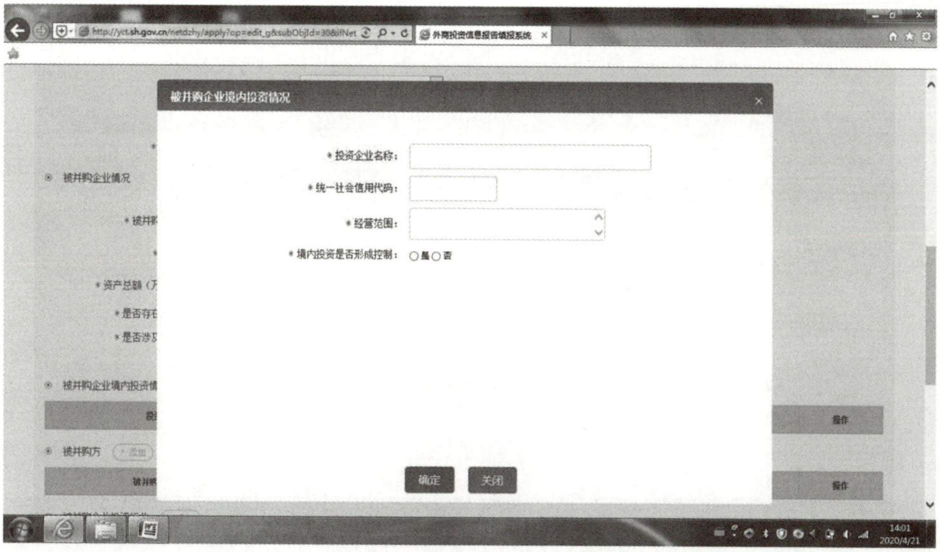

图 6-7　外资并购信息报告股权并购项下的信息填报 3

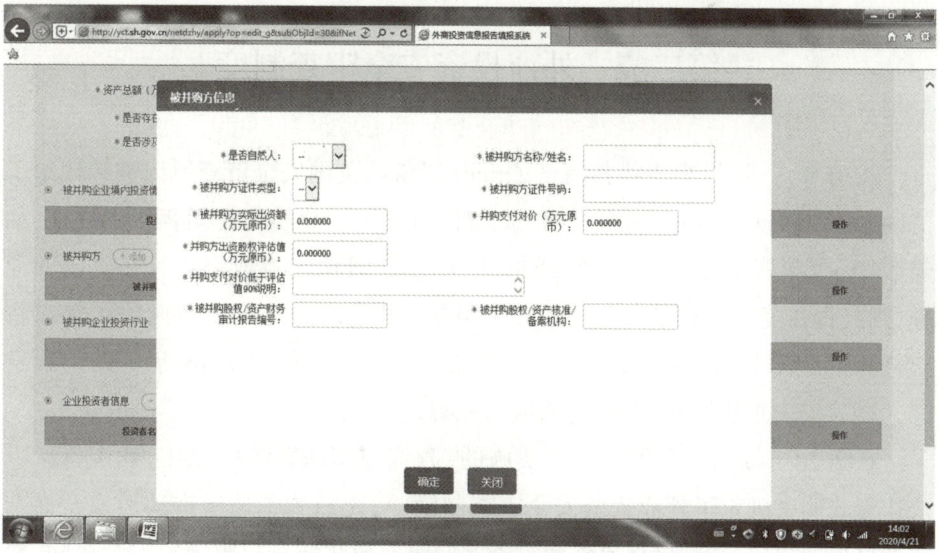

图 6-8　外资并购信息报告股权并购项下的信息填报 4

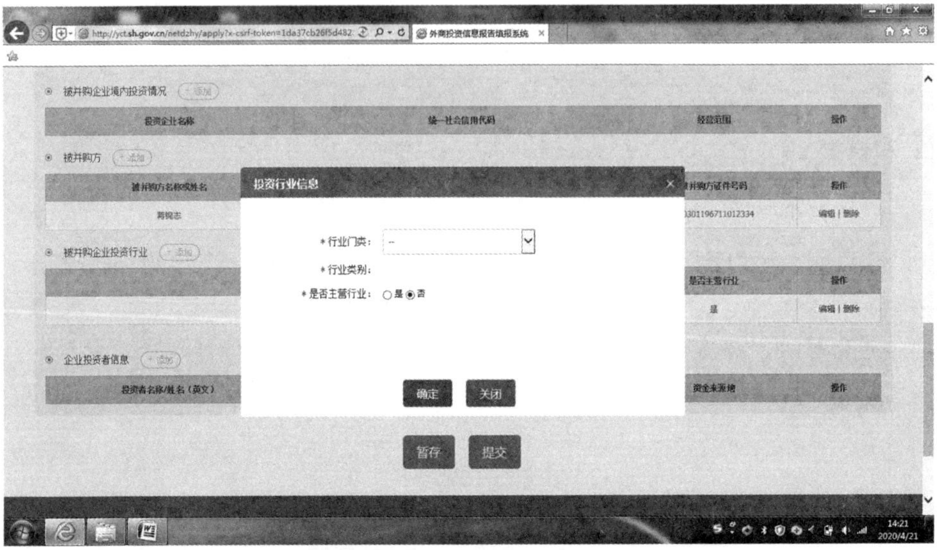

图 6－9　外资并购信息报告股权并购项下的信息填报 5

第二节　外商投资安全审查制度

2020 年 3 月，昆仑万维持有的 Grindr 股份因美国安全审查原因被转让给了美国 San Vicente 公司。2020 年 8 月 2 日，时任美国总统的特朗普作出决定，如果 TikTok（抖音国际版）不能在 2020 年 9 月 15 日前出售或剥离其在美国的业务，则其将在美国被封禁（截至 2021 年 4 月，拜登政府已无限期搁置了要求将 TikTok 出售给美国投资者的计划）。随着昆仑万维事件、TikTok 事件的不断发酵，“国家安全审查制度”开始进入大众视野。

在 2020 年 1 月 1 日开始正式实施的《外商投资法》第 35 条中，我国首次以法律形式明文确定了外商投资安全审查制度。[①] 之后为了适应推动形成全面开放新格局的需要，在积极促进外商投资的同时有效预防和化解国家安全风险，根据《外商投资法》《国家安全法》和相关法律，《外商投资安全审查办法》（以下简

① 《外商投资法》第 35 条：“国家建立外商投资安全审查制度，对影响或者可能影响国家安全的外商投资进行安全审查。依法作出的安全审查决定为最终决定。”

称《外资安审办法》)由国家发改委及商务部于2020年12月19日颁布,并于2021年1月18日正式生效。

一、外商投资安全审查制度的演变

外商投资安全审查制度是各国外资准入的基本法律制度,旨在维护国家安全和促进投资。该制度起源于美国。美国于1988年通过了《艾克森—佛罗里奥修正案》(Exon-Florio Amendment),该修正案通过修订《1950年国防生产法》中的相关条款,从而明确授权美国总统从国家安全的角度调查外国收购、兼并、接管或入股美国企业,赋予美国总统认为在必要时可以阻止相关交易的权力,并因此创设了专门的审查机构——美国外国投资委员会(CFIUS),以实现该审查制度。此后,美国通过立法陆续完善国家安全审查制度。

在中国,改革开放以来关于外商投资的国家安全审查制度,主要涉及企业设立审批、行业准入审批和外资并购审查等方面,经历了四个发展时期。

第一阶段:以企业设立审批为起点的外商投资安全审查制度

根据分别于1979年、1988年和1986年通过(后历经修订)的《中外合资经营企业法》《中外合作经营企业法》和《外资企业法》的规定,申请设立外资、合营和合作企业,应由国务院对外经济贸易主管部门或者国务院授权的机关审查批准。此外,1983年《中外合资经营企业法实施条例》规定了申请设立合营企业不予批准的情况,包括"有损中国主权"和"不符合中国国民经济发展要求";[①]1990年《外资企业法实施细则》规定了4类禁止设立外资企业和5类限制设立外资企业的行业,并列明了申请设立外资企业不予批准的情形,包括"有损中国主权或者社会公共利益"和"危及中国国家安全";[②]1995年《中外合作经营企业法实施细则》规定了申请设立合作企业不予批准的情形:"损害国家主权或者社会公共利益"、"危害国家安全"和"有违反国家产业政

---

① 《中外合资经营企业法实施条例》(国发〔1983〕148号,已失效)第5条:"申请设立合营企业有下列情况之一的,不予批准:(一)有损中国主权的;(二)违反中国法律的;(三)不符合中国国民经济发展要求的;(四)造成环境污染的;(五)签订的协议、合同、章程显属不公平,损害合营一方权益的。"

② 《外资企业法实施细则》(对外经济贸易部令第1号,已失效)第6条:"申请设立外资企业,有下列情况之一的,不予批准:(一)有损中国主权或者社会公共利益的;(二)危及中国国家安全的;(三)违反中国法律、法规的;(四)不符合中国国民经济发展要求的;(五)可能造成环境污染的。"

策的其他情形”。①

在此阶段,相关法律法规和规范性文件主要从外资企业的设立环节进行主体筛选,避免对国家安全的损害,国家安全首次在外商投资的法律文件中提出,构成了中国外商投资国家安全审查制度发展的起点。

第二阶段:以行业准入审批为主体的外商投资安全审查制度

为了指导外商投资方向,使之与国民经济和社会发展规划相适应,中国陆续于1995年颁布《指导外商投资方向暂行规定》、2002年颁布《指导外商投资方向规定》。二者将外商投资的项目分为鼓励类、限制类、禁止类和允许类4种。1995年制定(后于2002年、2004年、2007年、2011年、2015年和2017年修订)的《外商投资产业指导目录》,就鼓励类、限制类和禁止类的外商投资项目以具体分类目录的方式予以列明。后于2018年起每年颁布当年度的《外商投资准入特别管理措施》,通过负面清单形式审查外商投资的投资领域及相关要求。

在此阶段,相关法律法规和规范性文件主要从外资进入相关产业的限制或禁止进行准入把控,国家安全审查制度由产业安全理念所主导并得到细化和初步分类,其主体部分开始逐步发展、型构。

第三阶段:以外资并购审查为重心的外商投资安全审查制度

随着经济全球化的深入发展和我国对外开放的进一步扩大,外国投资者以并购方式进行的投资逐步增多,促进了我国外资利用方式的多样化,在优化资源配置、推动技术进步、提高企业管理水平等方面发挥了积极作用。为引导外国投资者并购境内企业的有序发展,维护国家安全,国务院办公厅及商务部先后颁布了《关于建立外国投资者并购境内企业安全审查制度的通知》(国办发〔2011〕6号)、《商务部实施外国投资者并购境内企业安全审查制度的规定》(商务部公告2011年第53号)、《关于印发自由贸易试验区外商投资国家安全审查试行办法的通知》(国办发〔2015〕24号)等规定(本章以下合称安审规定),明确了外国投资者并购境内企业的安全审查范围、审查内容、审查程序等安全审查制度内容。外商投资安全审查制度亦通过吸纳外资并购审查得以逐步发展和充实。

---

① 《中外合作经营企业法实施细则》(对外贸易经济合作部令第6号,已失效)第9条:“申请设立合作企业,有下列情形之一的,不予批准:(一)损害国家主权或者社会公共利益的;(二)危害国家安全的;(三)对环境造成污染损害的;(四)有违反法律、行政法规或者国家产业政策的其他情形的。”

第四阶段:《外资安审办法》颁布后形成完整法律体系的外商投资安全审查制度

外商投资安全审查工作机制办公室负责人就《外资安审办法》答记者问中谈到《外资安审办法》出台的背景时强调:对外开放是我国的基本国策。党的十八大以来,我国坚持互利共赢的开放战略,持续推动扩大对外开放,努力营造市场化法治化国际化营商环境,大幅减少外资准入限制,2017~2020年连续四年缩减外商投资准入负面清单,全国版和自由贸易试验区版负面清单限制措施分别缩减至33条和30条,制造业、能源资源、基础设施、农业、金融等领域对外资实现重大开放,我国成为全球最受欢迎的外商投资目的地之一。2020年以来,新冠肺炎疫情给全球跨境投资造成巨大冲击,在此严峻形势下,我国利用外资仍稳中有增,是全球极少数吸收外资保持增长的主要经济体之一。

外商投资安全审查是国际通行的外资管理制度,在平衡经济利益和维护国家安全方面发挥重要作用。近年来,世界主要国家和地区陆续推出或完善外商投资安全审查制度,美国出台《外资风险审查现代化法》,欧盟出台《外国直接投资框架条例》,澳大利亚出台《外商投资改革法》,德国、日本分别修订《对外贸易和支付法》《外汇与外贸法》,英国正在制定《国家安全和投资法》。

在此背景下,国家发改委、商务部在总结2011年以来我国外商投资安全审查实践的基础上,报请国务院批准,制定出台《外资安审办法》。

我国于2011年建立外国投资者并购境内企业安全审查制度,并于2015年起在自由贸易试验区试点实施与负面清单管理模式相适应的外商投资安全审查措施。该《外资安审办法》以“总结审查实践,填补监管空白”为原则,总结了近10年来的工作实践,特别是自由贸易试验区外商投资安全审查有益做法,对审查机构、审查范围等进行适当调整,将金融等敏感领域一并纳入审查范围。

二、外商投资安全审查制度的性质

(一)政治性

外商投资安全审查制度的核心,关乎国家安全及国家发展的问题,具有浓烈的政治色彩及政治导向,其内在价值为国家利益间的博弈。具体而言,同样性质的跨国投资并购,无论是发生在英美这样的友邦之间,还是发生在中美这样的大国竞争对手之间，抑或是发生在美朝这样存在对立关系的国家之间，引发的安全审查关注度和担忧程度将截然不同。法律化的外在表现形式并不会改变外商投资安全审查制度的内在政治特质，充分认识这一点是准确理解、合理设立和有效运用外商投资安全审查制度的基石。

（二）审查标准的模糊化

为了适应更新迭代的各类外商投资形式，主权国家通常选择对外商投资安全审查的对象、行业范围等审查标准进行模糊性表述，从而有利于审查机构对于该等审查具有较为宽阔的裁量空间及决定权，以便审查机构能够审时度势地对个案作出最符合当前国家利益的认定。如美国新修订的《外国投资风险审查现代化法案》（FIRRMA），列举了民用核技术、人工智能、互联网、半导体芯片等新兴科技行业，说明美国对国家安全的理解从传统的国防军事安全扩展到了新兴技术行业。除了列举具体行业，在 FIRRMA 中还加入了兜底条款，即使不在法律所规定的范围之内，CFIUS 也可以根据实际情况和考虑因素对交易进行审查和阻止，CFIUS 拥有了更广泛的自由裁量空间。

三、《外资安审办法》的法律位阶及效力探讨

在《外资安审办法》实施前，我国暂行有效的外商投资安全审查相关的法律法规包括国务院办公厅《关于建立外国投资者并购境内企业安全审查制度的通知》、《商务部实施外国投资者并购境内企业安全审查制度的规定》、国务院办公厅《关于印发自由贸易试验区外商投资国家安全审查试行办法的通知》等规定。而《外资安审办法》的实施也未对上述规定予以废止。

外商投资安全审查工作机制办公室负责人就《外资安审办法》答记者问中提到，《外资安审办法》是在总结现行安全审查制度实践的基础上，经过适当调整而制定的新的安全审查制度。此外根据"上位法优先于下位法""新法优先于旧法"的原则，《外资安审办法》作为由国家发改委和商务部制定和发布的部门规章，预计将实质取代安审规定（但安审规定未被废止，若遇到《外资安审办法》未规定的情形可继续适用安审规定）。

四、外商投资安全审查制度的主要内容

(一)审查对象

《外商投资法》第35条明确规定:“国家建立外商投资安全审查制度,对影响或者可能影响国家安全的外商投资进行安全审查。依法作出的安全审查决定为最终决定。”此外,《国家安全法》第59条亦规定:“国家建立国家安全审查和监管的制度和机制,对影响或者可能影响国家安全的外商投资、特定物项和关键技术、网络信息技术产品和服务、涉及国家安全事项的建设项目,以及其他重大事项和活动,进行国家安全审查,有效预防和化解国家安全风险。”上述两条规定为《外资安审办法》将安全审查对象从外资并购行为扩大到外商投资行为提供了明确的授权。

因此,《外资安审办法》规定的审查对象为所有外商投资行为,即指外国投资者直接或者间接在中华人民共和国境内进行的投资活动,根据该办法第2条,具体包括下列情形:“(一)外国投资者单独或者与其他投资者共同在境内投资新建项目或者设立企业;(二)外国投资者通过并购方式取得境内企业的股权或者资产;(三)外国投资者通过其他方式在境内投资。”其中“其他方式”包括通过证券交易所或者国务院批准的其他证券交易场所购买境内企业股票①,以及通过协议控制、代持、信托、再投资、境外交易、租赁、认购可转换债券等方式②。

关于认定“外商投资”,应适用《商务部实施外国投资者并购境内企业安全审查制度的规定》第9条规定的反规避原则,即“对于外国投资者并购境内企业,应从交易的实质内容和实际影响来判断并购交易是否属于并购安全审查的范围;外国投资者不得以任何方式实质规避并购安全审查,包括但不限于代持、信托、多层次再投资、租赁、贷款、协议控制、境外交易等方式”。

此外,根据《外资安审办法》第21条的规定:“香港特别行政区、澳门特别行

---

① 《外资安审办法》第12条:“外国投资者通过证券交易所或者国务院批准的其他证券交易场所购买境内企业股票,影响或者可能影响国家安全的,其适用本办法的具体办法由国务院证券监督管理机构会同工作机制办公室制定。”

② 参见《自由贸易试验区外商投资国家安全审查试行办法》:“外国投资者在自贸试验区内投资,包括下列情形:1. 外国投资者单独或与其他投资者共同投资新建项目或设立企业。2. 外国投资者通过并购方式取得已设立企业的股权或资产。3. 外国投资者通过协议控制、代持、信托、再投资、境外交易、租赁、认购可转换债券等方式投资。”

政区、台湾地区投资者进行投资，影响或者可能影响国家安全的，参照本办法的规定执行。”因此港澳台投资者在境内进行的投资活动亦受国家关于外商投资安全审查制度的规制。

(二)审查行业范围

根据《外资安审办法》，其审查的投资行业范围如表6－7所示：

表6－7　外商投资安全审查的投资行业

行业类别	国防安全类	非国防安全类
具体行业	①军工及军工配套领域外商投资 ②在军事设施和军工设施周边地域投资(取消“重点”“敏感”要求)	①重要农产品 ②重要能源和资源 ③重大装备制造 ④重要基础设施 ⑤重要运输服务 ⑥重要文化产品与服务 ⑦重要信息技术和互联网产品与服务 ⑧重要金融服务 ⑨关键技术 ⑩关系国家安全的其他重要领域
触发条件	外商投资	外商投资＋ 取得实际控制权
具体项目	如外国投资者不清楚其投资是否在安全审查范围内，可就具体项目情况向外商投资安全审查工作机制办公室进行咨询	

关于“取得实际控制权”之定义，包括如下情形：

(1)外国投资者[①]持有企业50%以上股权；

(2)外国投资者持有企业股权不足50%，但其所享有的表决权能够对董事会、股东会或者股东大会的决议产生重大影响；

(3)其他导致外国投资者能够对企业的经营决策、人事、财务、技术等产生重大影响的情形。

此外，《外资安审办法》新增了重要互联网产品与服务、重要金融服务这两项审查领域。这两项审查领域的加入，实际上也与我国将增值电信业、金融业对外

① 参考《自由贸易试验区外商投资国家安全审查试行办法》的理解，此处的外国投资者含一个或多个外国投资者。

资开放的大背景以及保护我国网络安全、金融系统安全的迫切性密不可分。这也意味着在《外资安审办法》实施后，尽管外国投资者根据外商投资负面清单可能被允许投资相关开放领域，其仍需满足反垄断审查、外商投资安全审查等申报要求。

（三）报告主体

根据《外资安审办法》的规定，外国投资者或者境内相关当事人作为报告主体应当在实施投资前主动向工作机制办公室申报。又根据《商务部实施外国投资者并购境内企业安全审查制度的规定》第1条第2款，“两个或者两个以上外国投资者共同并购的，可以共同或确定一个外国投资者（以下简称申请人）向商务部提出并购安全审查申请”。因此若存在多个外国投资者共同并购的，可以由全体外国投资者或指定某一外国投资者作为报告主体进行安全审查申报。若多个外国投资者在境内开展绿地投资的，是否可参考上述并购之报告主体的规定，由全体外国投资者或指定的某一外国投资者作为报告主体进行安全审查申报仍存疑，待后续关注外商投资安全审查机构对该问题的反馈。

（四）违规处理

根据《外资安审办法》的规定，对申报范围内的外商投资，当事人未依照本办法的规定申报即实施投资的，由工作机制办公室责令限期申报；拒不申报的，责令限期处分股权或者资产以及采取其他必要措施恢复到投资实施前的状态，消除对国家安全的影响。

对于当事人向工作机制办公室提供虚假材料或者隐瞒有关信息的，由工作机制办公室责令改正；提供虚假材料或者隐瞒有关信息骗取通过安全审查的，撤销相关决定；已经实施投资的，责令限期处分股权或者资产以及采取其他必要措施恢复到投资实施前的状态，消除对国家安全的影响。

对于附条件通过安全审查的外商投资，当事人未按照附加条件实施投资的，由工作机制办公室责令改正；拒不改正的，责令限期处分股权或者资产以及采取其他必要措施恢复到投资实施前的状态，消除对国家安全的影响。

此外，当事人有上述情形的，应当将其作为不良信用记录纳入国家有关信用信息系统，并按照国家有关规定实施联合惩戒。

五、外商投资安全审查制度的审查流程

（一）审查材料

根据《外资安审办法》规定，审查材料包括：（1）申报书；（2）投资方案；（3）外商投资是否影响国家安全的说明；（4）工作机制办公室规定的其他材料。

其中申报书应当载明外国投资者的名称、住所、经营范围、投资的基本情况以及工作机制办公室规定的其他事项。工作机制办公室根据工作需要，可以委托省、自治区、直辖市人民政府有关部门代为收取并转送上述材料。

（二）审查机构及启动机制

外商投资安全审查的机构设在国家发改委，由国家发改委、商务部牵头成立工作机制办公室，承担外商投资安全审查的日常工作。但在实践过程中，待审查的交易往往涉及国防军工、信息技术、农产品等专业领域，工作机制办公室是否会邀请国防部、工信部、农业农村部等的工作人员加入审查机构，抑或向各相关部委发征询函以征求意见，《外资安审办法》并未作出明确规定，待后续根据实操予以确认。

外商投资安全审查的启动机制分为三类，分别为：（1）外国投资者/境内相关当事人主动申报（主动申报）；（2）审查机构（工作机制办公室）要求限期申报（依职权要求申报）；（3）有关机关、企业、社会团体、社会公众等向工作机制办公室提出审查建议（第三方举报）。

（三）审查程序与时限

1. 受理阶段

工作机制办公室应当自收到材料之日起 15 个工作日内，对申报的外商投资作出是否需要进行安审的决定，并书面通知当事人。

2. 一般审查阶段

工作机制办公室作出需要进行安审的决定后，即进入一般审查阶段，一般审查为 30 个工作日，不得延长。

3. 特别审查阶段

在一般审查阶段中如认为影响或可能影响国家安全的，即进入特别审查阶段。特别审查一般为 60 个工作日，但可以延长。

在外商投资安全审查程序中，工作机制办公室可以要求当事人补充提供有

关材料,也可以向当事人询问有关情况,补充提供材料的时间不计入审查期限;当事人也可以修改或者撤销投资,修改投资方案的,审查时限重新计算;撤销投资的,安审程序终止。此外,需特别注意的是,审查期间,当事人不得进行该项投资。

六、外商投资安全审查制度的审查决定类型

根据《外资安审办法》规定,外商投资安全审查的决定类型如表6-8所示:

表6-8　外商投资安全审查的决定类型

序号	外商投资情形	决定	结果
1	外商投资不属于安全审查范围	工作机制办公室作出不需要进行安全审查的决定	当事人可以实施外商投资 注:当事人变更投资方案,影响或者可能影响国家安全的,需要重新申报
2	外商投资不影响国家安全	工作机制办公室作出通过安全审查的决定	
3	外商投资影响国家安全,但通过附加条件能够消除对国家安全的影响,且当事人书面承诺接受附加条件	工作机制办公室作出附条件通过安全审查的决定,并在决定中列明附加条件	当事人应当按照附加条件实施投资
4	外商投资影响国家安全	工作机制办公室作出禁止投资的决定	当事人不得实施外商投资

第三节　经营者集中

《反垄断法》(主席令第六十八号)自2008年实施以来,反垄断在强化竞争政策、推动经济发展、维护消费者利益方面起到了举足轻重的作用。《反垄断法》主要对四个方面的垄断行为进行规制,即达成垄断协议、滥用市场支配地位、实施经营者集中、滥用行政权力排除、限制竞争行为。本节将围绕2018年中国反垄断执法机构改革后,经营者集中方面所涉及的最新法律法规、实践操作及相关案例进行重点阐述。

一、经营者集中的认定

(一)经营者集中的定义

经营者集中是指经营者合并,或者是经营者通过取得股权或者资产的方式取得对其他经营者的控制权,又或者是经营者通过合同等方式取得对其他经营者的控制权或者能够对其他经营者施加决定性影响的情形。

可见,经营者集中主要分为三种情况:一是民法或公司法意义上的合并,由两个或多个企业并入一个现存的企业,或者结合形成一个新企业;二是在不改变各自的法律主体资格的前提下,通过股权或资产收购取得对被收购企业的实际控制;三是在不改变各自的法律主体资格的前提下,通过协议、联营等方式形成控制与被控制的关系。

在判断后两种情形下经营者是否通过交易取得对其他经营者的控制权或者能够对其他经营者施加决定性影响时,应当考虑下列因素:

(1)交易的目的和未来的计划;

(2)交易前后其他经营者的股权结构及其变化;

(3)其他经营者股东大会的表决事项及其表决机制,以及其历史出席率和表决情况;

(4)其他经营者董事会或者监事会的组成及其表决机制;

(5)其他经营者高级管理人员的任免等;

(6)其他经营者股东、董事之间的关系,是否存在委托行使投票权、一致行动人等;

(7)该经营者与其他经营者是否存在重大商业关系、合作协议等。

(二)经营者集中的法律变化沿革

2018 年,国家发改委下属的价格监督检查与反垄断局、原国家工商行政管理总局下属的反垄断和反不正当竞争执法局以及商务部下属的反垄断局职能进行了整合,由国家市场监督管理总局(本章以下简称市场监管总局)反垄断局负责反垄断的统一执法。自此,中国反垄断机构分为两个层面,第一层面是国务院反垄断委员会,负责组织、指导、协调反垄断工作;第二层面是市场监管总局反垄断局，负责反垄断执法工作。[①]

在经营者集中方面，为尽快落实商务部与市场监管总局之间就经营者集中审查的职能衔接，市场监管总局于 2018 年 9 月 29 日率先出台了一系列关于经营者集中申报的规范性文件，主要涵盖了经营者集中申报的办事指南、申报文件资料及申报程序，该套规范性文件除以《反垄断法》、国务院出台的行政法规为依据外，仍以商务部作为经营者集中执法机构时期出台的部门规章为依据。直至 2019 年 10 月，市场监管总局启动了经营者集中领域部门规章的起草工作，制定了于 2020 年 12 月 1 日正式生效的《经营者集中审查暂行规定》（国家市场监督管理总局令第 30 号，本章以下简称《暂行规定》）。《暂行规定》的出台使经营者集中反垄断审查制度的规定更加明确、集中，将原本较为分散的规定、不再适用的规定以及未明确的问题进行梳理整合，形成了目前我国第一部完整、系统的经营者集中审查部门规章。

据此，我国目前在经营者集中领域的整体制度框架如下：(1) 全国人民代表大会常务委员会颁布的《反垄断法》作为反垄断领域的宪章性文件，在第四章中对经营者集中作出了纲领性规定并在第七章法律责任中对违法实施经营者集中的行为作出了罚款上限的规定；(2) 国务院《关于经营者集中申报标准的规定》（国务院令第 529 号公布并根据 2018 年 9 月 18 日国务院《关于修改部分行政法规的决定》修订）及国务院反垄断委员会制定出台的《经营者反垄断合规指南》《关于相关市场界定的指南》《垄断案件经营者承诺指南》《关于汽车业的反垄断指南》《关于知识产权领域的反垄断指南》；(3) 商务部、中国人民银行、原中国银行业监督管理委员会、中国证券监督管理委员会、原中国保险监督管理委员会出台的《金融业经营者集中申报营业额计算办法》（商务部、中国人民银行、中国银行业监督管理委员会、中国证券监督管理委员会、中国保险监督管理委员会令〔2009〕第 10 号）；(4) 市场监管总局出台的《暂行规定》；(5) 市场监管总局反垄断局出台的《关于经营者集中申报的指导意见》《关于经营者集中申报文件资料的指导意见》《经营者集中反垄断审查办事指南》《关于规范经营者集中案件申报名称的指导意见》《关于经营者集中简易案件申报的指导意见》《关于施行〈经营者集中反垄断审查申报表〉的说明》等规范性文件；(6) 地方市场监督管理部

① 参见《中国反垄断执法年度报告(2019)》，第 161 页。

门出台的相关强化竞争政策和地方标准，如《中国（上海）自由贸易试验区临港新片区管理委员会关于在中国（上海）自由贸易试验区临港新片区开展强化竞争政策实施试点的通知》《经营者竞争合规指南》（上海市地方标准 DB31/T 1255—2020）等。

此外，商务部作为经营者集中执法机构期间颁布的《经营者集中申报办法》《经营者集中审查办法》《未依法申报经营者集中调查处理暂行办法》《关于经营者集中附加限制性条件的规定（试行）》等部门规章将由商务部及时废止，[①]而商务部出台的《关于经营者集中简易案件适用标准的暂行规定》《关于评估经营者集中竞争影响的暂行规定》等规范性文件虽未明确说明是否会被废止，但笔者认为该些规范性文件中的内容已经在《暂行规定》中被涵盖并进一步规定，为保证制度体系的一致性，亦应被一并废止。

（三）经营者集中的申报标准

经营者集中达到下列标准之一的，应当事先向市场监管总局申报：（1）参与集中的所有经营者上一会计年度在全球范围内的营业额合计超过 100 亿元人民币，并且其中至少两个经营者上一会计年度在中国境内的营业额均超过 4 亿元人民币；（2）参与集中的所有经营者上一会计年度在中国境内的营业额合计超过 20 亿元人民币，并且其中至少两个经营者上一会计年度在中国境内的营业额均超过 4 亿元人民币。企业在根据前述标准计算其营业额是否触发经营者集中申报义务时，应当注意以下几点：

1. “在中国境内”的含义

“在中国境内”是指经营者产品或服务的买方所在地在中国境内，包括经营者从中国之外的国家或地区向中国的出口，但不包括其从中国向中国之外的国家或地区出口的产品或服务。

2. “经营者”所涵盖的范围

单个经营者的营业额计算实行上下左右穿透核查制度，即应当包括与其有直接或间接控制关系的所有经营者上一会计年度营业额，具体而言应包括：（1）该单个经营者；（2）第 1 项所指经营者直接或间接控制的其他经营者；（3）直

① 参见《健全反垄断审查制度　推动经济高质量发展——〈经营者集中审查暂行规定〉解读》，载中华人民共和国中央人民政府网，http://www.gov.cn/zhengce/2020-10/28/content_5555374.htm。

接或间接控制第1项所指经营者的其他经营者;(4)第3项所指经营者直接或间接控制的其他经营者;(5)第1~4项所指经营者中两个或两个以上经营者共同控制的其他经营者。前述第1~5项所列的经营者之间发生的营业额将不计入参与集中的单个经营者的营业额。

3.“营业额”的定义

营业额是指相关经营者上一会计年度内销售产品和提供服务所获得的收入,扣除相关税金及附加。同时,银行业金融机构、证券公司、期货公司、基金管理公司、保险公司、金融资产管理公司、信托公司等金融业经营者的营业额应当按照《金融业经营者集中申报营业额计算办法》进行计算。

4.无须申报的情形

经营者集中达到申报标准,但有下列情形之一的,无须申报:(1)参与集中的一个经营者拥有其他每个经营者50%以上有表决权的股份或者资产的;(2)参与集中的每个经营者50%以上有表决权的股份或者资产被同一个未参与集中的经营者拥有的。

5.执法机构依职权调查

另外值得注意的是,即使经营者集中未达到前述申报标准,但市场监管总局有证据证明该项经营者集中可能具有排除、限制竞争效果的,市场监管总局也可依职权进行调查。

二、经营者集中的申报流程

(一)申报义务人

我国采用经营者集中事前申报制度,在前文所述的三种经营者集中情形下,申报义务人略有不同,具体而言:(1)通过经营者合并方式实施的经营者集中,合并各方均为申报义务人;(2)其他两种情形的经营者集中,取得控制权或者能够施加决定性影响的经营者为申报义务人,其他经营者予以配合。申报义务人可以自行申报,也可以依法委托他人代理申报。同一项经营者集中有多个申报义务人的,可以委托一个申报义务人申报。

(二)普通案件的申报流程

1.商谈

商谈不是经营者集中申报的必经程序,在市场监管总局决定立案审查前,经营者可自行决定就已申报或拟申报的经营者集中,向市场监管总局申请商谈。正式商谈前需要向市场监管总局提出商谈申请,并提供真实和相对确定的交易概况和交易各方的基本信息。商谈的问题主要包括交易是否需要申报、申报材料、所涉法律和事实问题等。

2. 申报

申报人应当在集中协议签署后,集中实施前向市场监管总局申报。以公开要约方式收购上市公司的,已公告的要约收购报告书可视同为已签署的集中协议。申报人提交申报文件、资料后,市场监管总局向申报人出具《国家市场监督管理总局经营者集中材料接收单》。

3. 立案

市场监管总局审核后认为申报文件、资料符合规定的,应当立案审查,并向申报人递送立案通知。

4. 初步审查

市场监管总局应当自立案之日起 30 日内,对申报的经营者集中进行初步审查,作出是否实施进一步审查的决定,并书面通知经营者。

5. 进一步审查并决定

对需要实施进一步审查的,自决定之日起 90 日内完成审查,特殊情况下,也可进一步延长审查的期限,时间最长不超过 60 日。完成审查后,市场监管总局应作出是否禁止经营者集中的决定,由市场监管总局书面通知申报人,禁止经营者集中的决定或者对经营者集中附加限制性条件的决定向社会公布。

(三)简易案件的申报流程

1. 视为简易案件的情形

对于符合简易案件标准的经营者集中,申报人可以申请作为简易案件申报;申报人未申请的,应作为非简易案件申报。可以作为简易案件申报的情形包括:

(1)在同一相关市场,参与集中的经营者所占的市场份额之和小于 15%;在上下游市场,参与集中的经营者所占的市场份额均小于 25%;不在同一相关市场也不存在上下游关系的参与集中的经营者,在与交易有关的每个市场所占的市场份额均小于 25%;

(2)参与集中的经营者在中国境外设立合营企业,合营企业不在中国境内从事经济活动的;

(3)参与集中的经营者收购境外企业股权或者资产,该境外企业不在中国境内从事经济活动的;

(4)由两个以上经营者共同控制的合营企业,通过集中被其中一个或者一个以上经营者控制的。

符合上述情形但存在下列情形之一的经营者集中,不应作为简易案件申报:

(1)由两个以上经营者共同控制的合营企业,通过集中被其中的一个经营者控制,该经营者与合营企业属于同一相关市场的竞争者,且市场份额之和大于15%的;

(2)经营者集中涉及的相关市场难以界定的;

(3)经营者集中对市场进入、技术进步可能产生不利影响的;

(4)经营者集中对消费者和其他有关经营者可能产生不利影响的;

(5)经营者集中对国民经济发展可能产生不利影响的;

(6)市场监管总局认为可能对市场竞争产生不利影响的其他情形。

2. 简易案件的申报流程

与经营者集中普通案件相同,经营者同样可以就简易案件自行决定是否向市场监管总局申请商谈,且同样需要提交申报文件、资料并由市场监管总局决定是否立案。不同的是,简易案件立案后,市场监管总局不会进行审查,而是将申请人填报的《经营者集中简易案件公示表》在市场监管总局反垄断局网站进行公示。公示期为10日,其间任何单位和个人均可对该案是否应被认定为简易案件向反垄断局提交书面意见并提供相关证据,市场监管总局将就该等案件进行审查。如认为不应被认定简易案件的,市场监管总局将撤销简易案件认定,并要求申报人按非简易案件重新申报。

三、经营者集中的审查

(一)审查部门

相较垄断协议、滥用市场支配地位等其他垄断行为,经营者集中审查属于中央事权,由市场监管总局负责执法工作。但由于近年来经营者集中申报案件逐年增加,《暂行规定》明确市场监管总局根据工作需要,可以委托省、自治区、直辖市市场监管部门实施经营者集中审查。根据《中国(上海)自由贸易试验区临港新片区管理委员会关于在中国(上海)自由贸易试验区临港新片区开展强化竞争政策实施试点的通知》,临港新片区已先行试点由上海市市场监管局实施经营者集中反垄断审查制度,具体审查程序和标准有待后续政策进一步落地。

(二)审查材料

经营者应向市场监管总局提交下列申报材料:(1)申报书:载明参与集中的经营者的名称、住所、经营范围、预定实施集中的日期;(2)集中对相关市场竞争状况影响的说明:说明集中交易概况、相关市场界定、市场份额及市场控制力、集中的竞争影响等;(3)集中协议;(4)参与集中的经营者经会计师事务所审计的上一会计年度财务会计报告;(5)市场监管总局要求的其他材料。

对于简易案件,经营者在上述材料的基础上还需填报《经营者集中简易案件公示表》用以简易案件公示,且申报书也较普通案件省略了经营者对相关市场的供应和需求结构以及市场进入的说明。

(三)审查标准

经营者集中审查的核心标准为集中对竞争的影响,分为集中的竞争损害和效率促进两方面。若集中对相关市场内的竞争损害程度高于对经济、技术进步等效率促进程度的,集中将被增设限制性条件甚至禁止;反之将被予以批准。审查时考虑的主要因素包括市场控制力、市场集中度、市场进入、技术进步、消费者福利、国民经济发展等,《暂行规定》对这些因素进行了细化,但需要注意的是,审查实践中并不需要评估每一项因素,而是需要根据个案实际情况确定。

1. 相关市场的界定

相关市场是指经营者在一定时期内就特定商品或者服务进行竞争的商品范围和地域范围。纵观2018年起市场监管总局反垄断局官网所公示的11件经营者集中附加限制性条件批准案件中,相关市场的界定均从相关商品市场及相关地域市场两个角度进行分析。相关商品市场是根据商品的特性、用途及价格等因素,由需求者认为具有较为紧密替代关系的一组或一类商品所构成的市场。相关地域市场是指需求者获取具有较为紧密替代关系的商品的地理区域。

相关商品市场和相关地域市场范围的界定一般采用替代性分析,主要从需求者对商品或服务的需求替代出发,考量商品之间的替代程度,替代程度越高,竞争关系就越强,就越可能属于同一相关市场。在2020年5月发布的采埃孚收购威伯科案中,市场监管总局在界定汽车零部件相关商品市场时,从商品的运行原理、应用领域、特定功能、技术路径、价格、从事商品供应的供应商数量、研发制造、上下游关系等方面将特定商品和与其类似的商品进行对比分析,差异越显著的,该等特定商品越不具有替代性,则该等商品本身将构成一个相关商品市场。在认定了13个相关商品市场之后,市场监管总局进一步认定9个商品的相关地域市场为全球,4个商品的相关地域市场为中国。对于全球供给及全球采购普遍、跨境贸易不存在显著壁垒、我国进口比例较高的商品,其相关地域市场更有可能被界定为全球;对于本地化供应程度高、国内客户更倾向于在国内采购、进口较少的商品,其相关地域市场更有可能被界定为中国。

2. 相关市场的集中度及对其的控制力

在评估相关市场的集中度时,主要考虑相关市场内的经营者数量及市场份额。在评估参与集中的经营者对市场的控制力时,主要考虑参与集中的经营者在相关市场的市场份额、产品或者服务的替代程度、控制销售市场或者原材料采购市场的能力、财力和技术条件,以及相关市场的市场结构、其他经营者的生产能力、下游客户购买能力和转换供应商的能力、潜在竞争者进入的抵消效果等因素。

一般情况下,参与集中的一位经营者市场份额在50%、排名第一位且第二、三位的竞争者市场份额仅在10%左右的,将被认定为具有市场支配地位(如科天公司收购奥宝科技有限公司股权案);参与集中的经营者市场份额均在50%以下,但集中后市场份额高于50%的,将被认定为市场控制力显著增强、市场集中度大幅提升(如卡哥特科集团收购德瑞斯集团部分业务案);参与集中的经营者所生产的产品独创性较高,下游厂商更换其他供应商的产品无法兼容,市场内上下游厂商互相黏性较高的,将被认定为控制市场的能力较强(如思科系统公司收购阿卡夏通信公司股权案)。

3. 经营者集中对市场进入的影响

在评估经营者集中对市场进入的影响时,主要考虑经营者通过控制生产要素、销售和采购渠道、关键技术、关键设施等方式影响市场进入的情况,并考虑进入的可能性、及时性和充分性。

对于市场进入壁垒很高的相关市场,集中将导致产品技术、客户关系等方面进一步整合,从而进一步提高相关市场的进入壁垒。在诺贝丽斯公司收购爱励公司股权案中,反垄断执法机构认为商品的生产具有极高的技术门槛,需要取得下游客户的认证才能获得供应资格,且参与集中各方均具有固定的客户群,与客户具有多年良好的合作关系,集中将增加其他经营者进入相关市场的难度。

4. 经营者集中对技术进步的影响

评估经营者集中对技术进步的影响,主要考虑经营者集中对技术创新动力、技术研发投入和利用、技术资源整合等方面的影响。

在丹纳赫公司收购通用电气医疗生命科学生物制药业务案中,反垄断执法机构认为在经营者集中前,丹纳赫正在研发中空纤维切向流过滤器,且相较于市场现有产品,丹纳赫所研发的该产品具有显著创新特征。但在经营者集中后,丹纳赫将取得目标业务——中空纤维切向流过滤器产品,可能降低对其正在研发具有创新意义同类产品的研发投入和商业化动机,延缓新产品上市速度,可能对市场竞争和技术进步产生不利影响。

5. 经营者集中对消费者和其他有关经营者的影响

评估经营者集中对消费者的影响,主要考虑经营者集中对产品或者服务的数量、价格、质量、多样化等方面的影响。评估经营者集中对其他有关经营者的影响,主要考虑经营者集中对同一相关市场、上下游市场或者关联市场经营者的市场进入、交易机会等竞争条件的影响。

在集中将实体提高商品价格,并增加下游其他厂商的生产成本,削弱其竞争者的竞争能力,扩大参与集中的经营者自身竞争优势时,一般会被认定为损害消费者及下游客户的利益(如思科系统公司收购阿卡夏通信公司股权案)。

6. 经营者集中对国民经济发展、公共利益等其他因素的影响

不同于前述因素,此项因素主要用于经营者集中的效率抗辩。若经营者集中对经济效率、经济规模、相关行业发展有积极影响的,反垄断执法机构可能会认定集中所带来的效率足以抵消或超过集中产生的竞争损害,从而批准该等集中。

在对经营者集中所能适用的效率抗辩方面,由于暂无明确的规定且反垄断执法机构也不会将其所采纳的效率抗辩事由进行公示,我们仅能结合国际上较为通用的抗辩理由进行阐述。参与集中的经营者可以证明集中能够对整体社会经济和公共利益有显著好处,抗辩理由包括集中能够保障社会就业率、促进生产合理化并且能最终惠及消费者等。参与集中的经营者还可以证明集中可以进一步改善市场竞争结构,即在加强自身市场控制力的同时也促进了竞争,这点主要体现在集中可以使一方免于破产或被挤出市场,但值得注意的是,前述抗辩事由

的适用条件都极为严苛，特别是在存在其他替代性措施能够达到相同目的但对竞争的损害性更小的情况下，反垄断执法机构通常会对该等效率抗辩不予采纳。

四、限制性条件

（一）限制性条件的类型

限制性条件是在经营者集中具有或者可能具有排除、限制竞争效果时，由参与集中的经营者为完成集中而向市场监管总局提出的附加限制性条件承诺方案。限制性条件的主要类型包括：(1)剥离有形资产、知识产权等无形资产或者相关权益等结构性条件；(2)开放其网络或者平台等基础设施、许可关键技术（包括专利、专有技术或者其他知识产权）、终止排他性协议等行为性条件；(3)结构性条件和行为性条件相结合的综合性条件。

《暂行规定》对上述第一种限制性条件——剥离进行了详细的规定，包括剥离买方的要求、剥离期限、剥离义务人的义务、剥离受托人及监督受托人等，且进一步明确了剥离和集中申报程序的衔接，若因买方购买剥离业务从而达到经营者集中申报标准的，取得控制权的经营者应当将其作为一项新的经营者集中向市场监管总局申报。

1. 剥离买方

剥离买方应当在一定期限内由剥离义务人自行寻找、签订出售协议并报市场监管总局批准，剥离买方需符合一定的条件，包括：(1)独立于参与集中的经营者；(2)拥有必要的资源、能力并有意愿使用剥离业务参与市场竞争；(3)取得其他监管机构的批准；(4)不得向参与集中的经营者融资购买剥离业务；(5)市场监管总局根据具体案件情况提出的其他要求。

2. 剥离期限

审查决定规定了剥离期限的，以审查决定为准；未规定剥离期限的，相关剥离义务人或剥离受托人应当在审查决定作出之日起 6 个月内找到适当的买方并签订出售协议。剥离义务人自行寻找买方的，市场监管总局可依申请酌情延长不超过 3 个月的自行剥离期限。

3. 剥离义务人的义务

《暂行规定》第 43 条详细规定了剥离义务人在剥离完成之前应当履行的义务，具体如下：

（1）保持剥离业务与其保留的业务之间相互独立，并采取一切必要措施以最符合剥离业务发展的方式进行管理；

（2）不得实施任何可能对剥离业务有不利影响的行为，包括聘用被剥离业务的关键员工，获得剥离业务的商业秘密或者其他保密信息等；

（3）指定专门的管理人，负责管理剥离业务。管理人在监督受托人的监督下履行职责，其任命和更换应当得到监督受托人的同意；

（4）确保潜在买方能够以公平合理的方式获得有关剥离业务的充分信息，评估剥离业务的商业价值和发展潜力；

（5）根据买方的要求向其提供必要的支持和便利，确保剥离业务的顺利交接和稳定经营；

（6）向买方及时移交剥离业务并履行相关法律程序。

在丹纳赫公司收购通用电气医疗生命科学生物制药业务案中，丹纳赫承诺剥离其微载体和 PVS 业务、层析介质剥离业务、层析硬件剥离业务、富迪生物剥离业务，具体剥离内容包括所有前述业务的相关有形和无形资产（包括专有技术、商业秘密以及通过向相关研发人员进行培训的方式转让相关知识）、协议、租约、承诺和客户订单、相关员工、相关业务的所有许可、批准和授权。在保持独立性方面，丹纳赫及丹纳赫与 GE 生物制药合并后的实体承诺自审查决定生效之日起至剥离交割日，其管理层及员工不参与剥离业务且剥离业务的人员不参与丹纳赫及丹纳赫与 GE 生物制药合并后的实体的任何保留业务，剥离业务关键人员之一将作为保持独立管理人独立管理剥离业务，丹纳赫及丹纳赫与 GE 生物制药合并后的实体还将采取相关信息隔离措施以保证丹纳赫及丹纳赫与 GE 生物制药合并后的实体不会获得与剥离业务相关的保密信息并对之前已获得的保密信息予以删除。此外，为保证剥离业务的经济存续性、可销售性和竞争性，丹纳赫及丹纳赫与 GE 生物制药合并后的实体承诺不采取任何可能对剥离业务产生重大不利影响的行为、根据现有业务计划为剥离业务发展提供充足资源、在交割后 3 年内不招揽并促使关联主体不招揽与剥离业务一起转移的关键人员。

（二）限制性条件的变更和解除

审查决定应当规定附加限制性条件的期限。限制性条件的变更和解除主要分为三种情形：一是审查决定规定限制性条件到期自动解除且义务人在限制性条件生效期间未违反审查决定的或是限制性条件是剥离且义务人已履行完毕所有义务的,限制性条件到期自动解除或在剥离完成后自动解除;二是审查决定规定限制性条件到期后义务人需要申请解除的,市场监管总局应当经评估后决定是否解除限制性条件;三是在限制性条件生效期间,市场监管总局可以主动或应义务人申请对限制性条件重新审查,决定是否变更或解除限制性条件。

市场监管总局变更或解除限制性条件之前,应当考虑下列因素:(1)集中交易方是否发生重大变化;(2)相关市场竞争状况是否发生实质性变化;(3)实施限制性条件是否无必要或者不可能;(4)应当考虑的其他因素。

五、违反经营者集中申报义务的法律责任

《反垄断法》第21条和第48条规定,经营者集中达到国务院规定的申报标准的,经营者应当事先向国务院反垄断执法机构申报,未申报的不得实施集中。违反该条规定的,由国务院反垄断执法机构责令停止实施集中、限期处分股份或者资产、限期转让营业以及采取其他必要措施恢复到集中前的状态,可以处50万元以下的罚款。但在实践操作中,"未申报"无法涵盖所有的违法实施集中行为,如有些企业在申报后批准前这段时间内实施了集中。因此,本次《暂行规定》对违反实施集中的情形进行了明确,包括:(1)经营者未申报实施集中;(2)申报后未经批准实施集中;(3)违反审查决定。

在市场监管总局于2021年3月12日发布的东方报业与量子跃动设立合营企业未依法申报违法实施经营者集中案行政处罚决定书中,因东方报业与量子跃动在境内的营业额达到申报标准的情况下,未依法申报即实施集中并取得合营企业营业执照,属于经营者未申报实施集中的违法行为,市场监管总局决定分别给予东方报业与量子跃动50万元人民币的顶格处罚。但鉴于该项经营者集中不会产生排除、限制竞争的效果,市场监管总局并未要求经营者采取恢复到集中前状态的措施。

在新希望投资集团有限公司收购兴源环境科技股份有限公司股权案中,市场监管总局于2019年4月9日至18日进行了经营者集中简易案件公示,但在2019年4月17日新希望投资集团有限公司与兴源环境科技股份有限公司完成了交易所涉股份的过户登记手续,属于申报后未经批准实施集中的情形。鉴于该项经营者集中不会产生排除、限制竞争的效果,且其本身为简易案件,市场监管总局最后对新希望投资集团有限公司处以人民币40万元的行政处罚。

对于上述所提及的《反垄断法》第48条所规定的违反实施经营者集中50万元人民币罚款的上限，由于其罚款额较低，对于一些因交易时间紧迫且本身规模较大的企业而言，在其认为会被反垄断执法机构认定具有排除、限制竞争效果的可能性较低时，更倾向于选择“顶风作案”。据此，2020年年初发布的《〈反垄断法〉修订草案（公开征求意见稿）》中大幅上调了违法实施经营者集中的罚款金额，改为处以上一年度销售额10%以下的罚款。但由于该规定目前仍处以草案阶段，正式稿中是否会调整处罚金额，还有待进一步观察。

第七章　外商投资企业融资法律实务

谢洁瑾*

第一节　外商投资企业融资概述

一、政策变化

2019年3月15日,全国人民代表大会表决通过了《外商投资法》。和原来的三资企业法(《中外合资经营企业法》《中外合作经营企业法》《外资企业法》,本章以下统称为"外资三法")相比,关于外商投资企业的融资规定,主要的规定变化如表7-1所示:

表7-1　外商投资企业融资规定前后变化

适用对象	法律法规文件	具体规定
中外合资企业	《中外合资经营企业法》(1979年7月颁布,1990年、2001年、2016年修正)	第9条第3款　合营企业在其经营活动中,可直接向外国银行筹措资金
	《中外合资经营企业法实施条例》(1983年9月20日国务院发布,1986年、1987年、2001年、2011年、2014年、2019年修正)	第67条　合营企业根据经营业务的需要,可以向境内的金融机构申请外汇贷款和人民币贷款,也可以按照国家有关规定从国外或者港澳地区的银行借入外汇资金,并向国家外汇管理局或者其分局办理登记或者备案手续

* 谢洁瑾,上海市金茂律师事务所合伙人,上海财经大学法学学士,并在瑞典 Örebro University(厄尔布鲁大学)接受过专业法律培训,主要从事金融、企业投融资、外商投资与并购等法律服务。曾为银行对企业的银团贷款、并购贷款、人民币跨境使用及其他日常业务提供法律咨询服务;参与摩根士丹利、贝朗投资等投资银行或投资公司委托的股权并购项目,尤其在房地产、医疗行业富有经验;亦为多家保险资产管理公司发起的数十个债权投资计划、股权投资计划、资产支持证券等提供专业法律服务。

续表

适用对象	法律法规文件	具体规定
中外合作企业	《中外合作经营企业法》(1988 年 4 月颁布,2000 年、2016 年、2017 年修正)	第 17 条　合作企业可以向中国境内的金融机构借款,也可以在中国境外借款。中外合作者用作投资或者合作条件的借款及其担保,由各方自行解决
外商独资企业	《外资企业法》(1986 年 4 月颁布,2000 年、2016 年修正)	无
外商投资企业	《外商投资法》(2019 年 3 月颁布)	第 17 条　外商投资企业可以依法通过公开发行股票、公司债券等证券以及其他方式进行融资
	《外商投资法实施条例》(2019 年 12 月 12 日国务院通过)	第 18 条　外商投资企业可以依法在中国境内或者境外通过公开发行股票、公司债券等证券,以及公开或者非公开发行其他融资工具、借用外债等方式进行融资

从上述表 7 - 1 的规定条文变化中可以看出:“外资三法”最早出台于 20 世纪 80 年代,当时正值中国改革开放初期,重点在于吸引外资,而且国内的资本市场也还没有构建起来,因此在外商投资企业的融资方面的规定基本仅限于可以从境外金融机构借款。然而随着中国改革开放进程的推进和深化,以及中国资本市场从 1990 年的启航到目前的日趋规范、成熟,外商投资企业的融资途径逐渐变宽、融资模式日趋多样化,甚至可以说,我国政策导向也从原来的以银行贷款为典型的间接融资逐渐过渡为鼓励以证券为代表的直接融资。

二、主要发展历程

1999 年 8 月,外经贸部、国家计委、国家经贸委、财政部、中国人民银行、海关总署、国家税务总局、国家外汇局、国家出入境检验局颁布了《关于当前进一步鼓励外商投资意见的通知》,首次规定了“符合条件的外商投资企业可申请发行 a 股或 b 股”。

2010 年 4 月 6 日国务院颁布《关于进一步做好利用外资工作的若干意见》,该意见提出“支持符合条件的外商投资企业境内公开发行股票、发行企业债和中期票据,拓宽融资渠道,引导金融机构继续加大对外商投资企业的信贷支持”。

2017 年 1 月,国务院印发《关于扩大对外开放积极利用外资若干措施的通知》,其中特别提出支持外商投资企业拓宽融资渠道。外商投资企业可以依法依规在主板、中小企业板、创业板上市,在新三板挂牌,以及发行企业债券、公司债券、可转换债券和运用非金融企业债务融资工具进行融资。

2018年6月,国务院印发了《关于积极有效利用外资推动经济高质量发展若干措施的通知》(国发〔2018〕19号),提出"(十六)拓宽外商投资企业融资渠道。允许西部地区和东北老工业基地的外商投资企业在境外发行人民币或外币债券,并可全额汇回所募集资金,用于所在省份投资经营。在全口径跨境融资宏观审慎管理框架内,支持上述区域金融机构或经批准设立的地方资产管理公司按照制度完善、风险可控的要求,向境外投资者转让人民币不良债权;在充分评估的基础上,允许上述区域的银行机构将其持有的人民币贸易融资资产转让给境外银行"。

虽然上述政策出台已多年,但相关监管部门并未出台具体的实施细则,因此实践中外商投资企业的证券融资并不常见。不过,近年来随着2019年《外商投资法》的出台、上海证券交易所科创板的设立和2020年深圳证券交易所创业板的注册制试点,已吸引越来越多的外商投资企业到我国资本市场上市融资。据统计,2019年7月,在上海证券交易所科创板开市的首批25家上市企业中,外资参与10家,控股4家、参股6家。截至2019年11月,申报科创板的171家企业中,外资参股、控股的占到40%以上。

第二节　外商投资企业债权融资

一、跨境融资

外商投资企业因为有境外股东,并且境外资金的借贷利率又长期的显著低于境内资金成本,如欧洲部分国家、日本等已实行多年"负利率",因此对外商投资企业来说最传统也是最常见的融资方式就是将境外的低成本资金融入境内使用。由于我国对于非金融企业①(本章以下简称企业)和金融机构(本章以下简

① 本章主要面向一般的外商投资企业,未对特殊类型外商投资企业(如跨国公司、外商投资性公司、外商投资合伙企业等)适用的特殊规定予以详细阐述。

称金融机构)的资金监管规定不同,故以下对此予以区别阐述。

(一)企业跨境融资

我国外商投资企业的跨境债务融资大致可以分成以下三个阶段:

(1)单一外债借款阶段。从20世纪80年代改革开放以来至2016年,近30多年来我国外商投资企业跨境债权融资的手段基本非常单一,主要就是通过借外债的形式进行融资。

根据2003年国家发展改革委、财政部、国家外汇局联合发布的《外债管理暂行办法》,我国外债是指"境内机构对非居民承担的以外币表示的债务",未包括人民币对外负债。本章中均采用此狭义的外债定义。

(2)新增人民币跨境融资阶段。跨境人民币业务最早开始于2009年7月的试点,主要是为了提高人民币国际化程度。2010年中国人民银行出台《跨境贸易人民币结算试点管理办法》和《跨境人民币结算试点管理办法实施细则》,但仅限于贸易项下的结算业务。

2014年2月,央行上海总部下发《关于支持中国(上海)自由贸易试验区扩大人民币跨境使用的通知》,该通知首次明确了自贸区内非银行金融机构和企业可以从境外借用人民币资金,但数额不得超过实缴资本倍数乘以宏观审慎政策参数,其中区内企业的实缴资本倍数为1倍,区内非银行金融机构的实缴资本倍数为1.5倍。

(3)本外币一体化管理阶段。2016年4月29日中国人民银行颁布了《关于在全国范围内实施全口径跨境融资宏观审慎管理的通知》(银发〔2016〕132号),自2016年5月3日起,在全国范围内实施全口径跨境融资宏观审慎管理。

1. 外币跨境融资

就目前来说,外商投资企业特别是跨国公司融资采用的最多的方式还是从境外借入外币资金使用,具体形式包括股东外币借款、境外银行外币贷款、美元债等。

(1)法律、政策变化简述

①融资额度从"投注差"模式变更为"全口径跨境融资宏观审慎管理"模式

A. "投注差"模式简介

国家工商行政管理局《关于中外合资经营企业注册资本与投资总额比例的暂行规定》(工商企字〔1987〕第38号)第3条,对中外合资经营企业的注册资本与投资总额的比例做出了规定，具体如下：

a. 中外合资经营企业的投资总额在300万美元以下（含300万美元）的，其注册资本至少应占投资总额的7/10。

b. 中外合资经营企业的投资总额在300万美元以上至1000万美元（含1000万美元）的，其注册资本至少应占投资总额的1/2，其中投资总额在420万美元以下的，注册资本不得低于210万美元。

c. 中外合资经营企业的投资总额在1000万美元以上至3000万美元（含3000万美元）的，其注册资本至少应占投资总额的2/5，其中投资总额在1250万美元以下的，注册资本不得低于500万美元。

d. 中外合资经营企业的投资总额在3000万美元以上的，其注册资本至少应占投资总额的1/3，其中投资总额在3600万美元以下的，注册资本不得低于1200万美元。

同时，该文件也规定中外合作经营企业、外资企业的注册资本与增加的投资额的比例，参照本规定执行。

2003年《外债管理暂行办法》第18条规定："外商投资企业举借的中长期外债累计发生额和短期外债余额之和应该控制在审批部门批准的项目总投资和注册资本之间的差额以内。在差额范围内，外商投资企业可自行举借外债。超出差额的，需经原审批部门重新核定项目总投资。"

根据上述规定，实践中，外商投资企业可以在投资总额和注册资本之间的差额范围内借用外债，也即"投注差"模式。

B. "全口径跨境融资宏观审慎管理"模式

2016年1月22日，中国人民银行颁布了《关于扩大全口径跨境融资宏观审慎管理试点的通知》（银发〔2016〕18号），自2016年1月25日起面向27家金融机构和注册在上海、天津、广东、福建四个自贸区的企业扩大本外币一体化的全口径跨境融资宏观审慎管理试点。同年4月29日中国人民银行颁布了《关于在全国范围内实施全口径跨境融资宏观审慎管理的通知》（银发〔2016〕132号），该规定自2016年5月3日起，在全国范围内实施全口径跨境融资宏观审慎管理。此文件统一了中、外资企业外债资金结汇管理政策，实现了本外币一体化管理，大幅提高了企业跨境融资便利化程度，但政府融资平台和房地产企业不适用本通知。

2017 年 1 月，中国人民银行以特急形式发布《中国人民银行关于全口径跨境融资宏观审慎管理有关事宜的通知》（银发〔2017〕9 号，本章以下简称银发 9 号文），进一步完善并放宽了宏观审慎管理下的跨境融资监管规定，该文可以说非常重要，奠定了目前我国跨境融资管理的制度框架。但此文同样指出不包括政府融资平台和房地产企业。

银发 9 号文最重要的一点是建立了宏观审慎规则下基于微观主体资本或净资产的跨境融资约束机制，企业和金融机构开展跨境融资需要按风险加权计算余额（指已提用未偿余额，下同），风险加权余额不得超过上限，即跨境融资风险加权余额≤跨境融资风险加权余额上限。

跨境融资风险加权余额上限 = 资本或净资产 × 跨境融资杠杆率 × 宏观审慎调节参数。

资本或净资产：企业按净资产计，银行类法人金融机构（包括政策性银行、商业银行、农村合作银行、城市信用合作社、农村信用合作社、外资银行）按一级资本计，非银行法人金融机构按资本（实收资本或股本 + 资本公积）计，外国银行境内分行按运营资本计，以最近一期经审计的财务报告为准。

跨境融资杠杆率：企业为 2，非银行法人金融机构为 1，银行类法人金融机构和外国银行境内分行为 0.8。

宏观审慎调节参数：1。

实践中，政府管理部门主要通过调整“宏观审慎调节参数”来实现对微观个体跨境融资上限的调控。譬如 2020 年 3 月 11 日中国人民银行、国家外汇管理局就曾将宏观审慎调节参数由 1 上调至 1.25，2021 年 1 月 7 日又将企业的跨境融资宏观审慎调节参数由 1.25 下调至 1。

上述跨境融资风险加权余额及上限的计算均以人民币为单位，外币跨境融资以提款日的汇率水平折算计入。

银发 9 号文发布后，银发〔2016〕18 号文、银发〔2016〕132 号文同步废止。其中，对于外商投资企业、外资金融机构设置了一年过渡期，过渡期内外商投资企业、外资金融机构可在现行跨境融资管理模式和本通知模式下任选一种模式适用。过渡期结束后，外资金融机构自动适用本通知模式。外商投资企业跨境融资管理模式由中国人民银行、国家外汇管理局根据本通知总体实施情况评估后确定。

自此,外商投资企业的融资额度逐步从“投注差”模式开始过渡到“全口径跨境融资宏观审慎管理”模式。需要注意的是:

a. 根据银发 9 号文,目前过渡期已过,但监管部门尚未就外商投资企业跨境融资管理模式出台新的政策文件,因此目前外资金融机构是自动适用“全口径跨境融资宏观审慎管理”模式,但一般的非金融外商投资企业仍然可以在“投注差”模式和“全口径跨境融资宏观审慎管理”模式中选择适用。其中特别需要注意的是,“投注差”模式的计算是借用的短期外债按余额、中长期外债按发生额计算,而选择“宏观审慎管理模式”的企业,其借用的中长期外债与短期外债都是按余额纳入企业跨境融资风险加权余额计算。

b. 对于外商投资的房地产企业来说,由于不适用银发 9 号文,因此仍然只能按照“投注差”模式借用外债。此外,在国家批准的自贸区的企业,可按照自贸区规定办理相关跨境人民币融资事宜。

c. 对于中外合作企业而言,由于银发 9 号文规定的适用范围仅限于法人企业,而中外合作企业法律上属于契约制或通过合同约束的非法人企业,无法适用银发 9 号文,因此仍然只能按照“投注差”模式借用外债。

②取消登记生效制度

根据《外汇管理条例》,我国对外债实行规模管理。借用外债应当按照国家有关规定办理,并到外汇管理机关办理外债登记。

根据 2003 年《外债管理暂行办法》(国家发展计划委员会、财政部、国家外汇管理局令第 28 号),如前所述,虽然规定在“投注差”额度内外商投资企业可自行举借外债;但该办法同时规定了“境内机构对外签订借款合同或担保合同后,应当依据有关规定到外汇管理部门办理登记手续。国际商业贷款借款合同或担保合同须经登记后方能生效”。“境内机构举借外债或对外担保时,未履行规定的审批手续或未按规定进行登记的,其对外签订的借款合同或担保合同不具有法律约束力。”这意味着外商投资企业举借外债的借款合同、担保合同均采用登记生效主义。

10 年之后,国家外汇管理局对外债登记管理模式进行了改革,为此,于 2013 年颁布了《外债登记管理办法》,该办法中删除了关于外债借款合同、担保合同须登记后生效的规定,仅规定外债签约逐笔登记制,即“债务人为财政部门、银行以外的其他境内债务人(本章以下简称非银行债务人),应在规定时间内到所在地外汇局办理外债签约逐笔登记或备案手续”。而根据银发9号文,在实际用款时,外商投资企业应在提款前进行签约备案,金融机构在提款后进行备案。

③外债资金自愿结汇

2013年的《外债登记管理办法》明确规定外商投资企业借用的外债资金可以结汇使用。除另有规定外,境内金融机构和中资企业借用的债券资金不得结汇使用。

2016年6月,我国全面实施企业外债资金意愿结汇管理,允许企业自由选择外债资金结汇时机。

④放松外债资金使用限制

2013年《外债登记管理办法》明确了境内企业借用的外债可用于自身经营范围内的货物和服务贸易支出以及符合条件的金融资产交易。就金融资产交易,该规定重申了外债资金不得用于证券投资,并且如用于股权投资必须符合经营范围,这实质上规定了外债资金用于股权投资仍仅限于外商投资性公司或股权投资企业。此外,该规定还进一步明确了除外商投资租赁公司、外商投资小额贷款公司外,外债资金不得用于放款。并且除担保公司外,外债资金不得用于抵押或质押。

自2017年起,外汇管理部门在部分地区开展资本项目收入(含外债资金)结汇支付便利化试点,进一步便利外债资金使用。该制度于2020年4月得到全国推广,即允许符合条件的企业将资本金、外债和境外上市等资本项目收入用于境内支付时,无须事前向银行逐笔提供真实性证明材料,由经办银行按照审慎展业原则和有关要求对所办理的资本项目收入支付便利化业务进行事后抽查。所在地外汇局加强监测分析和事中事后监管。

(2)相关问题和法律分析

如上所述,对于外商投资企业签订的外债借款合同,2003年《外债管理暂行办法》要求必须登记后才生效,而2013年《外债登记管理办法》中已删除了相关规定,仅规定外债签约需要逐笔登记,并且办理登记的义务人是境内债务人,但至今2003年《外债管理暂行办法》尚未被废止。实践中,比较常见碰到的一种情况是境外债权人(非金融机构)与境内外商投资企业具有贸易往来,境外债权人在贸易往来之外又借款给境内外商投资企业,但境内外商投资企业作为债务人没有办理外债签约登记,而是按照经常项目项下的贸易往来办理资金入账和结汇使用。根据我国现行外汇管理制度，经常项目已经实现自由可兑换，不需要办理相关外汇登记，直接在银行申报办理相关手续即可。因此部分外商投资企业可能因为缺乏法律知识或者贪图便利，就采用此种方法，但是在将来外商投资企业未能偿还该笔借款发生争议后，该等未办理外汇签约登记的借款合同是否有效和可执行呢？

①关于外债借款合同效力问题

经笔者查询"中国裁判文书网"相关案例，发现法院具体有以下两种观点：

第一种观点：境外公司将资金借给境内外商投资企业，应当报经我国国家外汇管理部门审批，但其未能履行该项义务，显然违反我国相关行政法规的强制性规定，应当认定涉案借款合同无效。合同无效后，因该合同取得的财产，应当予以返还。[①] 也有法院认为，该种合同属于应该报批的合同但未报批的，合同未生效。

第二种观点：即使本案实质存在借用外债以及结汇资金的用途违反相关规定的情形，但鉴于我国《外汇管理条例》对借用外债等的相关规定系管理性规范，并非效力性强制性规定，不应据此直接认定借贷合同无效。[②]

笔者倾向于上述第二种观点。笔者发现采用第一种观点的法院主要受当事人提出的2003年《外债管理暂行办法》关于登记生效规定的影响，但该规定实践中已经随着外汇管理改革发生变化，如2014年6月1日生效的《跨境担保外汇管理规定》（汇发〔2014〕29号）已经明确，外汇局对跨境担保合同的核准、登记或备案情况以及本规定明确的其他管理事项与管理要求，不构成跨境担保合同的生效要件，可是由于2013年《外债登记管理办法》并没有明文废止2003年《外债管理暂行办法》，只是规定"之前规定与本通知内容不一致的，以本通知为准"。所以对于不了解该等外债管理制度变更的法官来说，可能无法准确把握相关制度关键。因此，笔者建议外商投资企业在处理相关合同拟定、争议解决时宜咨询熟悉外商投资企业融资、外汇管理以及相关法律的律师，协助企业在案件中提出相关观点，引导法官注意该等外汇管理制度变革对合同效力的影响。

---

① 参见上海市第二中级人民法院民事判决书，（2018）沪02民终1748号；广东省高级人民法院民事判决书，（2018）粤民终1461号。

② 参见浙江省高级人民法院民事判决书，（2017）浙民终77号。

②资金汇出的可执行问题

无论外债借款合同是否有效(valid),根据我国现行法律未办理外债登记的借款合同实际上无法被执行(not enforceable),即无法按照外债关系将资金汇入境内资本项目账户。因此实践中,境内债务人一般会以“贸易”进行申报以便资金进入境内使用。但是采用这种做法的话,如果将来发生争议,无论法院最终裁判借款合同是有效还是无效或者未生效,均会按照实际法律认定该笔资金汇入是借款关系。而借款的返还依据我国外汇管理制度,属于资本项目项下业务,资金在实际返还境外(汇出)时就会出现问题,因为我国外汇管理制度是按照贸易项目和资本项目予以区分并分别予以不同管理,跨境资金进出需要保持一致性,即如资金汇入为经常项目,则资金返还时也应该是经常项目,不能为资本项目。

而本案例中就涉及资金进入是按照“贸易”申报,资金汇出是借款返还,两者并不一致,实践中笔者在咨询了外汇管理局的贸易处和资本处后发现面临两难选择:一种方式是按照贸易处要求提交《货物贸易退还款登记表》并提供合同、发票、申报单、退款协议,可实际缺少发票、退款协议等资料,而且也不能反映实际法律关系;或者另一种方式是按照资本处要求让资金汇入时的收款银行修改当初的申报单,但银行怕担责(如修改之前申报内容,则银行可能会面临因为之前虚假申报而被相关监管部门处罚)往往以各种理由予以推脱,所以实际在资金汇出时会碰到外汇管理的障碍。这两种方式都各有问题难以解决,导致实际操作中境外债权人难以实际获得借款资金的返还。此外,如境外债权人提起诉讼追讨相关欠款且境外债权人胜诉的情况下,则按照法院判决在逾期支付期间境内外商投资企业作为债务人还要加倍支付延期履行期间的债务利息,对外商投资企业来说将因为该等资金汇出的障碍导致加重其债务负担。

综上所述,笔者建议外商投资企业和境外债权人要按照资金实际法律关系和用途进行申报或外债登记,不要贪一时简单,以免将来发生争议。

2. 人民币跨境融资

(1)法律、政策变化简述

①一般规定

跨境人民币的实施始于2009年,起初仅开放了经常项目下的跨境人民币结算,主要是为贸易服务;2011年开始放开资本项目下人民币结算,包括外商直接投资人民币结算、外商投资企业的境外人民币借款等。相关规定和主要变化具体如表 7-2 和表 7-3 所示[①]：

表 7-2　2013 年前跨境人民币政策演变

时间	相关规定
2009 年 7 月	开启跨境贸易人民币结算试点
2010 年 6 月	将试点扩大到 20 个省(区、市)
2010 年 9 月	颁布《跨境贸易人民币结算试点管理办法》及其实施细则
2011 年 1 月	启动境外直接投资人民币结算试点
2011 年 10 月	中国人民银行颁布《外商直接投资人民币结算业务管理办法》,确立了专户专用原则

表 7-3　2013 年后跨境人民币政策梳理

时间	文件名称	主要内容
2013 年 7 月 10 日	中国人民银行颁布《关于简化跨境人民币业务流程和完善有关政策的通知》	对境内非金融机构境外发行人民币债券的,明确了相关规则适用
2017 年 1 月	中国人民银行发布《中国人民银行关于全口径跨境融资宏观审慎管理有关事宜的通知》(银发〔2017〕9 号)	进一步完善并放宽了宏观审慎管理下的跨境融资监管规定
2017 年 5 月 18 日	中国人民银行印发《人民币跨境收付信息管理系统管理办法》(银发〔2017〕126 号)	—
2018 年 1 月	中国人民银行印发《关于进一步完善人民币跨境业务政策　促进贸易投资便利化的通知》(银发〔2018〕3 号)	外商投资企业人民币资本金及境外借款资金用于工资、差旅费、零星采购等支出的,银行可以在展业三原则基础上根据企业支付指令直接办理。 明确了境内企业境外发行债券、股票募集的人民币资金可按实际需要调回境内使用,进一步简化管理流程,便利企业日常运营
2018 年 3 月 23 日	中国人民银行印发《人民币跨境支付系统业务规则》(银发〔2018〕72 号)	—

① 由于本章主要内容为外商投资企业跨境融资,融资主体是外商投资企业,故涉及境内企业人民币境外放款、境外机构境内发行人民币债券等借款主体为境外机构的业务不在讨论范围中。

续表

时间	文件名称	主要内容
2020 年 12 月 31 日	人民银行　国家发改委　商务部　国资委　银保监会　外汇局联合发布《关于进一步优化跨境人民币政策　支持稳外贸稳外资的通知》(银发〔2020〕330 号)	放宽对部分资本项目人民币收入使用限制。 优化对境内企业境外人民币借款业务的管理

②自贸区特殊规定

自 2013 年国务院第一个批准的中国(上海)自由贸易试验区总体方案以来,国务院又陆续在多地设立了自由贸易试验区。截至 2020 年年底,国务院批准的自由贸易试验区共有 18 个,分别位于上海、福建、天津、广东(2015 年批准)、辽宁、浙江、河南、湖北、重庆、四川、陕西(2017 年批准)、海南、山东、江苏、广西壮族自治区、河北、云南、黑龙江(2019 年批准)。

在 2017 年银发 9 号文出台前,以上海、广东为典型的自贸区曾出台过关于人民币境外借款、跨境人民币贷款等试点政策,后续陆续被国家政策吸收。目前来看,在跨境人民币融资方面,以上海为例,比较典型和特殊的规定为"集团内跨境双向人民币资金池"业务,该业务始于 2014 年 2 月央行上海总部公布的《关于支持中国(上海)自由贸易试验区扩大人民币跨境使用的通知》(银总部发〔2014〕22 号),具体而言是由集团内部在区内注册成立并实际经营或投资的成员企业,开立一个人民币专用存款账户,专门用于办理集团内跨境双向人民币资金池业务。该资金池的设立便利于集团内部包括境内境外成员之间的双向资金归集和使用。最重要的是该等归集和使用不受相关宏观审慎管理额度限制,因为该业务被定义为属于企业集团内部的经营性融资活动,外部融资活动产生的现金流不能参与归集。

(2)相关问题和合规性

那么,对于非金融外商投资企业来说,该如何在外债或者境外人民币借款中进行选择呢?两者之间除币种区别外,在资金使用、监管等方面又有什么区别?

首先,我们需要厘清几个概念。外债是以外币计算的从境外借入境内使用的资金;境外人民币借款是指境内机构从境外借入人民币资金进入境内使用,出借资金方可以是外商投资企业的股东或集团内关联企业也可以是境外金融机构；其中，从境外银行借入人民币资金又称为跨境人民币贷款，所以说跨境人民币贷款的范围小于境外人民币借款，是境外人民币借款的一种情况，此外比较常见的还有通过境外发行人民币债券来融入跨境人民币资金。

其次，我们对两者之间的主要区别汇总如表7－4所示：

表7－4　外债和境外人民币借款主要区别

内容	外债/外汇借款	境外人民币借款
政策制定者	国家外汇管理局	中国人民银行货币政策二司
报送系统	资本项目信息系统	人民币跨境收付信息管理系统（CIPS）
开立账户	➢ 在外债合同签约后15个工作日内，到所在地外汇局办理外债签约登记手续。外商投资企业首次借用外债之前，其外方股东至少已经完成第一期资本金的缴付且应当缴付的资本符合出资合同或企业章程约定的期限、比例或金额要求。[1] ➢ 办理外债签约登记后去银行开立外债账户	凭人民币贷款合同，开立境外借款人民币专用存款账户，该账户属于人民币一般存款账户，专门存放从境外借入的人民币资金
用途限制	➢ （1）不得直接或间接用于企业经营范围之外或国家法律法规禁止的支出； （2）除另有明确规定外，不得直接或间接用于证券投资或除银行保本型产品之外的其他投资理财； （3）不得用于向非关联企业发放贷款，经营范围明确许可的情形除外； （4）不得用于建设、购买非自用房地产（房地产企业除外）。 ➢ 除担保公司外，外债不得用于抵押或质押发放人民币贷款。 ➢ 除“搭桥”外，短期外债不得用于固定资产投资等中长期用途。如审批部门或债权人未指定外债资金用途的，不限制中长期外债用于短期流动资金	在国家有关部门批准的经营范围内使用：不得直接或间接用于企业经营范围之外或国家法律法规禁止的支出；除另有明确规定外，不得直接或间接用于证券投资；除经营范围中有明确许可的情形外，不得用于向非关联企业发放贷款；不得用于建设、购买非自用房地产（房地产企业除外）。 实践中，账户内资金基本只能存活期

续表

内容	外债/外汇借款	境外人民币借款
结汇、购汇	➢ 自2016年6月起非金融境内企业外债资金开始实行意愿结汇，结汇所得人民币资金纳入结汇待支付账户管理。 ➢ 债务人可根据合同约定在偿还外债到期前5个工作日之内可购汇或将自有外汇划入外债专用账户，金额不得超过下一期该笔外债应付债务本息及相关费用之和。已办理购汇并按规定划入外债账户的外汇资金不得再次办理结汇	不涉及
资金使用	➢ 符合条件的企业[2]在支付时无须事前向银行逐笔提供真实性证明材料，改为银行事后抽查； ➢ 不符合条件的企业在支付时仍需由银行逐笔审核支付业务的真实性和合规性	需要向银行提供支付命令函、资金用途证明等材料，银行审核资金使用的真实性和合规性
还款	➢《境内机构外债签约情况表》和贷款合同中没有提前还款条款的，不得提前还款。 ➢ 外债提款币种和偿还币种须保持一致	➢ 凭贷款合同和支付命令函、纳税证明等材料直接到银行办理。 ➢ 借款提款币种和偿还币种必须保持一致，即不可以借人民币还外币

注：[1]部分地区如粤港澳大湾区试点取消非金融企业的外债逐笔登记，改为额度一次性登记。

[2]根据国家外汇管理局《资本项目外汇业务指引（2020年版）》，开展资本项目外汇收入支付便利化业务的企业应为非金融企业（房地产企业、政府融资平台除外），并符合以下条件：

（1）近一年无外汇行政处罚记录（成立不满一年的企业，自成立之日起无外汇行政处罚记录）；

（2）如为货物贸易外汇收支名录内企业，其货物贸易分类结果应为A类。

符合前款条件的企业，由银行自行评估后纳入本行资本项目外汇收入支付便利化业务范畴。

总体上来说，除可以适用资本项目外汇收入支付便利化业务的企业在外债资金支付上存在一定简化外，境外人民币借款比起借用外债在相关程序、使用上更为快捷和方便，也不存在上节所述中关于相关融资借款合同效力的问题。

3. 外商投资企业发行境外债券

原“外资三法”并未对外商投资企业发行债券做出规定，2005年《公司法》出台并规定了公司发行债券的相关内容，但由于实践中缺乏外商投资企业发行债券的配套细则，因此直到2007年国家发改委颁布《关于境内非金融机构赴香港特别行政区发行人民币债券有关事项的通知》以及2009年外资银行汇丰银行

(中国)和东亚银行(中国)获准在香港发行人民币债券,外商投资企业发行境外债券才起步。

2010年麦当劳(中国)有限公司通过发行"点心债"(dim sum bonds,离岸人民币债券 offshore yuan bonds,指在香港发行的人民币计价债券,由于人民币债券在港发行量很小就像点心一样味美但又吃不饱,因此被称为点心债券)改变了其人民币融资渠道主要依靠境内贷款的状况,并成为第一家在香港发行的人民币债券的跨国公司。之后,全球知名工程机械生产商卡特彼勒成为继麦当劳之后第二个在港发行"点心债"的跨国企业,其在2010~2012年发行了多笔"点心债"。

2015年以前,根据我国相关规定,境内企业发行外债的需要到发改部门审批额度,2015年国家发展改革委员会发布《关于推进企业发行外债备案登记制管理改革的通知》(发改外资〔2015〕2044号,本章以下简称2044号文),将境内企业发行外债的管理方式从审批制改为备案登记制管理,企业发行外债须事前向国家发改委申请办理备案登记手续,并在每期发行结束后10个工作日内,向国家发改委报送发行信息。该通知所指外债指境内企业及其控制的境外企业或分机构向境外举借的、以本币或外币计价、按约定还本付息的1年期以上债务工具,包括境外发行债券、中长期国际商业贷款等。

实践中目前发行的境外债券较多是欧元债、美元债以及人民币债券,一般而言,境外债券的期限较多是3年或3年以上,但也存在发行期限不足1年的境外债券。和境内发债相比,境外发债在发行人行业、发行限额、资金用途等方面的要求都较境内债券有更为宽松、发行效率较高且有助于提升发行人的公司知名度、拓宽国际业务或融资市场等优势。

外商投资企业注册在中国境内,因此在法律上属于境内企业。毋庸置疑,按照2044号文,境内企业发行1年期以上的境外债券才需要发行前事先向发改部门进行备案登记,因此境内企业(包括外商投资企业)发行1年期以下的境外债券是无须向发改部门进行备案登记的,仅需办理外汇管理的事后签约登记备案。但是如果外商投资企业发行1年期以上的境外债券是否履行发改部门的备案登记手续呢?

按照2044号条文规定似乎应该是要去发改部门办理事前的备案登记,但实务中部分外商投资企业在借用中长期跨境贷款办理2044号文规定的外债备案时被发改部门口头告知外商投资企业借用中长期跨境贷款可暂不办理此项备案；另有观点是外商投资企业在“投注差”范围内进行的债券发行，无须按照2044号文申请发改委事先备案，如仲利国际租赁有限公司于2020年10月在香港联合交易所成功发行的3亿美元3年期高级债，该观点的依据是《外债管理暂行办法》中规定外商投资企业举借的中长期外债累计发生额和短期外债余额之和应当控制在审批部门批准的项目总投资和注册资本之间的差额以内。在差额范围内，外商投资企业可自行举借外债。

但是对于外商投资房地产企业而言，由于《外债登记管理办法》（汇发〔2013〕19号）规定“对2007年6月1日以后（含）取得商务主管部门批准证书且通过商务部备案的外商投资房地产企业，不予办理外债签约登记手续”，而2044号文中未将房地产企业排除在适用范围之外且又规定“国家发改委在收到备案登记申请后5个工作日决定是否予以受理，自受理之日起7个工作日内，在外债总规模限额内出具《企业发行外债备案登记证明》。外债发行人凭备案登记证明按规定办理外债资金流出流入等有关手续”。因此实践中，外商投资房地产企业反而可以通过国家发改委外债备案登记的方式举借外债。

2018年6月28日，国家发改委就《关于完善市场约束机制　严格防范外债风险和地方债务风险的通知》（发改外资〔2018〕706号，本章以下简称706号文）答记者问中亦表示，要引导规范房地产企业境外发债资金投向，不得用于境内外房地产项目、补充运营资金等，但可用于偿还到期债务。2019年7月9日，国家发改委发布《关于对房地产企业发行外债申请备案登记有关要求的通知》（发改办外资〔2019〕778号），房地产企业发行外债只能用于置换未来1年内到期的中长期境外债务。

（二）金融机构跨境融资

1. 监管框架

根据银发9号文规定，在我国金融机构又分为两类进行监管，其中27家银行类金融机构[①]跨境融资由中国人民银行进行宏观审慎管理；除该27家银行类

① 这27家银行类金融机构分别是国家开发银行、进出口银行、农业发展银行、中国工商银行、中国农业银行、中国银行、中国建设银行、交通银行、中信银行、中国光大银行、华夏银行、中国民生银行、招商银行、兴业银行、广发银行、平安银行、浦发银行、恒丰银行、浙商银行、渤海银行、中国邮政储蓄银行、北京银行、上海银行、江苏银行、汇丰银行（中国）有限公司、花旗银行（中国）有限公司、渣打银行（中国）有限公司。

金融机构以外的其他金融机构跨境融资由国家外汇管理局进行监管。但是无论哪种金融机构,其数据统计监测均由国家外汇管理局负责。

按照银发9号文规定,通知适用的金融机构是指中国人民银行、中国银行业监督管理委员会、中国证券监督管理委员会和中国保险监督管理委员会①批准设立的各类法人金融机构,此外还包括外国银行(港澳台地区银行比照适用)境内分行。

如前所述,外商投资金融机构自2018年5月起强制适用银发9号文的宏观审慎跨境融资监管模式。和一般外商投资企业相比,主要区别在于:

(1)外商投资金融机构适用的"跨境融资杠杆率"和"宏观审慎调节参数"不同:

①银发9号文下监管按照法人企业的分类为不同企业设定"跨境融资杠杆率",其中一般企业为2,非银行法人金融机构为1,银行类法人金融机构和外国银行境内分行为0.8;

②银发9号文下最初为企业和金融机构设定了同样的"宏观审慎调节参数",但2021年以来我们发现监管部门开始了更为精确的调控,如2021年1月仅将企业的跨境融资宏观审慎调节参数由1.25下调至1,但金融机构仍适用1.25的参数。

(2)外商投资金融机构在上限内无须办理登记,可以直接与境外机构签订融资合同,签约后执行前,向中国人民银行、国家外汇管理局报送信息。

(3)融入资金可用于补充资本金,但结汇需要经国家外汇管理局事先批准。

2. 特殊的跨境资产转让融资

2013年,人民银行发布《关于简化跨境人民币业务流程和完善有关政策的通知》(银发〔2013〕168号),鼓励境内银行开展跨境人民币贸易融资资产跨境转让业务。2019年,国家外汇管理局发布《关于进一步促进跨境贸易投资便利化的通知》(汇发〔2019〕28号),明确提出推进境内信贷资产对外转让试点,扩大可对外转让的信贷资产范围,包括银行不良资产和贸易融资等。2020年开始各地相关试点进程和具体实施细则加快出台,陆续出现多笔业务落地。

---

① 2018年4月,中国银行业监督管理委员会和中国保险监督管理委员会的职责整合,组建中国银行保险监督管理委员会。

需要注意的是,虽然该业务是由境内银行发起,将政策允许的资产转让给境外机构,但该业务并不计算在银行的对外跨境债务中,主要是由于该等业务的实际债务人是境内企业,因此普遍认为该业务属于境内企业的一种融资方式;至于是否计算在转让资产对应的作为债务人的企业的对外跨境债务中各地规定并不一致。比如,深圳就明确不良资产跨境转让业务申请人代不良资产项下实际债务人到深圳外管局办理跨境融资签约备案,因而形成的跨境融资,不占用业务申请人自身跨境融资额度,也不占用实际债务人的外债额度。因此,建议在办理相关业务前需要了解当地的具体政策。

3. 实务问题和法律分析

何谓“金融机构”?只有准确把握该定义,才能确定银发 9 号文适用的具体规则。可惜截至目前我国法律并没有对金融机构做出统一和明确的规定,相关定义散见于各个监管机构的规范性文件中,但由于各监管文件的规制出发点不同,相关范围并不一致,且并不清晰和明确。综合人民银行、银保监会、证监会的相关文件,表 7 – 5 中的几类机构属于金融机构几乎无争议:

表 7 – 5　典型金融机构类型

序号	机构类型
1	银行
2	信托公司
3	金融租赁公司
4	金融资产投资公司
5	证券公司、基金管理公司、期货公司
6	保险公司、再保险公司、保险资产管理公司

但比较新型的例如小额贷款公司、融资租赁公司、商业保理公司等具有企业融资业务并被地方金融监管部门监管的机构是否属于金融机构,是否应适用银发 9 号文中关于非银行金融机构的监管呢?

2021 年 1 月 1 日最高人民法院发布了《关于新民间借贷司法解释适用范围问题的批复》,其中提及经征求金融监管部门意见,由地方金融监管部门监管的小额贷款公司、融资担保公司、区域性股权市场、典当行、融资租赁公司、商业保理公司、地方资产管理公司七类地方金融组织,属于经金融监管部门批准设立的金融机构，其因从事相关金融业务引发的纠纷，不适用新民间借贷司法解释。

虽有上述人民法院的批复文件，但由于国家层面的金融监管部门并没有明确表态，因此一般地方外汇管理局并不强制要求按照金融机构办理，而适用"投注差"模式相比"宏观审慎管理模式"一般具有更高的杠杆，①因此实务中相关企业较多还是选择传统的"投注差"模式。

二、境内融资

（一）境内贷款

1. 境内贷款概述

总体上来说，外商投资企业作为在国内注册成立的境内机构，在境内贷款方面和内资企业适用的法律、监管规则基本是相同的，唯一可能有些特别是在资金使用上，商务部、国家外汇管理局2011年12月12日发布的《进一步完善外商投资性公司有关管理措施的通知》中明确要求外商投资性公司的境内贷款不得用于境内再投资。

此外，由于我国境内银行在审核贷款时较为注重是否存在保证担保、抵质押担保等信用增级的措施，因此如果外商投资企业拟借用境内贷款由企业的境外母公司提供担保的话，需要注意是否符合我国外保内贷的规定。

我国《跨境担保外汇管理规定》将跨境担保分为内保外贷、外保内贷和其他形式跨境担保，外汇管理部门对内保外贷、外保内贷进行登记，而其他形式跨境担保暂不用办理登记手续。其中"外保内贷"是指境内非金融机构从境内金融机构借用贷款或获得授信额度、由境外机构或个人提供担保的情况。具体外汇管理的登记程序是由发放贷款或提供授信额度的境内金融机构向外汇局集中报送外保内贷业务相关数据。办理登记的具体意义在于：如将来发生担保履约境外资金要汇入境内债权人账户时，只有经外汇管理部门登记的外保内贷，债权人才可以自行办理与担保履约相关的收款，否则债权人可能无法收得境外的担保履约资金。

---

① 比如外商投资融资租赁企业"公司对外借款，应根据外商投资租赁公司提供的上年度经审计的报表，计算出上年度末风险资产总额（A），再计算净资产的8倍（B），然后将（B－A）作为新年度期间该公司可新借外债的余额的最高限额。借用外债形成的资产全部计算为风险资产"。

2. 境内贷款实务问题

(1)外保内贷的外汇管理登记问题

根据我国现行的金融监管规定,批准可从事境内贷款或类贷款业务的金融机构至少包括以下几类:银行发放的银行贷款、信托公司发放的信托贷款、资产管理机构发放的债权投资(如保险资金债权投资计划)等。但是目前的实际情况是只有银行接入了外汇管理部门关于跨境担保的系统,其他非银行金融机构由于没有接入系统而难以集中向外汇管理部门报送外保内贷的相关数据。

对于此问题,实务中,非银行金融机构一般会采取向所在地外汇管理部门报送纸质书面材料的方式,但不同地方的外汇管理部门对此的监管态度存在较大差异,有的地方会接纳此种报送方式,有的地方会不予受理此种方式。由此导致的结果往往是投资者对于此种不确定的风险较为排斥,因此导致外商投资企业在外保内贷模式下除银行贷款外的其他融资方式都不多见。

(2)境内贷款合同能否约定适用境外法、域外仲裁

对由境外投资者控股的外商投资企业来说,尤其是新进入中国境内的境外投资人,一般该等企业会倾向于约定签订的合同适用投资人所在地的法律,即境外法律,或者将合同争议解决约定为境外仲裁。

根据我国《涉外民事法律关系法律适用法》第 3 条"当事人依照法律规定可以明示选择涉外民事关系适用的法律"和最高人民法院《关于适用〈中华人民共和国涉外民事关系法律适用法〉若干问题的解释(一)》第 4 条,中华人民共和国法律没有明确规定当事人可以选择涉外民事关系适用的法律,当事人选择适用法律的,人民法院应认定该选择无效,目前实务界普遍的理解是中国法只赋予涉外民事关系当事人选择适用法律的权利,对于非涉外合同,当事人没有选择适用法律的权利,只能适用中国法。

根据上述司法解释,民事关系具有下列情形之一的,人民法院可以认定为涉外民事关系:①当事人一方或双方是外国公民、外国法人或者其他组织、无国籍人;②当事人一方或双方的经常居所地在中华人民共和国领域外;③标的物在中华人民共和国领域外;④产生、变更或者消灭民事关系的法律事实发生在中华人民共和国领域外;⑤可以认定为涉外民事关系的其他情形。

《外商投资法》第 2 条第 3 款规定:"本法所称外商投资企业,是指全部或者

部分由外国投资者投资,依照中国法律在中国境内经登记注册设立的企业。"所以,外商投资企业属于境内企业,一般来说,境内外商投资企业和境内金融机构签订的借款合同不属于涉外民事法律关系,不能选择适用境外法律。

此外,虽然我国法律法规没有明确的规定,但长期以来我国司法实践中法院认为无涉外因素的案件当事人约定提请涉外仲裁机构仲裁的条款应属无效。[①]唯一的例外是最高人民法院《关于为自由贸易试验区建设提供司法保障的意见》(法发〔2016〕34 号)中提出"在自贸试验区内注册的外商独资企业相互之间约定商事争议提交域外仲裁的,不应仅以其争议不具有涉外因素为由认定相关仲裁协议无效。一方或者双方均为在自贸试验区内注册的外商投资企业,约定将商事争议提交域外仲裁,发生纠纷后,当事人将争议提交域外仲裁,相关裁决作出后,其又以仲裁协议无效为由主张拒绝承认、认可或执行的,人民法院不予支持;另一方当事人在仲裁程序中未对仲裁协议效力提出异议,相关裁决作出后,又以有关争议不具有涉外因素为由主张仲裁协议无效,并以此主张拒绝承认、认可或执行的,人民法院不予支持"。

因此实务中除外借款人和借款银行都是外商独资企业,否则相关借款合同中关于适用境外法或选择域外仲裁的约定仍然难以被中国司法机关认可。

(二)境内发债

1. 法律、政策变化简述

我国债券市场起步较晚,并且监管较为复杂、存在多个互相连通的市场,对于非金融企业来说,可发行的债券大致可以分类为由国家发改委监管的企业债、由证监会监管的公司债,以及在银行间债券市场发行的债务融资工具;对于金融企业来说,发行的债券为金融债券,其中银行的债券应在银行间市场上发行,由中国人民银行监管,而非银行金融机构(如保险公司和证券公司)可以在交易所发行债券,由中国银行保险监督管理委员会和证监会监管,各个债券品种相对应的规则、制度各有不同。

在信用债券方面,我国发展最早的债券市场是企业债券,虽然 1993 年出台

---

① 最高人民法院民事审判第四庭《涉外商事海事审判实务问题解答(一)》第 83 条规定,根据我国《民事诉讼法》第 257 条和《仲裁法》第 65 条的规定,允许涉外经济贸易、运输、海事纠纷的当事人选择提交境外的仲裁机构仲裁;对于不具有涉外因素的仲裁,我国并未授予争议当事人提交境外仲裁的权利,因此对于该等仲裁条款应当认定无效。相关案件如(2018)沪民申 921 号民事裁定书。

的《企业债券管理条例》规定中没有排除外商投资企业,但是该市场几乎是为国有企业设立的,其发行要求较高(如需要发债前连续三年盈利)而且程序上需要从地方发改委层层上报至国家发改委核准,而且资金用途上必须用于固定资产投资和技术改造相关用途,所以很少外商投资企业采用该种方式发债,过往案例种一般涉及外资的也只有中外合资企业可能采用此方式融资。

就一般的非金融外商投资企业而言,开放最早的或许是2007年8月14日证监会颁布了《公司债券发行试点办法》,在公司债券发行试点期间,公司范围仅限于沪深证券交易所上市的公司及发行境外上市外资股的境内股份有限公司。2015年1月15日证监会正式发布《公司债券发行与交易管理办法》将发行主体扩大至所有公司制法人。

2008年开始,中国建立了一个新的信用债券细分市场,允许公司通过"中期票据"融资。中期票据被正式归入了非金融企业债务融资工具,由中国人民银行下属的自律性机构——中国银行间市场交易商协会监管。这些票据经注册登记后发行,在银行间市场上交易。

目前,较为常见的外商投资企业发债方式主要是公司债和银行间市场的非金融企业债务融资工具。

就外商投资金融机构而言,我国2007年才允许外资行注册为法人银行,2009年才放开外资银行发行人民币债券,具体规定是参照2005年出台的《全国银行间债券市场金融债券发行管理办法》。2010年,三菱东京日联银行(中国)有限公司在银行间债券市场发行了10亿元人民币金融债券,是首家外资银行在中国境内发行人民币债券。之后,东亚中国、星展中国、新加坡银行华侨银行、瑞穗实业银行(中国)等都陆续在中国发行了人民币金融债券。

2. 自用熊猫债

(1)熊猫债的法律、政策变化简述

熊猫债,是指注册地在中国境外的发行人在中国境内发行的以人民币等货币计价的债券。根据国际惯例,在一个国家的国内市场发行本币债券时,一般以该国最具特征的吉祥物来命名,如美国的扬基债券、日本的武士债券等。我国熊猫债的发行始于2005年,自2015年市场规模逐步变大,经过10多年的发展,目前境外发行人类型已涵盖外国主权政府、国际开发机构、金融机构、非金融企业等各类型主体。熊猫债募集的资金可根据相关法律法规及监管要求使用于中国境内或境外。具体品种上，在银行间债券市场，根据债券存续时间和发行方式，非金融企业发行的熊猫债可分为超短期融资券（SCP）、短期融资券（CP）、中期票据（MTN）和定向债务融资工具（PPN）。

2005 年 10 月，国际金融公司和亚洲开发银行获准在我国银行间债券市场分别发行 11.3 亿元人民币和 10 亿元人民币债券，成为首批在中国境内发行熊猫债券的境外发行人。

2014 年中国人民银行办公厅颁布了《关于境外机构在境内发行人民币债务融资工具跨境人民币结算有关事宜的通知》（银办发〔2014〕221 号），理顺了境内收款账户开立和结算的问题，明确境内银行业金融机构可按照《境外机构人民币银行结算账户管理办法》（银发〔2010〕249 号）等银行结算账户的管理规定，凭境外非金融企业提交的交易商协会发出的人民币债务融资工具《接受注册通知书》，为其开立人民币专用存款账户（"NRA 账户"），存放发行人民币债务融资工具所募集的资金。对于其他境外机构经批准在银行间债券市场发行人民币债务融资工具的有关跨境人民币结算业务，参照该通知执行。

2014 年 3 月，戴姆勒发行了市场首单非金融企业熊猫债，发行规模为 5 亿元人民币，票面利率为 5.2%。之后戴姆勒又陆续发行多期债券，规模达上百亿元人民币。

2018 年 9 月，中国人民银行和财政部联合发布《全国银行间债券市场境外机构债券发行管理暂行办法》（中国人民银行、财政部公告〔2018〕第 16 号，本章以下简称人行 16 号文），将外国政府类机构、国际开发机构、在境外合法注册的金融机构法人和非金融企业法人等主体都纳入境外机构范围，其中境外金融机构法人在中国银行间债券市场发行熊猫债将由人民银行核准，境外非金融企业法人、外国政府类机构、国际开发机构等在中国银行间债券市场发行熊猫债将由中国银行间市场交易商协会进行事先注册，并规定了债券发行、登记、托管、结算以及信息披露等方面的业务规范。2019 年，中国银行间市场交易商协会发布《境外非金融企业债务融资工具业务指引（试行）》，明确了境外非金融企业注册发行流程、注册文件要求、募集资金使用、信息披露等事项。

根据中国银行间市场交易商协会（以下简称交易商协会）公布的数据，截至 2020 年 12 月 31 日，共有 54 家境外发行人（经协会注册）累计发行熊猫债 2649.5 亿元人民币，其中 2020 年累计发行 525.5 亿元人民币，同比增长

12.2%。在熊猫债的各类发行人中,非金融企业的发行量最大,其中,具有中资背景的发行人占大多数,其他发行人包括总部位于欧洲的跨国企业(如宝马集团等)。

(2)自用熊猫债

自用熊猫债指外商投资企业的母公司在中国境内发行人民币债券并以放款形式用于境内子公司。该等融资模式由于是在境内发行、融入的是境内人民币,并且也是在境内使用,因此不涉及跨境融资。监管上按照境内融资处理,不受外债额度限制。

目前,较多境外上市公司都会通过自用熊猫债方式来为自己的境内外商投资子公司进行融资。因为境外上市公司通常拥有较高信用评级,获得国际投资人认可,以其作为发债主体可以利用境外较低的资金成本来降低境内外商投资企业的资金成本。

(3)实务问题和法律分析

考虑到外资的特点,熊猫债实务中容易遇到以下几点问题:

①信息披露问题

发行熊猫债的信息披露文件的语言是否必须是中文?

熊猫债可以采用公开形式、也可以采用非公开形式发行,由于和国外发行相比我国境内公募发行债务融资工具时所需披露的信息多于境外,而发行人通常希望在全球发债时对外披露的信息能够一致,此外在披露语言上如是公开发行的,则披露的发行文件必须是简体中文或简体中文的译本,而如果采用非公开发行的,则披露的语言可与投资人协商,所以外资控股的企业会倾向于选择非公开定向发行从而有利于减少发行人的准备工作量并尽量减少不必要的信息披露,而中资背景的境外企业则没有此顾虑。根据媒体报道,历史上总部位于欧洲的跨国企业发行人均采用了非公开定向方式发行熊猫债。

②会计准则问题

发行熊猫债披露的财务报表数据是否必须使用中国企业会计准则编制?

监管规定是按照公开发行还是非公开发行予以了区分,如公开发行的,在2018年人行16号文发布前要求根据中国企业会计准则或与中国企业会计准则等效的财务报告准则进行编制,人行16号文发布后允许使用与我国企业会计准则不等效的会计准则编制所需披露的财务报表,但需披露该等会计准则与我国企业会计准则的重要差异以及相关财务影响；如果是非公开发行的，则可以由发行人和投资者自主协商确定财务报告所采用的会计准则。

③适用法律问题

人行 16 号文出台前，在实践中在中国银行间债券市场发行熊猫债时均参考《国际开发机构人民币债券发行管理暂行办法》，该规定明确要求发生违约或其他纠纷时适用中国法。人行 16 号文中没有明确规定法律适用问题，因此市场普遍理解在发行熊猫债的法律适用上具有一定的灵活性，具体视投资者情况确定。

第三节　外商投资企业股权融资

一、股权融资方式

目前外商投资企业主要有以下股权融资渠道：

（一）接受创业投资基金或股权投资基金的财务投资

包括但不限于接受境内人民币基金的投资、境外美元基金的投资等。

（二）被其他企业收购

收购的具体形式主要是股权转让、增资等方式，就股权转让而言其中又包括以下几种情况：

（1）外转外：指外商投资企业的外国投资者将其持有的外商投资企业股权转让给其他外国投资者，在这种情况下，按照笔者的经验，一般转让方会在境外搭建多层结构，直接以转让境外控股公司股权的方式从而达到间接转让境内外商投资企业的目的，这样做的原因：一来可以避免国内外商投资企业股东变更相关手续（如工商变更登记、如涉及负面清单的还有商务主管部门的批准等）；二来在税收上可以避免中国境内税负（我国税务部门为此还特别制定了反避税的规定）。

（2）外转内：指外商投资企业的外国投资者将其持有的外商投资企业股权转让给中国境内的个人、企业或组织，如果所有外资持股都转让的话，则企业性质会发生变化，转让后变为内资企业。

(3)内转外:指内资企业的股东将其持有的公司股权转让给外国投资者,这种情况下企业性质从内资企业变更为外商投资企业,需要受限于外商投资负面清单的规定。

(三)公开发行股票

具体包括在境内的证券交易所上市、在全国中小企业股份转让系统挂牌,以及前往境外证券交易所上市等。

本章主要以在中国境内首次公开发行股票上市为例谈谈其中相关的法律问题。

二、首次公开发行股票上市(IPO)

(一)境内上市法律、政策变化简述

首先需要明确的是,根据我国《证券法》《国务院关于全国中小企业股份转让系统有关问题的决定》规定,拟上市或挂牌的公司只能为股份有限公司。而《公司法》规定,设立股份有限公司,应当有 2 人以上 200 人以下为发起人,其中须有半数以上的发起人在中国境内有住所。因此如按照原“外资三法”的类别划分,外商独资企业是无法在中国境内上市的,而中外合资企业和中外合作企业在改制为外商投资股份有限公司后才可以上市。

第一阶段——外商投资企业设立改制审批制阶段(2001~2019 年)

关于外商投资股份有限公司,最早的规定可以追溯到 1995 年 1 月对外贸易经济合作部(现商务部)颁布的《关于设立外商投资股份有限公司若干问题的暂行规定》(对外贸易经济合作部令 1995 年第 1 号),该规定确立了外商投资股份有限公司的设立审批制,即设立外商投资股份有限公司或者已设立中外合资经营企业、中外合作经营企业、外资企业变更为外商投资股份有限公司的需要报对外贸易经济合作部审批,并且要求连续 3 年盈利才能申请变更为外商投资股份有限公司。

1999 年 8 月外经贸部、国家计委、国家经贸委、财政部、中国人民银行、海关总署、国家税务总局、国家外汇局、国家出入境检验局联合发布的《关于当前进一步鼓励外商投资意见的通知》,规定了“符合条件的外商投资企业可申请发行 a 股或 b 股”。但真正和外商投资企业发行股票上市相关的规定始于 2001 年 10 月对外贸易经济合作部(现商务部)和证监会联合发布的《关于上市公司涉及外商投资有关问题的若干意见》(外经贸资发〔2001〕538 号),明确规定了外商投资企业上市发行股票的具体条件,除了需符合《公司法》等法律法规和证监会的有关规定外,还要求符合外商投资产业政策,在上市后外资股占总股本的比例不低于 10% 等。次年 3 月证监会发布了《公开发行证券的公司信息披露编报规则第 17 号——外商投资股份有限公司招股说明书内容与格式特别规定》,强调了外商投资股份有限公司在遵循一般规定外,招股说明书还应遵守信息披露的特殊规定,具体包括外国法律政策变化风险、汇率风险、外汇交易、外国股东信息的披露等。

2008 年商务部将《外商投资产业指导目录》鼓励类、允许类 1 亿美元,限制类 5000 万美元限额以下的外商投资股份有限公司的设立及变更下放至省级商务主管部门负责审批(《外商投资产业指导目录》第 3 条涉及事项除外)。

上述几个文件确立了外商投资企业上市的政策框架和基本规范。与一般内资企业相比,外商投资企业上市在信息披露和外商投资产业政策方面有一些特殊要求,复杂程度有所增加,但并不会在上市时构成实质性的障碍。可实际上虽然外商投资企业在境内上市没有法律政策障碍,但由于涉及多个监管部门(如股份有限公司设立和改制需要商务部门前置审批)、缺少操作细则、要求比内资企业高(如 2015 年前要求实缴注册资本不低于 3000 万元)以及过去是额度审批制,导致外商投资企业难以取得上市额度。2019 年以前已在境内上市的外商投资企业大多为外资参股企业,外资控股企业上市的案例较少。据相关不完全统计,外资控股企业在沪深市场的上市公司主要如表 7 - 6 所示:

表 7 - 6　2019 年前外资控股上市公司

公司简称	上市情况
东睦股份	于 2004 年 5 月在上海证券交易所上市
成霖股份(002047)	于 2005 年 5 月在深圳证券交易所中小板上市
海鸥卫浴(002084)	于 2006 年 11 月在深圳证券交易所中小板上市
信隆实业(002105)	于 2007 年 1 月在深圳证券交易所中小板上市
晋亿实业(601002)	于 2007 年 1 月在上海证券交易所上市
汉钟精机(002158)	于 2007 年 8 月在深圳证券交易所中小板上市

续表

公司简称	上市情况
斯米克(002162)	于 2007 年 8 月在深圳证券交易所中小板上市
罗普斯金(002333)	于 2010 年 1 月在深圳证券交易所中小板上市
浩宁达(002356)	于 2010 年 2 月在深圳证券交易所中小板上市

此外,较长的上市等待和审核时间或许也是阻却外商投资企业在境内上市的一大因素。据媒体报道,2017 年 IPO 企业从预披露到上会的平均排队时间为 566 天(约 19 个月),2018 年从预披露到上会的平均排队时间为 459 天(约 15 个月),2017 年前的上市审核周期大约是 3 年甚至更久。① 而在香港上市的时间一般是 6 ~ 12 个月,最快 3 ~ 6 个月。

第二阶段——国民待遇阶段(2020 年至今)

从 1999 年国务院首次确定"符合条件的外商投资企业可申请发行 a 股或 b 股"到 2019 年《外商投资法》"外商投资企业可以依法通过公开发行股票、公司债券等证券以及其他方式进行融资",中国外商投资企业上市融资审批制已经整整走过了 20 年。随着 2019 年《外商投资法》的颁布,商务部于 2019 年 12 月分别废止了《关于设立外商投资股份有限公司若干问题的暂行规定》《关于上市公司涉及外商投资有关问题的若干意见》,如今关于改制为股份有限公司的规定基本已经内外资一致,都统一适用《公司法》《证券法》相关规定。

同时,随着科创板的设立、创业板注册制的推行,我国股票发行制度发生了重大变化,越来越多外商投资企业(包括"独角兽"等企业)开始参与我国境内 IPO。例如,在科创板首批上市的 25 家企业中,外资参与 10 家(其中:控股 4 家,参股 6 家)。

目前来看,比较吸引外商投资企业参与的是科创板市场,其作为上海证券交易所新设的独立板块,取消了以往严格的盈利要求,允许尚未盈利的公司、不同投票权架构的公司以及具有红筹和 VIE 架构的科创企业上市。

① 《提高直接融资比重　服务供给侧结构性改革——宣昌能主席助理在第十届中国·武汉金融博览会暨中国中部(湖北)创业投资大会上的发言》,载中国证监会网,http://www.csrc.gov.cn/pub/newsite/zjhxwfb/xwdd/201711/t20171123_327528.html。

（二）实务问题

相比内资企业对于外商投资企业来说需要注意如下问题：

1. 发行人股东出资、股份权属问题

由于外商投资企业的股东涉及境外投资者，对于控股股东、实际控制人位于国际避税区且持股层次复杂的申请在科创板上市的企业，监管部门一般会对其股份权属是否清晰予以特别关注。譬如，《上海证券交易所科创板股票发行上市审核问答》（本章以下简称《审核问答》）中就要求“保荐机构和发行人律师应当对发行人设置此类架构的原因、合法性及合理性、持股的真实性、是否存在委托持股、信托持股、是否有各种影响控股权的约定、股东的出资来源等问题进行核查，说明发行人控股股东和受控股股东、实际控制人支配的股东所持发行人的股份权属是否清晰，以及发行人如何确保其公司治理和内控的有效性，并发表核查意见”。

同时也会要求披露公司历史沿革是否符合外商投资、外汇及税收管理等方面的规定，特别是如果外商投资企业曾经向境外股东进行过分红的，还会要求对该等分红是否符合当时法律、是否缴纳相关税收发表法律意见；如果涉及返程投资的，相关中国籍自然人境外投资行为是否符合中国法律法规的规定、相关外汇资金流转是否符合中国外汇管理的规定。

例如，2019 年 6 月 5 日在科创板上市的安集微电子科技（上海）股份有限公司，其最大的股东 Anji Cayman 是一家位于开曼群岛的投资公司，分别由 RUYI、北极光、东方华尔等 8 名包括外资企业的股东持股。上海证券交易所《审核问询函》要求核查 Anji Cayman 的自然人股东取得外国国籍的时间，其境外投资时是否仍为中国国籍，相关境外投资行为是否符合中国法律、法规的规定，并就 Anji Cayman 的设立及存续是否符合其注册地的法律规定，是否具备股东资格发表明确意见。又如，优利德科技（中国）股份有限公司的第一轮《审核问询函》中也提到请发行人说明：发行人实际控制人取得香港永久居民身份的具体时间，投资发行人的资金来源，是否需要办理返程投资外汇登记手续。

实务中，的确会碰到相关历史沿革中存在不符合当时法律规定的情况，但是由于在 2017 年年末实行外商投资准入负面清单前，外商投资企业的出资、股权变动等都需要商务部门的前置批准，而且随着我国外商投资环境的优化、内外资准入的逐步统一，所以除非是涉及原外商投资产业指导目录、现外资投资准入负面清单中相关行业,一般而言,历史上股权瑕疵在申报前依法补救的,不会对上市发生构成实质性法律障碍。

2. 独立性和同业竞争问题

科创板发行条件之一是“发行人资产完整,业务及人员、财务、机构独立,与控股股东、实际控制人及其控制的其他企业间不存在对发行人构成重大不利影响的同业竞争”。相比主板的“五独立”的要求(股份公司要具有独立的生产、供应、销售系统,具有直接面向市场独立的经营能力,发行人与控股股东实行人员、资产、财务分开,机构、业务独立,各自独立核算,独立承担责任和风险)而言,科创板的要求有适当的降低和宽松。

然而就一般跨国公司或境外上市公司将在中国境内的外商投资企业分拆上市来说,相关外商投资企业业务一般和母公司存在较高雷同或依赖。因此,外商投资企业是否和母公司存在重大不利影响的同业竞争也是监管部门关注的要求之一。根据上海证券交易所发布的《审核问答》,竞争方的同类收入或毛利占发行人该类业务收入或毛利的比例达30%以上的,如无充分相反证据,原则上应认定为构成重大不利影响。

例如,上海证券交易所对金山软件(03888. HK)下属子公司金山办公在科创板上市时问询函中就提到“请发行人……(2)金山软件对业务板块划分的依据,是否清晰明确、是否持续稳定,是否能有效实施,是否存在资产、人员、财务、机构、业务混同的风险,是否会对发行人的经营产生实质不利影响……”。

所以外商投资企业在准备上市过程中,建议对此问题的相关事项予以提前处理,如对相关业务行业等做细分、清晰业务边界,相关人员的劳动关系转移至境内、为其缴纳社保等。

3. 协议控制(VIE)问题

关于VIE架构,《外商投资法》删去了草稿中涉及VIE架构合法性的“实际控制”概念,最终稿关于外商投资的定义中没有提及VIE架构,也未对VIE架构的合法性等作出任何规定或评判。

实务中,按照国务院办公厅转发证监会《关于开展创新企业境内发行股票或存托凭证试点的若干意见的通知》(国办发〔2018〕21号),在境外注册的符合条件的红筹企业可以申请发行股票或者存托凭证并在科创板上市,但是按照相关规定,除了会进行一般的股东股权核查外,还会要求对该等特殊控制权归属认定事项的真实性、证据充分性、依据合规性等予以判断、处理和重点关注。

例如,《审核问答》(二)中要求“按相关规定申请科创板发行上市的红筹企业,如存在协议控制架构或类似特殊安排,将不具有持股关系的主体(以下简称被合并主体)纳入合并财务报表合并范围,在此情况下,发行人应:1. 充分披露协议控制架构的具体安排,包括协议控制架构涉及的各方法律主体的基本情况、主要合同的核心条款等;2. 分析披露被合并主体设立目的、被合并主体的相关活动以及如何对相关活动作出决策、发行人享有的权利是否使其目前有能力主导被合并主体的相关活动、发行人是否通过参与被合并主体相关活动而享有可变回报、发行人是否有能力运用对被合并主体的权利影响其回报金额、投资方与其他各方的关系;3. 结合上述情况和会计准则规定,分析披露发行人合并依据是否充分,详细披露合并报表编制方法”。

总体来说,在充分进行信息披露且具有合理性的情况下,如红筹企业境外的股权结构、公司治理等符合注册地法律法规的,且具有对境内投资者权益保护的(包括资产收益、参与重大决策、剩余财产分配的权益不低于境内法律法规的要求,同时保障境内持有人实际享有的权益与境外持有人权益相当),一般不会构成对上市的实质性法律障碍。

第四节 结　　语

我们可以看到,自 2019 年《外商投资法》出台以来,商务部、国家市场监管总局陆续废止了与之不符的规定,而国家外汇管理局也在逐步出台外商投资便利化措施(包括跨境融资借入的资金结汇、使用,外资在境内利息收入、投资收益收入等合法收入的汇出),金融监管部门亦陆续创新融资品种、扩大资本市场,这些都极大地推动了我国外商投资企业融资活动的发展、拓宽了外商投资企业的融资渠道、便利外商投资企业的融资活动。总体而言,除了少数如涉及外商投资准入负面清单、国家安全等方面外基本外商投资企业能享受和内资企业一样的待遇,相关融资条件和流程基本相同。我们有理由相信,随着《外商投资法》相关规定的细化、落地,我国金融市场的进一步对外开放,外商投资企业的融资方式必然越来越多样化,越来越畅通。

第八章　外商投资企业并购法律实务

何永哲[*]　顾松燕[**]

第一节　外商投资企业并购概述

随着我国对外开放的逐渐深入，传统“三资法”调整的引进外资的形式已发生转变，外商投资产生的影响使我国在更加重视外商投资保护与促进同时，也着重考虑了国家安全等方面。为了进一步促进经济发展、保护外商投资，2019 年 3 月 15 日，第十三届全国人民代表大会第二次会议审议通过《外商投资法》，并于 2020 年 1 月 1 日起施行；2019 年 12 月 12 日，国务院第七十四次常务会议通过《外商投资法实施条例》，并于 2020 年 1 月 1 日起施行。《外商投资法》及《外商投资法实施条例》的出台取代了传统“三资法”，也为外国投资者带来了诸多变化和契机，使得更多的外国投资者来华投资，享受平等参与市场竞争的权利和外商投资的优惠待遇，但与此同时也面临诸多问题，本章笔者将从外国投资者并购中国境内企业的角度（不包括并购境内国有企业或境内上市公司）对相关法律实务进行一些探讨和总结。

* 何永哲，上海市金茂律师事务所合伙人，华东政法大学法学硕士，中华全国律师协会金融证券保险专业委员会委员，中国保险资产管理业协会法律专家库成员，上海市律师协会国际投资业务研究委员会委员，具有证券从业资格及私募基金从业资格，曾被评为“上海市黄浦区第一届优秀青年律师”。

** 顾松燕，上海市金茂律师事务所律师，华东政法大学法学学士。

第二节　外商投资企业并购的几种类型

一、外商投资企业并购的定义

外商投资，是指外国的自然人、企业或者其他组织(以下合称外国投资者)直接或者间接在中国境内进行的投资活动，包括外国投资者单独或者与其他投资者共同在中国境内设立外商投资企业。外商投资企业并购可以理解为外商投资并购企业，即外国投资者通过购买股权或购买资产的方式并购中国境内企业，继而取得中国境内企业的股权、资产等，以实现资源整合、扩大优势以及提高核心竞争力的目的。

二、外商投资企业并购的类型

2006 年 9 月 8 日，中华人民共和国商务部、国务院国有资产监督管理委员会、国家税务总局、原国家工商行政管理总局、中国证券监督管理委员会、国家外汇管理局六部委联合颁布的《关于外国投资者并购境内企业的规定》(以下简称 10 号文)正式实施，并于 2009 年 6 月 22 日对 10 号文进行了修改。10 号文明确将并购分为了股权并购和资产并购两种类型，笔者将对这两种并购类型进行比较，以区分两者的优劣势。

(一)外商投资企业并购的类型

1. 股权并购

股权并购是指外国投资者购买境内非外商投资企业(以下简称境内企业)股东的股权或认购境内企业增资，使该境内企业变更设立为外商投资企业。(见图 8-1)

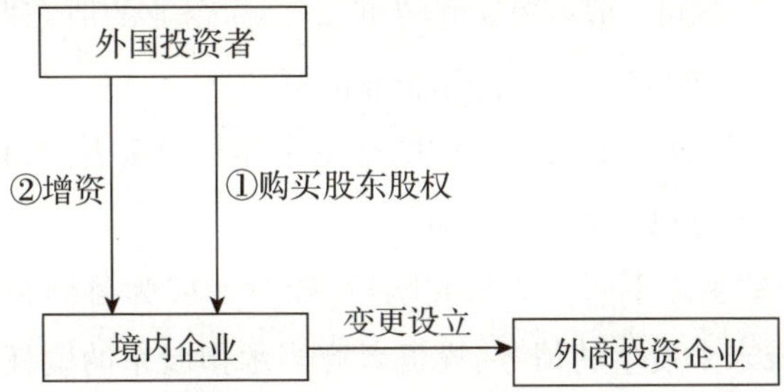

图 8-1　股权并购

2. 资产并购

资产并购，是指外国投资者设立外商投资企业，并通过该企业协议购买境内企业资产且运营该资产或外国投资者协议购买境内企业资产，并以该资产投资设立外商投资企业运营该资产。（见图 8－2）

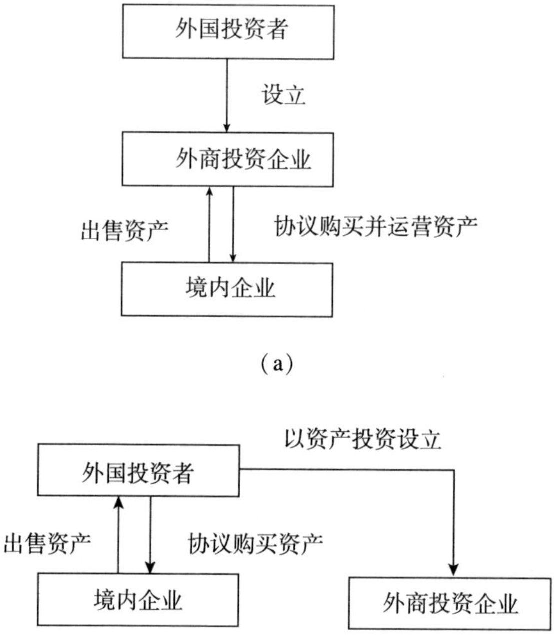

（b）

图 8－2　资产并购

（二）股权并购与资产并购的区别

股权并购与资产并购的区别主要体现在以下几个方面：

（1）交易的对象不同。股权并购购买的是目标企业的股东股权或者认购目标企业的股权，资产并购购买的是目标企业的资产。

（2）交易的主体不同。股权并购中的交易主体是投资者与目标企业及股东，资产并购的交易主体是投资者与目标企业。

（3）债务承担的主体不同。股权并购后，投资者成为目标企业的股东，对于目标企业已发生或未来发生的债务，投资者应当承担股东的责任。资产并购后，由于投资者仅购买了目标企业的资产，并未成为目标企业的股东，因此投资者无须承担股东的相应责任，目标企业的债务由其自行承担。

(4)性质不同。股权并购时由于目标企业在并购之前的性质是内资企业，在股权并购之后引入外国投资者，企业性质发生了变化，目标企业变更为外商投资企业。但资产并购时，由于投资者仅仅是从目标企业购买资产后，再以该资产设立外商投资企业或者直接运营，即使完成资产并购，目标企业的性质仍然是内资企业。

(三)股权并购与资产并购的优劣

1. 股权并购的优势

(1)不涉及目标企业资产的购买，不发生因资产买卖所涉的税务和成本。

(2)目标企业所持有的相关资质和许可等继续保持不变。

(3)目标企业享有的政策优惠继续维持。

(4)目标企业已签订且正在履行的合同、协议等文件无须进行变更。

2. 股权并购的劣势

(1)目标企业可能存在诸多历史遗留问题无法解决，成为外国投资者战略发展的阻碍，这些历史遗留问题中包括经营过程中目标企业的合规问题、债权债务问题以及人事结构等。

(2)股权并购的过程中可能涉及更多的政府审批和强制评估。

3. 资产并购的优势

(1)直接避免目标企业的历史遗留问题。资产并购着重关注的是目标企业的资产，外国投资者在开展资产并购之前会根据自身发展计划筛选既符合自身发展需要的目标企业资产，同时也优先选择优质稳定且负面问题较少的目标企业，外国投资者在资产并购谈判过程中不必过分在意目标企业的历史遗留问题和负面问题，主要考量的是标的资产是否符合自身需求以及并购过程是否烦琐，并购之后是否留有隐患等。

(2)采用设立公司后进行资产购买的可能会省去一些政府审批。

(3)目标企业本身涉及的合规问题、债权债务问题，外国投资者无须承担任何责任。

4. 资产并购的劣势

(1)涉及资产转移的相关合同需要进行变更，可能会触发合同相关条款。

(2)目标企业所持有的相关资质和许可转移程序较为复杂。这些资质和许可在取得时可能源于目标企业本身的规模、资质以及一些政策扶持，当发生资产并购时,这些资质和许可包括无形资产的转移需要获得许可方的同意,另外一些外国投资者或者外商投资企业不需要的资产,需要在并购交易完成前进行处置,这需要在开展并购交易前提前了解清楚,以避免对并购造成阻碍。

(3)目标企业的资产可能并非其自身所有,即标的资产的所有权并非目标企业或者并非属于目标企业单独所有,可能涉及第三方同意,从而导致目标企业无权处置该资产。

(4)出售方在资产并购之后可能只留存价值相对较低的资产。收购方在资产并购后需要自行对资产进行管理和运作。

《外商投资法》及《外商投资法实施条例》实施后,外资准入发生了根本性的改变,明确了对外商投资实行准入前国民待遇加负面清单的管理制度。准入前国民待遇即在投资准入阶段给予外国投资者及其投资不低于中国投资者及其投资的待遇;负面清单规定禁止投资的领域,外国投资者不得投资,负面清单规定限制投资的领域,外国投资者进行投资应当符合负面清单规定的条件,负面清单以外的领域,按照内外资一致的原则实施管理。国家建立和完善外商投资促进机制既鼓励了外国投资者向中国境内进行投资,也营造了透明稳定、公平竞争的市场环境,使外国投资者更愿意拓展中国市场,寻找更多发展机会。

第三节　外商投资企业并购流程

一、外商投资企业并购模式的确定

外国投资者可以单独或者与其他投资者共同在中国境内设立外商投资企业并且运营该企业,但企业发展到一定阶段和规模后,要突破发展"瓶颈"或实现企业的全方位成长,并购是投资者首要考虑的方式之一。同样,如果外国投资者在中国境内没有设立外商投资企业,要实现进军中国市场的目标,并购是最直接的方式之一。

相比再新设一家企业,并购的优势在于可以省去因新设企业支出的人力、物力成本,可以通过并购方式在较短的时间内奠定市场地位,掌握客户资源,有效地实现企业发展战略,提升企业的品牌和知名度。尽管并购的优势明显,但面临的问题也层出不穷,因此在决定正式实施并购之前,企业投资者需要结合企业的实际情况、未来的发展方向以及中国法律法规和政策,在进行一定的市场调查后权衡利弊做出初步决定。在决定采取并购方式后,投资者需要寻找境内目标企业并且根据目标企业的情况确定采用并购中哪种模式,当然这并非可以立即做出决定,需要花费时间去了解目标企业情况、相关政策权衡后做出判断。

关于两种并购模式的优劣势详见本章第二节的内容。实施并购的第一步是确定并购模式,如外国投资者只是关注目标企业的部分资产,则资产并购是首选方案,相对承担的责任与风险较少,但在资产并购前需要特别确认是否存在资产转移的障碍,资产并购后需要自行对资产进行管理和运作。如外国投资者青睐于目标企业的发展前景而选择股权收购,对外国投资者而言在股权收购后目标企业是否能够正常经营,其所拥有的资质、许可是否都能正常保留且使用是需要关注的要点。

二、外商投资企业并购的磋商

无论是资产并购还是股权并购最终需要达到的是企业的良好发展,获取更好的经济效益,实现共赢的效果,因而绝大多数的并购是在友好磋商和谈判下进行的。外国投资者从前期市场调研到最终做出并购的决定,通常会寻找并委托经验丰富的投资银行按照自己的需求寻找目标企业,投资银行往往拥有专业渠道以及深厚的人脉关系会锁定一个或数个相对符合外国投资者需求的目标企业,当然不仅只有投资者会委托投资银行寻找目标企业,目标企业也会委托投资银行寻找潜在的资方。

(一)并购前的磋商

当投资银行锁定目标企业后,会将目标企业的简单情况向外国投资者进行描述,了解到基本情况后投资者会初步决定是否需要进行面对面的交谈,当确定需要面谈后投资银行往往会联系目标企业的管理层或投资银行安排面谈的时间和地点,如涉及资产并购,则目标企业的管理层将着重就资产的相关情况进行材料准备。外国投资者与目标企业的面谈往往是高层之间的洽谈,由于并购谈判可能会引起员工、客户的关注,影响目标企业的正常经营,因此面谈的保密性显而易见。

（二）初步达成并购合作

在投资银行的安排下，目标企业与投资者进行首次面谈。首次面谈主要是通过面对面的交流了解投资者的意图以及目标企业的现状，对双方的背景情况进行了解和磋商，涉及目标企业的相关材料属于能够对外公开的宣传资料，投资者也不会从中获得更多的信息。如果双方在首次面谈过程中比较顺利的话，那么接下来会安排进一步的面谈，在这个过程中需要目标企业提供一些投资者需要的资料，当然目标企业也会要求投资者对面谈中获得的信息签署相关保密协议，通常一两次的面谈并不能促成双方的合作，但双方一旦初步达成合作意向，则双方将安排条款清单的起草与签署，具体详见本章第四节的内容。

（三）并购过程中的中介机构

并购的最终目的是实现共赢，无论是资产并购还是股权并购，从前期市场调研、寻找目标企业、与目标企业进行磋商到初步达成并购意向并开展尽职调查、商业谈判、交易文件的起草、修改、最终签署及完成交割，整个过程是复杂且烦琐的，成功完成并购需要的不仅是时间更是人力成本的付出，无论是投资者还是目标企业都需要有力的并购团队，其团队组成人员既有内部成员也有外部成员，由于投资者为外国投资者，内部成员对其自身需求和状况十分了解，但涉及具体并购流程以及流程中的注意点还是缺乏经验，因此需要依靠外部成员，而这些外部主要成员包括投资银行、法律顾问、财务顾问，统称为并购的中介机构。在并购过程中，中介机构往往代表客户进行谈判，除了了解客户的需求之外，专业能力以及过往的经验显得尤为重要，整个并购过程涉及的事宜较多，不同领域的中介机构在并购过程中既要各司其职，各尽其责，也要为成功完成并购共同努力。

1. 投资银行

如前文所述，投资银行是最早介入并购交易的中介机构。投资银行主要提供的服务包括根据投资者的需求制订并购计划并在市场上选择合适的目标企业、对并购标的进行评估、向投资者提供并购建议或方案、安排投资者与目标企业进行初步接洽等。

2. 法律顾问

并购中的法律顾问通常指的是律师。律师在并购中起着非常重要的作用，除了给予投资者专业的法律意见之外，在并购最重要的尽职调查、交易文件的准备以及最终谈判环节都需要律师的全程参与。同时，律师可以通过一些公开渠道了解公共信息或者采用调取档案的方式对目标企业提供的资料进行核实。

3. 财务顾问

财务顾问在并购中主要是对目标企业的财务进行尽职调查。无论是资产并购还是股权并购,目标企业的财务账册和财务报表最直接反映出该企业的真实状况。财务顾问拥有丰富的财务经验,可以通过对该目标企业的财务账册和财务数据、审计报告进行核实。财务顾问对目标企业的审计结果会影响并购的交易价格或者直接决定投资者是否需要继续进行并购。

三、外商投资企业并购尽职调查的开展

如前文所述,目标企业与投资者签署条款清单后,投资者将安排法律及财务顾问对目标企业进行尽职调查。尽职调查通常关注目标企业的组织机构、财务报表、企业合规审查、人事情况等,基于尽职调查情况决定最终交易价格与交易文件条款,因此尽职调查在整个并购过程中属于最为关键的环节。尽职调查由投资者的法律顾问、财务顾问对目标企业独立开展,主要针对目标企业日常经营是否合规,是否存在重大法律风险,该风险包括生产经营是否合法合规(相关资质、许可是否具备)、人事劳动方面是否合法合规(是否保障了劳动者的合法权利)、税务风险(是否按照国家规定依法纳税)等,除此之外,根据实际需要还会对目标企业的法定代表人、高管或者部门主管进行现场访谈。

尽职调查的基本流程:(1)投资者与目标企业签署保密协议(如需);(2)投资者委托律师、会计师组成尽职调查团队;(3)律师在正式开展尽职调查前根据实际情况起草尽职调查清单并提供给目标企业,以便目标企业准备相关资料;(4)律师前往目标企业开展现场尽职调查,通过收集书面材料、扫描件、对相关人员进行访谈、走访、前往行政部门调取相关档案等方式收集信息;(5)根据尽职调查的情况,起草尽职调查报告,根据实际情况,要求目标企业提供补充材料;(6)律师出具尽职调查报告终稿。

由于每家目标企业的情况不同,但尽职调查的内容往往有相同的部分,主要包括以下内容:

1. 目标企业的主要情况

(1)目标企业的基本信息,包括名称、注册资本、经营范围、法定代表人、存续情况、实缴情况、股东构成、股东出资比例、年检情况等。

(2)历史沿革。主要从目标企业的设立、发展过程以及历次变更情况进行调查,通过对发起人协议、股东协议、相关部门的批准证书、公司章程等情况进行调查,发现是否存在遗留问题,还可以通过前往目标企业所在地的市场监督管理机构调取目标企业内档信息,了解目标企业发展过程中的变更过程,也可以通过目标企业的相关负责人协调提供相关股权转让协议、内部决议、股权转让款的支付凭证等,根据实际需要进行相关调查。

(3)组织结构。可以要求目标企业的相关人员提供内部组织结构图,并对各部门的基本情况、职责范围进行详细描述,当然,也可以通过目标企业的官方网站或者简介进行了解。除此之外,律师需要对目标企业的法定代表人、董事、监事、高级管理人员的基本情况进行调查,同时还需要了解目标企业的分支机构、关联公司,这里的分支机构包括分公司、子公司和代表处,关联公司包括目标企业参股、控股的公司,了解目标企业的出资比例,以及是否对本次并购有限制性的协议或约定。

2. 目标企业的资产

即使投资者以股权形式进行并购,在尽职调查阶段,对目标企业的资产进行调查也是非常有必要的。资产主要集中在不动产、动产以及知识产权等方面。

(1)关于不动产:①了解土地情况,包括土地使用权的属性和期限,是否存在抵押或受限,如土地使用权通过转让或者租赁获得,需要查看当时签署的土地使用权转让合同或者租赁合同并了解租金情况;②了解房产情况,包括房屋产权证、房屋权属信息和基本情况,房产是否存在抵押等受限情况,如果房产通过协议租赁的情况,需要查看签署的租赁合同了解租金情况;③了解是否存在在建工程,包括是否取得相关批复、“四证”情况(《国有土地使用证》《建设用地规划许可证》《建设工程规划许可证》《建设工程施工许可证》)、工程进度、分包情况等。

(2)关于动产,这里的动产主要是目标企业的设备及车辆情况,需要调查设备和车辆的权属,涉及的相关买卖协议或者租赁协议,支付的费用,是否存在抵押等受限情况。

(3)关于知识产权,主要是核查目标企业已获得(包括获得的方式,支付的费用等)或者正在申请的知识产权,并通过公开渠道进行核查。如涉及知识产权转让或者许可协议,需要查看是否存在限制性条款。

3. 目标企业运营情况

根据目标企业的实际情况，通过访谈的方式了解目标企业的运营情况，主要的核心在于目标企业是否已取得运营所需的相关许可或者证照，这并非每家目标企业都会涉及，主要是针对一些特殊行业，例如，医药、化妆品、食品行业等，需要相应的特殊许可证。当然即使相关负责人表示已经取得相关许可，律师还需要要求其提供相关证照，并且查看该证照是否有效、目标企业名称是否一致，发证机关的合法性等。

4. 目标企业的负债或担保情况

除了目标企业的财务负责人自行披露之外，还可以通过查看目标企业的财务报表了解负债金额，或者通过目标企业与金融机构、企业等债权人签订的协议进行了解，同时在查看这些协议时要特别注意是否存在对目标企业限制的条款，并且衡量该条款对本次并购是否产生不利影响。

5. 目标企业的人事情况

关于目标企业的人事情况的调查，需要目标企业提供员工花名册及劳动合同，针对这方面的调查，需要核查员工是否都已签署劳动合同、缴纳社会保险，劳动合同的条款是否违反法律规定，是否存在劳动争议的情况并且进展状况等。关于员工社保缴纳情况，可以前往目标企业所在地的社保中心进行调取，并核查与花名册上的数量和员工是否一致。

6. 目标企业的诉讼及处罚情况

关于目标企业的诉讼及处罚情况主要从目标企业的环保、税务、法律纠纷等情况进行了解，主要关注诉讼当事人、案件性质、诉讼标的、涉及的金额、诉讼进展，以行政处罚的部门、处罚时间、处罚内容及结果来评估对目标企业的影响程度。

由于每个目标企业的情况不同，并购的方式不同，采用的尽职调查方式也不同，但是大致的内容如上述所述，通过书面尽职调查清单、前往目标企业的实地走访、向行政部门进行核查、与目标企业的相关人员进行访谈等方式尽可能地全面调查目标企业。尽职调查的过程除了专注和细致之外，更多的也是依靠律师丰富的经验，由于被调查的目标企业处于被并购的地位，为了能够更快、更顺利推进并购交易并且获得一个较好的交易价格，在尽职调查过程中难以避免地会出现目标企业的工作人员刻意隐瞒与不配合，作为律师应当利用其所具备的职业素养和职业道德尽全力全面调查并获得相关资料。

四、外商投资企业并购的最终谈判

完成尽职调查后,律师应当按照收集的资料撰写尽职调查报告,尽职调查报告的具体内容详见本章第四节的内容。投资者在阅读尽职调查报告后会评估是否继续推进并购工作。一般情况下,出于合作的目的,目标企业还是会秉承诚信的原则如实披露自身的状况,那么尽职调查的结果虽有问题,但大致结果还是理想的,当然也存在一些问题,如果这些问题对并购影响不大,投资者一般会选择继续推进并购进度,但这些问题依然会在最终谈判阶段作为谈判的筹码,目的是让目标企业尽快改正以加快并购进度或者借此机会要求降低交易价格或对支付进度进行调整。

五、外商投资企业并购流程各阶段需要关注的问题

目前外国投资者并购境内企业的主要规定是10号文,该规定对外国投资者通过股权并购或者资产并购方式并购境内企业进行了规定,在此,需要注意以下内容:

(一)符合产业政策

外国投资者并购境内企业,应当符合中国法律、行政法规和规章对外国投资者资格的要求及产业、土地、环保等政策。依照《外商投资产业指导目录》不允许外国投资者独资经营的产业,并购完成后外国投资者不得持有该企业的全部股权;需由中方控股或相对控股的产业,目标企业被并购后,中方在该企业中仍占控股或相对控股地位;禁止外国投资者经营的产业,外国投资者不得并购从事该产业的企业。目标企业被并购后原有所投资企业的经营范围应符合有关外商投资产业政策的要求,不符合要求的,应进行调整。

(二)资产评估

无论是资产并购还是股权并购,并购双方应以资产评估机构对拟转让的股权价值或拟出售资产的评估结果作为确定交易价格的依据。并购双方可以约定由在中国境内依法设立的资产评估机构进行评估,10号文明确规定禁止以明显低于评估结果的价格转让股权或出售资产,变相向境外转移资本。

（三）审批与登记

外国投资者并购境内企业设立外商投资企业，应经商务部或省级商务主管部门批准，向市场监督管理总局或地方市场监督管理局办理变更登记或设立登记。

外国投资者并购境内企业所涉及的各方当事人应遵守中国有关外汇管理的法律和行政法规，及时向外汇管理局或其分支机构办理各项外汇核准、登记、备案及变更手续。

（四）申报

外国投资者并购境内企业并取得实际控制权，涉及重点行业、存在影响或可能影响国家经济安全因素或者导致拥有驰名商标或中华老字号的境内企业实际控制权转移的，当事人应就此向商务部进行申报。

外国投资者并购境内企业达到《国务院关于经营者集中申报标准的规定》规定的申报标准的，应当事先向商务部申报，未申报不得实施交易。

第四节　外商投资企业并购涉及的相关文件

一、外商投资企业并购方案建议书

并购方案建议书并不是每个并购都必需的，主要是用于股权并购，涉及的主要内容是并购交易的目标，目标企业的基本概况，与投资者的战略目标是否契合，两方完成并购后的投资回报、外部因素对目标企业发展影响，并购完成后的发展趋势等。

二、外商投资企业并购保密协议

尽管在并购交易文件中设定保密条款，但该保密条款适用于中后期阶段，即双方已经完成前期磋商、尽职调查、目标企业初步已接受投资者的并购条件，已投入大量的时间和成本。并购前期双方进行磋商时为了维护自身的商业秘密，目标企业往往仅披露一些公开信息，投资者很难从中了解到重要信息，无法满足自身的需求，基于双方均有意愿进行合作，此时双方签署一份保密协议，承诺对目标企业就本次并购披露的所有信息进行保密且保证不将这些信息用于并购以外的其他目的,亦不将这些信息向第三方披露有利于双方继续磋商以及后续工作的开展。

保密协议的条款通常是标准的,双方可以对其进行修改,保密协议主要规定了一些非公开信息的范围,包括目标企业的基本信息、财务数据、拥有的相关资质、商业秘密等一系列目标企业不希望任何第三方知晓的信息,保密协议也规定了双方的责任,如披露方对披露信息真实性的保证,接收方对披露信息保密的责任等。

三、外商投资企业条款清单

如前文所述,当并购双方在前期磋商过程中相谈甚欢,有意进一步推进并购进度,并对价格、资产或股权等条件基本已确定,则投资者将根据双方的初步意向起草条款清单(以下简称 TS)。TS 通常只是将双方达成一致的主要条款以书面形式确定,由于整个并购涉及的内容和流程烦琐,主要条款的确定有利于双方将时间和精力用于并购的其他方面,TS 通常由投资者拟定,也接受目标企业进行修改调整,TS 通常不一定具有约束力。

TS 签署后,双方会根据情况签署正式的意向书,该意向书对 TS 条款的内容更加明确具体,根据双方的意愿与需求会视情况在意向书中具体规定并购价格、支付条件、支付方式等,也会将并购交易的交割条件、人员的安排进行详细的约定,意向书是否具有约束力根据双方意愿,也正是因为意向书不一定完全具有约束力,在一些并购交易的过程中,因双方已经签署 TS,不再另行签署意向书,一方面 TS 签署后再签署意向书拖延了并购的进程,另一方面意向书只是对 TS 条款的扩张与补充,如需要完全可以在 TS 条款中进行扩张补充,以避免时间上的消耗。

无论是 TS 还是意向书,其目的在于将并购双方通过书面形式确定双方的意向,对重要的商务条款及其他事项进行确定,便于后续的尽职调查开展、最终谈判以及签署文件及最终交割的进行。每项并购由于牵涉的目的不同,意向书或 TS 的内容也有所不同,但大致可以包括以下几方面:

1. 并购主体和并购方式

每一项并购交易的主体在 TS 或是意向书签订之前早已确定,并购主体主要填写一些基本信息，例如，交易双方的名称、统一社会信用代码、住所、联系方式、联系人、目标企业的基本信息、股东信息及股权比例等。关于并购方式，投资者在前期磋商后基本已确定，选择资产并购还是股权并购完全从自身需求出发，但在 TS 或意向书中需要明确选择一项。

2. 并购价格

并购价格是并购整个过程中最为重要的一项，也是并购成功与否的关键。但在签署意向书阶段，价格并非能够最终确定，因为目前只是通过磋商、初步了解查阅目标企业相关资料，尚未开展深入了解和调查，无法判断目标企业的具体情况，因此在意向书中的交易价格只是双方初步确认的价格，待签署并开展尽职调查后，双方通过最终谈判在正式的并购协议中明确，因此在 TS 或者意向书中双方往往会设置价格调整条款，例如，按照第三方评估机构的评估结果、市场价格、尽职调查结果等，同时也会在协议中约定以现金支付或者非现金支付方式。

如上述所述，并购价格的确定除了双方约定之外，还会依赖于市场行情或者第三方中介机构的评估或调查确定，但目标企业一直处于持续经营状态，无论是参考市场行情还是评估调查的结果，具体某个时间点的确定需要非常明确，这个具体的时间点被称为基准日，基准日的确定可以将目标企业浮动的资产、负债在具体的时间点确定，以便于中介机构进行评估，就股权并购而言，基准日的确定可以明确基准日前与基准日后的利益归属。

3. 尽职调查

双方明确达成交易意向后，尽职调查即将开启，在意向书或 TS 中不会过于列明尽职调查的具体内容，主要是明确目标企业或者股东的义务即对尽职调查团队的积极全面配合，以保证尽职调查的顺利进行。关于尽职调查一般分为两项，财务和法律，财务的尽职调查主要从目标企业的资产、报表、负债等情况进行了解，法律的尽职调查主要从目标企业的人员、资质、处罚、诉讼等合规情况进行了解，总之，通过尽职调查的方式达到尽可能全方面了解目标企业。

4. 陈述与保证

陈述与保证主要是目标企业、出让方在签订意向书或 TS 后对本次并购事项做出的表态，主要涉及部分行动的限制或者目标企业、出让方的股权或者资产保持意向书或 TS 签署时的状态，简单来说，投资者拟进行并购看重的是目标企业过往业绩以及未来的发展，在意向书或 TS 签署时，投资者还是较为满意目标企业、出让方的现状,但由于未来是不确定性的,作为投资者当然希望目标企业、出让方的股权或资产往好的方向发展或者保持意向书或 TS 签署时的状态,因此,在陈述与保证中往往会要求目标企业、出让方在签署正式并购协议或者完成收购之前,不会出现影响目标企业运营、资产、股价的重大事宜,目标企业不会擅自将标的资产、标的股权进行处分或者做出可能影响本次并购的重大决策。

5. 排他条款

排他条款的设置是最能显示意向书的特点,因为任何交易在没有签订正式的协议之前总是存在不确定因素,尤其是意向书并非完全对双方具有约束力,因此设置排他条款,限制目标企业、出让方在一定时间内不得与其他交易对象进行解除、谈判或者签订并购协议,从而最大限度保护投资者的利益。

6. 保密义务

虽然签署双方已经单独签署保密协议,但保密条款往往是一份协议中不可或缺的一部分,因此交易双方很自然地会在意向书中加入该条款。

意向书作为并购协议正式签署前最为重要的一份协议,即是对前期磋商谈判的总结,也是为最终谈判、签署正式并购协议奠定基础,除了需要全面细致了解整个过程之外,也是对律师专业能力的考验。

四、外商投资企业并购尽职调查报告

尽职调查工作结束后,律师需要根据尽职调查收集的资料出具法律尽职调查报告。尽职调查报告的作用主要是向投资者汇报目标企业、出让方的情况,尽可能向投资者较为全面地披露目标企业的状态以及存在的法律问题,通过法律风险分析,提出建议和解决方法,使投资者更为清楚地了解目标企业的利弊以及在完成交割前要求目标企业、出让方加以调整,使目标企业在各方面尽可能符合法律规定。由于并购方式、投资者的需求不同导致尽职调查的侧重点有所不同,但每一份尽职调查报告的结构和要求都有共同之处,具体情况如下:

(一)前言

前言主要是阐述本次并购的背景情况,介绍委托事项、调查手段、出具尽职调查报告的依据和用途、律师声明、报告的前提假设等。

(二)主要法律问题及初步建议

由于尽职调查报告是全面客观地展现目标企业的现状,因此涉及的板块较多,对投资者而言没有充足的时间仔细全面地阅读整个报告,即使有时间读起来也非常地晦涩。为了便于投资者迅速了解目标企业存在的问题,往往在尽职调查报告正文前罗列主要法律问题及初步建议。这一部分的内容没有固定的标准格式,但往往为了将问题描述清晰,会以表格的形式展现,包括涉及的领域、问题的简单阐述、针对该问题进行法律风险分析、处理建议等。为了更快浏览法律问题,往往在每个问题后面会按照重要程度注明一般或是重要,以便于投资者在阅读时直接了解存在的重要问题。

(三)正文

律师采用各种方式进行尽职调查后会将收集的信息归类并撰写尽职调查报告正文,由于正文是全面展现目标企业的情况,因此一般分为概况、业务、重大资产、重大合同、关联交易及同业竞争、税务、员工、诉讼仲裁和处罚情况。

1. 概况

(1)目标企业的基本信息,包括统一社会信用代码、法定代表人、注册资本、住所、成立时间、经营范围、经营状态等,这些信息除了目标企业提供工商资料,例如,营业执照等证件之外,律师也可以通过国家企业信用信息公示系统进行查询。

(2)目标企业的证照,这里的证照除了营业执照之外,根据目标企业情况还会涉及外汇登记证、出口企业退税登记证等。

(3)股权结构,主要是描述目标企业的股东情况,包括认缴出资额、实缴出资额、出资比例、出资方式等。其中针对股权结构中的每一个股东情况进行信息描述。

(4)目标企业的董事、监事及总经理情况。

(5)目标企业的历史沿革,主要包括设立时间,设立时的股东情况,历史变更情况,变更的内容等,主要是描述目标企业设立至今所经历的变更过程。

(6)公司治理,主要包括目标企业的股东会、董事会/执行董事、监事的职权等,这一部分的内容主要源于目标企业的公司章程。

(7)目标企业的子公司或者分支机构的情况。

2. 业务

每个并购项目的尽职调查报告区别在于业务板块的描述,由于目标企业的经营范围不同,需要的相关资质和许可的要求不同。业务板块的报告主要是描述经营范围,罗列截至报告出具之日目标企业已取得的资质和许可以及是否符合相关法律规定、是否仍在有效期内。

除此之外,还要列举目标企业的供应商信息,目标企业往往发展到一定规模才会被投资者青睐,而在这过程中必然会有很多合作方、供应商,全部罗列这些供应商信息势必是不现实的,既要了解又要简明扼要,在所有供应商中选择主要且近三年的较为妥当,如何把握主要供应商的尺度,可以从合同总金额着手,锁定主要供应商后需要对供应商的基本情况进行详细描述,总之,能够较为直观且客观地展现目标企业业务方面的主要情况。

3. 重大资产

(1)土地使用权,主要是对目标企业拥有的土地使用权进行汇总,并列明土地使用权的证号、使用权人、土地坐落、用途、面积、他项权利、签署的相关合同、价款等基本情况。

(2)房屋,主要是对目标企业所有已建或在建的房屋进行汇总,并列明房屋产权证号、登记时间、面积、用途等情况进行描述。在这一事项中,律师还需要前往不动产登记中心查询这些房屋是否存在抵押情况以及列明抵押期限。关于在建房屋,律师需要查看在建工程的证照是否齐全,是否符合规划要求,是否已签署相关协议,开工及竣工日期,合同价款等。

(3)知识产权,主要包括专利、商标、计算机软件著作权、域名,是对目标企业已拥有或正在申请的知识产权进行汇总,这一部分的内容除了通过与目标企业的相关负责人进行访谈、收集的相关资料获得信息之外,还可以通过国家知识产权局网站、ICP/IP 地址/域名信息备案管理系统进行查询,主要是列明名称、发明人/注册人、专利号/注册号、申请日、专利权人、类型、有效期等。

(4)对外投资,对外投资这一部分主要是通过公开信息查询或者目标企业的披露,将对外投资的基本情况进行详细说明。

(5)车辆,主要是对目标企业名下的车辆信息进行列明,包括车牌号、类型、所有人、品牌型号等。

4. 重大合同

如上述,目标企业发展历经数年,甚至更长时间,涉及的合同类型及数量数不胜数,在尽职调查过程中也不必将所有的合同一一进行浏览,主要是针对正在履行、履行完毕尚未结清费用的合同,以及一些业务合同、借款合同、担保合同等。

5. 关联交易及同业竞争

并购目标企业，除了全面了解该企业业务状况之外，对其关联方（持有目标企业5%以上股权的股东、董事、监事及高级管理人员以及前述成员的家庭成员）、同业竞争等情况进行调查，除了目标企业自行披露之外，也可以通过对相关人员进行访谈获得。

6. 税务

税务的尽职调查虽然应当归属于财务的工作范畴，但律师与财务同属于投资者聘请参与并购项目的共同合作者，对律师而言，目标企业的税务情况可以参考其最新年度的审计报告，自行提供的资料，包括税收优惠、处罚、政府补贴等。

7. 人事

员工的调查主要是根据目标企业员工花名册，查看员工是否已签署劳动合同、已缴纳社会保险、是否存在劳动仲裁/诉讼、是否有签署竞业限制及保密协议等情况。

8. 诉讼仲裁与处罚

目标企业是否存在诉讼、仲裁与处罚情况，对于并购来说也是比较重要的方面，这直接关系到目标企业需要承担的法律责任，目标企业可以自行披露，但从利益出发，这种披露往往并不全面和真实，律师可以通过各种公开渠道尽可能全面地查询相关信息，如人民法院公告网、中国执行信息公开网、企查查、启信宝等。

（四）附件

这一部分的内容主要针对不同的目标企业罗列一些固定资产、土地证照等信息。

五、外商投资企业并购协议

当投资者与目标企业完成最终谈判且确认并购交易的关键要素（包括交易价格、交割时间等）后，一般由投资者的律师就本次并购交易起草并购协议，在并购交易中最为常见的是股权并购，分为股权转让及增资扩股两种方式。

（一）股权并购

1. 股权转让方式

关于股权转让，主要是约定投资者与目标企业股东就目标企业股权的购买

产生的具体权利义务的约定,协议大致内容如下:

(1)协议主体及基本概况

协议双方的基本信息,包括名称、地址、法定代表人、联系方式以及基本概况的阐述,这一部分的内容主要是将整个并购交易的背景阐述清晰。

(2)定义部分

定义主要是将协议正文中一些专有名词或者特定含义的词语在协议的文首进行详细的说明,以避免在正文中进行反复解释和重复出现,也能够更直观地让协议的主体理解这些词语的意思,以避免在理解上产生歧义。

(3)交易标的及交易对价

这一部分是协议的正文,主要是明确股权转让的份额以及股权转让款的支付,这些份额及转让款的确定在双方的最终谈判中已经达成一致,因此在协议中按照双方确定的内容描述即可,需要明确的内容是股权转让款的支付进度,对于转让方而言,能够一次性支付是最为理想的方式,但对投资者而言,如果是涉及较大金额的对价,往往在资金方面存在一定的压力,除此之外,由于先前的尽职调查中存在历史遗留问题需要解决,投资者更青睐于分期支付款项,且在第一笔费用支付前往往会设置先决条件,这些先决条件主要是要求转让方保证遗留问题的解决、对其做出的承诺和保证是真实、完整、准确且持续有效的、交易标的没有受到任何限制等。

(4)交割

交割的前提往往是先决条件已经全部满足,投资者也支付了一定的交易对价,那么投资者应当获得本次交易的标的股权,通常双方在谈判时会明确具体某一时间节点作为交割日,如果无法确定具体某一天,也会明确最晚于某一天进行交割。股权转让一般在投资者支付对价后的某一天与转让方、目标企业前往目标企业注册所在地的市场监督管理部门进行股权变更登记。如果股权转让涉及目标企业管理权的转移,那么除了股权变更登记之外,目标企业的印章、执照、证件也涉及交割,往往这些都会被列入协议的附件,以列举的形式明确需要交割的内容。

(5)陈述与保证

即使先前有尽职调查或者转让方的自行披露,但并不意味着风险已全部显现出来,为此,在协议中设置陈述与保证,通过转让方的自行做出事实情况的披露和保证以降低交易风险，除了转让方需要做出陈述与保证之外，投资者也需要就本次交易做出陈述与保证，如投资者是合法存续的，具备签署和履行协议的条件，本次交易以取得内部授权且具备支付能力等，陈述与保证条款的设置主要是促成交易的成功且保障双方各自的利益，需要根据实际情况进行增减。

（6）违约责任

通常违约责任会有一个通用条款，任何一方违反协议的约定即构成协议的违约方，守约方需要向违约方承担违约责任，包括但不限于损失、律师费、公证费等。关于损失，出让方往往要求投资者承担未能按时支付股权转让价款遭受的损失，投资者往往要求出让方承担违反陈述与保证、未按时进行交割等导致投资者的损失。

（7）保密

保密条款主要是要求双方在交易过程中对获得对方信息和商业秘密予以保密，防止因泄露秘密对双方造成损失。

（8）适用法律

10号文规定，股权购买协议、境内公司增资协议应适用中国法律，这里的中国法律应当不包括中国香港特别行政区、澳门特别行政区以及台湾地区的相关规定。

（9）争议解决

股权转让发生争议通常通过法院诉讼或仲裁机构仲裁的方式，法院诉讼往往要经过一审、二审阶段，为了避免诉累，协议往往采用仲裁机构仲裁的方式。仲裁的优势主要体现：①充分尊重当事人意思自治；②裁决具有法律效力；③一裁终局，即裁决一旦做出就发生法律效力；④不公开审理，充分保护当事人的商业秘密；⑤独立、公平、公正，即仲裁是由仲裁庭独立进行的，任何机构和个人均不得干涉仲裁庭。

2. 增资扩股方式

增资扩股是股权并购的另一种方式，增资扩股一般指目标企业增加注册资本，增加的部分由投资者认购即成为目标企业的股东之一。增资扩股的流程与协议与股权转让基本相似，但增资扩股方式需要注意以下几方面：

①出资。投资者认购目标企业的新增注册资本一般采用的是货币出资，根据《公司法》的规定，股东也可以用实物、知识产权、土地使用权等可以用货币估价并可以依法转让的非货币财产作价出资。换言之，以非货币出资的方式需要

满足两个条件,一个是非货币财产是可以用货币估价的,另一个是非货币财产可以依法转让,两者缺一不可,另外需要注意的是以非货币财产出资的应当进行评估作价。

②增资扩股的决议由目标企业的股东会/股东大会决定,增资扩股属于注册资本的变更,有限责任公司的股东会做出增加注册资本的决议必须经代表 2/3 以上表决权的股东通过,股份有限公司的股东大会做出增加注册资本的决议必须经出席会议的股东所持表决权的 2/3 以上通过。

(二)资产并购

资产并购的流程与协议大致与股权并购相似,区别在于标的不同,股权并购中的标的是目标企业的股权,而资产并购的标的是目标企业的资产;交易主体的不同,股权并购的交易主体一般为投资者与目标企业的股东,而资产并购的交易主体是投资者与目标企业;债务承担责任不同,股权并购因投资者成为目标企业的股东,对于目标企业的债务需要承担股东责任,而资产并购购买的是目标企业的财产并不涉及目标企业的债务问题。就股权并购而言,资产并购在整个并购过程中需要注意的内容相对少一些,但资产并购的核心是对收购资产的权属状态予以核实查证。

第五节　外商投资企业并购的审批程序

一、三资企业法修改

外国投资者并购中国企业、在中国开办外商独资企业、与中国企业共同举办中外合资经营企业、合作经营企业或合作开发资源的投资都属于外商直接投资。中国实行对外开放后,《中外合资经营企业法》、《外资企业法》以及《中外合作经营企业法》的出台拉开了中国利用外资的序幕。随着改革开放的不断深入,外商投资规模的不断扩大、外资产业结构的不断调整,外资企业在促进经济增长方面起到了重要的作用。

十八届中央委员会第三次全体会议通过《中共中央关于全面深化改革若干重大问题的决定》,提出实行统一的市场准入制度,在制定负面清单基础上,各类市场主体可依法平等进入清单之外领域。探索对外商投资实行准入前国民待遇加负面清单的管理模式，自此，中国进入实行“准入前国民待遇 + 负面清单”管理制度。在实行“准入前国民待遇 + 负面清单”管理制度前，对于外资准入一直实行逐案审批制，由于各行各业的情况不同，采取了分行业由主管部门指定部门规章进行管理，也因此暴露了诸多问题，例如，与市场主体平等竞争相背离，造成审批环节多、行政成本高、法律规定相互冲突、透明度不高、易激化矛盾，这些问题都不利于中国的深化改革与发展。

2013 年 9 月 29 日，上海市政府公布了《中国（上海）自由贸易试验区管理办法》，其中第 11 条（负面清单管理模式）：自贸试验区实行外商投资准入前国民待遇，实施外商投资准入特别管理措施（负面清单）管理模式。对外商投资准入特别管理措施（负面清单）之外的领域，按照内外资一致的原则，将外商投资项目由核准制改为备案制，但国务院规定对国内投资项目保留核准的除外；将外商投资企业合同章程审批改为备案管理。

根据自由贸易试验区取得的经验，2016 年 9 月 3 日，第十二届全国人民代表大会常务委员会第二十二次会议做出《关于修改〈中华人民共和国外资企业法〉等四部法律的决定》，对《外资企业法》《中外合资经营企业法》《中外合作经营企业法》做出修改，对不涉及国家规定实施准入特别管理措施的外商投资企业的设立及变更由审批制改为备案制。2016 年 10 月 8 日国家发改委、商务部发布的《关于明确外商投资准入特别管理措施范围的公告》，明确外商投资准入特别管理措施范围按照《外商投资产业指导目录(2015 年修订)》中限制类和禁止类，以及鼓励类中有股权要求、高管要求的有关规定执行。涉及外资并购设立企业及变更的，按现行有关规定执行。

推进外商投资企业设立备案管理改革，并配套施行相关措施，有利于提高投资便利化程度，优化营商环境。与此同时，国家发改委将会同商务部等部门开展《外商投资产业指导目录》修订工作，进一步扩大对外开放，营造更加开放、透明的投资环境。

目前正在适用的外商投资准入负面清单包括《外商投资准入特别管理措施（负面清单）(2020 年版)》和《自由贸易试验区外商投资准入特别管理措施（负面清单）(2020 年版)》，总体而言，负面清单按照只减不增的原则，进一步缩减了外商投资限制范围，2020 年版负面清单进一步提高服务业、制造业、农业领域的开放水平：

(1)加快服务业重点领域开放进程。金融领域，取消证券公司、证券投资基金管理公司、期货公司、寿险公司外资股比限制。基础设施领域，取消50万人口以上城市供排水管网的建设、经营须由中方控股的规定。

(2)对制造业、农业准入予以放宽。制造业领域，放开商用车制造外资股比限制，取消禁止外商投资放射性矿产冶炼、加工和核燃料生产的规定。农业领域，将小麦新品种选育和种子生产须由中方控股放宽为中方股比不低于34%。

(3)自贸试验区先行。医药领域，取消禁止投资中药饮片的蒸、炒、炙、煅等炮制技术的应用及中成药保密处方产品的生产。教育领域，允许外商独资设立学制类职业教育机构。

2020年版清单的缩减体现了国家进一步扩大开放的决心，是实施更大范围、更宽领域、更深层次全面开放的重要举措，也是外商投资法施行后，展示了我国坚定不移支持经济全球化和跨国投资的决心。

二、中国对外商投资企业并购的审批及监管

中国对于外国投资者并购中国企业的直接立法监管最早始于2003年的《外国投资者并购境内企业暂行规定》，该暂行规定已失效。目前实施的10号文规定，外国投资者并购境内企业设立外商投资企业，需要按照规定经审批机关批准后向登记管理机关办理变更登记或设立登记，除此之外，10号文还规定，境内公司、企业或自然人以其在境外合法设立或控制的公司名义并购与其有关联关系的境内公司，应报商务部批准，且当事人不得以外商投资企业境内投资或者其他方式规避该要求，由此可以看出审批机关的行政审批成了前置条件。

如上文所述，第十二届全国人民代表大会常务委员会第二十二次会议做出《关于修改〈中华人民共和国外资企业法〉等四部法律的决定》，对不涉及国家规定实施准入特别管理措施的外商投资企业的设立及变更由审批制改为备案制，显然，这与10号文的审批制度存在矛盾。

此外，10号文规定，外国投资者并购境内企业所涉及的各方当事人应遵守中国有关外汇管理的法律和行政法规，及时向外汇管理机关办理各项外汇核准、登记、备案及变更。根据国家外汇管理局《关于进一步简化和改进直接投资外汇管理政策的通知》(汇发〔2015〕13号)，取消境内直接投资项下外汇登记核准和境

外直接投资项下外汇登记核准两项行政审批事项,改由银行按照通知及通知所附《直接投资外汇业务操作指引》直接审核办理境内直接投资项下外汇登记和境外直接投资项下外汇登记(以下合称直接投资外汇登记),国家外汇管理局及其分支机构通过银行对直接投资外汇登记实施间接监管。因此10号文的规定与汇发〔2015〕13号的通知存在矛盾,在实务操作过程中解决这些矛盾,需要咨询相关部门,同时需要等待相关立法部门出台相应的政策和规定。

第六节　外商投资企业并购后需要关注的问题

一、外商投资企业并购后的组织形式及治理结构

原先外国投资者并购境内企业后的企业组织机构参照《中外合资经营企业法》和《中外合作经营企业法》的相关规定,在企业治理结构上,均以董事会为最高权力机构,对企业的日常运作及治理方面作出决定,《中外合资经营企业法》和《中外合作经营企业法》中也明确了董事会的组成、召开、表决程序等内容。

但2020年1月1日起施行的《外商投资法》明确规定了外商投资企业的组织形式、组织机构及其活动准则,适用《公司法》《合伙企业法》等法律的规定,且自《外商投资法》正式施行后,《中外合资经营企业法》《外资企业法》《中外合作经营企业法》同时废止。《外商投资法》施行前依照《中外合资经营企业法》《外资企业法》《中外合作经营企业法》设立的外商投资企业,在《外商投资法》施行后5年内可以继续保留原企业组织形式等。具体实施办法由国务院规定。该规定落实了"内外资一致"的标准,体现了准入前国民待遇原则。

按照上述内容,在《外商投资法》生效前已完成并购后的企业应当按照《外商投资法》进行调整,主要分为以下三个方面:

1. 组织形式

组织形式的调整主要是针对不具有法人资格的外商投资企业,在过渡期内可以改制成为合伙企业,由于这些不具有法人资格的外商投资企业的投资者对该企业的债务承担的是无限连带责任,相比公司制公司股东承担有限责任,从保护债权人的利益出发,该外商投资企业应当参照合伙企业进行调整。

2. 内部治理结构

如上文所述，原董事会为外商投资企业内部最高权力机构，与《公司法》规定的组织结构明显不同，在过渡期间，外商投资企业应当依据《公司法》的规定予以调整，设置股东会作为最高权力机构，并且明确股东会和董事会的职责分工，并对企业章程和合资、合作合同进行修订。主要调整内容如下：

（1）外商投资企业的最高权力机构从董事会调整为股东会。

（2）明确设置股东会职权、表决机制等内容，包括修改公司章程、公司合并、分立、解散或变更公司形式、增加或减少注册资本的决议的重大事项由股东会2/3或以上决议批准，同时按照公司法的要求明确股东会的召开和表决机制。

（3）董事会职权、组成、会议召开和表决机制进行调整。原最高权力机构是董事会，董事会的权限必然与《公司法》的规定存在差异，那么需要外商投资企业依据《公司法》关于董事会职权进行调整。

（4）设置监事会/监事条款。《中外合资经营企业法》和《中外合作经营企业法》对监事的要求并未明确，但按照《公司法》的规定，应当设立监事会或监事，因此未设置监事会或监事的外商投资企业应当设置监事会或监事。

3. 相关权利转让

《中外合资经营企业法》和《中外合作经营企业法》中对于合营者转让其在合资或合作企业中的注册资本等权利，必须经他方同意。这一点与《公司法》不同，《公司法》规定有限责任公司的股东之间可以相互转让其全部或部分股权，股东向股东以外的第三人转让股权应当经其他股东过半数同意。《合伙企业法》规定，合伙协议另有约定外，合伙人向合伙人以外的第三人转让其在合伙企业中的全部或部分财产份额时，可以不经其他合伙人一致同意。

如前文所述，依照《中外合资经营企业法》《外资企业法》《中外合作经营企业法》设立的外商投资企业有 5 年的过渡期可以调整原企业组织形式，最晚应在 2025 年 1 月 1 日前完成组织形式及治理结构的调整。

二、外商投资安全审查规定

《外商投资法》规定，国家建立外商投资安全审查制度，对影响或者可能影响国家安全的外商投资进行安全审查。依法做出的安全审查决定为最终决定。

2020 年 11 月 27 日国家发改委审议通过《外商投资安全审查办法》，明确了外国投资者通过并购方式取得境内企业的股权或资产适用该办法,还明确了外国投资者或境内相关当事人在实施关系国防安全领域、军事设施和军工设施周边地域投资、涉及国家安全的重要农产品、能源和资源、装备制造、基础设施、金融、信息技术和互联网产品与服务等重要领域并取得投资企业的实际控制权的,应当在实施投资前主动向工作机制办公室申报,工作机制办公室对申报的外商投资做出通过安全审查决定的,当事人可以实施投资;做出禁止投资决定的,当事人不得实施投资,已经实施的,应当限期处分股权或者资产以及采取其他必要措施,恢复到投资实施前的状态,消除对国家安全的影响;做出附条件通过安全审查决定的,当事人应当按照附加条件实施投资。

《外商投资安全审查办法》出台,是为了建设更高水平开放型经济新体制,健全外商投资安全审查制度。党的十九届五中全会要求,统筹发展和安全,把安全发展贯穿国家发展各领域和全过程,健全国家安全审查和监管制度。

三、反垄断审查

如前文所述,10 号文规定依据《反垄断法》的规定,外国投资者并购境内企业达到国务院《关于经营者集中申报标准的规定》规定的申报标准的,应当事先向商务部申报,未申报不得实施交易。可见,对于外资并购交易,如果属于达到规定申报标准的经营者集中行为,应当进行事前申报,这一规定确认了对外国投资者采用统一的反垄断审查体系进行监管。

1. 经营者集中具体的表现形式

(1)经营者合并;

(2)经营者通过取得股权或者资产的方式取得对其他经营者的控制权;

(3)经营者通过合同等方式取得对其他经营者的控制权或者能够对其他经营者施加决定性影响。

2. 经营者集中的申报标准

(1)参与集中的所有经营者上一会计年度在全球范围内的营业额合计超过 100 亿元人民币,并且其中至少两个经营者上一会计年度在中国境内的营业额均超过 4 亿元人民币。

(2)参与集中的所有经营者上一会计年度在中国境内的营业额合计超过 20 亿元人民币,并且其中至少两个经营者上一会计年度在中国境内的营业额均超过 4 亿元人民币。

综上所述,营业额包括相关经营者上一会计年度内销售产品和提供服务所获得的收入,扣除相关税金及其附加。"在中国境内",是指经营者产品或服务的买方所在地在中国境内。包括经营者从中国之外的国家或地区向中国的出口,但不包括其从中国向中国之外的国家或地区出口的产品或服务。

3. 经营者集中的审查主管部门

经营者集中的审查主管部门为商务部。

4. 经营者集中的申报主体

申报主体原则上为并购方,根据案件的具体情况也可以是被并购方。多人符合申报人条件的,既可以共同申报,也可以分别申报。申报人既可以以自己的名义自行申报,也可以委托中国律师事务所,由具有中国律师执业资格的律师代理申报。

5. 申报的主要材料

(1)申报函。申报函内容应简练,且由申报人或其委托代理人签字。

(2)申报人身份证明或注册登记证明。外国投资者并购境内企业,境外申报人还须提交当地公证机关的公证和认证文件;如有必要反垄断调查办公室也可以要求境外并购的境外申报人提交当地公证机关的公证和认证文件。

(3)授权委托书和介绍信。申报人自行申报的,申报人应当为其经办人出具身份证明或者授权委托书。委托代理人申报的,须提供经申报人签字的授权委托书和委托代理人所在律师事务所出具的介绍信。身份证明、授权委托书和介绍信须提交原件。

(4)并购各方的基本情况,包括但不限于:企业名称,注册地,经营范围,企业形式,联系人姓名、职务、联系方式,并购各方在最近一个会计年度的营业额(包括全球和中国境内),公司规模,公司在业界的地位,公司设立和重要变更的历史情况等。

(5)并购交易概况,包括:交易性质和方式(如资产收购、股权收购等)、交易标的、交易金额、并购交易所涉行业或主要产品等。

(6)并购协议。如果协议为外文,应同时报送中文译本或重要部分中文摘要。

(7)并购各方上一会计年度经审计的财务报表。如果会计报表为外文,应同时报送中文译本或主要部分中文摘要。

上述主要申报材料应为中文,原件为外文的应附中文翻译件。

6. 申报审查期限

并购审查期间为 30 个工作日,自收到完整申报材料之日起算。30 个工作日期间届满,申报当事人没有接到进一步审查通知的,视为通过审查。如申报当事人接到延期通知,审查期间将延长到第 90 个工作日。申报当事人应按照通知要求向主管部门进一步提供资料或说明情况。

四、其他需要关注的问题

(一)外商投资企业的投注差

10 号文第 19 条规定,外国投资者股权并购的,除国家另有规定外,对并购后所设外商投资企业应按照以下比例确定投资总额的上限:(1)注册资本在 210 万美元以下的,投资总额不得超过注册资本的 10/7;(2)注册资本在 210 万美元以上至 500 万美元的,投资总额不得超过注册资本的 2 倍;(3)注册资本在 500 万美元以上至 1200 万美元的,投资总额不得超过注册资本的 2.5 倍;(4)注册资本在 1200 万美元以上的,投资总额不得超过注册资本的 3 倍。投资总额与注册资本之间的差额被称为“投注差”,即该外商投资企业可以借用的外债额度,但根据中国人民银行《关于全口径跨境融资宏观审慎管理有关事宜的通知》,除政府融资平台和房地产企业适用“投注差”外,其他企业均可适用全口径宏观审慎模式,这意味着“投注差”模式对于大多数企业不再适用,并且不再受“投资总额”的限制。

(二)外国投资企业的保护

《外商投资法》的出台是全面深化改革和进一步扩大开放的需求。为了更好地吸引外商投资,《外商投资法》设定了投资保护机制,除了特殊情况,国家为了公共利益的需要,可以依照法律规定对外国投资者的投资实行征收或者征用,并及时给予公平、合理的补偿。

另外《外商投资法》规定,外国投资者在中国境内的出资、利润、资本收益、资产处置所得、知识产权许可使用费、依法获得的补偿或者赔偿、清算所得等,可以依法以人民币或者外汇自由汇入、汇出。通过列举式明确外国投资者可以自由汇入汇出的资产,还特别强调可以自由汇入和汇出,充分给予了外国投资者自主决定权。

第九章　港澳台企业投资法律实务

许智尧[*]　施　君[**]　石天琪[***]　王睿杰[****]　徐　沁[*****]

第一节　概　　述

我国港澳台资企业本不属于外商投资法等直接调整的外商投资企业，但鉴于历史原因并根据《外商投资法》等相关规定，参照适用《外商投资法》《外商投资法实施条例》[①]，特此专列一章，来讲述我国港澳台资企业的相关法律问题。

营造良好发展环境，不仅是中国建设现代化经济体系、推动高质量发展的需要，也是推进两岸暨香港、澳门融合发展的必然要求。多年来中国致力于优化营商环境，对海峡两岸暨香港、澳门融合发展产生了重要推进作用。在新的历史时期，海峡两岸暨香港、澳门融合发展对营商环境提出了更高的要求，中国在深化

---

[*]　许智尧，上海市金茂律师事务所合伙人，台湾大学法律系法学学士，北京大学法学院高级研修班结业，上海市台湾同胞投资企业协会个人会员、律师专业委员会会员与干部，第十届上海市律师协会银行业务研究委员会委员，银行商业同业公会联合会专项顾问与讲师。

[**]　施君，上海市金茂律师事务所合伙人，复旦大学法学学士，上海财经大学法律硕士及兼职硕士生导师，上海市人民政府台湾事务办公室法律顾问，上海国际仲裁中心仲裁员，最高人民检察院民事行政案件咨询专家，上海市法学会港澳法律研究会理事。

[***]　石天琪，上海市金茂律师事务所律师，华东政法大学经济学学士，伊利诺伊大学厄巴纳－香槟分校法律硕士。

[****]　王睿杰，上海市金茂律师事务所律师，西南民族大学法学学士，上海政法学院法律硕士。

[*****]　徐沁，上海市金茂律师事务所律师，上海交通大学物理学学士，上海交通大学法律硕士。

①　《外商投资法实施条例》第48条规定："香港特别行政区、澳门特别行政区投资者在内地投资，参照外商投资法和本条例执行；法律、行政法规或者国务院另有规定的，从其规定。台湾地区投资者在大陆投资，适用《中华人民共和国台湾同胞投资保护法》（以下简称台湾同胞投资保护法）及其实施细则的规定；台湾同胞投资保护法及其实施细则未规定的事项，参照外商投资法和本条例执行。定居在国外的中国公民在中国境内投资，参照外商投资法和本条例执行；法律、行政法规或者国务院另有规定的，从其规定。"

商事制度集成化改革,促进海峡两岸暨香港、澳门贸易投资便利化,加强知识产权保护,强化依法施政理念,提升政府治理能力现代化水平等方面一直不断努力,不断深化海峡两岸暨香港、澳门融合发展。

营造良好发展环境,既是中国深化改革、扩大对外开放、促进经济社会发展的重大战略性举措,也是推进两岸融合发展的必然要求。近年来,在全球性的营商环境排名中,中国实现了排名的大幅跃升。为持续优化营商环境,2019 年 12 月 22 日,中国发布《优化营商环境条例》,于 2020 年 1 月起实施。这不仅对加快中国建设现代化经济体系,推动高质量发展有重要意义,对探索海峡两岸暨香港、澳门融合发展新路也是重大利好。

第二节 准入规范

一、《外商投资准入特别管理措施(负面清单)(2020 年版)》

2020 年 6 月 23 日,国家发改委、商务部联合发布了《外商投资准入特别管理措施(负面清单)(2020 年版)》,自 2020 年 7 月 23 日起施行,原《外商投资准入特别管理措施(负面清单)(2019 年版)》同时废止。国家发改委、商务部同日公布了《自由贸易试验区外商投资准入特别管理措施(负面清单)(2020 年版)》。

总体而言,清单按照只减不增的原则,进一步缩减了外商投资限制范围。与 2019 年版清单相比,清单由 40 条减少至 33 条。国家发改委、商务部同日公布的《自由贸易试验区外商投资准入特别管理措施(负面清单)(2020 年版)》,清单条目由 2019 年版的 37 条减至 30 条。

就外商投资限制范围而言,2020 年版清单进一步提高了服务业、制造业、农业领域的开放水平。具体表现在:

1. 加快服务业重点领域开放进程

金融领域,取消证券公司、证券投资基金管理公司、期货公司、寿险公司外资股比限制。

基础设施领域,取消 50 万人口以上城市供排水管网的建设、经营须由中方控股的规定。

2. 放宽制造业、农业准入

制造业领域，放开商用车制造外资股比限制，取消禁止外商投资放射性矿产冶炼、加工和核燃料生产的规定。

农业领域，将小麦新品种选育和种子生产须由中方控股放宽为中方股比不低于 34%。

3. 自贸试验区先行先试

在全国开放措施基础上，自贸试验区继续先行先试。医药领域，取消禁止投资中药饮片的蒸、炒、炙、煅等炮制技术的应用及中成药保密处方产品的生产。教育领域，允许外商独资设立学制类职业教育机构。

二、《自由贸易试验区外商投资准入特别管理措施（负面清单）（2020 年版）》

2020 年 6 月 23 日，《自由贸易试验区外商投资准入特别管理措施（负面清单）（2020 年版）》发布，自 2020 年 7 月 23 日起施行。

三、《关于建立更紧密经贸关系的安排》

2003 年，内地与香港、澳门特区政府分别签署了内地与香港、澳门《关于建立更紧密经贸关系的安排》，后又分别签署了《补充协议》一至十、广东协议、服务贸易协议、投资协议、经济技术合作协议、货物贸易协议等。该安排是“一国两制”原则的成功实践，既是内地与港澳制度性合作的新路径，是内地与港澳经贸交流与合作的重要里程碑；既是内地与香港、澳门单独关税区之间签署的自由贸易协议，也是内地第一个全面实施的自由贸易协议。

《关于建立更紧密经贸关系的安排》的内容包括货物贸易自由化、服务贸易自由化和贸易投资便利化。

货物贸易方面，内地于 2004 年 1 月 1 日起分别对原产于香港、澳门的 273 个税号的产品实行“零关税”，并不迟于 2006 年 1 月 1 日，对 273 种以外的港、澳原产产品实行“零关税”。内地于 2004 年 1 月 1 日起取消对港、澳产品的非关税措施和关税配额。双方彼此之间不采用反倾销和反补贴措施。

服务贸易方面，内地向香港、澳门进一步开放管理咨询、会议展览、广告、会计、法律、医疗及牙医、物流、货代、仓储、分销、运输、旅游、建筑、视听、电信、银行、保险、证券等 18 个服务行业，分别对部分行业采取以下开放措施：提前实施中国对世贸组织成员的开放承诺，取消投资的股权限制，允许独资经营；降低最低注册资本、资质条件的要求；放宽地域和经营范围限制。

贸易投资便利化方面，内地与香港、澳门就7个领域（贸易投资促进，通关便利化，中小企业合作，中医药产业合作，电子商务，法律法规透明度，商品检验检疫、食品安全及质量标准）的合作机制和合作内容达成了协议。同时内地与香港、澳门还确定了金融和旅游领域的合作内容，鼓励专业人员资格的相互承认。

香港和澳门都是中华人民共和国的特别行政区，在经济制度上都是高度开放的经济体，两者有着许多共性。因此，内地与香港和澳门的《关于建立更紧密经贸关系的安排》在原则和内容上基本一致。

同时，考虑澳门与香港经济的差异，内地与澳门的《关于建立更紧密经贸关系的安排》在部分领域按照澳门的实际情况做了不同的规定。例如，在货物贸易中，澳门第一批实行"零关税"的273中产品中有150种与香港不同；澳门的原产货物除直接运输到内地外，可经香港转运。而内地与香港的《关于建立更紧密经贸关系的安排》规定，香港的原产货物必须直接运输内地。在服务贸易领域，法律服务、医疗服务、证券服务、运输服务的有关内容也根据澳门的实际情况，有针对性地作了调整。

（一）内地与香港《关于建立更紧密经贸关系的安排》

内地与香港《关于建立更紧密经贸关系的安排》自2003年签署以来，内容不断丰富和更新，现已发展成为一份全面及现代化的自由贸易协议，涵盖货物贸易、服务贸易、投资和经济技术合作等范畴。

自签署以来已经经历过10多次修订，最近一次修订于2019年11月。《〈内地与香港关于建立更紧密经贸关系的安排〉服务贸易协议》是《关于建立更紧密经贸关系的安排》框架下的其中一份子协议，于2016年实施，整合和梳理该安排下多年来有关服务贸易的开放措施和便利措施。2019年11月21日，国家商务部与香港特别行政区政府签署《关于修订〈CEPA服务贸易协议〉的协议》，进一步提升内地对香港在服务贸易方面的开放水平，降低香港服务提供者进入内地市场的门槛，让香港业界能更好地参与内地市场发展。

该修订协议在不少重要服务领域，如法律、建筑及相关工程、金融、检测认证、电视、电影等，都增添了开放措施，让香港服务提供者可以更容易在内地设立企业和发展业务，更多香港专业人士可在内地取得执业资格，以及更多优质的香港服务可提供给内地市场。

（二）内地与澳门《关于建立更紧密经贸关系的安排》

内地与澳门《关于建立更紧密经贸关系的安排》自 2003 年签署以来，内容不断丰富和更新，现已发展成为一份全面及现代化的自由贸易协议，涵盖货物贸易、服务贸易、投资和经济技术合作等范畴。

该安排自签署以来已经经历过 10 多次修订，最近一次修订于 2019 年 11 月，商务部副部长王炳南与澳门经济财政司司长梁维特在澳门共同签署《关于修订〈CEPA 服务贸易协议〉的协议》。该修订协议自签署之日起生效，于 2020 年 6 月 1 日起正式实施。

该修订协议梳理汇总了自 2015 年《CEPA 服务贸易协议》签署以来内地在服务贸易领域的最新开放措施，结合澳门业界提出的开放诉求，在金融、法律、建筑等多个领域进一步取消或降低对澳门服务提供者的准入门槛，放宽对自然人流动、跨境交付等服务贸易模式的限制措施，为澳门人士在内地执业创造了便利条件。

四、《海峡两岸经济合作框架协议》

2010 年 1 月 26 日以来，经过两岸有关方面 3 次正式磋商和多次业务沟通，两岸商签经济合作协议取得了阶段性成果。6 月 29 日，海协会与台湾海基会在重庆签署了《海峡两岸经济合作框架协议》（Economic Cooperation Framework Agreement，ECFA，本节以下简称框架协议）。

（一）框架协议主要内容

框架协议包括序言、总则、贸易与投资、经济合作、早期收获、其他及 5 个附件。16 个条文依次为目标、合作措施、货物贸易、服务贸易、投资、经济合作、货物贸易早期收获、服务贸易早期收获、例外、争端解决、机构安排、文书格式、附件及后续协议、修正、生效、终止；5 个附件依次为：货物贸易早期收获产品清单及降税安排、适用于货物贸易早期收获产品的临时原产地规则、适用于货物贸易早期收获产品的双方保障措施、服务贸易早期收获部门及开放措施、适用于服务贸易早期收获部门及开放措施的服务提供者定义。框架协议内容基本涵盖了两岸间的主要经济活动，是一个综合性的、具有两岸特色的经济协议。

（二）早期收获计划主要内容

在货物贸易方面，大陆将对 539 项原产于台湾的产品实施降税，包括农产品、化工产品、机械产品、电子产品、汽车零部件、纺织产品、轻工产品、冶金产品、仪器仪表产品及医疗产品等10类。台湾将对267项原产于大陆的产品实施降税。台湾对大陆降税产品包括石化产品、机械产品、纺织产品及其他产品4类。双方将在早期收获计划实施后不超过2年的时间内分3步对早期收获产品实现“零关税”。

在服务贸易方面,大陆方面承诺,对会计、计算机及其相关服务、研究和开发、会议、专业设计、进口电影片配额、医院、民用航空器维修,以及银行、证券、保险等11个服务行业对台实施更加开放的政策措施,具体开放措施包含19项内容。台湾方面承诺,对研究与发展、会议、展览、特制品设计、进口电影片配额、经纪商、运动及其他娱乐、航空电脑定位系统以及银行9个服务行业对大陆进一步放开。

(三)框架协议有关贸易规则

1. 临时原产地规则

框架协议规定,被认定为原产于一方的早期收获产品,另一方在进口时将给予优惠关税待遇。框架协议原产地的确定将主要采用税则归类改变标准和区域价值成分标准。对于临时原产地规则所需的操作程序以及产品特定原产地标准,将由双方原产地规则磋商小组另行商定后实施。

2. 临时贸易救济措施

框架协议规定,实施货物贸易早期收获期间适用的临时贸易救济措施,双方保留世界贸易组织《关于实施1994年关税与贸易总协定第6条的协定》《补贴与反补贴措施协定》《保障措施协定》项下的权利与义务,并达成适用于货物贸易早期收获产品的双方保障措施。在实施服务贸易早期收获期间,如对一方的服务部门造成实质性负面影响,受影响的一方可要求与另一方磋商,以寻求解决方案。

3. 服务提供者定义

为防止两岸以外的第三方自然人或法人变相享受框架协议的优惠待遇,框架协议以充分照顾两岸服务提供者利益为原则,以符合世界贸易组织规则为基础,对服务提供者的定义作了明确规定。

4. 争端解决

框架协议规定,双方将于框架协议生效后6个月内开始就建立适当的争端解决程序进行磋商,并尽速达成协议,以解决任何关于该协议解释、实施和适用的争端。在前述争端解决协议生效前,任何关于框架协议解释、实施和适用的争端,由双方通过协商解决,或由“两岸经济合作委员会”以适当方式加以解决。

(四)机构安排及早期收获的实施

框架协议规定,两岸将成立由指定代表组成的“两岸经济合作委员会”,负责处理与框架协议相关的事宜,主要包括:完成为落实框架协议目标所必需的磋商、监督并评估框架协议的执行、解释框架协议的规定、通报重要经贸信息、在正式的争端解决协议生效前解决与框架协议解释、实施和适用的争端等。委员会可根据需要成立工作小组,处理特定领域与框架协议相关的事宜。

实施早期收获计划期间,大陆将对原产于我国台湾地区的539项产品逐步降低或取消关税,在11个服务贸易领域对我国台湾地区的服务提供者扩大开放。实施上述开放措施将超出现行开放水平,各有关部门将根据框架协议承诺着手相关配套措施的修订,以确保早期收获尽速实施。

(五)后续商谈安排

框架协议签署后,两岸将陆续推进后续单项协议的协商。货物贸易、服务贸易、投资保障、争端解决等单项协议的商谈将在框架协议生效后6个月内开始,并尽速完成。在经济合作方面,双方商定以知识产权保护与合作、金融合作、贸易促进及贸易便利化、海关合作、电子商务合作、研究双方产业合作布局和重点领域、推动双方重大项目合作、推动双方中小企业合作等为重点,并逐步向其他领域拓展。

第三节　港澳台企业设立指南

一、港澳台投资企业新设流程

《外商投资法实施条例》第48条规定:“香港特别行政区、澳门特别行政区投资者在内地投资,参照外商投资法和本条例执行;法律、行政法规或者国务院另有规定的,从其规定。台湾地区投资者在大陆投资,适用《中华人民共和国台湾同胞投资保护法》(以下简称台湾同胞投资保护法)及其实施细则的规定;台湾同胞投资保护法及其实施细则未规定的事项,参照外商投资法和本条例执行。定居在国外的中国公民在中国境内投资,参照外商投资法和本条例执行;法律、行政法规或者国务院另有规定的,从其规定。”因此,港澳台投资企业新设流程,与外资企业新设流程大致相同。

由于《外商投资法》第28条第3款规定:“外商投资准入负面清单以外的领

域,按照内外资一致的原则实施管理。”第 31 条规定:“外商投资企业的组织形式、组织机构及其活动准则,适用《中华人民共和国公司法》《中华人民共和国合伙企业法》等法律的规定。”因此,在国内新设外商投资企业的流程与设立内资企业的流程也不存在大的差异,根据中华人民共和国商务部发布的《中国外商投资指引(2020 版)》,外商投资企业设立流程如图 9 - 1[①] 所示:

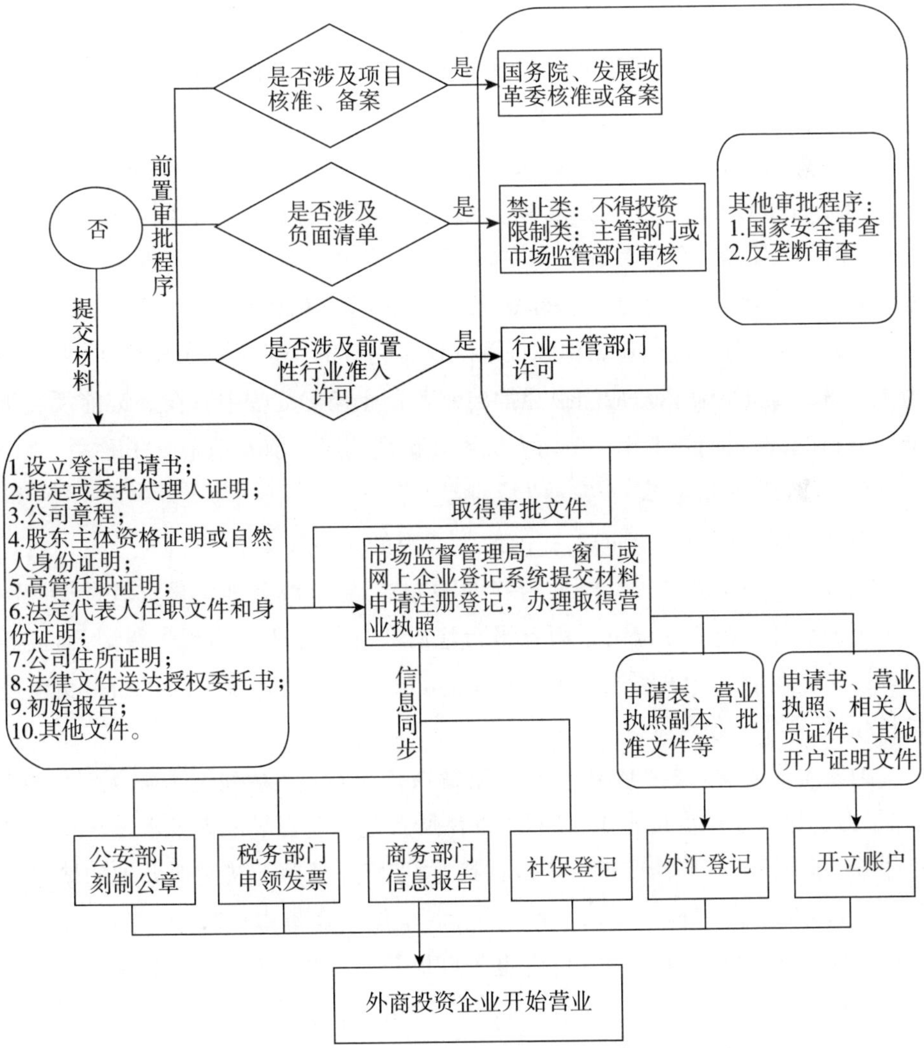

图 9 - 1　外商投资企业设立、变更流程

① 中华人民共和国商务部:《中国外商投资指引(2020 版)》,2020 年 11 月。

（一）企业名称申报

申请人在进行企业设立登记时填报企业的名称，无须提前申报名称核准，登记机关一般不再发《企业名称预先核准通知书》，根据市场监管总局《关于做好取消企业名称预先核准行政许可事项衔接工作的通知》（国市监注〔2019〕70 号），自 2019 年 4 月 1 日，企业名称预先核准行政许可已取消。

根据《企业名称登记管理规定》（2020 年修订）第 16 条规定："企业名称由申请人自主申报。申请人可以通过企业名称申报系统或者在企业登记机关服务窗口提交有关信息和材料，对拟定的企业名称进行查询、比对和筛选，选取符合本规定要求的企业名称。申请人提交的信息和材料应当真实、准确、完整，并承诺因其企业名称与他人企业名称近似侵犯他人合法权益的，依法承担法律责任。"因此，申请人对选择企业名称有自主权，除法律法规、规章及规范性文件禁止或者限制使用的名称外。《企业名称登记管理规定》（2020 年修订）第 18 条规定："企业登记机关对通过企业名称申报系统提交完成的企业名称予以保留，保留期为 2 个月。设立企业依法应当报经批准或者企业经营范围中有在登记前须经批准的项目的，保留期为 1 年。申请人应当在保留期届满前办理企业登记。"

（二）工商网上登记"一窗通"

对于港澳台投资企业而言，在内地（大陆）的大多数城市，办理设立登记可选择网上登记或窗口现场提交纸质材料两种方式，供港澳台地区投资者选择。网上登记即在各地企业登记电子服务平台注册并进行企业名称预先登记，通过后在线提交企业信息。等网上审核通过后，可预约市场监督管理局现场提交申请材料原件，非常方便快捷。

国家发改委发布的"群众办事百项堵点疏解行动"系列优秀案例对"一窗通"平台的建立予以高度肯定，针对工商注册登记需要提供法人及委托人身份证复印件、办理营业执照需要携带多份材料、办理营业证照无法网上办理的堵点问题，各地都进行了部署，以上海市政府为例，聚焦企业集中反映的开办企业办理流程再优化、办理时间再压缩、政府服务再提升三大焦点诉求，由上海市工商行政管理局牵头优化开办企业的环节和时间。2018 年 2 月，上海市工商局、市公安局、市税务局联合发布《关于加快企业登记流程再造推行开办企业"一窗通"服务平台的意见》，明确依托"一窗通"平台，上海新设企业通过工商、公安、税务并联办理，实现材料齐全 3 天可领照、5 天可营业。

"上海开办企业'一窗通'平台集申请受理、审批核准、结果反馈等环节为一体,形成工商、公安、税务等部门涉企数据交互机制,实现信息共享,为各业务部门内部简化审查、提速审批提供有力支撑,以'数据多跑路换群众少跑腿',从而有效发挥'互联网+政务服务'的便利化效应。依托'一窗通'平台,将工商部门原先的企业名称预先核准程序和企业设立登记程序合并为一个程序,企业可以合并向工商部门申请。[①] 通过将原先申请人按先后顺序依次现场向各部门提交有关申请材料的传统办证流程,再造为申请人通过开办企业'一窗通'服务平台一表填写、一次提交数据,各部门数据同步采集、业务同步办理、结果实时共享的并联办理流程,大大提升了开办企业效率,工商部门由 2 个环节耗时 8 天缩短到 1 个环节耗时 3 天,税务部门由 10 天缩短到 1 天。3 月 31 日起,上海开办企业环节必要时间缩短到 5 天。"[②]"一窗通"平台对于港澳台地区投资者而言,流程便捷性提高显著。

(三)电子营业执照

根据原工商总局《关于全面推进企业电子营业执照工作的意见》(工商企注字〔2017〕47 号)、市场监管总局《关于印发〈电子营业执照管理办法(试行)〉的通知》(国市监注〔2018〕249 号)有关要求,办理设立登记后外商投资企业应领取电子营业执照。我国多个省市区市场监管局已向登记管辖的各类市场主体提供电子营业执照。适用范围是为登记管辖的企业、农民专业合作组织、个体工商户、外国(地区)企业常驻代表机构和外国(地区)企业在中国境内从事生产经营活动等各类市场主体提供电子营业执照。

根据北京市人民政府门户网站发布的电子营业执照获取方法(上海亦类同),"各类市场主体中国籍法定代表人、负责人等营业执照记载的人员可通过微信或支付宝小程序二维码下载电子营业执照。法定代表人、负责人等营业执照记载的人员通过微信或支付宝小程序无法成功下载电子营业执照的,本人应携带纸质营业执照原件,到登记机关窗口提交有效期内的身份证明原件,办理'人证查验'。'人证查验'通过后,登记机关工作人员为其发放电子营业执照。上述

① 参见上海市公安局、上海市国家税务局、上海市地方税务局《关于加快企业登记流程再造推行开办企业"一窗通"服务平台的意见》(沪工商规〔2018〕1 号)。

② 参见《上海市开办企业"一窗通"平台 全面提升开办企业效率》,载中华人民共和国中央人民政府网,http://www.gov.cn/xinwen/2018-11/01/content_5336450.htm。

人员提交的身份证明原件应为：1. 中国籍自然人应提交第二代《中华人民共和国居民身份证》原件。2. 港澳台人员应提交以下证件原件之一：香港、澳门特别行政区自然人应提供当地永久性居民身份证或特别行政区护照或往来内地通行证；台湾地区自然人应提供当地永久性居民身份证或者内地公安部门颁发的台湾居民来往大陆通行证。3. 外籍人员应提交护照原件”。[①]

（四）税务登记

根据原工商总局《关于全面推进企业电子营业执照工作的意见》（工商企注字〔2017〕47 号）、市场监管总局《关于印发〈电子营业执照管理办法（试行）〉的通知》（国市监注〔2018〕249 号）相关规定，纳税人自领取工商营业执照之日起 30 日内需申报办理税务登记。纳税人未办理营业执照，但经有关部门批准设立的，应当自有关部门批准设立之日起 30 日内申报办理税务登记。纳税人未办理营业执照也未经相关部门批准设计，应自纳税义务发生之日起的 30 日内，申报办理税务登记。有独立生产经营权，且在财务上独立核算并定期向出租人上交租金的承租人，应当自承租合同签订之日起 30 日内，向税务机关申报办理税务登记。若港澳台资企业涉及在内地（大陆）承包建筑、安装和提供劳务的，应当在项目签订之日起 30 日内，向项目所在地的税务机关申报办理税务登记。

新设企业办理税务登记需要准备的材料，例如，工商营业执照或其他核准执业证件、有关合同、章程、协议书、法定代表人或负责人的居民身份证、或其他合法证件、主管税务机关要求提供的其他有关证件、资料。

（五）外汇登记与银行账户开立

根据国家外汇管理局发布的《关于进一步简化和改进直接投资外汇管理政策的通知》（汇发〔2015〕13 号），新设的港澳台资企业可提交《境内直接投资基本信息登记业务申请表》、组织机构代码证、工商营业执照副本、企业批准证书或有关主管部门批准设立文件（按规定无须提交的除外）等材料，自行选择符合条件的注册地银行办理企业基本信息登记。根据商务部发布指南，办事流程如图 9－2 所示[②]。

---

① 《电子营业执照获取方法》，载北京市人民政府门户网，http://www.beijing.gov.cn/fuwu/lqfw/ztzl/qysldjzn/dzyyzzhqff/202002/t20200219_1855554.html。

② 中华人民共和国商务部：《中国外商投资指引》（2020 版），2020 年 11 月。

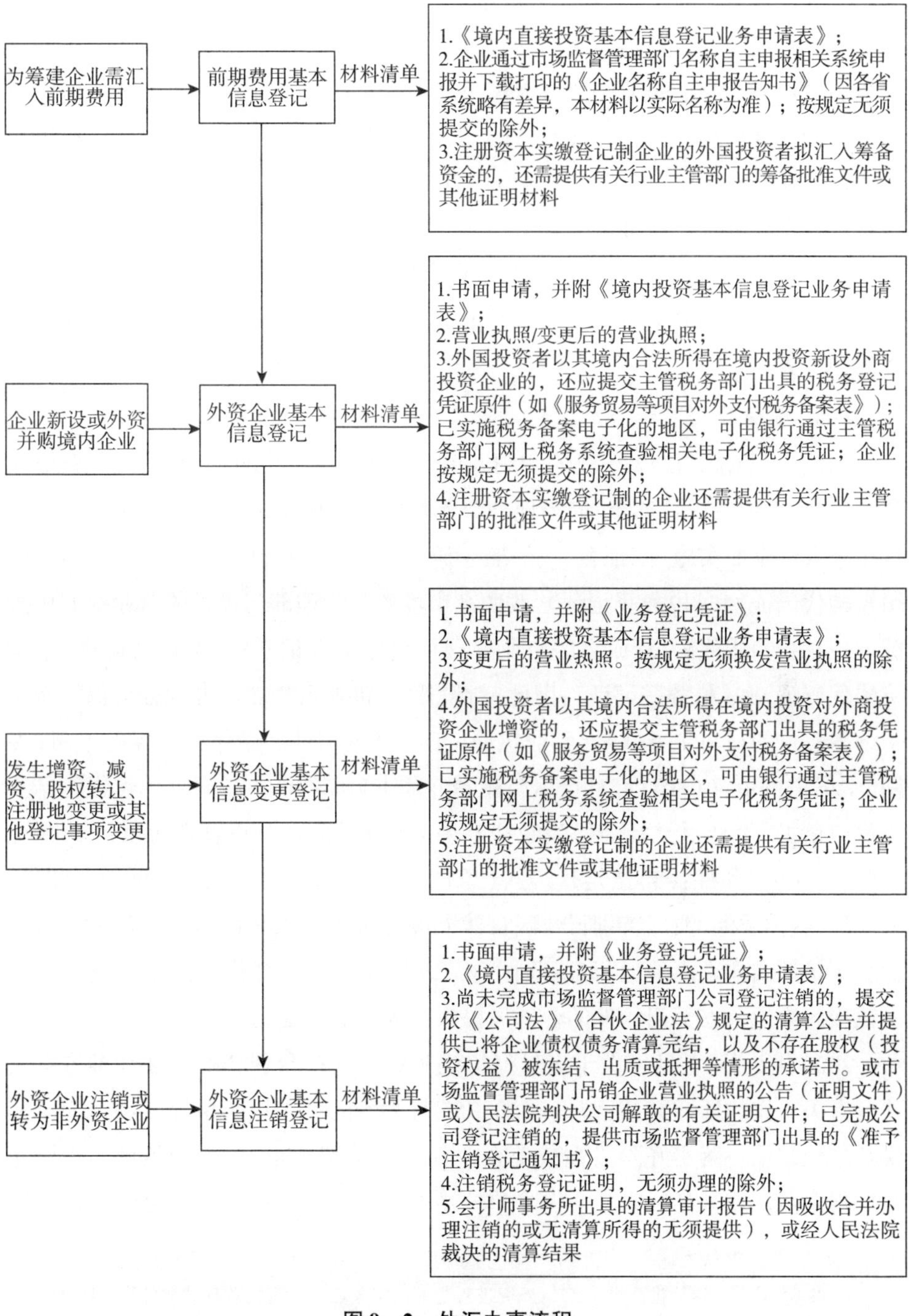
为筹建企业需汇入前期费用
前期费用基本信息登记
材料清单
1.《境内直接投资基本信息登记业务申请表》；
2.企业通过市场监督管理部门名称自主申报相关系统申报并下载打印的《企业名称自主申报告知书》（因各省系统略有差异，本材料以实际名称为准）；按规定无须提交的除外；
3.注册资本实缴登记制企业的外国投资者拟汇入筹备资金的，还需提供有关行业主管部门的筹备批准文件或其他证明材料
企业新设或外资并购境内企业
外资企业基本信息登记
材料清单
1.书面申请，并附《境内投资基本信息登记业务申请表》；
2.营业执照/变更后的营业执照；
3.外国投资者以其境内合法所得在境内投资新设外商投资企业的，还应提交主管税务部门出具的税务登记凭证原件（如《服务贸易等项目对外支付税务备案表》）；已实施税务备案电子化的地区，可由银行通过主管税务部门网上税务系统查验相关电子化税务凭证；企业按规定无须提交的除外；
4.注册资本实缴登记制的企业还需提供有关行业主管部门的批准文件或其他证明材料
发生增资、减资、股权转让、注册地变更或其他登记事项变更
外资企业基本信息变更登记
材料清单
1.书面申请，并附《业务登记凭证》；
2.《境内直接投资基本信息登记业务申请表》；
3.变更后的营业热照。按规定无须换发营业执照的除外；
4.外国投资者以其境内合法所得在境内投资对外商投资企业增资的，还应提交主管税务部门出具的税务凭证原件（如《服务贸易等项目对外支付税务备案表》）；已实施税务备案电子化的地区，可由银行通过主管税务部门网上税务系统查验相关电子化税务凭证；企业按规定无须提交的除外；
5.注册资本实缴登记制的企业还需提供有关行业主管部门的批准文件或其他证明材料
外资企业注销或转为非外资企业
外资企业基本信息注销登记
材料清单
1.书面申请，并附《业务登记凭证》；
2.《境内直接投资基本信息登记业务申请表》；
3.尚未完成市场监督管理部门公司登记注销的，提交依《公司法》《合伙企业法》规定的清算公告并提供已将企业债权债务清算完结，以及不存在股权（投资权益）被冻结、出质或抵押等情形的承诺书。或市场监督管理部门吊销企业营业执照的公告（证明文件）或人民法院判决公司解散的有关证明文件；已完成公司登记注销的，提供市场监督管理部门出具的《准予注销登记通知书》；
4.注销税务登记证明，无须办理的除外；
5.会计师事务所出具的清算审计报告（因吸收合并办理注销的或无清算所得的无须提供），或经人民法院裁决的清算结果

图 9－2　外汇办事流程

除外汇资本金账户外,港澳台资企业还必须开立人民币基本存款账户,用于向员工支付工资、缴纳税款、缴纳社保等。常规账户中仅有基本存款账户可办理现金支取业务,因此,企业一般将人民币基本存款账户开立在企业办公场所附近的银行网点,以方便日常业务的办理。除外汇资本金账户和基本户之外,根据企业的业务和交易需求,可能还需要专门开立其他类型的银行账户,例如,如港澳台资企业有除资本金以外的其他外汇收支,需要另行开立经常项目外汇结算账户;如涉及外汇贷款业务,需专门开立自营外汇贷款专户/还贷专户;如需办理资本项目外汇收入意愿结汇获得人民币,还需开立直接投资所涉结汇待支付账户等。①

(六)社保登记

《社会保险法》第57条规定:"用人单位应当自成立之日起30日内凭营业执照、登记证书或者单位印章,向当地社会保险经办机构申请办理社会保险登记。"近年来我国全面实施"三证合一、一照一码"的单位登记制度改革,取消发放《组织机构代码证》和《税务登记证》,改由在市场监督管理部门核发的营业执照中加载统一社会信用代码,新成立的企业办理社会保险登记手续,不再需提供《组织机构代码证》和《税务登记证》,因此,新设外资、港澳台资企业办理社会保险登记手续需提供的材料主要就是《营业执照(正本)》复印件。制作社会保险缴费(专用)卡另需携带:(1)银行《社会保险缴费专用卡》承诺书;(2)开立单位银行结算账户申请书;(3)银行《社会保险缴费专用卡》银行结算账户管理协议;(4)营业执照(正本)复印件;(5)法定代表人(单位负责人)居民身份证正、反面复印件,相应地,我国香港、澳门特别行政区自然人应提供当地永久性居民身份证或特别行政区护照或往来内地通行证;我国台湾地区自然人应提供当地永久性居民身份证或者内地公安部门颁发的台湾居民来往大陆通行证。

2020年5月15日,《关于应对疫情统筹做好支持台资企业发展和推进台资项目有关工作的通知》(发改厅〔2020〕755号)发布,其中第7条规定:"全面落实税费减免政策。落实好阶段性减免企业社会保险费政策,对符合条件的台资企业按规定免征或减半征收社会保险单位缴费部分。有条件的地方可研究出台减

① 参见郭仕芳:《跨境投资并购之二:外资进入与退出实务之新设篇》,载环球律师事务所,http://www.glo.com.cn/Content/2020/04-30/1703242555.html。

免物业租金、降低生产要素成本、加大企业职工技能培训补贴等支持政策，符合条件的台资企业可同等申请享受。”对于新设的台资企业而言，按时办理参保手续，即可按规定享受相关减免政策。

（七）企业年报

根据市场监管总局、商务部、外汇局《关于做好年报“多报合一”改革有关工作的通知》（国市监信〔2019〕238 号）文件规定，2020 年外资（港澳台资）企业年报工作有 3 项重大调整：

一是报送渠道。自 2020 年开始，港澳台资企业（机构）改为统一通过国家企业信用信息公示系统报送“多报合一”年报。二是报送内容。年报内容在现有向市场监管部门报送年报信息的基础上，增加商务主管部门和外汇管理部门年报事项，相关数据信息将在商务、市场监管、外汇部门间实现共享，新增的年报事项不对社会公示，选择公示的信息依法向社会公示。三是报送时效性。2020 年“多报合一”报送时间为 2020 年 1 月 1 日至 6 月 30 日，逾期未报送年报将列入经营异常名录，被列入经营异常名录届满 3 年仍未履行相关义务的，将列入严重违法失信企业名单管理。被列入经营异常名录或者严重违法失信企业名单的企业，在经营、投融资、取得政府供应土地、进出口、出入境、注册新公司、招投标、政府采购、获得荣誉、安全许可、生产经营许可、从业任职资格、资质审核等工作中，将依法受到限制或禁入。①

二、港澳台投资企业设立注意事项

（一）港澳台资企业主体类型

《外商投资法》及其实施条例施行后，原《中外合资经营企业法》《外资企业法》《中外合作经营企业法》同时废止，港澳台投资者进入内地（大陆）经营，选择设立的主体类型主要包括代表处/办事处、港澳台商投资公司及港澳台商投资有限合伙企业。几类主体的基本特征②如表 9－1 所示。

---

① 参见市场监管总局、商务部、外汇局《关于做好年报“多报合一”改革有关工作的通知》，载中华人民共和国商务部，http://wzs.mofcom.gov.cn/article/n/201912/20191202924460.shtml。

② 参见郭仕芳：《跨境投资并购之二：外资进入与退出实务之新设篇》，载环球律师事务所，http://www.glo.com.cn/Content/2020/04－30/1703242555.html。

表 9－1　港澳台资企业主体基本特征

类型	法人	投资人要求	责任承担	所得税	治理结构	出资方式	分配
代表处/办事处	否	港澳台企业须已存续2年以上	港澳台企业直接承担	按收入总额或按支出换算收入核定所得税	无须完整的组织机构	—	—
港澳台商投资公司	是	有限责任公司股东不超过50人;股份有限公司发起人2～200人	股东以认缴出资为限承担有限责任	以应税收入为税基缴纳企业所得税	须设立股东(会)、董监高等组织机构	以货币或非货币财产出资,不得以劳务出资	税后利润弥补亏损、提取法定公积金后可分配
港澳台商投资有限合伙企业	否	2～50个合伙人,其中至少1个普通合伙人。国有独资公司、国有企业、上市公司以及公益性的事业单位、社会团体不得成为普通合伙人	普通合伙人承担无限责任,有限合伙人以认缴份额为限承担有限责任	"先分后税",以合伙人为纳税义务人,合伙企业不纳税	普通合伙人执行合伙事务,有限合伙人不得执行合伙事务	可以用货币或非货币财产出资,普通合伙人也可以用劳务出资	无须盈利即可根据合伙协议的约定进行分配

(二)企业名称

2021年3月1日,新修订的《企业名称登记管理规定》施行。根据相关报道,"企业名称登记管理制度改革是优化营商环境的一项重要工作,有利于提高企业开办便利性、降低企业开办成本、激发市场活力。新规进一步确立了企业名称自主申报制度,完善了企业名称组成结构,制定了企业名称自主申报规则,建立并健全了企业名称争议处理机制,强化了事中、事后监管。新规充分尊重市场主体自主选择名称的权利,进一步释放了企业名称资源,有利于促进登记机关更好地发挥公共服务职能,全力构建规则更加明确、流程更加清晰、操作更加便捷的公众服务平台,优化企业名称申报服务体验。"

"对比2012年11月第一次修订的《企业名称登记管理规定》,新规明确规定,企业名称由行政区划名称、字号、行业或者经营特点、组织形式组成;跨省、自治区、直辖市经营的企业，其名称可以不含行政区划名称；跨行业综合经营的企业，其名称可以不含行业或者经营特点。新规还要求，企业名称冠以'中国''中华''中央''全国''国家'等字词，应当按照有关规定从严审核，并报国务院批准。国务院市场监督管理部门负责制定具体管理办法。企业名称中含有'中国''中华''全国''国家'等字词的，该字词应当是行业限定语。使用外国投资者字号的外商独资或者控股的外商投资企业，企业名称中可以含有'（中国）'字样。"①

对于港澳台资企业的名称，在适用方面有一定的特殊性。有网友在国家市场监督管理总局网站公众留言系统咨询："香港企业拟投资设立一家公司名称带（中国）字样，是否可以？"对此，市场监管总局登记注册局给予了答复：②

"根据已公布的《中华人民共和国外商投资法》第2条在中华人民共和国境内的外商投资，适用本法。本法所称外商投资，是指外国的自然人、企业或者其他组织直接或者间接在中国境内进行的投资活动……现对港澳台投资者及境内自然人在境外投资企业申请企业名称时在名称中使用（中国）字样的情况予以调整，暂不予登记。"

根据《企业名称登记管理规定》第8条："企业名称中的字号应当由两个以上汉字组成。县级以上地方行政区划名称、行业或者经营特点不得作为字号，另有含义的除外。"第9条规定："企业名称中的行业或者经营特点应当根据企业的主营业务和国民经济行业分类标准标明。国民经济行业分类标准中没有规定的，可以参照行业习惯或者专业文献等表述。"第10条规定："企业应当根据其组织结构或者责任形式，依法在企业名称中标明组织形式。"

根据该规定第11条的禁止性规定，新设一家港澳台资企业，"登记的名称不得有下列情形：（一）损害国家尊严或者利益；（二）损害社会公共利益或者妨碍社会公共秩序；（三）使用或者变相使用政党、党政军机关、群团组织名称及其简称、特定称谓和部队番号；（四）使用外国国家（地区）、国际组织名称及其通用简称、特定称谓；（五）含有淫秽、色情、赌博、迷信、恐怖、暴力的内容；（六）含有民

---

① 《新修订的〈企业名称登记管理规定〉施行》，载腾讯新闻网，https://new.qq.com/rain/a/20210318A08YUQ00。

② 《监管问答：港澳台投资者申请企业名称使用（中国）字样的情况暂不予登记》，载中国质量新闻网，http://www.cqn.com.cn/zj/content/2019_05/07/content_7081716.htm。

族、种族、宗教、性别歧视的内容；(七)违背公序良俗或者可能有其他不良影响；(八)可能使公众受骗或者产生误解；(九)法律、行政法规以及国家规定禁止的其他情形。”在登记港澳台资企业名称时需引起注意。

(三)注册资本

商务部《关于改进外资审核管理工作的通知》(商资函〔2014〕314 号)就部分外商投资管理工作提出改进措施。

首先，关于外资审核：“(一)取消对外商投资(含台、港、澳投资)的公司(以下简称公司)首次出资比例、货币出资比例和出资期限的限制或规定。认缴出资额、出资方式、出资期限由公司投资者(股东、发起人)自主约定，并在合同、公司章程中载明。……(二)除法律、行政法规以及国务院决定对特定行业注册资本最低限额另有规定外，取消公司最低注册资本的限制。(三)《通知》所列《暂不实行注册资本认缴登记制的行业》的注册资本出资事项，在有关法律、行政法规以及国务院决定未修改前，暂按现行规定执行。除上述暂不实行注册资本认缴登记制的行业外，不再审核公司注册资本的缴付情况。(四)2014 年 3 月 1 日前批准的外商投资事项，投资者应继续按原合同、章程的约定履行出资义务；如需变更，投资者可向商务主管部门提出申请，各级商务主管部门应根据本通知的有关要求进行审核。(五)公司注册资本和投资总额的比例仍需符合《关于中外合资经营企业注册资本与投资总额比例的暂行规定》及其他现行有效规定。……”由于该规定目前尚未被明确废止，故对于有关投资总额以及注册资本与投资总额比例等问题需要询问当地的市场监督管理部门。

其次，关于外资统计，商务部《关于改进外资审核管理工作的通知》规定：“(七)根据《外商投资统计制度》，仍以实收资本为基础开展外资统计工作。商务部将在全口径外资管理信息系统‘审批发证’项下的‘投资各方及出资’模块中增加投资者出资进度及期限的内容。各级商务主管部门在发放批准证书时应在系统中录入相关内容，以此作为了解掌握投资者出资情况及汇总实际使用外资数据的基础。(八)实际出资后，公司应当按照《公司法》、《中外合资经营企业法实施条例》、《中外合作经营企业法实施细则》等法律法规的要求向投资者签发出资证明书。出资证明书应载明：公司名称；成立日期；注册资本；投资者(股东)名称或姓名、出资方式、缴纳出资金额或提供合作条件的内容；缴纳出资日期；出资证明书的编号和核发日期。(九)公司向投资者签发出资证明书后，应于 30 日内将加盖公章的出资证明书副本抄报所在地商务主管部门,并提供与出资内容相关的证明材料。出资证明材料主要包括(但不限于)以下形式:1. 投资者以现汇或跨境人民币出资的,企业需提交银行进账单(或具有同等证明效力的文件)及报文;2. 以实物出资的,需提交实物移交与验收证明、作价依据、权属证明等;3. 以无形资产出资的,需视情况提交专利证书、专利登记簿、商标注册证等,与无形资产出资有关的转让合同,评估报告、投资各方对资产价值的确认文件等;4. 以境内人民币投资的,需提交利润来源企业的批准证书、产生利润年度财务报表、有关利润分配的董事会决议;或清算所得来源企业清算报告;或股权转让所得企业的批准证书、与股权转让相关的董事会决议。……"①

(四)企业的住所地

港澳台资企业在选择注册地址时,有一些注意事项,例如:"1. 所租赁或购买的办公室(注册地址)必须是商用或工业用途,住宅是不能作为公司注册地址的。2. 注册地址必须有房产证,外资公司注册登记时,需提供房产证复印件。3. 若租赁办公室作为注册地址,必须与出租方签订房屋租赁合同。若房东为外籍人士,房屋租赁合同还需做公证。4. 与外资代表处注册地址要求为涉外办公楼不同,外资公司注册地址可以是普通的商用办公室。5. 外资公司申请登记时,因提供的是办公室的房产证复印件,还需要提供房产证颁发部门(当地的房产局)出具的房产登记信息查询单。"②

根据《公司法》第 10 条规定:"公司以其主要办事机构所在地为住所。"如果企业实际经营地址与登记的住所不一致,存在一定的法律风险③:1. 经工商行政管理部门查处,可能被处以 1 万元以上 10 万元以下的罚款(依据《公司登记管理条例》第 68 条"公司登记事项发生变更时,未按照本条例规定办理有关变更登记的,由公司登记机关责令限期登记,逾期不登记的,处以 1 万元以上 10 万元以下的罚款。……");2. 接受警告、限期办理登记、责令停业整顿、扣缴营业执照甚至吊销营业执照等行政处罚(依据《企业法人登记管理条例施行细则》第 49 条

---

① 商务部《关于改进外资审核管理工作的通知》(商资函〔2014〕314 号)。

② 《外资企业注册地址的要求》,载律图网 2021 年 4 月 14 日,http://www.64365.com/zs/1364925.aspx。

③ 参见《公司注册地址和经营地址不一样,会有哪些风险?》,载搜狐网 2019 年 7 月 26 日,https://www.sohu.com/a/329441214_100236990。

“……擅自改变主要登记事项,不按规定办理变更登记的,予以警告,没收违法所得,处以非法所得额3倍以下的罚款,但最高不超过3万元,没有非法所得的,处以1万元以下的罚款,并限期办理变更登记;逾期不办理的,责令停业整顿或者扣缴营业执照;情节严重的,吊销营业执照。……”);3. 如果企业涉及诉讼事项,对企业法人提起诉讼,由公司住所地法院管辖,法律文书也将送达住所地址,随意变更住所地址可能导致无法收到法院文书而失去出庭答辩机会;4. 如果公司的实际经营地和注册地不一致,而原先的注册地又有新的公司去申请了公司住所地注册,则该地址会被锁定,公司无法通过年检。

(五)企业经营范围

根据《公司登记管理条例》,经营范围用语根据《国民经济行业分类》确定。尽管法律规定经营范围由章程规定,但在企业提交章程时市场监督管理部门会对经营范围的表述进行核查并最终确定。根据商务部《关于外商投资举办投资性公司的规定》,如果注册外资公司被认定为地区总部的投资性公司,可依其在中国从事经营活动的实际需要,经营范围可以包括下列业务:(1)关于外商投资举办投资性公司的规定第10条、第15条所规定的业务;(2)进口并在国内销售(不含零售)跨国公司及其控股的关联公司的产品;(3)进口为所投资企业、跨国公司的产品提供维修服务所需的原辅材料及零、配件;(4)承接境内外企业的服务外包业务;(5)根据有关规定,从事物流配送服务;(6)经中国银行保险监督管理委员会批准,设立财务公司,向投资性公司及其所投资企业提供相关财务服务;(7)经商务部批准,从事境外工程承包业务和境外投资,设立融资租赁公司并提供相关服务;(8)委托境内其他企业生产/加工其产品或其母公司产品并在国内外销售;(9)经批准的其他业务。①

(六)股东

在《外商投资法》生效之前,内地(大陆)自然人到底能否成为港澳台资企业股东,一直存在争议,《中外合资经营企业法》、《中外合作经营企业法》和《外资企业法》,也就是俗称的“三资法”明确将“大陆自然人”排除在合营者范围之外,但在内地(大陆)某些特定区域试点允许内地(大陆)自然人举办合资、合作企业。

---

① 参见《关于外商投资举办投资性公司的规定》,载中华人民共和国商务部,http://file.mofcom.gov.cn/article/gkml/201304/20130400104311.shtml。

原《中外合资经营企业法》(已废止)第1条规定:“中华人民共和国为了扩大国际经济合作和技术交流,允许外国公司、企业和其他经组织或个人(以下简称外国合营者),按照平等互利的原则,经中国政府批准,在中华人民共和国境内,同中国的公司、企业或其他经组织共同举办合营企业。”原《中外合作经营企业法》(已废止)第1条规定:“为了扩大对外经济合作和技术交流,促进外国的企业和其他经济组织或者个人(以下简称外国合作者)按照平等互利的原则,同中华人民共和国的企业或者其他经济组织(以下简称中国合作者)在中国境内共同举办中外合作经营企业,特制定本法。”由此可见,根据上述已废止的规定,设立中外(含港澳台)合资企业或中外(含港澳台)合作企业,内地(大陆)的股东仅能为公司、企业或其他经济组织,内地(大陆)自然人并不能成为港澳台资企业的股东。

但《外商投资法》出台,该法第2条规定:“在中华人民共和国境内(以下简称中国境内)的外商投资,适用本法。本法所称外商投资,是指外国的自然人、企业或者其他组织(以下称外国投资者)直接或者间接在中国境内进行的投资活动,包括下列情形:(一)外国投资者单独或者与其他投资者共同在中国境内设立外商投资企业;(二)外国投资者取得中国境内企业的股份、股权、财产份额或者其他类似权益;(三)外国投资者单独或者与其他投资者共同在中国境内投资新建项目;(四)法律、行政法规或者国务院规定的其他方式的投资。本法所称外商投资企业,是指全部或者部分由外国投资者投资,依照中国法律在中国境内经登记注册设立的企业。”《外商投资法实施条例》第3条规定:“外商投资法第二条第二款第一项、第三项所称其他投资者,包括中国的自然人在内。”因此目前,参照上述条例,内地(大陆)自然人作为港澳台商投资企业的股东已没有障碍。

三、国内监管部门管理方式

根据《外商投资法》及《外商投资法实施条例》,外商投资管理制度为:市场监督管理部门登记或备案、商务部门外商投资信息报告、发改委或行业主管部门的核准或备案。参照《一文读懂外商投资监管那些事》一文,对主要行政监管机构梳理如下[①]:

① 参见赵晴、顾晴暐:《一文读懂外商投资监管那些事》,载LEXOLOGY官网2020年3月2日,https://www.lexology.com/library/detail.aspx?g=4e91eb37-0092-411d-ba55-c8e8aef1cdf2。

(一)商务主管部门

在《外商投资法》生效前,商务主管部门主要负责对外商投资企业设立和变更事宜进行核准或备案。在中国现行的外商投资监管体系内,商务主管部门的监管职能发生了很大变化,外商投资企业只需按照外商投资信息报告制度的规定报送投资信息,商务主管部门不再负责对外商投资企业设立和变更事宜的备案工作。商务主管部门主要职能包括通过外商投资信息报告监管外商投资,可采取实地核查、书面检查等方式进行监督检查,还可根据需要从其他部门获得信息用于核实外国投资者或者外商投资企业报送的投资信息。

(二)发改部门

根据《外商投资法实施条例》第 36 条规定,外商投资需要办理投资项目核准、备案的,按照国家有关规定执行。可知,发改委对项目的核准、备案要求未取消。“在现行的外商投资监管体系内,发改部门在外资监管方面的职能同商务主管部门有所交叉,其区别于发改部门的主要职能为对外商投资项目的核准和备案。投资项目具体是指固定资产投资。此外,如果涉及国家安全审查事项,发改部门也会同商务主管部门共同牵头国家安全审查部际联席会议进行审查。”

(三)市场监督管理部门

《外商投资法》生效后,在现行的外商投资监管体系内,市场监督管理部门的职权没有太大变化,主要包括:外商投资企业的登记注册;配合商务主管部门落实外商投资信息报告制度。但是,根据《负面清单》的说明,境外投资者不得投资《负面清单》中禁止外商投资的领域,投资《负面清单》之内的非禁止投资领域,须进行外资准入许可。虽然《外商投资法》及配套的监管规定并未对由哪一监管机构实施外资准入许可的职能进行规定,但在新外商投资监管体系下,外资准入许可的职能将由市场监督管理部门行使。

(四)外汇管理局、银行

外汇管理局其主要的职能是对外汇的监督和管理,与境外机构的资金往来一般均属于外管局的管辖范围。但是,外管局于 2015 年取消直接投资项目下外汇登记核准,下放权力至当地银行直接审核办理境内直接投资项下外汇登记和境外直接投资项下外汇登记,外管局通过银行对直接投资外汇登记实施间接监管。一般外商投资中最常涉及的与外管局相关的职能,主要体现在所有资金进出境方面,包括外汇账户开立、结售汇、资金用途等。银行在实操中却扮演着重要的角色,银行往往需要对客户进行深入的了解以及对外汇背后的项目目的进行审查,并且在实际上掌握可使用的外汇额度。

第四节　各地优惠政策一览

一、惠港政策

1. 中共中央关于制定国民经济和社会发展第十四个五年规划和二〇三五年远景目标的建议

2020 年 10 月 29 日,中国共产党第十九届中央委员会第五次全体会议提出中共中央《关于制定国民经济和社会发展第十四个五年规划和二〇三五年远景目标的建议》,提出要保持香港、澳门长期繁荣稳定。重要内容包括,全面准确贯彻“一国两制”“港人治港”“澳人治澳”、高度自治的方针,坚持依法治港治澳,维护宪法和基本法确定的特别行政区宪制秩序,落实中央对特别行政区全面管治权,落实特别行政区维护国家安全的法律制度和执行机制,维护国家主权、安全、发展利益和特别行政区社会大局稳定。支持特别行政区巩固提升竞争优势,建设国际创新科技中心,打造“一带一路”功能平台,实现经济多元可持续发展。支持香港、澳门更好融入国家发展大局,高质量建设粤港澳大湾区,完善便利港澳居民在内地发展政策措施。增强港澳同胞国家意识和爱国精神。支持香港、澳门同各国各地区开展交流合作。坚决防范和遏制外部势力干预港澳事务。

2. 香港成立粤港澳大湾区发展办公室

2020 年 11 月 23 日,香港特区政府政制及内地事务局宣布正式成立粤港澳大湾区发展办公室,以加强推动和协调特区政府有关大湾区建设的工作。政制及内地事务局发言人表示,粤港澳大湾区建设是国家进一步改革开放的重大发展战略,也是我国香港在疫情后恢复经济动力的重点方向。通过进一步深化粤港澳合作,推动大湾区经济协同发展,发挥互补优势,建设宜居、宜业、宜游的国际一流湾区。

3. 中国人民银行与香港金融管理局续签货币互换协议并扩大规模

2020 年 11 月中国人民银行与香港金融管理局续签了货币互换协议，互换规模由原来的 4000 亿元人民币到 700 亿港元扩大至 5000 亿元人民币到 5900 亿港元，有效期为 5 年，经双方同意可以展期。双方认为，货币互换协议的续签有利于维护两地和区域金融稳定，便利两地贸易和投资，推动香港离岸人民币市场发展。

4. 落马洲河套地区“港深创新及科技园”

“港深创新及科技园”落马洲河套地区（位于深圳河以南，临近香港落马洲管制站）已于 2017 年 3 月确定开发建设港深创新及科技园。此前，香港和深圳市政府于 2017 年 1 月签署了一项合作备忘录，进行跨境合作。进一步优化了港企在内地的营商环境。

5. 港澳共建深圳前海深港现代服务业合作区

2010 年 8 月 26 日，国务院批复同意《前海深港现代服务业合作区总体发展规划》，合作区战略定位为：现代服务业体制机制创新区，现代服务业发展集聚区，香港与内地紧密合作的先导区以及珠三角地区产业升级的引领区。2020 年 8 月 28 日，为应对当前经济形势变化，进一步推动外部优质增量注入、内部存量优化升级，做大做强前海在地经济规模，强化招商、亲商、育商，深圳市前海管理局印发《深圳前海深港现代服务业合作区招商引资奖励暂行办法》。该办法分为总则、产业培育支持、产业引进奖励、申请与审核、监督管理、附则六章，明确了奖励范围、标准、申报流程、审核方式、监督管理等内容。深圳市前海深港现代服务业合作区管理局表示，截至 2020 年第一季度，前海新增港资企业 130 家、新增注册资本 88.11 亿元人民币，注册港资企业数量从 2015 年的 2172 家增至 12,232 家，注册资本达 1.3 万亿元人民币。

近期国家和各地区出台的惠港政策详见表 9－2。

表 9－2 惠港政策一览

序号	文 件	发布机构	发布日期	实施日期
1	《粤澳合作框架协议》	广东省人民政府	2011 年 3 月 6 日	2011 年 3 月 6 日
2	中央惠港 36 条政策措施	国务院	2012 年 6 月 27 日	

续表

序号	文　件	发布机构	发布日期	实施日期
3	国家工商行政管理总局《关于扩大开放港澳居民在内地申办个体工商户登记管理工作的意见》	国家工商行政管理总局(现为国家市场监督管理总局)	2016 年 5 月 31 日	2016 年 6 月 1 日
4	《深化粤港澳合作　推进大湾区建设框架协议》	国家发展和改革委员会	2017 年 7 月 1 日	2017 年 7 月 1 日
5	国家发展和改革委员会与香港特别行政区政府《关于支持香港全面参与和助力"一带一路"建设的安排》	国家发展和改革委员会	2017 年 12 月 14 日	2017 年 12 月 14 日
6	《进一步深化中国(广东)自由贸易试验区改革开放方案》	国务院	2018 年 5 月 4 日	2018 年 5 月 4 日
7	《粤港澳大湾区发展规划纲要》	国务院	2019 年 2 月 18 日	2018 年 2 月 18 日
8	粤港澳大湾区推"惠港 16 项措施"	粤港澳大湾区建设领导小组	2019 年 11 月 6 日	
9	《关于商务领域支持粤港澳大湾区建设若干政策措施的意见》	商务部	2019 年 12 月 9 日	
10	《关于金融支持粤港澳大湾区建设的意见》	中国人民银行、中国银行保险监督管理委员会、中国证券监督管理委员会、国家外汇管理局	2020 年 4 月 24 日	2020 年 4 月 24 日
11	商务部、香港特别行政区财政司《关于修订〈《内地与香港关于建立更紧密经贸关系的安排》服务贸易协议〉的协议》	商务部	2019 年 11 月 21 日	2020 年 6 月 1 日
12	深圳市前海深港现代服务业合作区管理局《关于印发〈深圳前海深港现代服务业合作区招商引资奖励暂行办法〉的通知》	深圳市前海深港现代服务业合作区管理局	2020 年 8 月 28 日	2020 年 9 月 15 日
13	广东省人民政府《关于印发广东省进一步推动竞争政策在粤港澳大湾区先行落地实施方案的通知》	广东省人民政府	2021 年 2 月 22 日	2021 年 2 月 22 日

二、惠澳政策

1. 关于商务领域支持粤港澳大湾区建设若干政策措施的意见

2019 年 12 月，商务部发布《关于商务领域支持粤港澳大湾区建设若干政策措施的意见》，将 CEPA 扩大开放的优惠措施在粤港澳大湾区先行先试，推动大湾区全面实现服务贸易自由化。该意见支持广东自贸试验区率先探索与港澳经贸规则对接，带动提升粤港澳大湾区制度型开放，支持香港、澳门参与大湾区珠三角 9 个城市市场体系建设和消费升级。该意见包含 6 大方面 27 项具体举措，涵盖了消费、流通、贸易、投资、经济合作等重点领域，将成为今后一段时间商务领域支持粤港澳大湾区建设的政策指引。

2. 关于金融支持粤港澳大湾区建设的意见

2020 年 4 月，中国人民银行、中国银行保险监督管理委员会、中国证券监督管理委员会、国家外汇管理局印发《关于金融支持粤港澳大湾区建设的意见》，要求进一步推进金融开放创新深化内地与港澳金融合作，加大金融支持粤港澳大湾区建设力度，提升粤港澳大湾区在国家经济发展和对外开放中的支持引领作用。该意见支持澳门打造中国葡语国家金融服务平台，建立出口信用保险制度建设成为葡语国家人民币清算中心，承接中国与葡语国家金融合作服务，支持澳门发展租赁等特色金融业务，推动建设澳门—珠海跨境金融合作示范区，支持澳门在符合条件的情况下加入亚洲基础设施投资银行，支持丝路基金及相关金融机构在香港、澳门设立分支机构。

3. 珠海横琴与澳门的产业共融合作

横琴新区位于珠海经济特区，是广东自由贸易试验区的组成部分，与澳门仅有一箭之地。作为“一国两制”政策的组成部分，中央政府正努力推进澳门与中国内地的经济一体化工作，而横琴与澳门隔水相望，成为经济一体化的试点区，为投资者创造具有吸引力的激励措施。

2020 年 7 月，广东省人民政府港澳事务办公室网站公布实施《粤澳合作框架协议》2020 年重点工作，加快推动在横琴设立粤澳深度合作区，构建粤澳共商共建共管的体制机制，探索更加灵活、开放的合作方式，促进粤澳两地人员和经济便利往来。

同月，横琴新区与澳门特区签订《关于共同推进横琴、澳门青年创业孵化的合作协议》,建立信息互通资源共享机制;与澳门青年创业孵化中心签署了“跨境联合孵化”框架协议。这一切,有助粤澳深度合作实现与市场无缝衔接、与国际高度接轨。

截至2020年4月底,珠海市横琴新区已有澳门投资企业2522家,注册资本(金)达139.44亿美元。

下一步,澳门政府将发展多元化经济,致力于将澳门发展成集旅游、博彩、会展、文创、购物、美食于一身的综合旅游城市。力求通过进一步深化区域合作,为澳门中小企业的发展提供支持,从而为经济多元化增添动力。

近期国家和各地区发布的惠澳政策详见表9-3。

表9-3　惠澳政策一览

序号	文　件	发布机构	发布日期	实施日期
1	《泛珠三角区域合作框架协议》	福建省人民政府、江西省人民政府、湖南省人民政府、广东省人民政府、广西壮族自治区人民政府、海南省人民政府、四川省人民政府、贵州省人民政府、云南省人民政府、香港特别行政区政府、澳门特别行政区政府	2004年6月3日	
2	《珠江三角洲地区改革发展规划纲要(2008—2020年)》	国务院	2008年12月	2008年12月
3	国家发展和改革委员会、澳门特别行政区政府《关于支持澳门全面参与和助力“一带一路”建设的安排》	国家发展和改革委员会	2018年12月6日	2018年12月6日
4	《粤港澳大湾区建设惠澳政策措施》	粤港澳大湾区建设领导小组	2019年11月6日	
5	《关于进一步支持澳门青年在横琴创新创业的暂行办法》	横琴新区管委会办公室	2020年7月1日	
6	《珠海市珠港澳科技创新合作项目管理办法》	珠海市科技创新局	2020年7月1日	
7	《关于贯彻落实金融支持粤港澳大湾区建设意见的行动方案》	广州市政府	2020年9月2日	

三、惠台政策

1. 关于应对疫情统筹做好支持台资企业发展和推进台资项目有关工作的通知

2020 年 5 月 15 日，国家发改委、国务院台办、工业和信息化部、财政部、人力资源社会保障部、自然资源部、商务部、人民银行、银保监会、证监会十部门联合印发《关于应对疫情统筹做好支持台资企业发展和推进台资项目有关工作的通知》，出台 11 条帮助台企发展的政策措施，包括帮扶台企复工复产、统筹协调推进重大台资项目、积极支持台企增资扩产、促进台企参与新型和传统基础设施建设、支持台企稳外贸、有效引导台企拓展内销市场、全面落实税费减免政策、强化金融支持台企疫情防控和复工复产、充分保障台资项目合理用地需求、有力支持台资中小企业发展、主动做好台企服务工作等。这 11 条措施是为台商台企量身定制的，是为帮助台商台企克服当前困难，实现更好更大发展。

2. 关于支持台湾同胞台资企业在大陆农业林业领域发展的若干措施

国务院台办、农业农村部、国家林草局、国家发改委、财政部、自然资源部、水利部、商务部、中国人民银行、国家市场监管总局、供销总社十一个部门联合出台《关于支持台湾同胞台资企业在大陆农业林业领域发展的若干措施》。

完善保障台湾同胞福祉和在大陆享受同等待遇的制度和政策，持续出台实施惠台利民政策措施，让台湾同胞分享发展机遇，参与大陆经济社会发展进程。为帮助台胞台企参与大陆农业林业高质量发展及乡村振兴，有关部门针对台胞台企在农业林业领域发展涉及的农地林地使用、融资便利和资金支持、投资经营、研发创新、开拓内销市场等方面提出了“农林 22 条措施”。

“农林 22 条措施”与“31 条措施”“26 条措施”一脉相承，进一步为台胞台企参与大陆农业林业高质量发展及乡村振兴提供同等待遇。这些措施既着眼“十四五”时期大陆农业林业发展新要求，又回应台胞台企的主要诉求。概括说，有三大特点：

随着大陆加快实施农业林业高质量发展及乡村振兴战略，台胞台企在大陆农业林业领域发展拥有更光明的前景和更多的机遇。“农林 22 条措施”立足新发展阶段，鼓励台胞台企抓住机遇、升级发展，支持台胞台企发展乡村特色农业、林草生态产业，参与农村一二三产业融合发展，参与智慧农业、绿色投入品等方面的研发创新、成果转化与技术服务。

同时,“农林22条措施”贴近基层台胞需求,聚焦台胞台企关心的普遍性问题,如对农村土地经营权和林地经营权、开拓内销市场提出了有针对性的解决措施。

“农林22条措施”涵盖面广、支持力度大。支持台胞台企参与城乡冷链物流基础设施、畜牧水产养殖等多个领域的建设和生产经营,鼓励台企参与农林产品国家标准起草,支持台胞参与乡村建设,基本涵盖了台胞台企在农业林业领域发展的各个方面;并就涉农涉林资金补助申请、深化台企与农垦企业合作、加强台湾农民创业园建设等方面提出具体措施,为台胞台企提供有力支持。

国家和各地区近期发布的惠台政策详见表9-4。

表9-4　惠台政策一览

序号	文　件	发布机构	发布日期	实施日期
1	《关于促进两岸经济文化交流合作的若干措施》	国务院台湾事务办公室、国家发展和改革委员会	2018年2月28日	2018年2月28日
2	《关于进一步促进两岸经济文化交流合作的若干措施》	国务院台湾事务办公室、国家发展和改革委员会	2019年11月4日	2019年11月4日
3	《关于应对疫情统筹做好支持台资企业发展和推进台资项目有关工作的通知》	国务院台湾事务办公室、国家发展和改革委员会	2020年5月15日	2020年5月15日
4	《关于支持台湾同胞台资企业在大陆农业林业领域发展的若干措施》	国务院台湾事务办公室、农业农村部、国家林业和草原局、国家发展和改革委员会、财政部、自然资源部、水利部、商务部、中国人民银行、国家市场监督管理总局、中华全国供销合作总社	2021年3月17日	2021年3月17日
5	《上海市台湾同胞投资权益保护规定》	上海市人民代表大会	2015年9月24日	2015年11月1日
6	《上海市台湾同胞投资权益保护规定(2018修正)》	上海市人民代表大会	2018年5月2日	2018年6月1日
7	《关于促进沪台经济文化交流合作的实施办法》	上海市人民政府	2018年5月31日	2018年6月1日

续表

序号	文　件	发布机构	发布日期	实施日期
8	《关于加快本市文化创意产业创新发展的若干意见》	上海市人民政府	2017 年 12 月 12 日	2017 年 12 月 12 日
9	《闵行区落实〈关于促进沪台经济文化交流合作的实施办法〉若干工作措施》	上海市闵行区人民政府	2018 年 8 月 1 日	
10	《关于深化苏台经济文化交流合作的若干实施意见》	江苏省人民政府台湾事务办公室	2018 年 9 月 12 日	
11	《关于支持台资企业积极应对新冠肺炎疫情影响的若干措施》	江苏省人民政府台湾事务办公室	2020 年 2 月 25 日	
12	《关于在疫情防控常态化条件下促进台资企业平稳健康发展的若干意见》	江苏省人民政府台湾事务办公室	2020 年 7 月 13 日	
13	《江苏银行支持全省台资企业复工复产和健康发展综合金融服务方案》	江苏省人民政府台湾事务办公室	2020 年 3 月 5 日	
14	昆山市《关于深化昆台经济社会文化交流合作的若干措施》	江苏省昆山市人民政府	2018 年 7 月 6 日	
15	昆山市《昆山深化两岸产业合作试验区条例》	江苏省人民代表大会	2020 年 11 月 27 日	
16	苏州市《关于促进苏州与台湾经济文化交流合作的若干措施》	江苏省苏州市人民政府	2018 年 10 月 12 日	
17	南京市《关于深化来宁台胞宜学宜业宜游宜居服务的若干措施》	江苏省南京市人民政府	2018 年 8 月 8 日	
18	盐城市《关于促进盐台经济文化交流合作的若干措施》	江苏省盐城市人民政府	2018 年 9 月 12 日	
19	常州市《关于深化常台经济社会文化交流合作的实施意见》	江苏省常州市人民政府	2018 年 10 月 19 日	
20	无锡市《深化锡台经济文化交流合作的实施意见》	江苏省无锡市人民政府	2018 年 11 月 21 日	

续表

序号	文　件	发布机构	发布日期	实施日期
21	扬州市《关于深化扬台经济文化交流合作的若干措施》	江苏省扬州市人民政府	2018年11月28日	
22	泰州市《关于促进泰台经济文化交流的若干措施》	江苏省泰州市委办公室、市政府办公室	2018年11月29日	
23	镇江市《关于促进镇台经济文化交流合作的实施意见》	江苏省镇江市政府办公室、市政府台湾事务办公室	2018年12月18日	
24	淮安市《关于促进淮台经济文化交流合作实施办法》	江苏省淮安市人民政府	2018年7月23日	
25	徐州市《贯彻〈关于促进两岸经济文化交流合作的若干措施〉实施意见》	江苏省徐州市人民政府	2018年9月17日	
26	南通市《贯彻〈关于促进两岸经济文化交流合作的若干措施〉的实施办法》	江苏省南通市人民政府	2019年2月14日	
27	连云港市《贯彻〈关于促进两岸经济文化交流合作的若干措施〉的实施办法》	江苏省连云港市人民政府	2019年8月13日	
28	福建省《贯彻〈关于促进两岸经济文化交流合作的若干措施〉实施意见》	福建省人民政府台湾事务办公室、福建省发展和改革委员会	2018年6月6日	2018年6月6日
29	福建省《特殊经济区域台资企业资本项目管理便利化试点实施细则》	国家外汇管理局福建省分局	2018年7月12日	
30	厦门市《关于进一步深化厦台经济社会文化交流合作的若干措施》	福建省厦门市人民政府	2018年4月10日	
31	厦门市《关于探索海峡两岸融合发展新路的若干措施》	福建省厦门市人民政府	2019年6月4日	
32	龙岩市《深化龙台经济文化交流合作实施意见(试行)》	福建省龙岩市人民政府	2018年9月30日	
33	漳州市《关于促进漳台经济社会文化交流合作的实施意见》	福建省漳州市人民政府	2018年10月23日	

续表

序号	文　件	发布机构	发布日期	实施日期
34	《平潭综合实验区促进两岸影视产业合作发展的实施意见(修订版)》《平潭综合实验区促进两岸影视产业合作发展的实施细则》	福建省福州市平潭县人民政府	2018 年 6 月 7 日	2018 年 11 月 12 日
35	莆田市《贯彻〈关于促进两岸经济文化交流合作的若干措施〉的实施办法》	福建省莆田市人民政府	2018 年 3 月 30 日	
36	浙江省《贯彻〈关于促进两岸经济文化交流合作的若干措施〉的实施意见》	浙江省人民政府	2018 年 7 月 8 日	2018 年 7 月 8 日
37	宁波市《关于进一步深化甬台经济社会文化交流合作的若干措施》	浙江省宁波市人民政府	2020 年 6 月 19 日	2020 年 6 月 19 日
38	杭州市《关于进一步深化杭台经济文化交流合作的实施意见》	浙江省杭州市台湾事务办公室、杭州市发展和改革委员会	2018 年 7 月 17 日	
39	湖州市《贯彻〈关于促进两岸经济文化交流合作的若干措施〉的实施办法》	浙江省湖州市人民政府	2018 年 8 月 28 日	
40	嘉兴市《贯彻关于促进两岸经济文化交流合作的若干措施实施办法》	浙江省嘉兴市人民政府台湾事务办公室、浙江省嘉兴市发展和改革委员会	2018 年 9 月 13 日	
41	嘉善县《关于加强善台交流合作促进融合发展的若干意见》	浙江省嘉兴市嘉善县人民政府	2019 年 9 月 10 日	
42	舟山市《贯彻〈关于促进两岸经济文化交流合作的若干措施〉实施办法》	浙江省舟山市人民政府	2018 年 12 月 7 日	
43	玉环市《促进对台交流合作 30 条政策措施》	浙江省玉环市人民政府	2018 年 12 月 27 日	
44	绍兴市《贯彻〈关于促进两岸经济文化交流合作的若干措施〉实施办法》	浙江省绍兴市人民政府	2018 年 11 月 1 日	

续表

序号	文　件	发布机构	发布日期	实施日期
45	云南省《关于促进云台经济文化交流合作的若干措施》	云南省人民政府办公厅	2019 年 5 月 20 日	
46	《关于进一步推进自然资源服务保障云台经济文化交流合作的有关措施》	云南省自然资源厅	2020 年 12 月 29 日	
47	大理白族自治州人民政府办公室《关于印发促进云台经济文化交流合作若干措施实施细则的通知》	云南省大理白族自治州人民政府办公室	2021 年 1 月 22 日	
48	《关于进一步深化津台经济社会文化交流合作的若干措施》	天津市人民政府台湾事务办公室、天津市发展和改革委员会	2018 年 7 月 4 日	
49	《关于深化京台经济文化交流合作的若干措施》	北京市人民政府台湾事务办公室、北京市发展和改革委员会	2018 年 10 月 19 日	2018 年 10 月 19 日
50	北京市人力资源和社会保障局《关于做好香港澳门台湾居民就业创业服务有关工作的通知》	北京市人力资源和社会保障局	2018 年 11 月 22 日	2018 年 12 月 1 日
51	《关于促进粤台经济文化交流合作的若干措施》	广东省人民政府台湾事务办公室、广东省发展和改革委员会	2018 年 7 月 26 日	2018 年 7 月 26 日
52	广州市《关于进一步深化穗台经济社会文化交流合作的若干措施》	广东省广州市人民政府台湾事务办公室、广东省广州市发展和改革委员会、中共广州市委组织部、中共广州市委宣传部、广东省广州市工业和信息化委员会、广东省广州市科技创新委员会	2018 年 7 月 30 日	
53	深圳贯彻“31 条惠及台胞措施”政策汇编	广东省深圳市人民政府		
54	珠海市《关于促进珠台经济文化交流合作的若干措施》	广东省珠海市人民政府	2018 年 9 月 10 日	
55	东莞市《关于进一步深化莞台经济社会文化交流合作的若干措施》	东莞市人民政府台湾事务办公室、东莞市发展改革委员会	2018 年 11 月 12 日	

续表

序号	文　件	发布机构	发布日期	实施日期
56	佛山市《关于进一步深化佛台经济文化交流合作的若干措施》	广东省佛山市人民政府台湾事务局、广东省佛山市发展和改革局	2018 年 12 月 24 日	
57	江门市《关于进一步深化江台经济社会文化交流合作的若干措施》	中共江门市委台湾工作办公室、广东省江门市发展和改革局	2018 年 12 月 29 日	
58	《关于促进桂台经济文化交流合作的若干措施》	广西壮族自治区人民政府台湾事务办公室、广西壮族自治区发展和改革委员会	2018 年 8 月 2 日	
59	湖北省台办、省发展改革委《关于促进两岸经济文化交流合作的实施意见》	湖北省人民政府台湾事务办公室、湖北省发展和改革委员会	2018 年 7 月 11 日	
60	武汉市《关于深化汉台经济文化交流合作的实施办法》	湖北省武汉市人民政府台湾事务办公室、湖北省武汉市发展和改革委员会	2018 年 10 月 23 日	
61	《关于促进鲁台经济文化交流合作的若干措施》	山东省人民政府	2018 年 7 月 31 日	
62	潍坊市《关于进一步深化潍台经济社会文化交流合作的若干措施》	山东省潍坊市人民政府	2018 年 8 月 14 日	
63	青岛市《关于促进青台经济文化交流合作的若干措施》	山东省青岛市人民政府台湾事务办公室、山东省青岛市发展和改革委员会	2018 年 10 月 24 日	
64	辽宁省《贯彻〈关于促进两岸文化交流合作的若干措施〉实施意见》	辽宁省人民政府台湾事务办公室、辽宁省发展和改革委员会	2018 年 10 月 15 日	
65	大连市《关于促进连台经济文化交流合作的实施办法》	辽宁省大连市人民政府台湾事务办公室、辽宁省大连市发展和改革委员会	2018 年 12 月 6 日	
66	沈阳市《关于促进沈台经济文化交流合作的实施意见》	辽宁省沈阳市人民政府台湾事务办公室、辽宁省沈阳市发展和改革委员会	2019 年 4 月 30 日	

续表

序号	文 件	发布机构	发布日期	实施日期
67	江西省《贯彻关于促进两岸经济文化交流合作若干措施的实施办法》	江西省人民政府	2018 年 8 月 8 日	
68	《关于促进渝台经济文化交流合作的若干措施》	重庆市人民政府	2018 年 8 月 21 日	
69	《关于促进川台经济文化交流合作的若干措施》	四川省人民政府	2018 年 9 月 3 日	2018 年 9 月 3 日
70	遂宁市《关于促进遂台经济文化交流合作的若干措施》	四川省遂宁市人民政府	2019 年 9 月 6 日	
71	自贡市《关于促进自台经济文化交流合作的若干措施》	四川省自贡市人民政府	2018 年 5 月 24 日	
72	《关于促进陕台经济文化交流合作的实施意见》	陕西省人民政府	2018 年 9 月 17 日	
73	河南省《贯彻〈关于促进两岸经济文化交流合作的若干措施〉实施意见》	河南省人民政府台湾事务办公室、河南省发展和改革委员会	2018 年 10 月 30 日	
74	《关于进一步深化冀台经济文化交流合作的若干措施》	河北省人民政府台湾事务办公室、河北省发展和改革委员会	2018 年 12 月 7 日	
75	《贯彻落实〈关于促进两岸经济文化交流合作的若干措施〉实施意见》	中共海南省委统一战线工作部、海南省发展和改革委员会	2018 年 12 月 11 日	
76	《关于促进黔台经济文化交流合作的实施意见》	贵州省人民政府台湾事务办公室、贵州省发展和改革委员会	2018 年 9 月 29 日	
77	《关于促进皖台经济文化交流合作的若干措施》	安徽省人民政府	2018 年 10 月 15 日	
78	《内蒙古自治区贯彻〈关于促进两岸经济文化交流合作的若干措施〉实施意见》	内蒙古自治区人民政府台湾事务办公室、内蒙古自治区发展和改革委员会	2018 年 11 月 20 日	
79	《关于深化湘台经济文化交流合作的实施意见》	湖南省人民政府台湾事务办公室、湖南省发展和改革委员会	2018 年 10 月 16 日	
80	《青海省贯彻〈关于促进两岸文化交流合作的若干措施〉实施意见》	青海省人民政府台湾事务办公室、青海省发展和改革委员会	2018 年 12 月 27 日	2018 年 12 月 27 日

续表

序号	文　件	发布机构	发布日期	实施日期
81	《甘肃省贯彻〈关于促进两岸经济文化交流合作的若干措施〉的实施意见》	甘肃省人民政府台湾事务办公室、甘肃省发展和改革委员会	2018 年 12 月 28 日	2018 年 12 月 28 日
82	《黑龙江省贯彻〈关于促进两岸经济文化交流合作的若干措施〉的实施办法》	黑龙江省人民政府台湾事务办公室、黑龙江省发展和改革委员会	2019 年 4 月 18 日	
83	《宁夏贯彻〈关于促进两岸经济文化交流合作的若干措施〉的实施办法》	宁夏回族自治区政府港澳台事务办公室	2019 年 2 月 15 日	

第五节　港澳台企业退出

一、企业注销时需要重点关注的程序事项

(一)关于清算

港澳台资企业清算,具有如下几个特征:“1. 清算活动发生在企业解散之后。外商投资企业解散是其清算活动的起点,但是,并非所有外商投资企业在解散后都必须进行清算,在企业因合并、分立而解散的情况下,由于合并、分立后的企业将概括承继原企业的财产和债权、债务,不存在清算的问题;2. 外商投资企业清算的最终目的是要让企业的主体资格归于消灭,企业清算完毕并经过注销登记程序将不复存在;3. 外商投资企业清算活动主要围绕着其财产关系而展开,具体包括清理企业财产、从债务人处收取债权、向债权人清偿债务以及向投资者分配剩余财产,这些活动都是发生在平等的民商事主体之间的财产关系,因而应当遵循意思自治、诚实信用等私法原则。同时,清理企业财产及向债务人收取债权的目的都是向债权人清偿债务和向投资者分配剩余财产,因此企业清算的首要目的是清偿债权人,债权人是企业清算活动的最大利益相关者。”①

《外商投资法》生效之前,外商投资企业清算、注销时适用的主要为外资三

① 李金华:《外商投资企业清算法律问题研究》,复旦大学 2007 年硕士学位论文,第 2 页。

法、《公司法》及《公司登记管理条例》。就外商投资企业监管而言，一般认为，外资三法与《公司法》为特别法与一般法的关系，外资三法应优先适用。但同时，也有对于同一事项来说，《公司法》作为新法应当优先于旧法适用的观点。《外商投资法》实施之前，在实务操作中，一些地方在外商投资企业的解散清算工作中直接适用《公司法》关于清算组的规定，要求外商投资企业设立清算组，由股东作为清算组成员；而另外一些地方则仍然在坚持外资三法项下的规定，认为外商投资企业清算时成立清算委员会即可。[①]

《外商投资法》生效之后，外商投资企业在解散清算时将当然地适用《公司法》的有关规定，有关"清算委员会"和"清算组"的争论将失去必要性。对于采取公司形式的外商投资企业（不包括外商投资的合伙企业）而言，在《外商投资法》时代，根据《公司法》，清算的主要程序如下：(1)成立清算组并备案；(2)通知债权人、申报登记债权；(3)清算方案的制定、确认；(4)进行清算，分配剩余财产或申请宣告破产；(5)制作、确认清算报告。

（二）关于注销

外商投资企业清算结束后，应当向原公司登记机关申请注销登记。根据《外商投资信息报告办法》的规定，法律、行政法规规定企业注销登记前须行业主管部门许可的，外国投资者或者外商投资企业应当在申请办理注销登记时向市场监督管理部门提交有关批准文件。

根据《外商投资信息报告办法》第 13 条及《关于外商投资信息报告有关事项的公告》的规定："外商投资企业注销或者转为内资企业的，在办理企业注销登记或者企业变更登记后视同已提交注销报告，相关信息由市场监管部门推送至商务主管部门，外商投资企业无需另行报送。"

关于注销的流程，全国各地为方便外商投资企业简化退出流程，实施了各种一站式服务平台，例如，以上海为例，2019 年 1 月 3 日，上海市注销企业"一窗通"网上平台正式上线。[②] 这一举措契合了国务院常务会议决定推出便利化改革举措、解决企业"注销难"的部署，也是上海市场监管部门通过大调研形成的一项制度成果。

舆论对于该注销企业的便捷平台也在媒体报道中给予高度赞赏："企业注销

---

① 参见 GLO 环球律师事务所、Lexis Nexis 律商联讯：《外资监管新纪元实务手册》2020 年 1 月。

② 参见《上海市注销企业"一窗通"网上平台上线运行》，载《中国市场监管报》2019 年 1 月 4 日，A1 版。

流程再造:企业填报注销申请信息后,平台同步推送给各相关部门,各部门并联预审办理。平台引导企业按照最优方案办理注销,帮助申请人了解各项业务的前后办理关系。平台还提供银行账户撤销的预约服务功能,帮助企业缩短注销银行账户的办理时间。企业注销规范透明:平台为注销申请人集中提供各部门办理指南、结果反馈、全流程进度跟踪等电子政务服务,及时告知企业办理流程、办理要求和进度情况,督促各业务部门按照规定时限和要求完成注销业务程序,进一步实现注销流程的规范化、法治化。”①

报道认为,该平台真正解决了注销企业难的历史问题,指出“通过平台的信息互通共享,各部门可从平台获取企业信息和部门办理结果,从而简化数据填报采集和材料提交要求,优化办理流程。海关、人力资源社会保障部门可以利用注销平台,通过数据校验和信息共享实现网上办理;市场监管部门可以实现各类申请文书材料的自动生成,进一步压缩注销登记办理时间;税务等部门可以实现预审并出具个性化‘诊断书’,告知企业是否符合税务免办或即办条件,减少和简化材料提交的数量和要求。此外,平台还为企业提供了在国家企业信用信息公示系统上免费发布注销公告的功能。平台通过和多个企业数据库的对接,实现智能比对筛选,对企业注销申请进行分类处置,进一步提升办理效率。符合简易注销登记条件的企业,可进入国家企业信用信息公示系统办理简易注销,并可在平台上查看简易注销办理进度。对其他企业提出的注销申请,平台将相关申请信息同步发送给各相关业务部门,各部门进行预审,按照各自要求对注销企业实行分类处理。对于可通过数据共享即时办结的,业务系统实时反馈平台;对于不适用线上直接办理的,根据企业情况出具‘诊断书’,将办理本部门注销所需提交的材料、办理要求、联系方式等信息通过平台和短信反馈给企业。通过清单式告知方式,实现窗口办事‘一口清’”。

二、税收事宜

(一)税制简介②

中国税务主管部门为国务院直属的国家税务总局,主管全国税收征收管理

---

① 参见上海市市场监管局:《注销企业不再发愁!“一窗通”网上平台今起运行》,载微信公众号“上海发布”2019年1月3日,https://mp.weixin.qq.com/s/vCtiqUCRHwVF67FOLSpRag。

② 参见中华人民共和国商务部:《中国外商投资指引(2020版)》,2020年11月。

工作,下设省、市、县、乡四级税务机构,由国家税务总局领导在所属管理范围内进行税收征收管理工作。2018 年 10 月,全国省级和省级以下国税局、地税局正式完成合并,实行以国家税务总局为主与省(区、市)人民政府双重领导的管理体制。自 2019 年 1 月 1 日起,机关事业单位和城乡居民社保费全部划转税务部门征收,企业职工基本养老保险和企业职工其他险种缴费原则上暂按现行征收体制继续征收,合理确定征管职责划转到税务部门的非税收入范围。国家税务总局接连发布多项优化税收营商环境和便民办税缴费的新举措,进一步简化办税手续,推进降费减税政策落地实施,进一步深化税务系统"简政放权、放管结合、优化服务"改革。

中国实行由多税种组成的复合税制。现行税制下共有 18 个税种,按照征税对象可分为五大类:(1)所得税类:企业所得税、个人所得税;(2)流转税类:增值税、消费税、关税;(3)财产和行为税类:房产税、契税、车船税、印花税、城镇土地使用税、土地增值税、船舶吨税;(4)资源税类:资源税;(5)特定目的税类:城市维护建设税、车辆购置税、耕地占用税、烟叶税、环境保护税。

(二)企业所得税税收优惠

根据《中国外商投资指引(2020 版)》:"目前实行'产业优惠为主、区域优惠为辅'的税收优惠体系,主要包括:对企业从事农林牧渔项目、公共基础设施项目、环境保护、节能节水项目的所得给予减免税优惠;高新技术企业减按 15% 税率征收企业所得税;西部地区鼓励类产业企业减按 15% 税率征收企业所得税;小型微利企业所得税优惠等。本指引重点介绍中国近年来值得关注的鼓励外商投资的税收优惠政策。对涉及各税种的相关税收优惠政策,建议企业查询具体的法规。包括:

"(1)高新技术企业享受 15% 的优惠税率。

"(2)小型微利企业享受 20% 的优惠税率,并对其应纳税所得额 100 万元以下、100 万 ~300 万元部分,分别减按 25% 和 50% 计算应纳税所得额。

"(3)西部地区鼓励类产业企业享受 15% 的优惠税率,时间延续到 2030 年 12 月 31 日。

"(4)企业从事国家重点扶持的公共基础设施项目的投资经营所得,自取得第一笔生产经营收入所属纳税年度起,享受企业所得税'三免三减半'优惠。

“(5)企业从事农林牧渔业项目的所得可减征或免征企业所得税。

“(6)企业从事符合条件的环境保护、节能节水项目的所得,自取得第一笔生产经营收入所属纳税年度起,享受企业所得税‘三免三减半’优惠。企业购置用于环境保护、节能节水和安全生产等专用设备,该专用设备的投资额的10%可以抵免企业应纳税额。

“(7)企业研发支出在按照规定据实扣除的基础上,按照研发费用的75%加计扣除,形成无形资产的,按照无形资产成本的175%摊销。

“(8)企业在一个纳税年度内技术转让所得不超过500万元的部分免征企业所得税,超过500万元的部分减半征税。

“(9)5个经济特区和上海浦东新区新设立的高新技术企业,自取得第一笔生产经营收入所属纳税年度起,享受企业所得税‘两免三减半’优惠。

“(10)创业投资企业从事符合条件的创业投资,可按投资额的一定比例抵扣应纳税所得额。

“(11)对国债利息收入、居民企业之间的股息红利等权益性投资收益和非营利组织特定收入免税。

“(12)对境外投资者以分配利润在境内再投资,暂不征收预提所得税。

“(13)全国范围内符合条件的技术先进型服务企业减按15%的税率征收企业所得税。”

(三)转让定价

随着经济合作与发展组织(OECD)发布了税基侵蚀和利润转移(BEPS)行动计划的最终成果,国家税务总局相继发布了相关公告和管理办法,在参考BEPS行动计划的同时,结合中国税务机关近些年在转让定价领域的税务实践及相关技术立场,提出了转让定价同期资料报告的三层文档要求(主体文档、本地文档和适用于某些特定类型交易的特殊事项文档),并提出国别报告表的申报要求。企业在达到主体文档、本地文档或特殊事项文档的准备门槛时(含关联交易金额),应分别准备相关文档,同时注意对豁免对象、准备期限和提交期限等方面的规定。

符合条件的居民企业,应当在企业会计年度终了次年的企业所得税汇算清缴日前报送年度关联业务往来报告表,包含国别报告信息。报告表采用与企业所得税年度纳税申报表相近的表单编号体系,共14类,要求企业填写相关信息。中国税务机关的特别纳税调整管理将向更全面、实时和动态的方向发展，更加重视前置性风险管理，从着重强调事后调查向更关注同期资料、年度关联申报、风险分析评估以及自行纳税调整等事前分析和主动遵从转变。①

（四）税收协定

截至2020年6月底，中国已与108个国家和地区签署了税收协定，我国内地与香港特别行政区、澳门特别行政区分别签署了税收安排，我国大陆与台湾地区签署了税收协议（尚未生效）。此外，我国还签署了3个多边税收条约和10个税收情报交换协定。双边税收协定为缔约双方跨境纳税人避免双重征税，提高税收确定性，进一步推动双边经济合作与资本、技术、人员往来，加强税收合作，促进经贸发展产生了积极作用。

2019年10月14日，我国发布了《非居民纳税人享受协定待遇管理办法》，简化了非居民纳税人享受协定待遇的程序，将资料由"申报时报送"改为"留存备查"（"自行判断、申报享受、相关资料留存备查"），大幅减轻非居民纳税人和扣缴义务人的申报负担。

（五）税务登记注销

依照《税收征收管理法实施细则》第15条的规定，办理注销税务登记情形及期限包括以下三种：（1）纳税人发生解散、破产、撤销以及其他情形，依法终止纳税义务的，应当在向工商行政管理机关或者其他机关办理注销登记前，持有关证件向原税务登记机关申报办理注销税务登记；按照规定不需要在工商行政管理机关或者其他机关办理注册登记的，应当自有关机关批准或者宣告终止之日起15日内，持有关证件向原税务登记机关申报办理注销税务登记。（2）纳税人因住所、经营地点变动而涉及改变税务登记机关的，应当在向工商行政管理机关或者其他机关申请办理变更或注销登记前或者住所、经营地点变动前，向原税务登记机关申报办理注销税务登记，并在30日内向迁达地税务机关申报办理税务登记。（3）纳税人被工商行政管理机关吊销营业执照或者被其他机关予以撤销登记的，应当自营业执照被吊销或者被撤销登记之日起15日内，向原税务登记机关申报办理注销税务登记。

---

① 中华人民共和国商务部：《中国外商投资指引（2020版）》，2020年11月。

外资企业办理注销税务登记所需材料如图 9－3 所示①。

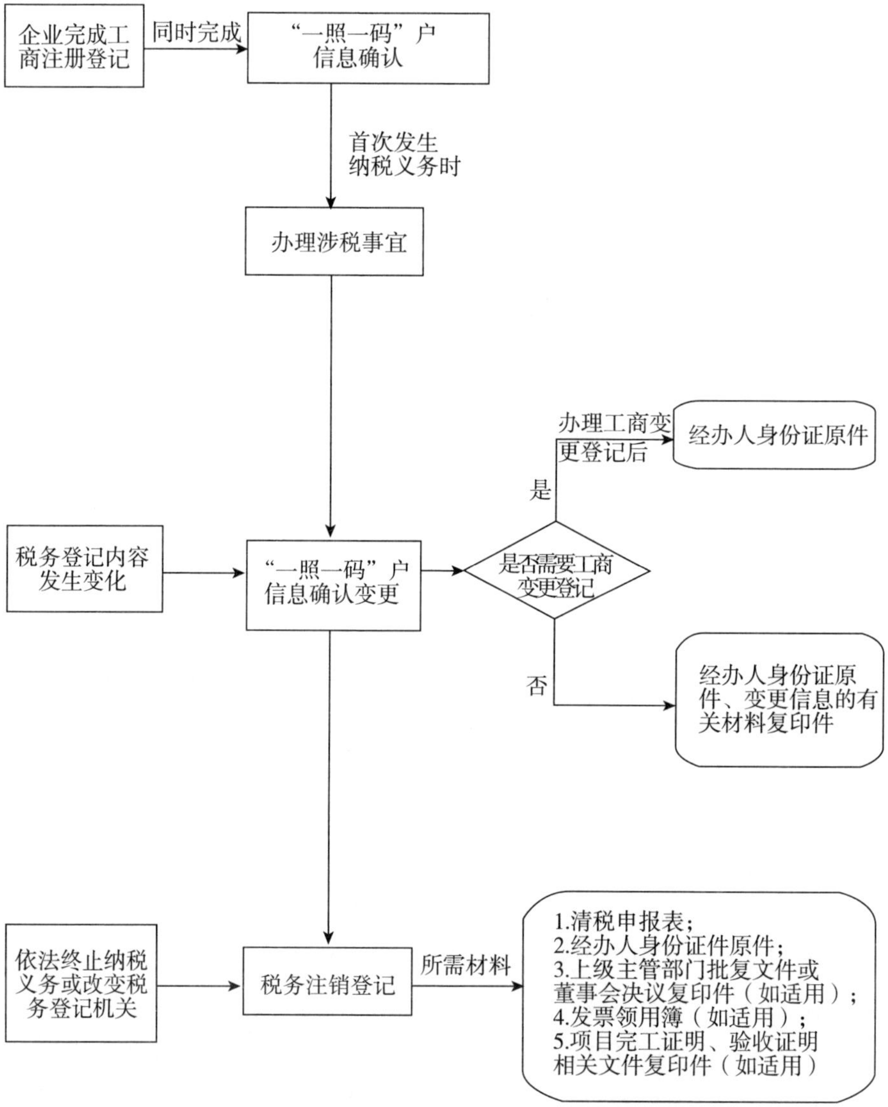

图 9－3　税务注销流程

---

① 中华人民共和国商务部:《中国外商投资指引(2020 版)》,2020 年 11 月。

第六节　争议解决机制

一、港澳台企业诉讼、仲裁程序及注意事项

我国港澳台资企业本不属于外商投资法等直接调整的外商投资企业，但鉴于主体性质、交易过程等方面的特殊性，并根据相关法律法规规定，参照适用涉外民事关系以及判断标准等相关规定，相较于通常情况下的一般内资企业，港澳台企业在内地（大陆）进行投资的过程中以及其设立的港澳台投资企业在实际经营的过程中所产生的纠纷，更有可能因涉及涉外因素而被认定为系涉外民事关系，从而适用诉讼或仲裁中有关涉外程序的特别规定。因此，为便于港澳台企业及港澳台投资企业（以下合称涉港澳台主体）了解上述纠纷的案件管辖、各类程序的期限等程序性事项，并在纠纷发生时得以及时采取合适的诉讼或仲裁措施以维护自身的合法权益，现将涉港澳台主体可能涉及的诉讼、仲裁程序及相关注意事项整理如下，以供参考。

《民事诉讼法》第 4 编用一整编的篇幅明确了涉外民事诉讼程序的特别规定，根据涉外民事诉讼的特殊性对诉讼过程中涉及管辖、送达、期间、司法互助等方面的内容做了特别要求。同时《仲裁法》第 7 章亦从条款适用范围、涉外仲裁保全、涉外裁决的执行等方面对涉外仲裁作了特别规定。

何为涉外民事关系以及判断标准，最高人民法院《关于适用〈中华人民共和国涉外民事关系法律适用法〉若干问题的解释（一）》（以下简称《法律适用法解释》）第 1 条对此做了较为明确的规定（以下简称涉外因素），包括："（一）当事人一方或双方是外国公民、外国法人或者其他组织、无国籍人；（二）当事人一方或双方的经常居所地在中华人民共和国领域外；（三）标的物在中华人民共和国领域外；（四）产生、变更或者消灭民事关系的法律事实发生在中华人民共和国领域外；（五）可以认定为涉外民事关系的其他情形。"最高人民法院《关于适用〈中华人民共和国民事诉讼法〉的解释》（以下简称《民诉法解释》）第 522 条也明确以上述标准进行判断。

其中《法律适用法解释》第 19 条明文规定，涉及香港特别行政区、澳门特别

行政区的民事关系的法律适用问题,参照适用本规定。而《台湾同胞投资保护法》第13条亦规定,台湾同胞投资者与其他省、自治区和直辖市的公司、企业、其他经济组织或者个人之间发生的与投资有关的争议,当事人可以通过协商或者调解解决。当事人不愿协商、调解的,或者经协商、调解不成的,可以依据合同中的仲裁条款或者事后达成的书面仲裁协议,提交仲裁机构仲裁。当事人未在合同中订立仲裁条款,事后又未达成书面仲裁协议的,可以向人民法院提起诉讼。且《台湾同胞投资保护法实施细则》第5条规定,台湾同胞投资适用《台湾同胞投资保护法》和本实施细则;《台湾同胞投资保护法》和本实施细则未规定的,比照适用国家有关涉外经济法律、行政法规。

(一)不具有涉外因素的诉讼及仲裁

涉港澳台主体因其本身并非在内地(大陆)设立,因此在其自身作为一方当事人的纠纷中,鉴于其主体的涉外性,通常情况下会被认定为系涉外民事关系,故本节中不做讨论。但港澳台投资企业在设立完成并进行实际运营的过程中,如其交易对手、交易行为及交易标的等产生、变更或消灭民事关系的要素均发生在内地(大陆),则根据《外商投资法》第2条及《外商投资条例》第48条的规定,仅具备港澳台投资背景并不改变港澳台投资企业系依照中国法律在中国境内经登记注册设立的事实,其并不属于法律所规定的外国企业或组织。因此在无其他涉外因素介入的情况下如产生纠纷,则应当根据《民事诉讼法》、《仲裁法》及相关解释中有关一般程序的规定进行诉讼或仲裁,与其他内资企业无异,此处不做赘述。

(二)具有涉外因素的诉讼程序及注意事项

除前述较为特殊的情况之外,涉港澳台主体由于其本身主体或交易模式的特殊性,通常情况下有较大可能存在上述涉外因素,在该等情况下如提起诉讼,则原则上会启动《民事诉讼法》有关涉外民事诉讼的特别程序。鉴于涉外民事诉讼特别程序在管辖、立案材料、保全措施、各类期限、送达、执行等方面与一般程序存在些许不同,本篇将参照涉外民事诉讼特别程序完整的诉讼流程,把每个诉讼节点涉及的法律法规及注意事项进行梳理,以便阅读。

1. 管辖

(1)协议管辖

首先,诉讼程序的启动需要先确定案件的管辖权。根据我国法律规定,管辖权大体上分为协议管辖和法定管辖两种,其中法定管辖又分为法定地域管辖和法定级别管辖。其中《民事诉讼法》第 34 条规定:“合同或者其他财产权益纠纷的当事人可以书面协议选择被告住所地、合同履行地、合同签订地、原告住所地、标的物所在地等与争议有实际联系的地点的人民法院管辖,但不得违反本法对级别管辖和专属管辖的规定。”针对涉外民事诉讼特别程序,《民事诉讼法》并未明确是否可以适用协议管辖,但是《民事诉讼法》第 259 条明确在涉外民事诉讼特别程序一编有规定的按照规定执行,否则均适用《民事诉讼法》其他规定。因此,可以确定的是,在不违反专属管辖和级别管辖的前提下,涉外民事诉讼中涉及合同或其他财产权益纠纷的,当事人是可以通过意思自治约定与争议有实际联系地的人民法院进行管辖的,且协议管辖具有排除普通法定管辖的作用,将优先发生效力。不仅如此,《民诉法解释》第 531 条亦明确将涉外民事诉讼中涉及合同或者其他财产权益纠纷部分的协议管辖范围扩张至被告住所地、合同履行地、合同签订地、原告住所地、标的物所在地、侵权行为地等与争议有实际联系地点的外国法院,使涉外民事纠纷当事人在协议管辖方面可以结合自身实际情况有更多的选择空间。

虽然协议管辖可以在很大限度上保护涉港澳台企业的自主选择权,但是在实践中,需要注意协议管辖条款的效力以及是否具有排他性。

首先,协议管辖条款是否有效需要根据法院地法律进行判断,与当事人协议选择的准据法无关。在最高人民法院(2011)民提字第 301 号[以下简称(2011)民提字第 301 号案件],法院认为:“管辖权属于诉讼程序问题,应适用法院地法进行审理。因此,应适用中华人民共和国法律,判断涉案管辖权条款能否排除中国法院的司法管辖权,以及一审法院对本案是否具有管辖权。长荣公司主张应适用美国法律和司法制度,确定涉案提单管辖权条款是否有效的主张没有法律依据,本院不予支持。”①可以说本案为我国以法院地法律审核涉外民事案件协议管辖条款效力奠定了理论基础,这也符合目前国际审核趋势。

其次,在明确适用法院地法律审核协议管辖条款效力的条件下,分析《民事诉讼法》第 34 条规定可知,涉外民事案件当事人协议管辖条款的内容不得违反

---

① 参见上海衍六国际货物运输代理有限公司与长荣海运股份有限公司海上货物运输合同纠纷案,最高人民法院(2011)民提字第 301 号民事裁定书。

级别管辖和专属管辖的规定且应当与争议有实际联系，其中级别管辖下文会专门提到。所谓专属管辖，主要见《民事诉讼法》第 33 条规定："下列案件，由本条规定的人民法院专属管辖：(一)因不动产纠纷提起的诉讼，由不动产所在地人民法院管辖；(二)因港口作业中发生纠纷提起的诉讼，由港口所在地人民法院管辖；(三)因继承遗产纠纷提起的诉讼，由被继承人死亡时住所地或者主要遗产所在地人民法院管辖"，其中涉港澳台企业最有可能涉及的专属管辖主要是第 1 条及第 2 条，以及《民事诉讼法》第 266 条规定的涉及中外合资经营企业合同、中外合作经营企业合同、中外合作勘探开发自然资源合同发生的纠纷。

不仅如此，当事人协议管辖的法院地还需与涉外民事案件本身存在实际联系，《民事诉讼法》第 34 条及《民诉法解释》第 531 条均对存在实际联系提出了要求。在(2011)民提字第 301 号案件民事再审裁定书中，法院解释认为合同各方当事人对管辖法院的合意应当受到是否与争议有实际联系的限制，而非任何法院均可成为协议管辖的选择对象，该案中美国纽约南部地区或纽约县显然与本案货物运输事项并无实际关联，故协议管辖条款效力应当被否定。

因此，涉港澳台主体需要注意的是，如追求协议管辖条款有效以便最大限度地维护自身合法权益，则需要关注以上提及的专属管辖以及实际联系的限制条件，否则协议管辖条款的效力将受到严重影响。

在协议管辖条款有效的前提下，还需注意管辖条款是否具有排他性。最高人民法院《关于印发〈第二次全国涉外商事海事审判工作会议纪要〉的通知》(法发〔2005〕26 号)规定："涉外商事纠纷案件的当事人协议约定外国法院对其争议享有非排他性管辖权时，可以认定该协议并没有排除其他国家有管辖权法院的管辖权。如果一方当事人向我国法院提起诉讼，我国法院依照《中华人民共和国民事诉讼法》的有关规定对案件享有管辖权的，可以受理。"实践中，对于协议管辖条款是否具有排他性的认定是较为宽松的。协议管辖条款中明确系排他管辖的自不必多说。① 对于未明确表示系排他管辖的，但通过条款表述可以确定由某一法院管辖或者某一法域管辖并由该法域的法律确定具体管辖法院的，通常情

① 参见山东省高级人民法院民事裁定书，(2019)鲁民终 2702 号。

况下也会被认定为具有排他性。[①] 因此,涉港澳台主体在确保协议管辖条款有效的前提下,为避免歧义,可以在条款中增加排他性表述,以便自身有关管辖权的安排可以得以执行。

(2)法定地域管辖

当双方当事人对于合同或其他财产权益纠纷未协议管辖或所涉纠纷不具备协议管辖条件的,则根据《民事诉讼法》第 259 条及《民诉法解释》相关规定,该等涉外民事案件管辖应当依照法定管辖确定管辖法院。其中《民事诉讼法》第 21 条至第 35 条对诸如合同纠纷、保险合同纠纷、票据纠纷、公司设立纠纷、侵权行为纠纷等常见案由以及上文提及的专属管辖法院做了明确规定,并明确了原告就被告的原则,即凡是涉外民事案件中的被告(包括自然人、法人和其他组织)住所地在我国,被告住所地法院即具备管辖权。如果被告的住所地与经常居住地不一致,只要其经常居住地在我国领域内,则经常居住地法院具备管辖权,《民诉法解释》有关管辖部分亦对上述内容做了进一步细化。需要注意的是,为保障涉外民事案件各方当事人的诉权,《民事诉讼法》第 265 条针对合同纠纷或者其他财产权益纠纷中被告在中华人民共和国领域内没有住所的情况做了特别规定,进一步扩大了该等情形下法院管辖案件的法定范围,其中合同是否在我国签署、境外主体在我国是否有代表机构、标的物是否在我国或者有其他可以执行保全的财产等均可以成为我国享有管辖权的连接点。

(3)级别管辖

所谓级别管辖,是指通过上述协议管辖或法定地域管辖确定哪个地方的人民法院对涉事纠纷享有管辖权后,根据纠纷的难易程度、标的金额、影响力大小参照相关法律规定确定由该地方的哪个层级的人民法院进行管辖。也就是管辖法院的最终明确是通过横向和纵向两个标准进行判定的,所谓横向就是确定管辖法院的区域,纵向就是确定管辖法院的层级(包括基层人民法院、中级人民法院、高级人民法院及最高人民法院)。鉴于涉外民事案件会因为语言、法律适用、交易模式不同等原因导致审理难度普遍高于一般民事案件,因此《民事诉讼法》第 18 条即将“重大涉外案件”明确由中级人民法院管辖。为了进一步明确此处

---

① 参见天津市高级人民法院二审裁定书,(2016)津民终 44 号;最高人民法院民事裁定书,(2017)最高法民申 4205 号。

重大的判断标准,增加当事人在确定涉外民事案件级别管辖的执行力,最高人民法院于 2017 年 12 月 7 日发布《关于明确第一审涉外民商事案件级别管辖标准以及归口办理有关问题的通知》(以下简称法〔2017〕359 号),对于各省市各级法院审理第一审涉外民商事案件的标准做了明确,其中主要明确了各高级人民法院及中级人民法院审理涉外民事案件的下限标准。之后,2019 年 4 月 30 日,最高人民法院发布《关于调整高级人民法院和中级人民法院管辖第一审民事案件标准的通知》(以下简称法发〔2019〕14 号),统一对各省、自治区、直辖市的高级人民院及中级人民法院的受案标准做了调整,该文件第 1 条将中级人民法院管辖上限及下限做了分层,具体如表 9 -5 所示。

表 9 -5 中级人民法院管辖第一审民事案件管辖限额

上限	原则上为 50 亿元
下限	参照法发〔2010〕5 号、法发〔2015〕7 号、法〔2017〕359 号、法发〔2018〕13 号等特别规定

同时该文件在第 2 条明确:“高级人民法院管辖诉讼标的额 50 亿元(人民币)以上(包含本数)或者其他在本辖区有重大影响的第一审民事案件。”在确保法〔2017〕359 号文件确定的各省、自治区、直辖市中级人民法院的受理涉外民事纠纷标准下限不变的基础上,将其受理标准上限提高至人民币 50 亿元,同时明确将各省、自治区、直辖市高级人民法院受理涉外民事纠纷标准下限提升到人民币 50 亿元(包含本数)。鉴于法〔2017〕359 号文件第 4 条明确规定:“涉及香港、澳门特别行政区和台湾地区的民商事案件参照适用本通知。”因此涉港澳台主体在判断纠纷的级别管辖时基本可参考上述标准。

此外,鉴于法〔2017〕359 号文件明确:“各高级人民法院发布的本辖区级别管辖标准,除于 2011 年 1 月后经我院批复同意的外,不再作为确定第一审涉外民商事案件级别管辖的依据。”且实践中确实存在部分法院采用经最高院审批的自定受案标准。故为避免反复作业,建议涉港澳台主体在参照上述标准确定管辖法院的同时,可以通过该等法院的官网中有关“诉讼指引”的栏目或者直接致电法院再次确定有关受案标准。此处需注意,由于部分法院官网维护更新较慢,故涉港澳台主体在官网查询受案标准时,如发现网站发布的受案标准时间早于上文提及的法〔2017〕359 号及法发〔2019〕14 号文件,且内容存在冲突,则建议直接致电法院进行明确，以免产生误解。

对于其他诸如《民事诉讼法》第127条有关应诉管辖权等特殊规定，鉴于涉外民事诉讼特别程序中并未单独规定，因此参考一般程序有关规定处理即可。

2. 立案

管辖法院确定后，纠纷当事人即可启动立案程序。目前相关法律在立案程序中，并未对一般民事案件与涉外民事案件进行区分处理，因此涉港澳台主体在启动立案程序的过程中，主要参考《民事诉讼法》、《民诉法解释》以及最高人民法院《关于人民法院登记立案若干问题的规定》即可。

为便于涉港澳台主体准备立案材料，本节将通常情况下涉外民事诉讼案件立案所需文件整理如下，供参考：(1)企、事业单位作为原告起诉立案的，应提供其有效的营业执照副本复印件、法定代表人身份证明书。如系港澳台企业，鉴于其非内地(大陆)设立登记，故可提供诸如公司变更登记表、注册登记文件或其他证明公司主体有效存续的文件；自然人作为原告起诉立案的，应提供其身份证明。如系港澳台同胞，则可以提供港澳居民来往内地通行证(回乡证)、台湾居民来往大陆通行证(台胞证)等。(2)被告是法人的，则原告还应提供其企业登记资料；被告是自然人的，原告应提供其身份证明材料。如被告亦系境外主体，则可考虑通过借助境外人员协助取得境外主体在当地公示的注册登记信息或身份信息。(3)如需要委托律师在内地(大陆)代理诉讼的，需要出具委托书，且参照《民事诉讼法》第263条规定，如系港澳台企业作为起诉主体且需要委托律师代理诉讼的话，应当委托内地(大陆)的律师进行。(4)起诉状及证据材料，与一般民事诉讼无异，参考《民事诉讼法》相关规定载明必要信息即可，如当事人具体信息、诉讼请求、事实及理由以及对应证据材料等。根据法院的不同，可能在上述必要材料外会根据需要要求当事人提供其他材料，故建议涉港澳台企业在参考上述内容准备立案材料时，可以先行致电法院明确要求。

需要注意的是，如立案起诉主体系港澳台主体，鉴于其提交的身份证明文件及委托材料系内地(大陆)外形成的文件，故参照《民事诉讼法》第264条规定和《民诉法解释》第523条规定，该等文件均需经过公证认证手续法院方可承认并接受。针对涉港澳台主体的特殊性，相关法律法规也对港澳台所需进行的公证认证做了特殊规定。其中港澳主体从港澳地区提交的身份证明文件及诉讼代理授权委托书，需经我国承认的港澳地区有关机关团体及香港律师办理证明手续。香港律师的证明，还需经过“中国法律服务（香港）有限公司”驻深圳办事处在公证文书正本上加盖转递章，才能在内地使用。台湾地区主体从我国台湾地区提交的身份证明文件及诉讼代理授权委托书，应有我国台湾地区的公证机关证明并经海协会或当事人指定的公证书使用机关所在省公证协会的核对，方可承认其效力。因此港澳台主体应提前根据相关规定对立案所需的主体及委托材料进行公认证处理，以免在立案时因手续文件效力问题产生阻碍。且需要注意的是，由于公认证流程通常需要较长时间，故港澳台主体在启动诉讼前建议预留相应时间，以免诉讼进程受阻。有关港澳台主体公认证流程相关事宜及注意事项，会于下文详述。

3. 保全

目前，一般民事案件和涉外民事有关保全程序的规定已经统一，涉港澳台主体在内地（大陆）进行诉讼时如需采取保全措施，相应参考《民事诉讼法》《民诉法解释》等相关规定实施即可。需要注意的是，如涉港澳台主体系在境外法院启动的诉讼程序，针对一方主体在内地（大陆）的财产是否可以财产保全措施，则根据《民事诉讼法》等法律法规中有关司法协助的规定，需要注意查明双方间是否缔结或参与国际条约或其他互助安排，并根据国际条约或互助安排的规定采取相应措施。如国际条约及互助安排未对保全措施作出明确约定，则原则上在境外启动的诉讼程序中无法直接对内地（大陆）内的财产采取保全或限制措施。

4. 送达

诉讼文书的送达是涉外民事案件程序的重要节点，文书的送达与否将直接关系各诉讼期间的起算、终止以及文书是否生效等关键事项。鉴于涉外民事案件的当事人在我国境内可能没有住所地，而向境外送达文书无论是各法域体系上或路途上均与境内送达存在或多或少的差异，因此《民事诉讼法》第 25 章以及《民诉法解释》第 534 条至第 537 条均对境外送达做了原则性的规定。同时根据最高人民法院《关于涉外民事或商事案件司法文书送达问题若干规定》（以下简称《涉外送达规定》），涉外民事案件的司法文书送达大致可分为两大类，即境内送达和境外送达。

所谓境内送达，是指在涉外民事案件中对境外当事人在境内有法定代表人、主要负责人、代收人等可以送达的对象时，可以直接参照《民事诉讼法》《民诉法解释》中有关境内送达的一般规定进行送达。根据《涉外送达规定》第 3 条、第 4 条、第 5 条的规定，可以采用域内送达的主要包括：（1）作为受送达人的自然人或者法人、其他组织的法定代表人、主要负责人(包括该企业、组织的董事、监事、高级管理人员)在我国境内的;(2)受送达人在我国境内有诉讼代理人且授权委托书中未明确表明其无权代为接收有关文书的,可向该诉讼代理人送达;(3)受送达人在我国境内设立代表机构的,直接向代表机构送达;(4)受送达人在我国境内设立分支机构、业务代办人且获得接收司法文书授权的,可以向分支机构,业务代办人送达。上述情况下,鉴于送达不涉及跨境问题的干扰,因此相较境外送达会方便快捷很多。

除上述提及可以境内送达的情形外,则适用有关境外送达的规定和程序。根据《涉外送达规定》第 6 条“人民法院向在中华人民共和国领域内没有住所的受送达人送达司法文书时,若该受送达人所在国与中华人民共和国签订有司法协助协定,可以依照司法协助协定规定的方式送达;若该受送达人所在国是《关于向国外送达民事或商事司法文书和司法外文书公约》的成员国,可以依照该公约规定的方式送达”的规定,针对境外送达,目前我国处理的优先顺序为:司法协助协定 > 海牙送达公约,在不具备通过上述协定或公约进行送达的情况下,也可以采取《民事诉讼法》规定的其他可以送达方式(如邮寄、传真、电子邮件、外交途径等)。《海牙送达公约》和《民事诉讼法》有关规定此处不做过多展开,在案件发生时根据实际需要相应参考实施即可,以下主要针对与涉港澳台主体密切相关的与内地(大陆)间有关送达的司法方面的联系与协作协定进行阐述。

就涉及香港特别行政区的送达问题,可以参考最高人民法院《关于涉港澳民商事案件司法文书送达问题若干规定》(以下简称《涉港澳送达规定》)和最高人民法院《关于内地与香港特别行政区法院相互委托送达民商事司法文书的安排》(以下简称《香港送达安排》)的有关规定。其中根据《涉港澳送达规定》第 6 条及《香港送达安排》第 2 条规定,内地与香港特别行政区之间委托送达司法文书“均须通过各高级人民法院和香港特别行政区高等法院进行。最高人民法院司法文书可以直接委托香港特别行政区高等法院送达。”同时,如果通过上述方式从内地法院将待送达文件送至香港地区法院之日满 3 个月,没有收到送达回证也无法证明存在视为已经送达的情形,则视为《民事诉讼法》第 267 条规定的不能送达的情形。对于不能送达的,《涉港澳送达规定》第 9 条将公告送达的要求做了进一步细化,规定公告内容应当在内地和受送达人住所地公开发行的报刊上刊登,公告期限参照《民事诉讼法》要求按照 3 个月执行。

就涉及澳门特别行政区的送达问题,可以参考上述《涉港澳送达规定》和最高人民法院《关于内地与澳门特别行政区法院就民商事案件相互委托送达司法文书和调取证据的安排》(以下简称《澳门送达取证安排》)的有关规定。其中根据《涉港澳送达规定》第 6 条及《澳门送达和取证安排》第 2 条规定,内地与澳门特别行政区之间委托送达司法文书和调取证据的"均须通过各高级人民法院和澳门特别行政区终审法院进行。最高人民法院与澳门特别行政区终审法院可以直接相互委托送达和调取证据"。此外,如果通过上述方式从内地法院将待送达文件送至香港地区法院之日满 3 个月,没有收到送达回证也无法证明存在视为已经送达的情形,则视为《民事诉讼法》第 267 条规定的不能送达的情形。对于公告送达的要求和期限,亦同香港特别行政区的送达规定。

就涉及台湾地区的送达问题,可以参考最高人民法院《关于人民法院办理海峡两岸送达文书和调查取证司法互助案件的规定》(以下简称《两岸送达和取证规定》)。其中第二部分职责分工以及第三部分送达文书司法互助部分建立了与港澳特别行政区不同的送达体系和制度,即送达联络人制度。根据规定,最高人民法院是与台湾地区业务主管部门就海峡两岸司法互助业务进行联络的一级窗口,负责指导、监督、组织、协调地方各级人民法院办理海峡两岸司法互助业务;高级人民法院系最高人民法院授权办理海峡两岸送达文书司法互助案件的二级窗口,并指定专人作为经最高人民法院授权的二级联络窗口联络人,负责办理海峡两岸送达文书司法互助案件与台湾地区业务主管部门直接联络;中级人民法院和基层人民法院应当指定专人负责海峡两岸司法互助业务,具体指定互助业务负责人员办理海峡两岸送达文书和调查取证司法互助案件。不仅如此,如自大陆法院向台湾地区法院寄送相关待送文件之日起满 4 个月,且没有收到送达回证也无法证明存在视为已经送达的情形,应当视为不能通过海峡两岸司法互助方式送达。《两岸送达和取证规定》未对在采用法定方式均无法送达的情况下所启动的公告送达进行特别规定,故实际操作中可直接参照《民事诉讼法》有关公告送达的方式和要求。

除上述有关送达模式和期限的要求外,相关规定亦对委托送达内容、形式、译文等细节问题进行了明确,涉港澳台主体在实践中可进一步参考,此处不做赘述。

5. 法院审理阶段

根据《民事诉讼法》《民诉法解释》相关规定，涉外民事案件在审理阶段，除了答辩期限、上诉期限以及审理期限等少数有关期限规定与一般民事诉讼程序有所差别外，其余基本是一致的。因此涉港澳台主体在进行涉外民事诉讼的过程中，主要注意可能会影响诉讼实体权利的差异点即可。如《民事诉讼法》第269条对在我国境内没有住所的当事人，如不服第一审人民法院判决、裁定的，应当在判决书、裁定书送达之日起30日内提起上诉，被上诉人在收到上诉状副本后，应当在30日内提出答辩状，相较一般民事诉讼程序有明显的延长。此外，考虑到涉外民事案件的特殊性，《民事诉讼法》第270条明确，涉外民事案件的审理期限不受一般民事案件有关审限的限制，《民诉法解释》第539条明确涉外民事案件当事人申请再审进行审查的期限，不受3个月期限的限制。其他法律法规未明确规定的审理程序及对应期限，涉港澳台主体可直接参照一般民事案件的有关规定处理。

需要注意的是，在内地（大陆）法院进行诉讼的情况下，虽然在诉讼程序上必须参照《民事诉讼法》《民诉法解释》及相关法律法规执行，但是在审理实体权利时为了满足涉外民事案件的特殊性和多样性，内地（大陆）法院是允许在法律规定的情况下适用境外法律的。根据《涉外民事关系法律适用法》（以下简称《法律适用法》）以及最高人民法院《关于适用〈中华人民共和国涉外民事法律关系适用法〉若干问题的解释》（以下简称《法律适用法解释》）的相关规定，涉外民事案件在实体审理的过程中涉及的法律适用问题主要分为两种，一种是法定的法律适用，另一种是当事人约定的法律适用。法定的法律适用此处暂不展开，有关当事人约定法律适用需要注意以下问题。

首先，《法律适用法》第3条规定："当事人依照法律规定可以明示选择涉外民事关系适用的法律。"同时，《法律适用法解释》第4条规定："中华人民共和国法律没有明确规定当事人可以选择涉外民事关系适用的法律，当事人选择适用法律的，人民法院应认定该选择无效。"上述条款明确了内地（大陆）法院在处理涉外民事案件时，在法律明确允许的情况下，当事人可以根据实际需要协商确定实体审理所适用的法律，但对于法律未明确允许的，当事人则不可以自行选择。同时《法律适用法解释》第6条明确了双方协议选择法律适用的时间点为一审法庭辩论终结前。

其次,根据《法律适用法解释》第5条规定,不同于上文有关协议管辖的要求,在法律明确允许当事人选择实体审理法律适用的情况下,当事人所选择的法律并不受到实际联系原则的限制。但需要注意的是,根据《法律适用法》第4条、第5条以及《法律适用法解释》第3条、第8条,如果当事人约定的法律适用涉及违反我国社会公共利益、法律强制性规定或其他特别规定的情况时,该等法律适用的约定亦将视为无效。同时根据《法律适用法》第9条规定,当事人可选择的法律适用并不包括冲突规范本身,否则可能会导致冲突规范间产生矛盾。

最后,如果双方当事人明确选择法律适用,则根据《法律适用法》第10条以及《法律适用法解释》第15条的规定,双方应当在法院规定的合理期限内自行准备并提供该法律,否则将会被视为不能查明外国法律的情形,故需要特别注意。当然,实践中不同法院对于法律查明的要求和态度也不完全一致,如部分法院认为即便当事人无法自行提供所适用的境外法律,也不能直接认定已属于无法查明的情形,法院可以依职权或者根据当事人申请对该等境外法律进行查明。[①] 亦有少数法院在审理中直接主动对当事人提及的境外法律进行查明并适用。[②]

另外,《第二次全国涉外商事海事审判工作会议纪要》第51条为当事人自行查明并提供法律的途径做了归纳,可供涉港澳台主体在实践查明中参考。包括通过法律专家、法律服务机构、行业自律性组织、国际组织、互联网等途径提供相关外国法律的成文法或者判例,还包括相关的法律著述、法律介绍资料、专家意见书等。此外,在提供涉外法律确有障碍的情况下,也可以申请人民法院依职权进行查明。

6. 承认与执行

此处所说的对于生效法律文书的承认和执行,系指在中国生效的法律文书由境外法院承认并执行,或境外法院生效的法律文书由中国法院承认并执行。鉴于跨法域的对被执行人的财产采取强制措施本身存在侵犯他人合法权利以及影响境外法制主权的风险,因此《民事诉讼法》第280条至第282条及《民诉法解释》第543条至第544条对有关涉外民事案件生效法律文书的承认和执行做了

---

① 参见江苏省高级人民法院民事判决书,(2000)苏经初字第1号;广东省深圳市中级人民法院民事判决书,(2018)粤03民终591号。

② 参见浙江省乐清市人民法院民事判决书,(2017)浙0382民初1366号。

特别规定。其中基本明确了两种承认和执行的模式:(1)由当事人向有管辖权的法院申请执行;(2)由作出生效判决的法院根据缔结或者参加的国际条约的规定,或者按照互惠原则,请求协助法院承认和执行。有关不予承认和执行的情况以及其他有关要求,《民事诉讼法》和《民诉法解释》也进行了相应明确,鉴于内地(大陆)已与港澳台就承认与执行问题签订了相关互助文件,故上述有关一般性的规定此处就不做展开分析。主要针对目前已经生效的最高人民法院《关于内地与香港特别行政区法院相互认可和执行当事人协议管辖的民商事案件判决的安排》(以下简称《香港认可和执行安排》)、最高人民法院《关于内地与澳门特别行政区相互认可和执行民商事判决的安排》(以下简称《澳门认可和执行安排》)、最高人民法院《关于认可和执行台湾地区法院民事判决的规定》(以下简称《台湾认可和执行规定》)中有关内地(大陆)与港澳台之间相互认可和执行的标准做简要归纳。

就涉及与香港特别行政区之间的承认与执行,事实上除了 2008 年生效的《香港认可和执行安排》外,2019 年 1 月 18 日最高人民法院发布了《关于内地与香港特别行政区法院相互认可和执行民商事案件判决的安排》,对认可和执行的生效法律文书的范围做了进一步的扩大,但是鉴于该安排尚未生效,故暂不予讨论。《香港认可和执行安排》第 1 条明确规定:“内地人民法院和香港特别行政区法院在具有书面管辖协议的民商事案件中作出的须支付款项的具有执行力的终审判决,当事人可以根据本安排向内地人民法院或者香港特别行政区法院申请认可和执行”。其中需要注意以下几点:(1)所谓终审判决是指由《香港认可和执行安排》明确的如内地最高人民法院、中级人民法院以及经授权列入名单的基层人民法院以及香港特别行政区终审法院、高等法院上诉法庭、原讼法庭和区域法院作出的已经生效的判决。因此不仅要注意确认判决出具的法院是否符合要求,还需要注意该等判决是否符合内地以及香港特别行政区对于终审的理解[香港特别行政区第 597 章《内地判决(交互强制执行)条例》中对视为终审的判决标准与《香港认可和执行安排》中规定的标准略有不同,故实践中需予以注意]。(2)案件需具有书面管辖协议,即并非所有涉外民事案件均可以通过《香港认可和执行安排》在内地或香港特别行政区法院获得承认和执行。(3)待执行的事项必须为金钱给付。同时《香港认可和执行安排》第 4 条亦对受理法院的级别做了规定,对于要求内地法院承认和执行判决的,需向被申请人住所地、经常居住地或者财产所在地的中级人民法院提出，而如要求香港特别行政区法院承认和执行判决的，则需要向香港特别行政区高等法院提出。此外《香港认可和执行安排》亦对申请所需的文件、不予认可和执行的判决等做了进一步明确。

就涉及与澳门特别行政区之间的承认与执行，可直接参照《澳门认可和执行安排》的有关规定进行。相较香港特别行政区，与澳门特别行政区之间有关法律文书的认可与执行所涵盖的范围和限制性条件相对要宽松很多。不仅在可以申请认可和执行的案件种类上(包括劳动争议案件在内的民商事案件、刑事案件中)有关民事损害赔偿的判决、裁定，但不包括行政案件，而且法律文书的种类也扩大至判决、裁定、决定、调解书、支付令，此外对于生效判决的内容也不仅限于请求金钱给付，还包括其他给付内容和没有给付内容的判决。在受理认可和执行的法院层级上，《澳门认可和执行安排》第 4 条明确："内地有权受理认可和执行判决申请的法院为被申请人住所地、经常居住地或者财产所在地的中级人民法院。澳门特别行政区有权受理认可判决申请的法院为中级法院，有权执行的法院为初级法院"。需要注意的是，虽然《澳门认可和执行安排》未对可以认可并执行的法律文书作出详细要求，但实践中，需注意澳门地区法院在作出认可与执行内地法院判决之时，还会根据《澳门民事诉讼法典》(法令第 55/99/M 号)第 1200 条"做出确认之必须要件"的第 a)款至第 f)款标准进行审核。此外《澳门认可和执行安排》亦对申请所需的文件、不予认可和执行的判决等做了进一步明确，涉港澳台主体在实践中进行参考。

就涉及与台湾地区之间的承认与执行，与上文所述香港及澳门特别行政区不同的是，大陆与台湾地区之间目前尚未签署双向的承认与执行判决的互助安排。经检索，大陆针对在台湾地区法院生效法律文书的认可和执行主要参考最高人民法院于 2015 年 6 月 29 日发布的《台湾认可和执行规定》，而台湾地区针对大陆法院生效法律文书的认可和执行则主要依据 1992 年出台的"台湾地区与大陆地区人民关系条例"和"台湾地区与大陆地区人民关系条例施行细则"。《台湾认可和执行规定》第 2 条明确了大陆认可台湾地区法院作出的法律文书的种类，其中包括生效民事判决、裁定、和解笔录、调解笔录、支付命令等。同时《台湾认可和执行规定》第 4 条就受理认可和执行上述法律文书的人民法院层级做了明确，由申请人住所地、经常居住地或者被申请人住所地、经常居住地、财产所在地中级人民法院或者专门人民法院受理。为便于申请人准备相应申请材料，

《台湾认可和执行规定》就申请要求、时效以及不予认可的情形等内容做了明确规定。而台湾地区在认可与执行大陆法院作出的司法文书的要求则相对简洁，主要参见“台湾地区与大陆地区人民关系条例”第74条规定：“在大陆地区作成之民事确定裁判、民事仲裁判断，不违背台湾地区公共秩序或者善良风俗者，得声请法院裁定认可。前项经法院裁定认可之裁判或判断，以给付为内容者，得为执行名义。”需要注意的是，首先，可以申请台湾地区法院认可并执行的大陆判决必须系“确定”的裁判，也即系已经生效的司法文书。其次，可以申请执行的文书内容，仅包括已经认可的且需以给付作为执行内容。最后，还需要注意此处所述有关公共秩序或者善良风俗的表述，鉴于其没有明确的判断标准，故需要涉港澳台主体在实际申请中提前注意。

（三）具有涉外因素的仲裁程序及注意事项

与不具有涉外因素的仲裁程序不同，涉外仲裁案件在仲裁条款的效力、财产保全、送达、涉外仲裁裁决的认可和执行等问题上具有较多需要注意的问题，且内地（大陆）与港澳台之间就仲裁相关的互助协议亦做出了特别安排。现结合涉外仲裁案件相关法律法规以及与港澳台间的有关仲裁的特别安排，针对涉港澳台主体在进行涉外仲裁活动时需要注意的事项进行简单归纳分析。

1. 涉外仲裁条款的效力

不同于上文有关涉外民事案件法院管辖的规定，仲裁程序本身即具有尊重争议双方当事人的意思自治、高度灵活且兼顾效率的优点。而且相较不具有涉外因素的仲裁，具有涉外因素的仲裁在仲裁机构的选择上具备更高的灵活性和自由度。最高人民法院民事审判第四庭在《涉外商事海事审判实务问题解答（一）》表达观点认为鉴于目前法律限制，在案件不具备涉外因素或条件的情况下，我国当事人不得将该等案件的争议解决事项约定由国外仲裁机构处理①，即涉外仲裁案件除了可以选择我国仲裁机构外，还可以选择境外仲裁机构进行仲裁。也正是因为涉外仲裁案件仲裁条款选择的多样性和灵活性，为了更好地确保所选择的仲裁条款发生效力，涉港澳台主体在起草仲裁条款时更需要注意以下几点。

首先，为确保当双方就涉外仲裁协议效力产生纠纷的时候可以及时找到有

① 最高人民法院《涉外商事海事审判实务问题解答（一）》第83条。

管辖权法域的法院进行审查,起草并签署涉外仲裁协议时即需要对审查法院进行查明,以便对仲裁协议效力进行预估。依据最高人民法院《关于适用〈中华人民共和国仲裁法〉若干问题的解释》第 12 条第 2 款的规定,“申请确认涉外仲裁协议效力的案件,由仲裁协议约定的仲裁机构所在地、仲裁协议签订地、申请人或者被申请人住所地的中级人民法院管辖”。因此,如双方当事人在起草并签订涉外仲裁协议时在内地(大陆)存在上述连接点,则可以预估该等仲裁协议发生效力争议时,内地(大陆)有管辖权的法院可以介入并进行审查,进而可以推断法院审查时可能采用的准据法,进而预估仲裁协议的最终效力如何。

其次,在明确涉外仲裁协议效力的审查法院后,需要进一步判断并查明法院审查所采用的准据法。需要注意的是,根据目前司法实践中的观点,当事人对实体争议解决所约定的法律适用不能直接作为法院判断仲裁协议本身是否有效的依据。根据最高人民法院《第二次全国涉外商事海事审判工作会议纪要》第 58 条的规定,“当事人在合同中约定的适用于解决合同争议的准据法,不能用来确定涉外仲裁条款的效力”。具体如何适用审查涉外仲裁协议效力的准据法,需要根据审查法院法院地的冲突规范判断。《法律适用法》第 18 条规定:“当事人可以协议选择仲裁协议适用的法律。当事人没有选择的,适用仲裁机构所在地法律或者仲裁地法律。”《法律适用法解释》第 12 条规定:“当事人没有选择涉外仲裁协议适用的法律,也没有约定仲裁机构或者仲裁地,或者约定不明的,人民法院可以适用中华人民共和国法律认定该仲裁协议的效力。”因此,在内地(大陆)审查涉外仲裁协议效力时所采用的准据法顺序为:(1)针对仲裁协议效力双方有明确约定准据法的,应当直接适用。(2)如未明确约定,则适用仲裁机构或者仲裁地法律。此处需要注意,实践中可能存在仲裁机构与仲裁地不一致的情形,且该等不一致可能导致对应准据法所确认仲裁协议效力的不一致,因此根据最高人民法院《关于审理仲裁司法审查案件若干问题的规定》第 14 条的规定审查法院应当适用确认仲裁协议有效的法律。(3)上述约定都不清晰或者没有约定的话,可以适用我国法律认定仲裁协议的效力。

最后,如适用我国有关法律审查涉外仲裁协议效力时,则根据《仲裁法》和最高人民法院《关于适用〈中华人民共和国仲裁法〉若干问题的解释》的相关规定,涉港澳台主体需注意在约定涉外仲裁协议效力时,是否已具备相应必要内容,如请求仲裁的意思表示、仲裁事项以及选定的仲裁委员会;并且是否存在我国法律规定不能仲裁的事项,此处不再赘述。

2. 涉外仲裁保全

保全这一司法程序,无论在诉讼抑或仲裁中都发挥着至关重要的作用。一般而言保全分为证据保全、财产保全和行为保全。保全的作用主要在于:(1)申请法院采取查封、冻结、扣押等保全措施控制被保全对象的财产、关键证据或侵权行为,以防止被保全对象主观原因或者时间流逝的客观原因导致财产、证据被转移、隐匿或灭失,或者用以防止保全申请人的合法权益因保全人的侵权行为而遭受进一步的损害;(2)保全申请一方在纠纷客观事实清楚的情形下,可以通过保全措施对另一方施加压力,敦促其基于客观事实、资金被限等综合原因进行进一步沟通,从而提升纠纷解决的效率。可见保全制度对于化解纠纷方面无论是程序效率上还是实质效果上都具有重要的意义。但不同于前述诉讼中的保全措施,就我国法律体系及法律实践中,仲裁机构自身是不具备决定和实施保全行为的权利和资质的,这也就导致了仲裁保全与诉讼保全在流程、时间等方面的不同。不仅如此,在《民事诉讼法》《仲裁法》《关于实施〈中华人民共和国仲裁法〉几个问题的通知》等规定中针对本节所述的涉外仲裁保全也做出了特别规定和要求。

涉外仲裁主要可以分为两类,一类为狭义的涉外仲裁,即具有涉外因素的在内地(大陆)进行的仲裁活动;另一类为境外仲裁,即在内地(大陆)外进行的仲裁活动,因为涉及的注意事项不同,因此以下分别阐述。

就狭义的涉外仲裁中的保全,根据最高人民法院《关于人民法院办理财产保全案件若干问题的规定》第 3 条规定:"仲裁过程中,当事人申请财产保全的,应当通过仲裁机构向人民法院提交申请书及仲裁案件受理通知书等相关材料。……"本条基本确定了我国仲裁保全的基本流程模式,即由保全申请人通过仲裁委向有管辖权的法院申请财产保全,其主要原因在于保全涉及限制一方当事人的财产权利,因此这种限制只能由人民法院作出,而不能由仲裁委作出。而针对具有涉外因素的狭义的涉外仲裁,相关法律法规对有权决定和实施财产保全的人民法院层级又针对性地做了特别规定。根据最高人民法院《关于实施〈中华人民共和国仲裁法〉几个问题的通知》第 2 条的规定,在仲裁过程中,当事人申请财产保全的,一般案件由被申请人住所地或者财产所在地的基层人民法院作出裁定;属涉外仲裁案件的,由被申请人住所地或者财产所在地的中级人民法院作出裁定。需要注意的是,此处仅对仲裁过程中的决定和执行涉外仲裁保全法院的地域管辖与级别管辖做了明确规定。而对于仲裁前的财产保全即需要参考《民事诉讼法》第101条的规定,在提起诉讼或者申请仲裁前向被保全财产所在地、被申请人住所地或者对案件有管辖权的人民法院申请采取保全措施。可以看到,对于仲裁前的保全措施,《民事诉讼法》并未根据是否涉外而进行区分明确,而仅针对保全的地域管辖做了规定。因此,对于涉外仲裁前的保全措施的级别管辖,涉港澳台主体可以参考最高人民法院《关于诉前财产保全几个问题的批复》第1条的批复内容,按照诉前财产保全标的金额并参照《民事诉讼法》关于级别管辖和专属管辖的规定进行。涉外仲裁中,如果进行仲裁前证据保全其地域管辖已就为财产所在地或被申请人住所地,但级别上主要考虑待保全的金额,与是否涉外并无直接关联。

而涉外仲裁过程中的财产保全原则上就可以直接参考最高人民法院《关于实施〈中华人民共和国仲裁法〉几个问题的通知》第2条执行。但实践中有些地域的人民法院会根据当地实际情况以及方便执行生效仲裁裁决书等原因,将仲裁中决定并执行保全的法院级别管辖统一为中级人民法院,举例见表9-6。

表9-6 部分法院有关处理仲裁保全的规定

法院	文件	保全管辖法院
江苏省高级人民法院	关于审理民商事仲裁司法审查案件若干问题的意见	财产所在地的中级人民法院
北京市高级人民法院	《北京市高级人民法院关于仲裁执行案件统一由中级人民法院管辖的通知》	被执行人住所地或者被执行的财产所在地的中级人民法院管辖

因此,鉴于仲裁流程中启动保全措施流程相对较长,且涉及仲裁委和有管辖权法院间的对接工作等,为保障对于保全标的限制措施的尽快落实,建议涉港澳台主体在进行涉外仲裁财产保全的过程中可以先与相关人民法院进行电话沟通,以确保提交仲裁委转递法院的材料符合法院的需求,同时也可以提前了解该地域法院有关仲裁保全的相关规定,如是否执行国家统一的标准还是有地方特殊的管辖规定,避免因对有管辖权的法院判断错误导致保全流程的反复和拉长,错失保全时机。至于申请仲裁保全所需要的材料、递交法院的流程等参考相关规定执行即可,此处不再赘述,需要注意的是,鉴于实践中仲裁委主要只负责文件的递交工作,因此为便于其启动流程,涉港澳台主体可以在准备保全申请材料

的同时,递交一份移交有管辖权法院的说明,以便仲裁委可以尽快启动相关程序。

就境外仲裁,如涉港澳台主体所签订的仲裁条款为由境外仲裁机构处理,则需要考虑在该等境外仲裁程序中,是否可以对一方当事人在境内的财产采取保全等限制措施。从目前法律体系及实务中看,该等情况下的保全措施是受到相当大限制的。如[2010]甬海法温保字第 7 号民事裁定书,宁波海事法院对双方约定在香港仲裁并申请对境内一方当事人银行账户采取保全措施的申请裁定不予准许。究其原因在于,无论是《民事诉讼法》第 272 条还是《仲裁法》第 28 条均仅规定了国内仲裁和涉外仲裁案件的保全措施,而未对境外仲裁在境内的保全措施进行规定,这也是为什么境外仲裁申请保全的当事人在申请境内采取保全措施时会遭遇很大阻力的主要原因,即缺少相关法律法规在技术层面的支持。

虽然在主体法律框架下,目前未对境外仲裁在境内的保全作出细致规定,但是在《海事诉讼特别程序法》及最高人民法院《关于适用〈中华人民共和国海事诉讼特别程序法〉若干问题的解释》(以下简称《海事诉讼法解释》)中则对该等空白区域进行了填补,其中《海事诉讼法解释》第 21 条规定:“诉讼或者仲裁前申请海事请求保全适用海事诉讼特别程序法第十四条的规定。外国法院已受理相关海事案件或者有关纠纷已经提交仲裁,但涉案财产在中华人民共和国领域内,当事人向财产所在地的海事法院提出海事请求保全申请的,海事法院应当受理。”但是根据《海事诉讼法解释》第 18 条规定,该等保全的突破也仅限于船舶、船载货物、船用燃油以及船用物料,至于其他财产的保全还是需要适用民事诉讼法有关财产保全的规定。

除了在海事特别程序中的规定外,2019 年 4 月 2 日,最高人民法院与香港特区政府律政司分别代表两地签署了《关于内地与香港特别行政区法院就仲裁程序相互协助保全的安排》(以下简称《相互协助保全安排》)。该安排全文共计 11 条,大致可以分为两个部分,一是确定在香港特定的仲裁机构启动仲裁程序的当事人可以向内地有管辖权的人民法院申请保全;二是规定在内地仲裁程序的当事人可以向香港特区的法院申请保全,即通过该安排对内地与香港间分别发生的仲裁程序与保全措施进行明确。

首先,《相互协助保全安排》中对受到该文件约束和调整的“香港仲裁程序”做了明确要求,根据《相互协助保全安排》第 2 条之规定,包括:(1)在香港特别行政区设立或者总部设于香港特别行政区，并以香港特别行政区为主要管理地的仲裁机构；(2)中华人民共和国加入的政府间国际组织在香港特别行政区设立的争议解决机构或者常设办事处。除此之外，其他在香港的仲裁机构需满足香港特别行政区政府订立的有关仲裁案件宗数以及标的金额等标准，只有在满足上述主体资格条件的香港仲裁机构中进行的仲裁才可以依照《相互协助保全安排》的规定向内地启动财产保全申请程序。

其次，《相互协助保全安排》对内地受理财产保全申请的管辖法院也做了规定。《相互协助保全安排》第 3 条明确："香港仲裁程序的当事人，在仲裁裁决作出前，可以参照《中华人民共和国民事诉讼法》《中华人民共和国仲裁法》以及相关司法解释的规定，向被申请人住所地、财产所在地或者证据所在地的内地中级人民法院申请保全。……"可见这部分规定与最高人民法院《关于人民法院执行工作若干问题的规定(试行)》第 12 条以及最高人民法院《关于实施〈中华人民共和国仲裁法〉几个问题的通知》对涉外仲裁案件的财产保全的规定基本是一致的。但需要注意的是，此处的中级人民法院应当是根据最高人民法院《关于涉外民商事案件诉讼管辖若干问题的规定》具备涉外管辖权的中级人民法院。

可以说，《相互协助保全安排》的签署为内地与香港特别行政区之间就仲裁财产保全实施问题提供了明确的依据，是一种从无到有的突破性规定，也为涉港澳台主体在选择境外仲裁机构时提供了更多可参考的因素。但需要注意的是，目前除香港特别行政区外，其他境外区域仲裁当事人申请中国境内进行保全措施的限制和空白区域依旧存在，因此涉港澳台主体在选择境外仲裁机构时需要特别注意，以确保对财产保全以及之后的法律程序有准确的预估。

3. 仲裁裁决的承认和执行

仲裁裁决可以分为境内无涉外因素的裁决、境内具备涉外因素的裁决以及境外仲裁裁决。通常情况下，涉港澳台主体因为主体和交易模式的特殊性，生成具备涉外因素的裁决或境外裁决的概率相对较大，为便于获得生效裁决后可以有效启动执行程序，现就上述不同类型的裁决结合司法实践阐述如下。

首先，如果是在境内的无涉外因素的仲裁裁决，则根据最高人民法院《关于人民法院办理仲裁裁决执行案件若干问题的规定》第 2 条第 1 款："当事人对仲裁机构作出的仲裁裁决或者仲裁调解书申请执行的，由被执行人住所地或者被执行的财产所在地的中级人民法院管辖。"虽然本条规定经常因基层人民法院负责仲裁案件财产保全事宜导致执保分离而被诟病,但是因为不存在涉外因素,因此实际操作中对于申请执行人来说流程相对清晰,争议较小。因此本节不做过多展开。

需要注意的第一个问题是,在境内具备涉外因素的仲裁裁决,鉴于被执行人住所地、财产所在地可能不在境内,以及仲裁裁决本身的国籍问题,可能导致我国法院对裁决执行是否有管辖权问题产生争议。首先就被执行人住所地、财产所在地是否在境内的问题,最高人民法院审判委员会指导案例 37 号对具备涉外因素的仲裁裁决法院的管辖问题和执行期限给出了指向性的意见。该案中上海金纬机械制造有限公司与瑞士瑞泰克公司向中国国际经济贸易仲裁委员会申请仲裁,案由为买卖合同纠纷,仲裁委于 2006 年 9 月 18 日作出生效裁决。2008 年 7 月 30 日,金纬公司发现瑞泰克公司在上海浦东新区有一批机械设备,就向上海市第一中级人民法院申请执行,瑞泰克公司即已本案已超过《民事诉讼法》规定的执行期限为由提出异议,上海市第一中级人民法院及上海市高级人民法院均驳回异议。理由有二:第一,根据《民事诉讼法》第 273 条:"……一方当事人不履行仲裁裁决的,对方当事人可以向被申请人住所地或者财产所在地的中级人民法院申请执行",既然瑞泰克公司在上海有可供执行的财产且该等仲裁裁决系由中国境内的仲裁机构作出的,则中国法院对于该等涉外因素的仲裁裁决即具备管辖权。第二,根据《民事诉讼法》第 280 条规定,鉴于该裁决作出时瑞泰克公司在中国领域内并没有财产,所以中国法院在裁决作出时对本案并不具备执行管辖权,自然也不具备起算执行期限条件,因此应当自执行管辖确定之日,即发现被执行人可供执行财产之日,开始计算申请执行人的申请执行期限。从该指导案例中即可看出,在境内具备涉外因素的仲裁裁决,只要被申请执行人的住所地、财产所在地在境内,中国法院即具备执行仲裁裁决的管辖权,并参照《民事诉讼法》、最高人民法院《关于人民法院办理仲裁裁决执行案件若干问题的规定》相关规定启动执行程序即可。

第二个问题目前实务中争议较大,即境外仲裁机构在境内产生的仲裁裁决性质的认定,也就是仲裁裁决国籍认定的问题。因为如果认定为具有中国国籍,则可以直接参照上述中国境内仲裁机构作出的仲裁裁决的执行流程进行,如果认定不具备中国国籍,则需要根据相关法律法规以及国际公约等要求进行仲裁裁决的认定后,方能启动执行程序。对于上述情况,国际通行标准是以仲裁地作为判断仲裁裁决国籍的因素。我国鉴于尚未明确在法律体系中明确该等标准，因此实践中出现以仲裁地或者仲裁机构所在地作为判断仲裁裁决国籍的两种不同标准。经检索，2020 年我国法院承认、执行的国外仲裁机构裁决中，绝大多数的法院采取了仲裁地标准，即强调了相关外国仲裁裁决的仲裁地，而非作出裁决的仲裁机构所在地。如在(2019)津 72 协外认 1 号之一裁定书中，天津海事法院明确："本案所涉仲裁裁决系在英国伦敦作出，均已生效。"(2017)鲁 06 民初 382 号案件中，烟台市中级人民法院强调："本案系申请承认和执行外国仲裁裁决案件，案涉裁决系美国食品工业协会在美国境内作出。"不仅如此，广州市中级人民法院在(2015)穗中法民四初字第 62 号明确："国际商会国际仲裁院根据布兰特伍德公司的申请，由独任仲裁员 Jane Willems 女士组成的仲裁庭在仲裁地中国广州作出涉案仲裁裁决。根据该事实，案涉仲裁裁决系外国仲裁机构在中国内地作出的仲裁裁决，可以视为中国涉外仲裁裁决。案涉仲裁裁决的被申请人不履行仲裁裁决的，布兰特伍德公司可参照《中华人民共和国民事诉讼法》第 273 条的规定向被申请人住所地或者财产所在地的中级人民法院申请执行。"因此可以看出，当境外仲裁机构在中国境内作出仲裁裁决时，目前我国法律虽未明确规定，但实践中大多数法院依旧会采用国际通行做法，即以仲裁地判断仲裁裁决的国籍，将该等在中国境内产生的仲裁裁决视为中国涉外仲裁裁决，并适用《民事诉讼法》、最高人民法院《关于人民法院办理仲裁裁决执行案件若干问题的规定》相关规定启动执行程序，亦减少了人民法院对该等裁决认可的流程，加快了仲裁裁决执行的效率。

就境外仲裁的承认和执行，《民事诉讼法》第 283 条规定："国外仲裁机构的裁决，需要中华人民共和国人民法院承认和执行的，应当由当事人直接向被执行人住所地或者其财产所在地的中级人民法院申请，人民法院应当依照中华人民共和国缔结或者参加的国际条约，或者按照互惠原则办理。"鉴于涉港澳台主体存在将仲裁机构选定在内地(大陆)以及港澳台地区以外的可能，故此处一并就内地(大陆)法院对一般外国仲裁裁决的承认与执行的法律渊源做简要说明。目前我国承认并执行外国仲裁裁决的法律渊源主要在于 1987 年 4 月 22 日对中国生效的《承认和执行外国仲裁裁决公约》，又称《纽约公约》，目前该公约的缔约国仍在不断增加。因此在《纽约公约》的缔约国未对其中涉及仲裁裁决的承认和执行作出明确保留的情况下，各缔约国法院均有义务按照《纽约公约》的相关约定承认和执行外国仲裁裁决。因此,涉港澳台主体如选择港澳台地区以外的仲裁机构,可以参照《纽约公约》以及《民事诉讼法》相关规定启动承认和执行程序。如果仲裁系在港澳台地区进行,则鉴于内地(大陆)与港澳台地区之间针对相互间仲裁裁决的认可和执行有专项安排,故涉港澳台主体可参照相应安排执行,亦可有效提升裁决认可和执行的效率。

就香港特别行政区,内地与香港特别行政区间就仲裁问题的相互协助及衔接等方面较为完善。2000 年最高人民法院颁布《关于内地与香港特别行政区相互执行仲裁裁决的安排》(以下简称《内地与香港仲裁安排》),2020 年针对两地对仲裁裁决认可和执行的实践经验,最高人民法院再次颁布了最高人民法院《关于内地与香港特别行政区相互执行仲裁裁决的补充安排》(以下简称《补充安排》)。需要注意的是,《补充安排》第 2 条明确:"内地人民法院执行按香港特区《仲裁条例》作出的仲裁裁决,香港特区法院执行按《中华人民共和国仲裁法》作出的仲裁裁决,适用本安排。"本条的修改将此前《内地与香港仲裁安排》有关名单制的规定废除,真正扩大了香港特区法院认可和执行的内地仲裁机构的范围。此外,除了可以认可和执行的内地仲裁机构范围扩大外,《补充安排》第 3 条则对申请执行人的申请执行限制也做了调整,明确:"被申请人在内地和香港特区均有住所地或者可供执行财产的,申请人可以分别向两地法院申请执行。……"这一条款既可以说是《补充安排》中非常亮眼的调整,也可以明显感受到两地间为方便当事人启动仲裁执行程序,有效维护当事人合法权利所作出的努力。如按原《内地与香港仲裁安排》中不得同时分别向两地有关法院提出申请的规定,申请人在一地申请执行,被申请人则有充足的时间对另一地的财产进行转移,导致申请人最终无法执行被申请人另一地的财产,《补充安排》的调整有效解决了该等问题。但同时根据《补充安排》的规定两地法院执行的总额仍不能超过仲裁裁决裁定的数额,也是应有之义。同时需要注意,虽然内地与香港特区间就仲裁的认可和执行方面相对顺畅且便利,但涉港澳台主体在仲裁以及申请执行的过程中仍需要注意《内地与香港仲裁安排》中明确的不予执行的限制性情形,包括一方当事人无行为能力;仲裁协议依准据法无效;一方未接到指派仲裁员的适当通知,或者未能陈述意见;裁决所处理的争议不是交付仲裁的标的或者不在仲裁协议条款之内等严重程序问题,基本沿用了《纽约公约》的规定。

就澳门特别行政区,主要参照 2008 年 1 月 1 日最高人民法院颁布的《关于内地与澳门特别行政区相互认可和执行仲裁裁决的安排》(以下简称《内地与澳门仲裁安排》)。需要注意的是,就可以在两地间相互认可并执行的裁决类型方面,《内地与澳门仲裁安排》第 1 条即明确规定:“内地人民法院认可和执行澳门特别行政区仲裁机构及仲裁员按照澳门特别行政区仲裁法规在澳门作出的民商事仲裁裁决,澳门特别行政区法院认可和执行内地仲裁机构依据《中华人民共和国仲裁法》在内地作出的民商事仲裁裁决,适用本安排。”也就是说,两地间基本未对可以认可的仲裁裁决种类设限。就负责处理认可和执行仲裁裁决的法院方面,与香港特别行政区不同的是,根据《内地与澳门仲裁安排》第 2 条规定,澳门特区是由中级法院受理认可仲裁裁决的申请,并交由初级法院负责执行。鉴于法院层级存在衔接,涉港澳台主体在启动相应程序是需要特别注意。对于不予认可的情形,《内地与澳门仲裁安排》也做了较为详尽的规定,基本沿用了《纽约公约》的要求。总体而言,内地与澳门特区间虽然只有《内地与澳门仲裁安排》一份文件,但内容上是相对完整且合理的,条款设计上也相对有利于当事人申请执行的,与《内地与香港仲裁安排》及《补充安排》结构上基本一致。

就台湾地区,与香港特别行政区及澳门特别行政区不同的是,大陆与台湾地区就相互间仲裁裁决的认可与执行沿用了认可并执行法院判决的模式,即两岸间均通过单方文件确定了对来自另一方仲裁裁决的认可与执行要求,以此形成相互认可的模式。大陆方面,2015 年最高人民法院颁布了最高人民法院《关于认可和执行台湾地区仲裁裁决的规定》(以下简称《认可执行台湾仲裁裁决规定》),对大陆法院认可和执行台湾地区仲裁机构作出的仲裁裁决的范围、管辖法院、申请认可和执行的材料、流程期限等内容做了明确。需要注意的是,大陆法院可以认可并执行的台湾地区仲裁裁决范围较为宽泛,根据《认可执行台湾仲裁裁决规定》第 2 条规定包括有关常设仲裁机构及临时仲裁庭在台湾地区按照台湾地区仲裁规定就有关民商事争议作出的仲裁判断、仲裁和解和仲裁调解。不仅如此,相较香港特别行政区及澳门特别行政区,大陆对台湾地区仲裁裁决有权进行认可和执行的法院范围也相对较广,根据《认可执行台湾仲裁裁决规定》第 4 条规定包括申请人住所地、经常居住地或者被申请人住所地、经常居住地、财产所在地中级人民法院或者专门人民法院。对于台湾地区裁决的审查是否予以认可以及执行方面,《认可执行台湾仲裁裁决规定》在第 14 条做了明确的规定,内容框架上基本与审查香港特别行政区及澳门特别行政区要求一致,大体偏向于形式及程序审查。其他有关程序、期限、文件要求等内容，涉港澳台主体在实际申请执行时可参照《认可执行台湾仲裁裁决规定》处理。而台湾地区在认可和执行大陆仲裁机构所作的仲裁裁决的主要依据与认可大陆民事判决的依据是一致的，即 1992 年出台的“台湾地区与大陆地区人民关系条例”第 74 条以及“台湾地区与大陆地区人民关系条例施行细则”，因此对于上文已经说明的内容，此节不再重复。需要注意的是，对于台湾地区认可和执行大陆地区仲裁裁决的管辖法院并未见明确规定，实务中可参考台湾地区“民事诉讼法”的有关管辖的相关规定，也可选择先向被申请人的住所地人民法院提出申请，如果法院认为不具备管辖权，再与该法院沟通请其移送至有管辖权的法院。

二、涉港澳台公认证事宜

根据《民事诉讼法》第 264 条规定以及《民诉法解释》第 523 条规定，涉港澳台主体在内地（大陆）启动诉讼或仲裁程序前，需要依法对相应文件进行公证及认证手续。为便于涉港澳台主体在框架和流程上对该等公证及认证形成较为宏观的认识，下文将分别对香港特别行政区、澳门特别行政区以及台湾地区的公证认证流程进行简单梳理。

（一）香港特别行政区公证认证

香港公证认证流程的法律依据主要为最高人民法院与司法部联合发布的最高人民法院、司法部《关于涉港公证文书效力问题的通知》（以下简称《涉港公证通知》），该通知设置了委托公证人制度。《涉港公证通知》明确由司法部考核后委托部分香港律师作为委托公证人，负责出具有关公证文书，经司法部在香港设立的中国法律服务（香港）有限公司审核并加章转递后，送回内地使用。同时《涉港公证通知》明确对于发生在香港地区的有法律意义的事件和文书，如系委托公证人以外的其他机构、人员出具的或未经审核加章转递程序的证明文书，则不具有《民事诉讼法》中规定的公证文书的证明效力和执行效力。实践中，委托公证人所办理的公证文书大致包括声明书、证明单方签署的法律文书、证明法律事实、证明文件的原本及复印本、证明双方或多方面签署的法律文书。流程上，当事人可先行登入“中国委托公证人协会有限公司”官网网站（网址：https://www.caao.org.hk/），根据网站的指引在会员名单中选择委托公证人，然后根据委托公证人的要求前往指定场所办理公证流程。委托公证人根据公证事项制作公证文书（包括正本、副本）后将相关文书转递中国委托公证人协会有限公司进行盖章。中国委托公证人协会有限公司盖章后，正本由当事人取回内地使用，副本由中国委托公证人协会有限公司安排寄送到内地的公证文书使用机关，收到副本的使用机关将利用该副本核对申请人呈交的正本内容。

（二）澳门特别行政区公证认证

目前可以明确找到澳门特别行政区有关公证认证依据的文件为司法部办公厅《关于明确中国法律服务（澳门）公司业务范围的通知》。根据我国司法部官网介绍，中国法律服务（澳门）公司是中华人民共和国司法部在澳门的窗口单位，是在澳门登记注册提供中国法律服务的专门机构。该公司选派了内地中国公证员和中国律师常驻澳门，为澳门居民、法人和其他当事人提供涉及内地法律的信息、咨询、和其他法律服务。业务范围包括发往内地的公证文书和律师事务两部分。其中就公证文书业务方面主要包括：以公证书形式审核、证明澳门公共和私人实体出具的发往内地使用的文书；核验内地使用的 CEPA 文件；协助核查内地公证机构出具的公证书；代办内地有关公证等。律师业务主要包括：代理中国内地民、商事诉讼及非诉法律事务；提供常年中国法律顾问服务；为当事人在澳门办理商业登记、商标注册等商事法律事务提供协助等。司法部办公厅《关于明确中国法律服务（澳门）公司业务范围的通知》则对上述服务内容进行细化和明确，并将内地法律咨询服务一并纳入公司的业务范围。涉港澳台主体在办理相关业务前可以通过司法部官网明确的联系方式与公司就具体办理事项的要求及流程进行详细沟通。

（三）台湾地区公证认证

台湾地区的公证认证事项主要依据为“台湾地区与大陆地区人民关系条例”和 1993 年生效的“两岸公证书使用查证协议”，并以此建立起以大陆公证员协会与海峡交流基金会为沟通基础的寄送公证书副本及查证机制。其中“两岸公证书使用查证协议”对寄送公证书副本的内容做了明确规定，仅包括涉及继承、收养、婚姻、出生、死亡、委托、学历、定居、扶养亲属及财产权利证明公证书副本。流程上，通常情况下台湾地区当事人可以先与海峡交流基金会或者台湾地区公证人沟通确认待办事项是否可以办理公证认证手续以及所需要的材料，随后备齐所需文件到公证人指定办事处办理公证。公证人完成公证书制作后会分为三批处理，其中一份留在海峡交流基金会，另一份副本会寄送到当事人指定的公证书使用机关所在省公证协会。其余正本由当事人自己留存,并在公证书副本送达省公证协会后携带正本前往办理核查认证盖章,盖章后公证书方可产生效力。需要注意的是,副本寄送的时间大约需要两周到四周不等,故当事人可以根据文件在途时间相应安排调整待办事项的计划。

后　　记

上海市金茂律师事务所自1988年创立以来，在上海乃至中国的多项里程碑式交易中发挥了重要作用。在外商投资领域，金茂律师为众多跨国公司在华投资业务提供高水准、专业化的法律服务，并一直高度关注外商投资领域的法律和政策变化，赢得了客户的广泛赞誉。

从1978年开始改革开放到如今持续推进高水平对外开放的新阶段，外商投资一直扮演着助力中国经济稳步增长的重要角色，中国不断建设和完善外商投资法律制度，加大投资保护力度，积极吸引更多外资参与中国经济发展。2020年1月1日起施行的《外商投资法》是促进和保护我国外商投资的第一部全面统一的基础性法律。《外商投资法》明确了准入前国民待遇原则、平等原则、优惠原则，强调了在征收补偿、利润自由汇出、知识产权和商业秘密等合法权益方面的保护，同时也确立了负面清单管理、信息报告等制度。

《外商投资法》实施以来，为外商投资企业和外国投资者营造了更加市场化、法治化、国际化的投资环境，中国吸引外资在新冠肺炎疫情挑战下仍然逆势增长，引资规模和全球占比创历史新高，成为全球最大外资流入国。与此同时，《中外合资经营企业法》、《中外合作经营企业法》、《外资企业法》及其他外商投资法律法规的废止、修订和《外商投资法》及其配套法律法规的施行带来的法律变化，对我国的外商投资产生重大影响，但不少外商投资企业或者有意投资中国的外国投资者对于其中涉及的具体事项如何实际处理或操作尚有不了解之处，从而可能引发一系列不必要的法律风险和挑战。金茂律师事务所多位从事外商投资业务的合伙人及其团队律师结合自身业务实践，意在从多个方面，对外商投资法律实务进行全面的梳理、提炼和总结，并具体为《外商投资法》实施对外商投资带来的问题和法律风险提供有效的法律解决方案，同时也为外商投资企业和外国

(地区)投资者提供实践性指引。

本书第一章外商投资准入法律实务,由段洁琦、续禄娜编写。第二章外商投资企业设立法律实务,由徐春晖、梅颖达、吴雨伦、郭沁钰编写。第三章外商投资企业治理法律实务,由刘东、陈超逸、倪晨飞编写。第四章外商投资企业外汇管理法律实务,由金盈、刘沂、姚峥编写。第五章外商投资企业知识产权法律实务,由林旭、贺煜编写。第六章外商投资企业监管法律实务,由黄书渊编写。第七章外商投资企业融资法律实务,由谢洁瑾编写。第八章外商投资企业并购法律实务,由何永哲、顾松燕编写。第九章港澳台企业投资法律实务,由许智尧、施君、石天琪、王睿杰、徐沁编写。本书各章都是围绕不同主题的独立文章,但也保持相对统一。

参与本书写作的各位金茂律师,无论是合伙人还是其他参与律师都在繁忙的工作之余,花费大量时间搜集各种资料,并结合自身实务经验及对法律的深刻理解,撰写了本书的各个章节。毫无疑问,本书正是大家积极参与和共同努力的结晶。本书的作者都是从事外商投资法律实务多年,具有丰富执业经验的律师,作为我国外商投资法律制度逐步完善、营商环境不断优化的亲历者,都为我国法治环境的愈加完善而倍感自豪,谨以本书为读者切实解决外商投资相关法律问题提供帮助和参考,并希望对读者有所启迪。

本书的出版得到金茂律师事务所及众多金茂同仁的支持、鼓励和帮助。特别感谢金茂律师事务所创始人吴伯庆老师为本书作了热情洋溢的序言,也感谢张莹琳律师帮助联系本书的出版事宜,此外,本书得以出版也离不开法律出版社编辑老师认真负责的工作,一并致谢!

《外商投资法》颁布时间不长,配套法律法规尚在逐步颁布中,本书作为作者对于《外商投资法》的研究成果之一,由于时间和水平有限,所提及的问题、资料和观点,难免会有纰漏、不足之处,敬请广大读者批评指正!

《外商投资法律实务》编委会

2021 年 7 月于上海